Die Deals von Warren Buffett - Vol. 1

Glen Arnold

Die Deals von Warren Buffett

Vol. 1 DIE ERSTEN 100 MILLIONEN DOLLAR

GLEN ARNOLD

Börsenbuchverlag

Die Originalausgabe erschien unter dem Titel
The Deals of Warren Buffett Vol. 1: The First $100m
ISBN 978-0-85719-603-3

Originally published in the UK by Harriman House Ltd in 2017,
www.harriman-house.com.

2. Auflage 2025

Übersetzung: Börsenmedien AG, Egbert Neumüller
Gestaltung, Satz und Herstellung: Sabrina Slopek
Lektorat: Claus Rosenkranz
Druck: CPI books GmbH, Leck, Germany

ISBN 978-3-86470-996-8

Bibliografische Information der Deutschen Nationalbibliothek:
Die Deutsche Nationalbibliothek verzeichnet diese Publikation in der
Deutschen Nationalbibliografie; detaillierte bibliografische Daten
sind im Internet über <http://dnb.d-nb.de> abrufbar.

BÖRSEN MEDIEN
AKTIENGESELLSCHAFT

Postfach 1449 • 95305 Kulmbach
Tel: +49 9221 9051-0 • Fax: +49 9221 9051-4444
E-Mail: info@plassen-buchverlage.de
www.boersenbuchverlag.de
www.facebook.com/plassenverlag
www.instagram.com/plassen_buchverlage

INHALT

VORWORT VON LAWRENCE CUNNINGHAM

Ich habe Berkshire Hathaway mehr als zwei Jahrzehnte lang studiert, während derer sich das Unternehmen von einem renommierten Nischenanbieter zu einer magnetischen Kraft mit Millionen von Anhängern weltweit entwickelt hat. Als Verfechter einer beeindruckenden Investitions- und Unternehmensphilosophie verfügt Berkshire heute über ein ganzes Ökosystem von Menschen sowie Ideen, die auf einer rationalen Kapitalallokation und Unternehmensstruktur basieren. Investoren, Manager und Wissenschaftler gleichermaßen bestellen dieses riesige fruchtbare Feld menschlicher Bestrebungen durch die Auswahl von Investments, die Führung von Unternehmen und das Verfassen von Artikeln, Büchern und Vorträgen.

Im Jahr 1996 veranstaltete ich ein Symposium mit Warren Buffett und seinen Briefen an die Berkshire-Aktionäre, die ich thematisch neu ordnete und als „The Essays of Warren Buffett" veröffentlichte. Zu dieser Zeit war Buffett in Finanzkreisen bekannt und hatte eine beträchtliche und treue Anhängerschaft unter den Berkshire-Aktionären, aber er war kein bekannter Name. Zu dieser Zeit erschien eine Handvoll Bücher über Buffett und Berkshire, allen voran Robert Hagstroms „Warren Buffett: Sein Weg. Seine Strategie. Seine Methode." über das Investieren sowie eine Biografie von Roger Lowenstein.

In den darauffolgenden zwei Jahrzehnten wurde Warren berühmt und Berkshire zum Förderer und Stammvater zahlreicher Koryphäen in Wirtschaft, Kapitalanlage und Wissenschaft. Warren hat das Value-Investing populär und von einer Randerscheinung zu einer tragenden Säule der Branche gemacht; er hat das autonome dezentrale Management perfektioniert, was andere allmählich aufgreifen; und er ist auf dem besten Weg, praktisch sein gesamtes Vermögen von etwa 75 Milliarden US-Dollar an wohltätige Einrichtungen zu spenden. Heute besuchen fast 40.000 Menschen die Jahreshauptversammlung von Berkshire, alle drei von mir erwähnten Bücher und ein Dutzend andere sind zu internationalen Bestsellern geworden und nur wenige Menschen sind auf der Weltbühne bekannter oder werden mehr bewundert als Warren Buffett.

Die Bücher dieses Genres decken die Themenfelder ab, auf denen Buffett so viel Geschick bewiesen hat. Sie lassen sich wie die „Essays" in die Gebiete Rechnungswesen, Finanzen, Unternehmensführung, Investitionen, Übernahmen, Steuern und Bewertung unterteilen. Da Buffetts Werk mehr als ein halbes Jahrhundert umspannt, wird angestrebt, diese Themen nach Epochen zu unterteilen, zum Beispiel:

- Die Anfänge von Berkshire (durch seine konsolidierende Umstrukturierung 1978)
- Berkshire investiert hauptsächlich in Aktien (1978-2000)
- Berkshire als Konglomerat diverser hundertprozentiger Tochterunternehmen (seither)

Die Breite und Tiefe von Buffetts Beiträgen zum Wissenskanon in diesen Bereichen und die schiere Zeitspanne, in der er dieses Unternehmen geführt hat, haben viele Analysten und Autoren dazu veranlasst, Buffetts Arbeit und Berkshires Praktiken zu analysieren. Da die Geschichte noch nicht abgeschlossen ist, können Beobachter der Buffett-Berkshire-Szene aus den jüngsten Entscheidungen und Übernahmen etwas lernen.

Darüber hinaus ist es trotz der umfangreichen schriftlichen Dokumentationen immer noch möglich, durch Nacherzählung Erkenntnisse über die Vergangenheit von Berkshire und Buffett zu gewinnen, insbesondere über die frühen Tage. Mein kürzlich erschienenes Buch „Berkshire Beyond Buffett" ist Teil eines solchen Trends, ein Blick zurück auf die Entstehung der Unternehmenskultur von Berkshire und ein Ausblick darauf, wie diese Kultur Berkshire noch lange nach Warrens Abschied prägen wird.

Glen Arnolds Buch fußt auf einem ähnlichen Blickwinkel, wobei der Schwerpunkt auf Buffetts prägenden Investitionserfahrungen liegt. Durch einen Rückblick auf Buffetts früheste Investitionen – wie GEICO und See's Candies – und den Filter eines zeitgenössischen Verständnisses trägt Professor Arnold eine nützliche Geschichtsstunde und eine klarsichtige Investitionsanalyse bei, die Kontext, Kolorit und Lehren bietet, die von Warrens Schulzeit bis zu Berkshire um 1978 reichen.

Buffett liebt Aphorismen und eine seiner Lieblingsquellen ist der spanische Philosoph George Santayana, der warnte, dass „diejenigen, die sich nicht an die Vergangenheit erinnern, dazu verdammt sind, sie zu wiederholen". In Buffetts Briefen werden routinemäßig die Gründe für seine Investitionen genannt und sowohl diejenigen hervorgehoben, die rational waren, als auch diejenigen, bei denen Fehler hinsichtlich der Überlegungen oder der Logik auftraten. In Professor Arnolds Buch werden diese Lektionen extrahiert und in präziser, klarer Prosa zusammengefasst.

Buffett erklärt auch gern, dass er hofft, nicht als Investor, Geschäftsmann oder Philanthrop in Erinnerung zu bleiben, sondern als Lehrer. In „Die Deals von Warren Buffett" können die Leser den Lehrer in Professor Arnold erahnen, da er in einer fesselnden Abfolge durchdachte Lektionen in Blöcken darlegt. Außer den größten Kennern der Berkshire-Saga werden hier alle wertvolles Wissen finden.

VORWORT

WAS DIESES BUCH BEHANDELT

Der größte Investor der Welt, Warren Buffett, begann 1941 als Elfjähriger mit 120 Dollar Ersparnissen und brauchte rund vier Jahrzehnte, um seine ersten 100 Millionen Dollar zu verdienen. Dieses Buch zeichnet die Geschäfte nach, die er in diesen 37 Jahren getätigt hat, erklärt die Gründe für jede Schlüsselinvestition und zeigt, wie er seit dem Beginn seiner Karriere Reichtum angehäuft hat.

Da er anfangs keine Ahnung von Aktieninvestitionen hatte, musste Buffett seine Anlagephilosophie entwickeln und durch Erfolg und Misserfolg lernen, wie man Unternehmen auswählt, die es wert sind, unterstützt zu werden. Dieses Buch erzählt die Geschichte, wie Buffett seine Anlagephilosophie entwickelte, und bietet Lektionen für die Anleger von heute.

Für Buffett verlief nicht alles glatt und auf seinem Weg machte er viele Fehler. Unter all die Triumphe mischten sich lange Phasen der Frustration. Die Tatsache, dass Buffett Fehler machte, ist für andere Anleger recht beruhigend. Es ist beruhigend, zu wissen, dass eine Person, die letztlich Milliarden verdient hat, auch zu Fehlern neigt – das hilft uns, angesichts unserer eigenen Rückschläge belastbarer zu sein. Der größte Fehler von allen ist die Annahme, Anleger müssten immer fehlerfrei agieren. Psychologisch gesehen müssen sich Anleger auf viele Fehltritte und Rückschläge einstellen und sich dann wieder aufrappeln. Es lohnt sich immer, daran zu denken, dass wir aus den Fehlern anderer Menschen ebenso lernen können wie aus unseren eigenen; und von wem könnte man besser lernen als von Buffett, der über seine eigenen Fehler urteilt?

Da der Schwerpunkt dieses Buches auf der Analyse von Investments liegt, widme ich Buffetts Privatleben nur wenig Aufmerksamkeit. Wenn Sie auf der Suche nach dieser Art von autobiografischer Geschichte sind, dann ist dieses Buch nichts für Sie. Wenn Sie jedoch ein besserer Anleger werden und verstehen wollen, wie es möglich ist, durch die Befolgung solider Anlagegrundsätze große Gewinne einzustreichen, dann lesen Sie weiter.

FÜR WEN DIESES BUCH BESTIMMT IST

Dieses Buch richtet sich an Anleger, die die wichtigsten Regeln der erfolgreichen Geldanlage lernen oder sich wieder ins Gedächtnis rufen wollen. Der Lernprozess findet im Rahmen einer Reihe faszinierender Fallstudien über Warren Buffetts Investitionen statt.

WIE DAS BUCH AUFGEBAUT IST

Das Buch folgt Buffetts Weg zu seinen ersten 100 Millionen Dollar. Wir beginnen mit der ersten Börseninvestition, die Buffett als kleiner Junge tätigte, und lassen die Geschichte von insgesamt 22 seiner Investments Revue passieren. Teil 2 ist in eine Reihe von Kapiteln gegliedert, die sich nacheinander mit diesen Geschäften befassen. Sie können einen Blick hineinwerfen und sich in bestimmte Geschäfte vertiefen, die Ihr Interesse wecken, wenn Sie möchten, aber ich würde Ihnen empfehlen, zunächst chronologisch zu lesen, um zu verstehen, wie sich Buffett als Investor entwickelt hat. Aus jeder Geschichte dieser Reise können wir heute etwas lernen.

Nicht alle Investitionen, die Buffett in diesen 37 Jahren getätigt hat, werden beschrieben – das hätte das Buch übermäßig lang gemacht. Es wurden nur die einflussreichsten Fallstudien zu Buffetts Vermögen und seiner Philosophie für die Analyse ausgewählt.

Bevor ich mich dieser Reihe von Geschäften zuwende, umfasst Teil 1 zwei einführende Kapitel, die wichtig sind, um den Rest des Buches optimal zu nutzen. Das erste Kapitel bietet eine kurze Zusammenfassung der in Teil 2 behandelten Investitionsgeschäfte. Im zweiten Kapitel untersuche ich, wie Benjamin Graham Buffetts Anlagephilosophie beeinflusst hat.

Ein Hinweis auf gängige Abkürzungen: Die von mir verwendete Abkürzung BPL bezieht sich auf Buffett Partnership Ltd, die Investmentgesellschaft von Warren Buffett in der Anfangszeit seiner Karriere. Bei der Recherche und dem Schreiben dieses Buches habe ich mich weitgehend auf Buffetts Briefe an seine Partner in der BPL gestützt. Diese Briefe sind im Internet leicht zugänglich. Ich verwende außerdem die Abkürzung BH für Berkshire Hathaway.

EINFÜHRUNG

Die Ursprünge dieses Buches reichen etwa vier Jahre zurück, als ich die große Entscheidung traf, andere Aktivitäten einzustellen, um mich voll und ganz auf das Investieren an der Börse konzentrieren zu können. Das bedeutete, dass ich eine Professur aufgeben, die lukrative Lehrtätigkeit in der Londoner City aufgeben und ironischerweise auch das Schreiben von Büchern stark einschränken musste.

Als Teil meines neuen Vollzeit-Anlageprozesses schrieb ich, um den logischen Prozess zu dokumentieren, den ich bei der Auswahl von Aktien durchlief, kurze Blogs, in denen ich meine Analyse auf einer einfachen kostenlosen Website darlegte. Ich empfand es als belebend, gezwungen zu sein, die Gründe, warum ich mein Kapital in einer bestimmten Weise einsetzte, klar und öffentlich darzulegen. Außerdem ist mein Gedächtnis so schlecht, dass ich eine Möglichkeit brauchte, um mich ein paar Monate später an die Gründe für meine Investitionen zu erinnern.

Später wurde ich von der Investment-Website ADVFN gefragt, ob ich für ihre Newsletter-Seite schreiben wolle. Ich sagte zu und ein Teil meiner Schreibtätigkeit wurde zu einer Reihe von Artikeln über die Anlagegeschäfte von Warren Buffett. Aus diesen Artikeln ist dieses Buch entstanden.

DIE FRAGE NACH DEM WARUM

Man könnte meinen, dass Buffett bereits in Hunderten von Veröffentlichungen behandelt wurde und es nichts Neues mehr zu sagen gibt, aber nachdem ich selbst vieles davon gelesen hatte, war ich nicht zufrieden. Viele andere Autoren, die über Buffett schreiben, gehen darauf ein, in was er investiert hat und wie viel er damit verdient hat. Mich interessierte aber das Warum. Was waren die besonderen Merkmale der von Buffett ausgewählten Unternehmen, die sie auszeichneten? Waren es die Bilanzzahlen, die Gewinnhistorie, die strategische Positionierung und/oder die Qualitäten des Managements? Ich wollte die Details ergründen. Wie hat Buffett es geschafft, von praktisch keinem Geld zu sehr viel Geld zu kommen?

Bei jedem seiner großen Schritte habe ich versucht, immer tiefer in die Frage nach dem Warum einzusteigen. Dies erforderte für jede Investition neue Nachforschungen unter Verwendung vieler Quellen. Ich konzentrierte mich vorrangig auf analytisches Material über die von Buffett ausgewählten Unternehmen und widmete Buffetts Privatleben, das schon an anderer Stelle ausführlich behandelt wurde, nicht viel Zeit. Dementsprechend werden Sie in diesem Buch nicht viel über Buffetts Privatleben finden.

Es waren Dutzende von wichtigen Investments zu behandeln und jedes einzelne bedurfte einer umfassenden Analyse. Daher war es sinnvoll, den ersten Band an dem Punkt zu beenden, an dem Buffett den wichtigen Meilenstein eines Nettovermögens von 100 Millionen Dollar erreicht und seine Investitionen in einer Holdinggesellschaft, Berkshire Hathaway, zusammengefasst hatte. Dies geschah 1978, im Alter von 48 Jahren, und an diesem Punkt endet dieses erste Buch der Reihe.

DIE VERBINDUNG ZU BUFFETT

Es ist viele Jahre her, dass mir die Augen für die Tiefgründigkeit von Buffetts Ideen geöffnet wurden. Natürlich wurde ich Aktionär von

Berkshire Hathaway und besuchte regelmäßig die Jahreshauptversammlung in Omaha.

Meine Lieblingsanekdote von meinen Besuchen in Omaha ist die, bei der ich – und nur ich – Buffett definitiv dazu gezwungen habe, 40 Milliarden Dollar zu verschenken. Sie denken vielleicht, dass Buffett sehr willensstark ist und sich unmöglich von einem britischen Besucher umstimmen lassen kann. Aber ich weiß es besser – und ich weiß, dass ich recht habe!

Es geschah im Jahr 2006, als Bill Gates (das ist jetzt Namedropping für Fortgeschrittene!) bei Buffett zu Gast war. Gates ist ein enger Freund von Buffett und Verwaltungsratsmitglied von Berkshire Hathaway. Ich dankte Gates für die großartige Arbeit, die er und seine Frau Melinda mit ihrer Stiftung leisteten – ich war sehr überschwänglich, vielleicht ein wenig zu viel des Guten.

Dann wandte ich mich an Buffett, der neben Gates stand und mithörte, und sagte: „Ich danke Ihnen für alles, was Sie für die Aktionäre von Berkshire Hathaway tun." Ich weiß nicht, woran es lag, aber meine Stimme transportierte nicht ganz so viel Begeisterung über Buffetts Leistungen wie über die von Gates.

Ob Sie es glauben oder nicht: Wenige Wochen später kündigte Buffett an, dass er der Bill & Melinda Gates Foundation den größten Teil seines Vermögens für wohltätige Zwecke in der ganzen Welt zur Verfügung stellen würde. Offensichtlich hatte Buffett lange darüber nachgedacht, warum dieser Brite von seiner Schöpfung Berkshire Hathaway weniger beeindruckt war als von der Gates-Stiftung, der Schöpfung seiner Freunde. Er ergriff Maßnahmen, um etwas dagegen zu unternehmen.

Das ist meine Geschichte und ich bleibe dabei, bis ich sterbe!

Ich wünsche Ihnen viel Spaß beim Lesen, wie Buffett seine ersten 100 Millionen Dollar verdient hat.

Glen Arnold, im Sommer 2017

Teil 1
DIE VORBEREITUNG DER BÜHNE

DIE GESCHICHTE VON WARREN BUFFETT

Es ist sinnvoll, das Buch mit einer kurzen Zusammenfassung der bisherigen Geschichte der Investitionskarriere des größten lebenden Investors zu beginnen. Dies bildet die Grundlage für die anschließende Erkundung seiner Investments.

JUGEND UND KAPITALANLAGEGESELLSCHAFTEN

Als Teenager las Buffett 1949 Benjamin Grahams Buch „Intelligent investieren". Später schrieb er sich in Grahams Kurs an der Columbia University ein und arbeitete anschließend von 1954 bis 1956 als Wertpapieranalyst für ihn. Die Ideen von Benjamin Graham bildeten die Grundlage für Buffetts Erfolg.

Buffett lernte in dieser Zeit nicht nur viel von Graham, sondern tätigte auch einige spektakuläre Investitionen, zum Beispiel 48 Prozent Gewinn in wenigen Monaten mit GEICO-Aktien, als er 21 Jahre alt war (Investition 2), und den Durchmarsch mit dem Schokoladentropfen-Hersteller Rockwood, bei dem der 24-jährige Buffett seine Investition mehr als verdoppelte und 13.000 Dollar zu seinem wachsenden Fonds hinzufügte (Investition 5).

Als der 25-jährige Buffett nach Grahams Pensionierung nach Omaha im Bundesstaat Nebraska zurückkehrte, gründete er mit sieben Verwandten und Freunden eine Kapitalanlagegesellschaft, wobei Buffett die Investitionsentscheidungen traf – zu Beginn standen nur 105.000 Dollar zur Verfügung.

Jahr für Jahr übertrafen die Renditen der Gesellschaft bei Weitem die des breiten Aktienmarkts, da Buffett ein Schnäppchen nach dem anderen machte, wie zum Beispiel Sanborn Maps, das auf einem Nettovermögen pro Aktie saß, das viel mehr wert war als der Aktienkurs – die Partner erzielten mit dieser Investition eine Rendite von etwa 50 Prozent, als Buffett 29 Jahre alt war (Investition 6).

Andere Investoren bekamen mit, was Buffett leistete, und wollten, dass er ihr Geld investierte, also gründete er weitere Gesellschaften. Er fand einige wunderbare Unternehmen, die an der Wall Street vorübergehend in Ungnade gefallen waren, etwa American Express (Verdreifachung des Aktienkurses für Buffett – Investition 8) und Walt Disney (55 Prozent Rendite – Investition 9).

Zwischen dem Beginn der Anlagegesellschaftsphase von Buffetts Investitionskarriere (erstes volles Jahr 1957) und ihrem Ende im Jahr 1968 stieg der Dow Jones Industrial Average (DJIA, Dow Jones oder einfach Dow) um 185,7 Prozent, aber ein bei Buffett investierter Dollar wuchs um 2.610,6 Prozent. Ja, aus 1.000 im Jahr 1957 investierten Dollar wurden innerhalb von zwölf Jahren 27.106 Dollar. Nach Abzug von Buffetts Gebühren verfügte ein typischer Gesellschafter über 15.000 Dollar. Im Gegensatz dazu stiegen 1.000 im Jahr 1957 in den Dow Jones investierte Dollar auf nur 2.857 Dollar.

Chart A zeigt die Performance von Buffetts Anlagegesellschaft vor und nach Gebühren sowie den Dow Jones in diesem Zeitraum. Es ist zu beachten, dass die verschiedenen Kapitalanlagegesellschaften 1962 zu einer einzigen zusammengefasst wurden, zu Buffett Partnership Ltd (BPL). Die Performance-Zahlen für 1957 bis 1961 sind eine Konsolidierung der verschiedenen Gesellschaften, die sich ziemlich ähnlich waren.

Was ich Ihnen jetzt erzähle, wird noch bemerkenswerter erscheinen, wenn ich zunächst feststelle, dass Berkshire Hathaway heute das viertgrößte börsennotierte Unternehmen der Vereinigten Staaten ist (nach Apple, Alphabet und Microsoft) mit einer Marktkapitalisierung (gesamter Marktwert seiner Aktien) von über 400 Milliarden Dollar und einem Aktienkurs von 245.000 Dollar.

Chart A: Vergleich der Wertentwicklung des Dow Jones Index und der Investmentgesellschaft von Warren Buffett (1957-68)

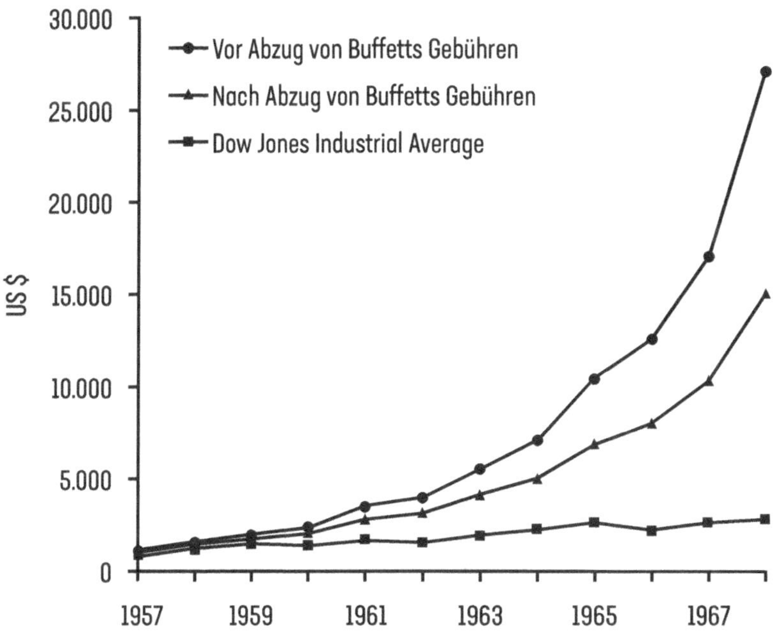

BERKSHIRE HATHAWAY BETRITT DIE BÜHNE

Im Jahr 1962 verwendete Buffett einen Teil des Geldes seiner Partner, um Aktien eines angeschlagenen Textilunternehmens in Neuengland namens Berkshire Hathaway zu kaufen. Der Aktienkurs betrug durchschnittlich 7,50 Dollar (nein, ich habe keine Nullen vergessen). Das Unternehmen schrieb Verluste. Im Mai 1964 hielt BPL sieben Prozent der Aktien von Berkshire Hathaway.

Der Hauptaktionär und Geschäftsführer von Berkshire Hathaway war Seabury Stanton. Er vereinbarte mit Buffett, dass Berkshire Hathaway die Berkshire-Hathaway-Aktien von BPL für 11,50 Dollar kaufen würde – 50 Prozent mehr, als Buffett dafür bezahlt hatte. Dann dachte Stanton, er könnte Buffett ins Handwerk pfuschen. In einer kleinlichen Art und Weise unterbreitete er das formelle Angebot zu nur 11,375 Dollar. Buffett war über Stantons Verhalten verärgert und beschloss, doch nicht zu verkaufen.

Stattdessen traf er eine, wie er es später nannte, „monumental dumme Entscheidung". Es war für alle offensichtlich, dass die Textilfabriken in Neuengland Bankrott machen würden, da sie kaum noch Gewinne erzielten; sie waren von Billigimporten geplagt. Berkshire Hathaway selbst hatte die meisten seiner Fabriken geschlossen, da es nicht mehr konkurrenzfähig war. Doch Buffett war verärgert und begann, aggressiv weitere Aktien von Berkshire Hathaway zu kaufen (große Investoren sind nicht vollkommen rational – sie machen wie alle Investoren Fehler). Im April 1965 hielt BPL 39 Prozent von Berkshire Hathaway und übernahm formell die Kontrolle über das Unternehmen, wofür ein Viertel der von Buffett bereitgestellten Mittel verwendet wurde.

Buffetts nach eigenem Bekunden „kindisches Verhalten" führte dazu, dass er „ein schreckliches Unternehmen" auf Vordermann bringen musste. Infolge von Verlusten und Aktienrückkäufen betrug das Reinvermögen von Berkshire Ende 1964 nur 22 Millionen Dollar. Das Unternehmen verfügte über keine überschüssigen Barmittel und hatte Schulden in Höhe von 2,5 Millionen Dollar (siehe Investition 10).

Buffett zog enge Grenzen für weitere Investitionen in Textilmaschinen und andere Vermögenswerte. Er verlagerte das Kapital des ursprünglichen Unternehmens nach und nach in einige sehr interessante Bereiche. Da er kein Textilfachmann war, sondern vielmehr ein

Kapitalallokator mit Kenntnissen über viele Arten von Unternehmen, konnte er bessere Investitionsmöglichkeiten ausfindig machen als die Menschen, die sich nur auf die Textilindustrie konzentrierten.

Im Jahr 1967 gelang ihm ein großer Wurf, als er Berkshire Hathaway dazu brachte, die Versicherungsgesellschaft National Indemnity aus seiner Heimatstadt Omaha für 8,6 Millionen Dollar zu kaufen (siehe Investition 11). Abgesehen von der Möglichkeit, Geld zu verdienen, indem man mehr für Versicherungspolicen verlangt, als die Summe der Schadenszahlungen und Verwaltungskosten beträgt, ist der attraktivste Aspekt von Versicherungsgesellschaften für Buffett der Bargeldbestand (der sogenannte Float), der sich im Unternehmen befindet. Dieser entsteht dadurch, dass die Versicherungsnehmer im Voraus zahlen, die Auszahlung der Schadenssummen aber erst später erfolgt. Diese liquiden Mittel konnten von Buffett investiert werden. Im Laufe der Jahre kaufte er viele weitere Versicherungsgesellschaften und nutzte die liquiden Mittel sehr gut (siehe Investitionen 17 und 22).

Auf die Übernahme von National Indemnity folgte eine weitere Meisterleistung: der Kauf einer Kette von Marken-Süßwarengeschäften im Jahr 1972 für 25 Millionen Dollar. Bis zum Zeitpunkt der Erstellung dieses Berichts hat dieses Unternehmen, See's Candies, mehr als 1,9 Milliarden Dollar für Berkshire Hathaway erwirtschaftet, die es anderweitig investieren kann. Und es spült auch heute noch Geld in die Kassen (siehe Investition 20).

Es folgten viele weitere brillante Investitionen, die Berkshire, dem einst schrumpfenden Textilunternehmen, ein außergewöhnliches Wachstum bescherten. Von 1965 bis 1978 belief sich die jährliche durchschnittliche Wachstumsrate des S&P 500 auf 4,63 Prozent. Bei Berkshire hingegen betrug die durchschnittliche Wachstumsrate des Buchwerts je Aktie 21 Prozent.

Erst wenn man die Auswirkungen dieses Unterschieds auf die endgültigen Dollarbeträge sieht, kann man die wirklich erstaunliche Leistung von Buffett korrekt einschätzen. Während die Rendite des

S&P 500 dazu führte, dass eine Investition von 1.000 Dollar im Jahr 1965 bis Dezember 1978 in 1.885 Dollar umgewandelt wurde, wurde eine Investition von 1.000 Dollar in Berkshire-Hathaway-Aktien in denselben 14 Jahren zu einem Wert von über 14.000 Dollar. Chart B zeigt das jährliche Wachstum der Bilanzsumme von Berkshire und das Wachstum des Aktienkurses von 1965 bis zu Buffetts ersten 100 Millionen Dollar im Jahr 1978.

Chart B: Wertentwicklung von Berkshire Hathaway: jährliche Rendite in Prozent (1965-1978)

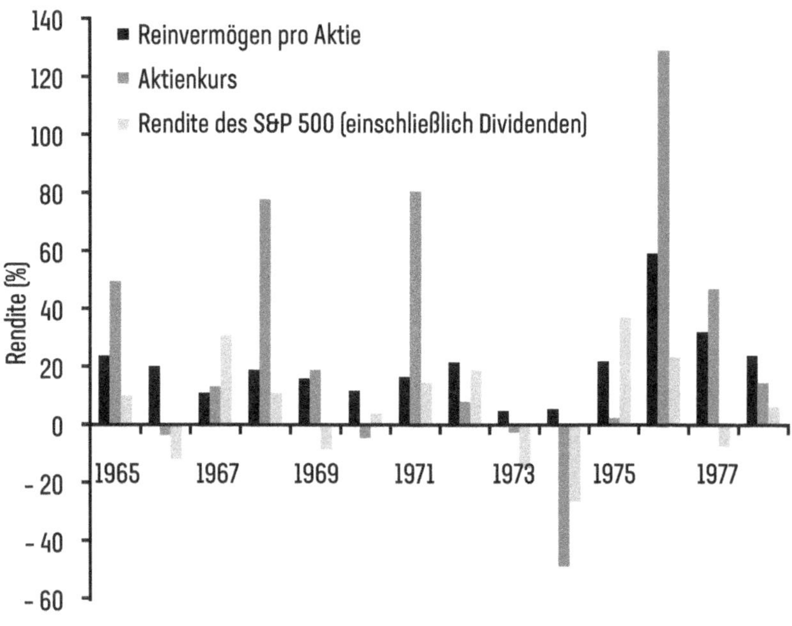

Quelle: Brief des Vorsitzenden von Berkshire Hathaway (2016)

Berkshire Hathaway hat sich weiterhin besser entwickelt als der S&P 500. Über den gesamten Zeitraum von Januar 1965 bis Dezember 2016 lag die jährliche Wachstumsrate des S&P 500 bei 9,7 Prozent, während sie bei Berkshire mit 20,8 Prozent mehr als doppelt so hoch war. Die Rendite des S&P 500 sorgte dafür, dass sich eine Investition von 1.000 Dollar im Jahr 1965 bis Dezember 2016 in 127.170 Dollar verwandelte, während eine Investition von 1.000 Dollar in Berkshire Hathaway-Aktien in denselben 52 Jahren auf einen Wert von fast 20 Millionen Dollar anwuchs. Werfen Sie einen Blick auf Chart C, der das jährliche Wachstum der Bilanz von Berkshire und das Wachstum des Aktienkurses über diese Jahre illustriert. Ich finde, wir können mit Gewissheit sagen, dass Buffett seine „dumme Entscheidung", Berkshire Hathaway zu kaufen, wieder ausgebügelt hat!

Damit ist mein sehr grober Überblick darüber, wie Warren Buffett sein Geld verdient hat, abgeschlossen. Bevor wir uns in Teil 2 eingehender mit den Anlagegeschäften befassen, müssen wir die wichtige Rolle der Lehren von Benjamin Graham in Buffetts Anlagekarriere verstehen. Im nächsten Abschnitt beschreibe ich den Einfluss, den Graham auf Buffett ausübte, und wie sich dieser auf Buffetts Investitionsansatz auswirkte.

DIE BENJAMIN-GRAHAM-SCHULE DER INVESTITIONSPRAXIS

1950, im Alter von 56 Jahren, hatte Benjamin Graham bereits einige harte Zeiten an der Börse hinter sich und verwaltete kleine Investmentfonds. Vor dem Wall-Street-Crash war Graham ein relativ vorsichtiger Anleger gewesen, aber nicht vorsichtig genug, als sich der Abschwung näherte. Von 1929 bis 1932 gingen 70 Prozent des 2,5 Millionen Dollar starken Fonds, den er für seine Kunden verwaltete, verloren oder wurden abgezogen. Graham war gezwungen, darüber nachzudenken, was einen Anleger ausmacht. Er hatte Erfahrungen mit Bewertungen gemacht, die auf optimistischen Gewinnprognosen beruhten. Er hatte erlebt, dass er in der Hoffnung kaufte, an einen noch

Chart C: Wertentwicklung von Berkshire Hathaway: jährliche Rendite in Prozent (1978-2016)

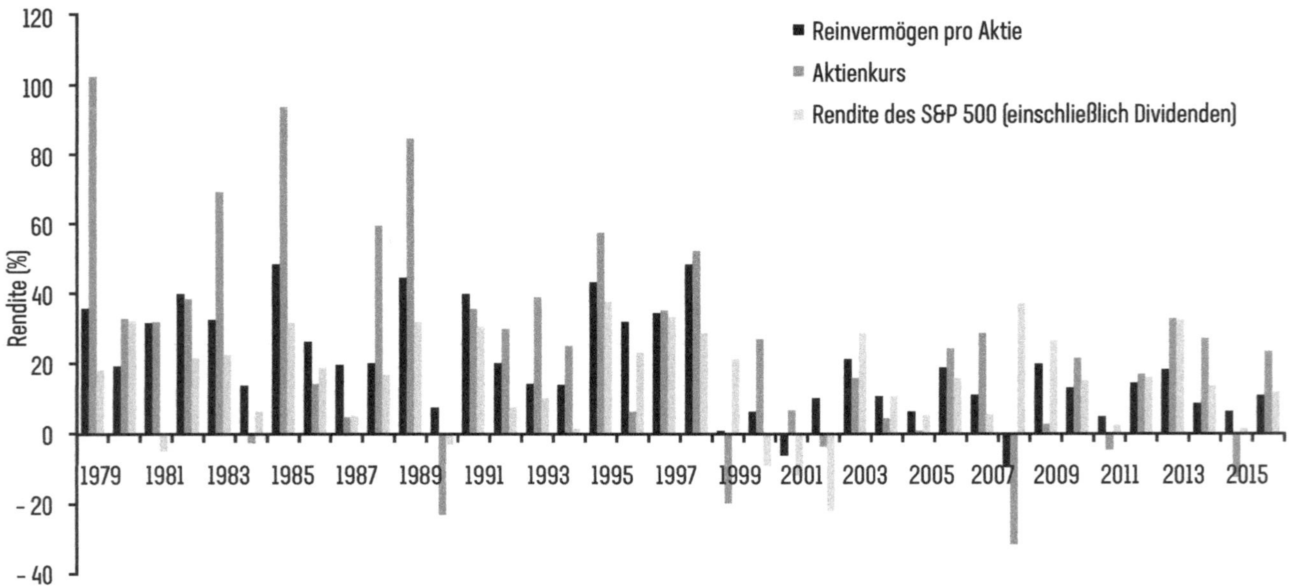

Quelle: Brief des Vorsitzenden von Berkshire Hathaway (2016)

größeren Narren weiterzuverkaufen, der noch mehr zahlen würde, weil der Preis gestiegen war. Er hatte erlebt, dass er auf der Grundlage von Charts und Tipps ohne wirkliche Kenntnis des Unternehmens und aufgrund Insiderwissen kaufte.

Alle diese Methoden hatten sich als unzureichend erwiesen. Das Ergebnis seines Nachdenkens war die Gründung der heute so weit verbreiteten Value-Schule der Geldanlage.

Um seine Überlegungen zu unterfüttern und sein Wissen weiterzugeben, hielt er an der Columbia Business School einen Teilzeitkurs mit der Bezeichnung Wertpapieranalyse. Der erste Kurs fand 1927 statt (zunächst vorübergehend am New York Institute of Finance), aber ich kann mir vorstellen, dass die intellektuelle Tiefe in den frühen 1930er-Jahren zunahm, als er gezwungen war, über die quälenden Fragen nachzudenken, die durch das Scheitern so vieler Investitionsansätze beim Crash von 1929 aufgeworfen wurden.

Zusammen mit David Dodd, Lehrkraft an der Columbia University, legte Graham seine Ideen in einem Buch mit dem Titel „Wertpapieranalyse“ nieder, das erstmals 1934 erschien. Das Buch, das der 19-jährige Buffett las, „Intelligent investieren“, ist eine kompaktere Version von Grahams Ideen. Zusammen mit anderen wichtigen Einflüssen brachte es Buffett von der Spekulation zum Investieren.

Nach dem Börsenkrach von 1929 kamen viele Beobachter zu dem Schluss, dass es sinnlos sei, den Wert von Aktien zu ermitteln. Denn wenn eine Aktie 1928 (nach dem Marktpreis) 100 Dollar wert war und 15 Monate später nur noch fünf Dollar, wer sollte dann wissen, was der wahre Wert war? Viel besser sei es, sich auf die Einschätzung der Stimmung anderer Aktienkäufer zu konzentrieren, also darauf, ob andere Käufer glauben, dass die Aktie steigen wird, und zu versuchen, sie zu kaufen, bevor dies geschieht. Dieser Fokus auf den Markt und nicht auf das Unternehmen und seine Leistung im Dienste der Kunden ist ein Unterscheidungsmerkmal von Spekulanten im Gegensatz zu Investoren.

Die Definition der Geldanlage

Nachdem diese Merkmale der Spekulation identifiziert sind, benötigen wir eine kontrastierende Definition des Investierens. Graham und Dodd gaben die folgende Definition:

> „Ein Anlagegeschäft ist ein Geschäft, das nach einer gründlichen Analyse die Sicherheit des Kapitals und eine zufriedenstellende Rendite verspricht. Geschäfte, die diese Anforderungen nicht erfüllen, sind spekulativ."[1]

Hier gibt es drei wesentliche Elemente:

Abbildung B: Wertentwicklung von Berkshire Hathaway: jährliche Rendite in Prozent (1965-1978)

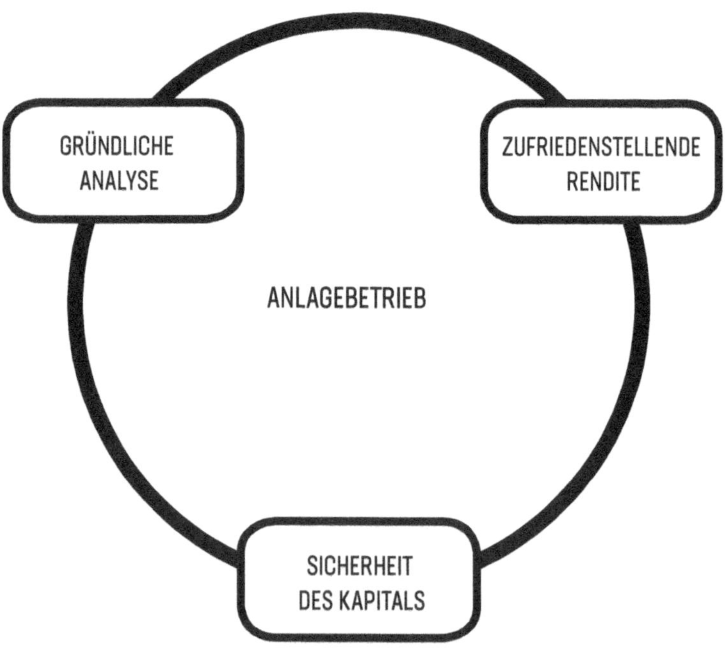

1. Gründliche Analyse

Sie investieren in ein Unternehmen; Sie werden einen kleinen Teil dieses Unternehmens besitzen. Stellen Sie dieselben Fragen, die Sie auch stellen würden, wenn Sie das gesamte Unternehmen und nicht nur einen kleinen Teil davon kaufen würden:

- Wie ist die Umsatz- und Gewinnentwicklung?
- Hat es einen guten Ruf bei den Kunden?
- Verfügt es über ein großes Vermögen bei wenigen Schulden?
- Welche Konkurrenz hat es?
- Sind die Manager kompetent und ehrlich?

Diese Art der Analyse erfordert Rationalität, geistige Unabhängigkeit und eine kritische Prüfung der Fakten. Für Graham konzentrierte sich diese Analyse in erster Linie auf die belegten Fakten auf der quantitativen Seite. Er erkannte die Bedeutung qualitativer Aspekte an, zum Beispiel die Macht eines bekannten Markennamens oder die Qualität des Managementteams. Aufgrund seiner Erfahrung aus dem Jahr 1929 war er jedoch vorsichtig und wollte seiner Einschätzung der Geschäftsaussichten und der Fähigkeit und Integrität des Managements nicht zu viel Gewicht beimessen.

2. Sicherheit des Kapitals

Es ist sehr wichtig, beim Kauf von Aktien eine Sicherheitsmarge einzuplanen, so wie bei einer Straßenbrücke ein Sicherheitspuffer eingebaut wird. Eine Brücke wird nicht nur so gebaut, dass sie historisch aufgezeichneten Windgeschwindigkeiten und anderen Belastungen standhält; sie wird nach Standards gebaut, die weit darüber hinausgehen.

Ebenso sollten Sie nur dann Aktien kaufen, wenn eine große Sicherheitsmarge zwischen dem Kaufpreis und dem von Ihnen errechneten inneren Wert besteht. Denken Sie gut über die Verlustgefahr nach.

3. Zufriedenstellende Rendite

Streben Sie keinen Volltreffer an. Lassen Sie sich nicht von übermäßigem Optimismus oder Gier leiten, die Sie auf einen Weg führen, der Ihre Fähigkeiten übersteigt oder der die Grenzen des Risikos sprengt, das Sie aushalten können.

Die große Ironie

Erinnern Sie sich daran, wie ironisch das ist: Große Investoren handeln mit Blick auf die Sicherheit des Kapitals und streben lediglich eine zufriedenstellende Rendite an. Langfristig übertreffen sie jedoch diejenigen, die den Weg des höheren Risikos wählen.

WARREN BUFFETTS ANDERE LEKTIONEN VON GRAHAM

Neben dieser dreiteiligen Definition der Geldanlage hat Buffett noch weitere wichtige Lektionen von Graham übernommen. Er lernte, dass die Rendite vom Anleger abhängt:

- seinem Wissen
- seiner Erfahrung
- seinem Temperament

Der Investor muss die Geschäftswelt und ihre Funktionsweise verstehen. Einige Kenntnisse in puncto Buchhaltung, Finanzen und Unternehmensstrategie sind unabdingbar, sie können jedoch im Laufe der Zeit erweitert und ausgebaut werden. Ein neugieriger Geist ist eine Grundvoraussetzung, aber ein Investor muss sich das erforderliche Wissen nicht nur aus eigener Erfahrung aneignen. Vieles lässt sich aus den Fehlern und Erfolgen anderer lernen.

Das Temperament ist wichtiger als der IQ, wenn es darum geht, ein guter Investor zu sein. Graham lehrte Buffett, dass die intelligentesten Menschen sich oft als schlechte Anleger entpuppen, weil ihnen häufig der richtige mentale Ansatz abgeht. Wenn sie zum Beispiel sehr rational sind, sind sie von der Irrationalität des Marktes frustriert und finden keinen Weg, diese Irrationalität auszunutzen – sie halten ihn einfach für verrückt. Auch können sie sich in ihre Prognosen und Vorhersagen verlieben und dabei vernachlässigen, eine Sicherheitsmarge einzubauen. Andere Aspekte des falschen Temperaments von Anlegern sind die Tendenz, mit der Masse mitzuschwimmen, wenn diese in Panik gerät, oder irrational überschwänglich zu werden, wenn alle anderen es sind. Und dann gibt es noch Menschen, die nicht umhin können, zu bemerken, dass andere mit einer neuen Idee für eine spekulative Auswahl oder mit der neuesten Spitzentechnologie Geld verdienen, und die daran teilhaben wollen. Kurz gesagt: Der schlimmste Feind des Anlegers ist oft er selbst.

Sich die Fakten ansehen

Graham machte Buffett klar, dass er den Fokus der anderen Marktteilnehmer verstehen müsse, wenn er sie übertreffen wolle. So beschäftigten sich beispielsweise viele sogenannte Investoren in erster Linie mit Zukunftserwartungen, etwa wie viele Kunden in den nächsten zehn Jahren das neueste Medienprodukt für zehn Jahre abonnieren würden – etwas, das nicht mit Sicherheit vorhergesagt werden kann. Infolge dieses ungeeigneten Fokus schenkten sie den wichtigeren Details wie Bilanz, Gewinnentwicklung und Aktienkurs wenig Beachtung.

Die Lektion lautet, sich nicht in die Geschichte eines Unternehmens zu vertiefen und darüber die wirklichen Fakten zu ignorieren. Es ist äußerst schwierig, vorherzusagen, welche Story-Aktie ein glückliches Ende nehmen wird oder welche sich in ihrer Marktnische durchsetzen wird. Und oft gibt es keinen Gewinner, zumindest nicht in Bezug auf eine gute Rendite auf das eingesetzte Kapital. Wir müssen uns also den Worten Grahams anschließen: „Bei der Analyse geht es in erster Linie um Werte, die durch Fakten gestützt werden, und nicht um solche, die weitgehend von Erwartungen abhängen."[2] Wie Buffett über Graham sagte:

> „[Ihm] ging es nicht um brillante Investitionen und auch nicht um Modeerscheinungen oder Trends. Ihm ging es um solide Investitionen und ich glaube, dass solide Investitionen einen sehr reich machen können, wenn man es nicht zu eilig hat, und dass sie einen niemals arm machen, was noch besser ist."[3]

Buffett lernte von Graham eine Methode, anspruchsvolle Anlageprinzipien in leicht zu merkenden Gleichnissen zu vermitteln. Die „Mr. Market"-Idee ist ein wunderbares Beispiel und etwas, an das wir alle täglich erinnert werden müssen.

Graham erzählte folgende Geschichte: Sie besitzen zusammen mit Mr. Market ein Unternehmen. Sie besitzen ebenso wie er 50 Prozent. Jeden Tag kommt Mr. Market zu Ihnen und bietet Ihnen entweder an, Ihre Hälfte des Unternehmens zu kaufen oder seine Hälfte an Sie zu verkaufen. Er ist sehr zuvorkommend und bietet Ihnen den ganzen Tag über Preise an. Die Sache ist die, dass Mr. Market launisch ist. An manchen Tagen ist er sehr optimistisch und bietet Ihnen für Ihren Anteil an dem Unternehmen einen sehr hohen Preis. An anderen Tagen ist er niedergeschlagen und will einfach nur raus – dann will er Ihnen seine Hälfte zu einem niedrigen Preis verkaufen.

Sie müssen sich also die Frage stellen, ob Sie Ihre Aktien auf der Grundlage der Preise bewerten sollten, die Mr. Market derzeit bietet. Ich hoffe, Sie werden das nicht tun. Sie werden Ihre eigene Analyse durchführen und Ihre Berechnung des inneren Wertes mit dem Angebot von Mr. Market vergleichen.

LEKTIONEN

1. **Halten Sie sich an solide Anlagegrundsätze.** Die grundlegenden analytischen Ansätze, die von Graham, Dodd und ihren Nachfolgern entwickelt wurden, sind ein guter Ansatzpunkt. Finden Sie die richtigen Mentoren, egal ob sie noch leben oder bereits verstorben sind.
2. **Es reicht, den Markt um einige Prozentpunkte zu übertreffen, um am Ende über viel mehr Vermögen zu verfügen.** Sobald Sie den Kern Ihres Schneeballs (etwas Geld plus solide Prinzipien) geschaffen haben, fügen Sie einfach durch gute Renditen mittelfristig immer mehr hinzu und lassen Sie ihn weiter abwärts rollen, indem Sie nicht von diesen Prinzipien abweichen.
3. **Geldanlage ist es nur dann, wenn Sie das Unternehmen gründlich analysiert haben, eine Sicherheitsmarge eingebaut ist und das Ziel lediglich eine zufriedenstellende Rendite ist.** Fehlt eines dieser Merkmale, spekulieren Sie.
4. **Akzeptieren Sie nicht die Bewertung einer Aktie durch Mr. Market; stellen Sie Ihre eigenen Nachforschungen an.** Mr. Market ist ein manisch-depressiver Mensch, der ein und dasselbe Unternehmen unter denselben Umständen manchmal hoch bewertet und dann nach kurzer Zeit nur noch die negativen Aspekte sieht und deshalb bereit ist, es billig zu verkaufen. Nutzen Sie die Irrationalität des Marktes, anstatt sich an ihr zu beteiligen.

Teil 2
INVESTITIONEN

Investition 1

CITIES SERVICE

Eckpunkte des Geschäfts

Geschäft	**Cities Service**
Zeitpunkt	1941, Buffett 11 Jahre alt
Gezahlter Preis	34,25 Dollar pro Aktie
Menge	3 Aktien
Verkaufspreis	40 Dollar pro Aktie
Gewinn	5,25 Dollar

Das Herzstück von Warren Buffetts Anlagephilosophie ist die Klarheit darüber, was jemanden zu einem Investor im Gegensatz zu einem Spekulanten macht. Es ist erstaunlich, wie vielen Akteure an den Finanzmärkten dies nicht klar ist.

Klares Denken ist bei diesem Aspekt notwendig, um den Aktienkäufer auf einen Weg mit weniger Risiko und weniger Fehlern zu bringen, der zu einem langfristigen Vermögensaufbau führt – der Ansatz des langsamen Reichwerdens. Ich beginne damit, Buffetts Philosophie zu erläutern, indem ich die Einflüsse nachzeichne, die ihn von Kindesbeinen an geprägt haben. Die Art und Weise, wie er sein Portfolio praktisch aus dem Nichts aufgebaut hat, ist an sich bereits inspirierend.

KINDHEIT

Buffett wurde im August 1930 geboren, kurz nach dem Wall-Street-Crash von 1929 und damit am Beginn der Großen Depression. Sein Vater war Börsenmakler in Omaha, Nebraska, und eine Zeit lang Kongressabgeordneter. Die Familie war also nicht besonders wohlhabend, kam aber relativ gut durch die Depression, wozu auch der typische Familienzusammenhalt des Mittleren Westens beitrug. Dem aufgeweckten jungen Buffett wurde jedoch nur allzu deutlich vor Augen geführt, wie Armut aussieht – sie war allgegenwärtig. Er war entschlossen, wohlhabend zu werden.

Als Jugendlicher versuchte er auf alle möglichen Arten, den einen oder anderen Dollar zu verdienen. Er sammelte verlorene Golfbälle (oder noch besser, er brachte einen Freund dazu, sie zu sammeln) und verkaufte sie. Er kaufte Coca-Cola-Packs, teilte sie auf und verkaufte sie einzeln. Er kaufte einen alten Rolls-Royce und vermietete ihn.

Flipperautomaten in Friseursalons waren sehr beliebt – Buffett kaufte die Automaten, stellte sie im Friseursalon auf und der Friseur erhielt einen Anteil an den Einnahmen. Die größte Einnahmequelle war das Austragen der *Washington Post.* Als die Familie für eine Weile nach Washington zog, stand er früh auf, um vor der Schule seinen Pflichten auf drei Zeitungsrouten nachzukommen.

Durch seine Aktivitäten gelang es Buffett, bis zum mittleren Teenageralter ein paar Tausend Dollar anzusparen. Im Alter von 15 Jahren war er in der Lage, 1.200 Dollar zu investieren, um 70 Meilen von Omaha entfernt eine Farm mit 17 Hektar Land zu kaufen, an deren Gewinn er beteiligt wurde (das Land wurde fünf Jahre später für den doppelten Preis verkauft).

ERSTE AKTIEN

Bereits im Alter von elf Jahren verfügte Buffett über Ersparnisse in Höhe von 120 Dollar – die Früchte von sechs Jahren Schufterei und Knauserei bis zu diesem Zeitpunkt. Er legte mit seiner Schwester Doris zusammen und kaufte sechs Vorzugsaktien von Cities Service – seine drei Aktien kosteten 114,75 Dollar.

Bis Juni war die Aktie von 38,25 Dollar auf 27 Dollar gefallen. Buffett fühlte sich schuldig, weil er seine Schwester überredet hatte, ihm zu vertrauen und die Aktien von ihren Ersparnissen zu kaufen. Dieses Verantwortungsgefühl gegenüber denjenigen, die ihm vertrauen, ist sehr wichtig für das Verständnis der Art und Weise, wie Buffett in den 1950er- und 1960er-Jahren seine Partner und später die Aktionäre von Berkshire Hathaway behandelte.

Glücklicherweise erholte sich die Aktie auf 40 Dollar, woraufhin Buffett verkaufte. Damit erzielte er einen Gewinn von 1,75 Dollar pro Aktie.

DAS COLLEGE

Im Alter von 17 Jahren besuchte Buffett die Wharton School der University of Pennsylvania. Nach kurzer Zeit stellten sich Zweifel ein, ob er sein Studium fortsetzen sollte, und er stellte die Sinnfrage. Er machte Geschäfte, seit er sechs Jahre alt war, erzielte bereits ein gutes Einkommen und das College würde sein Fortkommen verlangsamen. Er glaubte, er wisse mehr als die Professoren darüber, wie man ein Unternehmen führt.

Er absolvierte die Kurse mit Leichtigkeit und hielt zwei Jahre lang durch, während er anderen Interessen nachging, aber er schloss das Studium nicht in Wharton ab. Er wechselte an die University of Nebraska, näher bei seiner Familie.

AKTIEN BEOBACHTEN – ALS SPEKULANT

Anstatt sich auf die Aufgaben am College zu fokussieren war Buffett wie immer vom Geldverdienen besessen. Zu dieser Zeit beaufsichtigte er Zeitungsjungen in sechs Bezirken Nebraskas, sammelte Golfbälle und arbeitete als Verkäufer bei J. C. Penney.

Im Jahr 1949 beliefen sich seine Ersparnisse auf rund 9.800 Dollar. Zu dieser Zeit war er süchtig nach dem Aktienhandel. Er probierte alle möglichen Methoden aus, um damit erfolgreich zu sein, von Chartmustern über Zahlenmuster bis hin zum „Aktienhandel mit ungeraden Losen", was auch immer das gewesen sein mag. Daran können wir erkennen, dass Buffett spekulierte.

Und dann las er 1949 Benjamin Grahams neues Buch „Intelligent investieren". Es war eine Offenbarung! Buffett wollte nun unbedingt die Columbia Business School besuchen, um den von Graham und David Dodd konzipierten und geleiteten Kurs zu belegen. Dies tat er im Herbst 1950 und schloss im Sommer 1951 mit einem Master of Science in Wirtschaftswissenschaften ab. Im Rahmen dieses Studiengangs konnte er sich voll und ganz auf den Kurs konzentrieren, der von den Gründervätern des Value-Investings konzipiert worden war. Buffett verschlang den rationalen Ansatz der Aktienauswahl von Graham und Dodd.

LEKTIONEN

1. **Greifen Sie nicht gedankenlos nach einem kleinen Gewinn.** Die Vorzugsaktie von Cities Service stieg auf 202 Dollar, nachdem Buffett sie für 40 Dollar verkauft hatte.
2. **Versteifen Sie sich nicht darauf, was Sie für eine Aktie bezahlt haben.** Das sind versunkene Kosten. Von Interesse ist Ihre Einschätzung der weiteren Kursentwicklung. Wenn eine Aktie nach dem Kauf fällt, müssen Sie die Aussichten von diesem Punkt aus anhand Ihrer Schätzung des inneren Wertes

beurteilen. In vielen Fällen steigt und fällt der innere Wert nicht im Gleichschritt mit dem Kurs.

3. **Wenn man das Geld anderer Leute investiert, kann man sich unwohl fühlen, wenn man einen Fehler macht.** Buffett hasste Konfrontationen und negative Gefühle und schwor sich daher, das Geld anderer Leute nur dann anzunehmen, wenn er davon überzeugt war, dass er erfolgreich sein könnte. John Templeton, ein milliardenschwerer Investor mit starken christlichen Überzeugungen, pflegte zu sagen: „OPM ist heilig"; OPM steht für „Other People's Money", das Geld anderer Leute.

Investition 2

GEICO

Eckpunkte des Geschäfts

Geschäft	**GEICO**
Zeitpunkt	1951, Buffett 20 Jahre alt
Gezahlter Preis	10.282 Dollar
Menge	350 Aktien
Verkaufspreis	15.259 Dollar
Gewinn	4.977 Dollar

Dieses Beispiel illustriert eine frühe Anwendung Graham'scher Methoden durch Buffett.

Der 20-jährige Buffett war in seinem zweiten (und letzten) Semester an der Columbia University. Zu diesem Zeitpunkt hatte er „Wertpapieranalyse“ bereits viele Male gelesen und sich die Fallstudien eingeprägt. Im Frühjahrssemester kam er in Grahams Vorlesungen, voll ausgerüstet mit den Ideen von Graham und Dodd, und er wollte darüber diskutieren. Er war der Erste im Kurs, der sich meldete, und derjenige, der Graham am eifrigsten in eine Diskussion über die Vorzüge eines Unternehmens oder den Vergleich zweier Unternehmen verwickelte (Grahams bevorzugte Lehrmethode). Später im Jahr erhielt Buffett von Graham eine 1+ – die einzige, die er jemals vergeben hat.

Anfang 1951 fand Buffett heraus, dass Graham Vorsitzender einer kleinen Versicherungsgesellschaft war, der Government Employees Insurance Company (GEICO). Er war fasziniert und wollte mehr darüber erfahren. An einem Samstag fuhr er mit dem Zug nach Washington und klopfte an die Tür der GEICO-Zentrale. Bevor ich fortfahre, erkläre ich besser, wie GEICO unter die Kontrolle von Grahams Fonds, der Graham-Newman Corporation, gekommen war.

DIE GESCHICHTE VON GEICO

GEICO wurde 1936 gegründet und bot Kfz-Versicherungen für Staatsbedienstete an. Das Unternehmen entschied sich für eine ungewöhnliche Vertriebsmethode. Die meisten Konkurrenten verkauften ihre Versicherungen über Makler, aber GEICO hielt dies für zu teuer und erkannte, dass es bessere Tarife anbieten und höhere Gewinnspannen erzielen konnte, wenn es die Versicherungen per Direktvertrieb an die Leute verkaufte. Das Unternehmen florierte, doch 1947 wollte eine der beherrschenden Familien ihre Aktien, die 55 Prozent des Unternehmens ausmachten, verkaufen. Sie beauftragte einen Investmentmakler namens Lorimer Davidson mit der Abwicklung des Verkaufs. Anfänglich hatte er Schwierigkeiten, aber schließlich kaufte Grahams Fonds 1948 die Anteile für 720.000 Dollar und Graham selbst wurde Vorsitzender, während einer seiner Kollegen einen Sitz im Verwaltungsrat übernahm.

BUFFETT KLOPFT AN DIE TÜR – AN EINEM SAMSTAG!

An jenem Samstag Anfang 1951 öffnete der Hausmeister die Tür der GEICO-Zentrale und sagte, zufällig sei Lorimer Davidson im Gebäude

(Davidson war von der Firma als Finanzvorstand eingestellt worden). Als Buffett erklärte, dass er ein Schüler Grahams sei, im Gespräch schnell bewies, dass er sich über das Unternehmen informiert hatte, und tiefgründige Fragen stellte, war Davidson bereit, ein paar Minuten seiner Zeit zu opfern, um mit dem jungen Mann zu plaudern (nach Buffetts eigener Aussage sah er zu diesem Zeitpunkt wie ein 16-jähriger Streber aus).

Aus ein paar Minuten wurde ein vierstündiges Gespräch und Buffett hatte eine wunderbare Lektion über die Funktionsweise einer Versicherungsgesellschaft erhalten. Ihm war klar, dass GEICO zwei Wettbewerbsvorteile hatte:

1. Eine sehr kostengünstige Vertriebsmethode.
2. Einen guten Nischenmarkt. Kunden, die quasi per definitionem sichere Fahrer waren und daher ein geringes Versicherungsrisiko darstellten, tendierten dazu, sich bei GEICO zu versichern.

Die Wachstumsaussichten waren ausgezeichnet, nicht zuletzt, weil GEICO über ein sehr effizientes Vertriebsteam verfügte. Die Gewinnspannen waren fünfmal so hoch wie die des durchschnittlichen Versicherers. Und was noch besser war: GEICO verfügte über einen beträchtlichen Float (gezahlte und noch nicht in Anspruch genommene Versicherungsprämien), der für Investitionszwecke zur Verfügung stand.

Dies ist ein frühes Beispiel dafür, wie Buffett ein Unternehmen eingehend analysiert und versucht, seinen inneren Wert zu ermitteln. Wir beobachten auch, dass Buffett eher an seiner eigenen Meinung festhält als der von Experten zu folgen; er hatte mit einigen Spezialisten für Versicherungsinvestments gesprochen, die der Ansicht waren, GEICO sei überbewertet. GEICO hatte nur einen Marktanteil von einem Prozent und galt als anfällig für aggressive Konkurrenz, insbesondere jene vertretergestützter Vertriebssysteme. Buffett hatte jedoch von Graham gelernt, der vertrat, dass man weder recht noch unrecht habe, nur weil die Masse anderer Meinung sei. Man müsse sich an den Fakten orientieren, nicht an der Masse.

Begeistert investierte Buffett etwa 65 Prozent seines Nettovermögens in GEICO-Aktien, ein Betrag von 10.282 Dollar.

Buffett verkaufte sie 1952 für 15.259 Dollar. Keine schlechte Rendite, aber bedenken Sie: Hätte er die Aktien behalten und wäre in den nächsten 19 Jahren zum Angeln gegangen, hätte er sie Ende der 1960er-Jahre für 1,3 Millionen Dollar verkaufen können. Die schmerzhafte Lektion war, dass *es nicht ratsam ist, eine Beteiligung an einem offensichtlich großartigen Unternehmen zu verkaufen*. Aber wir wollen ihm verzeihen. Wie wir sehen werden, hat er das Geld anderweitig gut eingesetzt.

Es ist erwähnenswert, dass Berkshire Hathaway in den frühen 1970er-Jahren erneut in GEICO investierte. Im Jahr 2016 hatte GEICO einen Anteil von 11,4 Prozent am US-Autoversicherungsmarkt.

LEKTIONEN

1. **Machen Sie Ihre Hausaufgaben.** Achten Sie bei der Analyse eines Unternehmens auf quantitativen Faktoren wie zum Beispiel die Bücher und qualitative Faktoren wie zum Beispiel den Ruf des Unternehmens bei seinen Kunden oder das Talent der Unternehmensführung.
2. **Sie können viel mehr sehen als die sogenannten Experten, wenn Sie bereit sind, sich etwas Mühe zu geben.** In diesem Fall machten sich viele Analysten der großen Fondshäuser nie die Mühe, die Manager kleinerer Versicherungsunternehmen zu besuchen und mit ihnen zu sprechen, sondern befassten sich nur mit Jahresberichten und Branchenberichten. Alle Anleger können diese Lektion anwenden – wenn man einen Schritt weiter geht, kann man besser informiert sein als die Fachleute.

3. **Halten Sie nach Unternehmen Ausschau, die das Kapital gewinnbringend einsetzen.** Wenn ein Unternehmen das zurückfließende Kapital nutzt, um überdurchschnittliche Renditen zu erzielen, kann dies sehr wertvoll sein. Unter diesen Umständen werden die Gewinne wahrscheinlich schnell steigen und damit auch der Aktienkurs.

Investitionen 3 und 4

CLEVELAND WORSTED MILLS UND EINE TANKSTELLE

Nach seinem 1+-Abschluss an der Columbia University wollte Buffett unbedingt für Grahams Unternehmen arbeiten. Graham lehnte ihn immer wieder ab – Graham war Jude und an der Wall Street gab es damals viele Vorurteile, sodass er Stellen für Juden reservierte. Buffett bot sogar an, umsonst zu arbeiten – und kassierte trotzdem eine Absage. Mit einer Portion Ironie bemerkte Buffett, dass Graham die Sache mit den Werten sehr ernst nahm!

Etwas widerwillig kehrte der 21-jährige Buffett nach Omaha zurück, um als Börsenmakler in der Firma seines Vaters zu arbeiten und im Haus seiner Eltern zu wohnen. Als Makler sollte er das Aktiengeschäft vorantreiben, indem er aktiv Ideen einbrachte und versuchte, Privatanleger für Käufe über die Maklerfirma seines Vaters zu gewinnen.

Da er wie ein 16-jähriger „Depp" aussah, wurde er nicht ernst genommen, als er den wohlhabenden Männern und Frauen von Omaha vorschlug, seine Picks – die von ihm ausgewählten Aktien – zu kaufen. Die Menschen, die er ansprach, hörten manchmal zu, konsultierten dann aber einen erfahreneren Börsenmakler zu der Idee und handelten schließlich über diesen. Oder sie fragten: „Was hält dein Vater davon?" Trotz der hohen Qualität seiner Ideen war Buffett frustriert.

INVESTITIONEN

Ende 1951 hatte Buffett ein Kapital von rund 20.000 Dollar angesammelt. Sowohl Graham als auch sein Vater, die beiden Männer, die er am meisten bewunderte, rieten ihm davon ab, in den Aktienmarkt zu investieren, da die Preise zu hoch seien. Er konnte ihre Logik nicht nachvollziehen und entschied, dass das Jahr 1951 der perfekte Zeitpunkt war, um gute Unternehmen zu erwerben. Er hielt das Potenzial für so groß, dass er sich zum ersten Mal Geld lieh, um Aktien zu kaufen (er lieh sich ein Viertel seines Vermögens, 5.000 Dollar).

Seien Sie gewarnt: Die Kreditaufnahme ist nur etwas für sehr fähige Anleger und solche, die es sich leisten können, ihr gesamtes Portfolio zu verlieren, ohne dass dies ihren Lebensstil beeinträchtigt. Anderen rate ich davon ab und Buffett tut das auch. Tatsächlich hat Buffett danach nur noch sehr wenige Kredite aufgenommen (sein Versicherungs-Float verschaffte ihm die Hebelwirkung, die er brauchte, meist kostenlos).

Mit seinem Kapital von 25.000 Dollar und auf der Suche nach Investitionen ging Buffett zweimal die Übersichten über alle börsennotierten amerikanischen Unternehmen im Handbuch von Moody's durch – etwa 10.000 Seiten. Einige verwarf er innerhalb von Sekunden, andere prüfte er auf Herz und Nieren. Er eiferte auch Graham nach, indem er dessen Methoden und seine eigenen Ideen in einem Investment-Abendkurs an der Universität von Omaha lehrte. Zu dieser Zeit hielt Buffett zwei faule Investments.

FEHLSCHLAG 1: CLEVELAND WORSTED MILLS

Der Aktienkurs von Cleveland Worsted Mills betrug weniger als die Hälfte des Nettoumlaufvermögens (NCAV = Net Current Asset Value) des Unternehmens. Das bedeutet, dass der Gesamtpreis aller Aktien des Unternehmens (die Marktkapitalisierung) weniger als die Hälfte des nach Abzug aller Verbindlichkeiten im Umlaufvermögen des Unternehmens gebundenen Geldes betrug. In der Praxis bedeutete dies, dass das Unternehmen, wenn es alle Gläubiger bezahlt hatte und das Anlagevermögen nichts mehr wert war, immer noch über Geld in Form von Bargeld, Forderungen (Debitoren) und/oder Vorräten verfügte, die doppelt so viel wert waren wie der Preis, den der Markt damals für seine Aktien bot. Diese Methode der Aktienauswahl ist für die Buffett-Geschichte in den 1950er-Jahren so wichtig, dass ich sie im Folgenden ausführlicher erläutern werde.

Cleveland Worsted Mills wurde nicht nur zur Hälfte seines NCAV gehandelt, sondern schüttete auch einen hohen Anteil seiner Gewinne als Dividenden aus. Diese Faktoren ließen in ihrer Kombination das Unternehmen als attraktive Investition erscheinen und Buffett verkaufte die Idee dieser Investition an Börsenmaklerkunden in Omaha. Dann ging es schief – das Unternehmen sah sich einem intensiven Wettbewerb durch Textilfabriken in den Südstaaten der USA und durch Kunstfasern ausgesetzt. Es machte große Verluste, kürzte seine Dividende und der Aktienkurs fiel.

Wie bereits erwähnt ist das Investieren anhand des Nettoumlaufvermögens so wichtig für Buffetts Ansatz, dass es sich lohnt, auf dieses Thema näher einzugehen.

INVESTIEREN ANHAND DES NETTOUMLAUFVERMÖGENS

Ob Sie es glauben oder nicht, in den Tiefen des Aktienmarkts sind Firmen verborgen, die für weniger als den Wert ihres Umlaufvermögens gehandelt werden. Das Umlaufvermögen umfasst Bargeld und andere Vermögenswerte, die voraussichtlich innerhalb eines Jahres in Bargeld umgewandelt werden können. Sie bestehen hauptsächlich aus Vorräten, Forderungen und Bargeld.

Noch bemerkenswerter ist die Tatsache, dass man, wenn man alle lang- und kurzfristigen Verbindlichkeiten von diesem Umlaufvermögen abzieht – um das Nettoumlaufvermögen (NCAV) zu erhalten –, Unternehmen finden kann, die für weniger als das NCAV verkauft werden.
Dies ist umso erstaunlicher, wenn man bedenkt, dass bei diesem Ansatz der Wert der langfristigen Vermögensgegenstände (der auch als Anlagevermögen bezeichnet wird) des Unternehmens außer Acht gelassen wird. Diese Vermögenswerte werden mit null bewertet. Das ist auf die Spitze getriebene konservative Bewertung. Es mag sein, dass das langfristige Vermögen aus Gebäuden, Fahrzeugen, Anlagen und so weiter besteht, die einen erheblichen Marktwert besitzen. Doch all das wird ignoriert – es wird mit null angesetzt.
Darüber hinaus gibt es noch zwei weitere Schichten von Vorsichtsmaßnahmen:

1. Vorräte und Forderungen mindern

Die Zahlen für die Bewertung des Umlaufvermögens in der Unternehmensbilanz werden nicht für bare Münze genommen. Es könnte sein, dass Sie bei der Bewertung der Vorräte eine Sicherheitsmarge einbauen wollen. So werden die Unternehmenslenker über ihre Buchhalter zum Bilanzstichtag einen bestimmten Wert für die Rohmaterialien im Lager, für die halbfertigen Erzeugnisse in der Produktion und für die fertigen, noch nicht an die Kunden verkauften Produkte angegeben haben. Es ist jedoch nicht ungewöhnlich, dass Manager die Dinge durch eine rosarote Brille betrachten. Als Value-Anleger können wir eine Sicherheitsmarge einbauen, indem wir es ablehnen, das Unternehmen auf der Grundlage des bestmöglichen Ergebnisses zu bewerten. Vielleicht ist ein Teil der alten Bestände inzwischen veraltet und kann nicht mehr ansatzweise zu den ursprünglichen Kosten verkauft werden. Als Außenstehende können wir nicht jeden Artikel durchgehen und bewerten, aber wir können, um auf Nummer sicher zu gehen, den Gesamtwert der Vorräte um etwa 33 Prozent verringern. Dies war der von Benjamin Graham für die meisten Fälle empfohlene Prozentsatz.

Das gleiche Sicherheitsprinzip gilt für Forderungen (auch Debitoren genannt). Die Manager des Unternehmens sind vielleicht optimistischer als Sie, wenn sie den Anteil der Kunden schätzen, die nicht zahlen werden. Vielleicht sollte der Wert der Forderungen um 20 Prozent reduziert werden.

2. Die qualitativen Faktoren prüfen

Der nächste Schritt besteht darin, sicherzustellen, dass die qualitativen Merkmale des Unternehmens solide sind (unter der Annahme, dass die beste Lösung für das Unternehmen nicht die sofortige Liquidation ist):

(a) Die Aussichten des Unternehmens. Ist das operative Geschäft einigermaßen gut aufgestellt, um mittel- bis langfristig Gewinne zu erzielen? Ob Sie es glauben oder nicht, es ist durchaus möglich, gute Unternehmen zu finden, die zu im Verhältnis zum aktuellen Nettoumlaufvermögen niedrigen Preisen gehandelt werden. Der von Graham geprägte Begriff „Ertragskraft" ist das, wonach wir suchen. Nach Graham ist ein Indikator für die künftige Ertragskraft ein zufriedenstellendes Niveau der laufenden Erträge und Dividenden und/oder eine hohe durchschnittliche Ertragskraft in der Vergangenheit. Dabei ist es wichtig, sich nicht auf die Prognosen anderer für die Zukunft oder auf Daten aus der Vergangenheit allein zu verlassen, denn dies kann irreführend sein. So sahen beispielsweise J. C. Penney, Nokia oder Tesco im Jahr

2012 auf der Grundlage von Daten oder Fakten aus der Vergangenheit stark aus. Doch wie diese Unternehmen feststellen mussten, kann sich das Wettbewerbsumfeld ändern. Der Anleger muss über die Zahlen hinaus nach Anzeichen für eine Anfälligkeit für die Disruption der gewohnten Geschäftsabläufe suchen.
Bei der Ertragskraft handelt es sich nicht um die aktuellen Erträge, sondern um eine Kombination aus den tatsächlichen Erträgen über einen Zeitraum von fünf bis zehn Jahren und den geschätzten künftigen Erträgen über beispielsweise fünf Jahre in der Zukunft. Dabei werden die Wettbewerbsstärken des Unternehmens gegenüber Konkurrenten, Lieferanten und Kunden sowie das Potenzial für den Eintritt neuer Konkurrenten in die Branche und für Ersatzprodukte/-dienstleistungen, die dem Unternehmen schaden, berücksichtigt (zum Beispiel die Art und Weise, wie das Internet einen Ersatz für Reisebüros, für den Vertrieb von Tonträgern und den Buchverkauf geschaffen hat).

(b) Qualität des Managements. Hier gilt es zwei Aspekte zu berücksichtigen:

1. *Kompetenz*: Aussagen des Managements werden geprüft und mit seiner Leistung über einen langen Zeitraum verglichen.
2. *Aktionärsorientierung*: Auch wenn ein Unternehmen über ein kompetentes und tatkräftiges Management verfügt, ist es möglicherweise keine gute Investition, wenn dieses nicht auch die Eigenschaft der Integrität besitzt, insbesondere im Hinblick darauf, die Interessen der Aktionäre zu befördern.

(c) Stabilität. Ist das operative Geschäft hinreichend stabil? Wird die Höhe der Verschuldung des Unternehmens seine Stabilitätsaussichten erheblich beeinträchtigen? Der Anleger möchte nicht in ein Unternehmen mit hoher Verschuldung oder stark schwankenden Einkommensströmen investiert sein. Branchen, die keinen großen Veränderungen unterworfen sind, sind wahrscheinlich stabil; das bedeutet, dass Biotechnologie und Computerspielsoftware nicht infrage kommen, während Sparten, die langweilige Dinge verkaufen, eher passen.

Wie kommt es zu solch niedrigen Aktienkursen?

Es gibt drei Gründe dafür, dass selbst bei Unternehmen mit einem großen Überschuss des Umlaufvermögens über die Verbindlichkeiten die Aktienkurse unter das NCAV fallen:

1. Die Manager haben wertvernichtende Aktivitäten betrieben, die das Vermögen der Aktionäre Jahr für Jahr durch Verluste geschmälert haben.
2. Der Aktienmarkt hat den Preis der Aktien irrational auf ein unangemessenes Niveau gedrückt.
3. Die Aktionäre haben das Unternehmen nicht dazu gedrängt, das für die Aktionäre Richtige zu tun.

Warum sollte eine Aktie mit hohem Nettoumlaufvermögen steigen?

Unternehmen, die eine schwere Zeit durchmachen, einige Jahre lang Verluste schreiben oder unter einem wirtschaftlichen oder branchenspezifischen Niedergang leiden, sind in der Regel einem großen Marktpessimismus ausgesetzt. Manchmal schert dieser alles über einen Kamm. Neben Schrott werden auch gesunde Unternehmen abgestoßen, bei denen es gute Gründe für die Annahme gibt, dass sie sich irgendwann erholen werden.
Es gibt vier mögliche Entwicklungspfade, die das Muster der Verluste stoppen oder umkehren können, sodass die Jahr für Jahr

voranschreitende Wertvernichtung durch den allmählichen Abbau von Vermögenswerten in der Bilanz gestoppt wird:

1. Die Ertragskraft wird durch eine Verbesserung der wirtschaftlichen Rahmenbedingungen erhöht

Dies könnte das Ergebnis eines allgemeinen wirtschaftlichen Aufschwungs sein. Alternativ kann die Ertragskraft auch durch die Auswirkungen eines Ausstiegs aus der Branche gestärkt werden: Die Wettbewerber gehen unter oder ziehen sich aus bestimmten Aktivitäten zurück, sodass die wenigen, die übrig bleiben, die Preise erhöhen und die Gewinne steigern können.

2. Das Management rafft sich auf

Das Management mag kompetent sein, aber es sieht sich einem heftigen Angriff durch neue Konkurrenten oder aggressiver Preisgestaltung und Vermarktung seitens alter Konkurrenten ausgesetzt. Vielleicht wird es sich neu formieren, aus den Fehlern der Vergangenheit lernen und mit neuem Elan attackieren.

3. Verkauf des Unternehmens an ein anderes

Der Käufer sollte bereit sein, mindestens den Liquidationswert zu bezahlen (der höher ist als die entsprechende Marktkapitalisierung, wenn der Verkaufspreis des Umlaufvermögens in der Nähe des Bilanzwerts liegt), sodass der NCAV-Investor einen Vorteil erfährt.

4. Vollständige oder teilweise Liquidation

Es gibt viele Unternehmen, deren Fortführung nicht sinnvoll ist. Den Aktionären stünde weitaus mehr Geld zur Verfügung, wenn sich die Unternehmensleitung dazu entschließen würde, die Vermögenswerte durch den Verkauf gegen Bargeld abzubauen. Dann könnte ein höherer Dividendenstrom an die Aktionäre gezahlt werden. Bei einigen Unternehmen, insbesondere bei solchen, die viele Immobilien besitzen, aber nur Verlust machen, fließt bei einer schrittweisen Liquidation der Vermögenswerte zwei- oder dreimal so viel Geld an die Aktionäre.

Der NCAV-Anleger sucht also nach einem dieser vier Ereignisse, um aus seiner Investition eine Rendite zu erzielen.

FEHLSCHLAG 2: DIE TANKSTELLE

Buffett kaufte zusammen mit einem Freund eine Tankstelle in Omaha. Leider befand sie sich gegenüber einer Texaco-Tankstelle, die ständig mehr verkaufte als sie. Erstaunlicherweise packte Buffett sogar persönlich mit an, um auszuhelfen – an den Wochenenden bediente er tatsächlich Kunden.

Dabei lernte er Lektionen über Wettbewerbsvorteile: Die Texaco-Tankstelle „war sehr gut etabliert und sehr beliebt ... Kundentreue ... ein Kundenstamm ... Nichts, was wir taten, konnte daran etwas ändern." Nachdem er diese Lektion verinnerlicht hatte, führte sie später zu einigen seiner besten Käufe, da er die Unternehmen mit der ausgeprägtesten Kundenbindung in ihrer jeweiligen Branche suchte, zum Beispiel Coca-Cola.

Doch zum damaligen Zeitpunkt litt der 22-Jährige darunter, dass er durch Benzin 2.000 Dollar verloren hatte.

ÜBERMITTLUNG VON IDEEN AN GRAHAM

Buffett sehnte sich immer noch danach, seine Ausbildung unter Grahams Anleitung fortzusetzen, und so schickte er Graham weiterhin Analysen von Unternehmen. Schließlich lenkten Graham und sein Partner Jerry Newman ein und boten Buffett eine Stelle bei der Graham-

Newman Corporation an. Er sollte eine von nur vier Personen neben den Partnern sein, die mit diesen in deren New Yorker Investmentbüro arbeiteten.

LEKTIONEN

1. **Jeder Anleger macht Fehler – viele Fehler**. Sie müssen akzeptieren, dass Sie Misserfolge erleben werden, das gehört zum Geschäft. Sie müssen Persönlichkeitsmerkmale entwickeln, die es Ihnen ermöglichen, Misserfolge zu relativieren: Die langfristige Gesamtperformance des Portfolios ist Ihr Maßstab für die Beurteilung von Erfolg oder Misserfolg. Selbst große Anleger liegen in 45 Prozent der Fälle falsch. Wenn Sie in 55 Prozent der Fälle richtigliegen, werden Sie über Jahre hinweg einen wunderbaren Vermögenszuwachs verzeichnen.
2. **NCAV-Investitionen waren für Buffetts Ansatz von zentraler Bedeutung**. Es ist möglich, dass die Aktienkurse so tief fallen, dass das aktuelle Vermögen pro Aktie im Unternehmen nach Abzug aller Verbindlichkeiten deutlich mehr wert ist als der Preis, zu dem die Aktien am Markt angeboten werden. Manche derartigen Unternehmen haben gute Chancen, den Wert für die Aktionäre wieder zu steigern.
3. **Vernachlässigen Sie nicht die qualitativen Faktoren**. Das Verständnis der Wettbewerbsposition und der Qualität des Managements ist für die meisten erfolgreichen Investitionen von zentraler Bedeutung.

Investition 5

ROCKWOOD & CO.

Eckpunkte des Geschäfts

Geschäft	**Rockwood & Co.**
Zeitpunkt	1954-1955, Buffett 23-24 Jahre alt
Gezahlter Preis	verschiedene
Menge	keine Angabe
Verkaufspreis	verschiedene
Gewinn	13.000 Dollar

Bei Graham arbeitete Buffett zwei Jahre lang sehr intensiv. Seine Hauptaufgabe bestand darin, in einem fensterlosen Raum die Daten von Hunderten von Unternehmen zu durchforsten. Er erstellte einfache Berichte über Unternehmen, die Grahams Kriterien entsprachen, insbesondere in puncto Nettoumlaufvermögen pro Aktie. Es waren billige, vernachlässigte, ungeliebte Aktien.

Dieses Investment ist ein Beispiel für eine von Buffetts brillanten Investitionen in ein stark unterbewertetes Unternehmen, das von anderen übersehen wurde, weil es keine Gewinne erwirtschaftete.

ROCKWOOD & CO.

Rockwood, ein Hersteller von Schokoladentropfen (für Schokokekse), der in der Vergangenheit Verluste gemacht hatte, verfügte über einen großen Bestand an Kakaobohnen. Außerdem waren die Preise für Kakaobohnen hoch. Hätte Rockwood die Bohnen auf dem Markt verkauft, hätte das Unternehmen eine hohe Steuerlast zu tragen gehabt. Stattdessen fragten die Direktoren von Rockwood die Graham-Newman Corporation, ob sie das Unternehmen kaufen wolle. Der aufgerufene Preis war aber zu hoch.

Dann fragte Rockwood einen anderen fähigen Investor, Jay Pritzker, ob er das Unternehmen kaufen wolle. Pritzker dachte über eine Möglichkeit nach, die 50-prozentige Steuer auf die Gewinne aus dem Verkauf der Bohnen zu vermeiden. Eine neue Steuervorschrift besagte nämlich, dass ein Unternehmen, das seinen Tätigkeitsbereich verkleinert, die Steuer auf eine Teilliquidation seines Inventars vermeiden kann. Pritzker erwarb eine Mehrheitsbeteiligung und begann mit der Liquidation der Kakaobohnen im Wert von 13 Millionen Dollar. Er verkaufte sie jedoch nicht gegen Bargeld. Er erklärte, dass die Rockwood-Aktionäre jede ihrer Aktien gegen Bohnen im Wert von 36 Dollar eintauschen könnten. Die Aktien wurden auf dem Markt zu 34 Dollar gehandelt. Damit ergab sich eine klare Arbitragemöglichkeit. Graham wurde darauf aufmerksam und wies Buffett an, Rockwood-Aktien zu kaufen, um sie gegen Kakaobohnen einzutauschen und dann die Bohnen zu verkaufen, was einen Gewinn von zwei Dollar pro Aktie ergab.

Statt eines Sacks Bohnen händigte Rockwood jedem Verkäufer einen Lagerschein aus, der das Eigentum an den Bohnen auswies. Für den Fall, dass der Preis der Zertifikate sinken sollte, verkaufte die Graham-Newman Corporation Kakao-Futures (die die Lieferung einer bestimmten Menge Bohnen zu einem späteren Zeitpunkt und zu einem festen Preis garantierten) und sicherte sich so ihren Arbitragegewinn. Woche für Woche musste Buffett Aktien kaufen und dann Bohnen-Futures verkaufen.

DER BUFFETT-KNIFF

Graham-Newman war mit dem Arbitragegeschäft sehr erfolgreich, aber Buffett war überzeugt, er könnte es noch besser machen. Er kaufte einfach 222 Aktien von Rockwood. Seine Logik war die folgende:

- Das Angebot betrug 36 Kilogramm Bohnen pro Aktie.
- Die Bohnen, die Rockwood besaß, beliefen sich auf deutlich mehr als 36 Kilogramm pro umlaufende Aktie.
- Wenn Sie also zu den Aktionären gehörten, die ihre Aktien NICHT an Rockwood verkauft hatten, war erstens Ihre Menge an Bohnen pro Aktie, die das Unternehmen besaß, größer als die angebotenen 36 Dollar, und zweitens wuchs die Menge an Bohnen pro Aktie, da andere ihre Aktien verkauften.
- Zu den Bohnen kam der Wert aller Anlagen, Maschinen, Ausrüstungen, Barmittel, Forderungen und so weiter des Unternehmens hinzu, die in dem profitablen Teil des Unternehmens gehalten wurden, der fortgeführt wurde.

Pritzker wusste dies alles und war ein sehr kluger Kopf. Buffett brachte seine Interessen mit denen von Pritzker in Einklang, indem er Aktien kaufte.

WAS KAM DABEI HERAUS?

Vor dem Angebot von Pritzker wurden die Rockwood-Aktien für 15 Dollar gehandelt. Sie stiegen auf etwa 100 Dollar. Buffett machte einen Gewinn von 13.000 Dollar.

LEKTIONEN

1. **Man muss die Maßnahmen eines Unternehmens und ihre Auswirkungen auf den künftigen Wert gründlich bedenken** (anstatt an eine kurzfristige, praktisch risikolose Amortisierung zu denken).
2. **Solche Gelegenheiten bieten sich nur demjenigen, der bereit ist, Tag für Tag seine Hausaufgaben zu machen** und die Stecknadel im Heuhaufen zu suchen. Buffett nahm Tausende von Unternehmen unter die Lupe in der Hoffnung, eine oder zwei weitere Goldminen wie Rockwood zu finden.

Investition 6

SANBORN MAPS

Eckpunkte des Geschäfts

Geschäft	**Sanborn Maps**
Zeitpunkt	1958-1960, Buffett 28-30 Jahre alt
Gezahlter Preis	circa 45 Dollar, etwa 1 Million Dollar
Menge	24.000 Aktien beziehungsweise 22,8 Prozent der Aktien des Unternehmens
Verkaufspreis	Sanborn-Aktien gegen ein Aktienportfolio eingetauscht
Gewinn	circa 50 Prozent

Graham ging in den Ruhestand, als Buffett zwei Jahre lang für ihn gearbeitet hatte, und Buffett wurde arbeitslos. Zu diesem Zeitpunkt im Jahr 1956 hatte Buffett etwa 140.000 bis 174.000 Dollar angesammelt (je nachdem, welche Quelle man zurate zieht) und er war nicht auf der Suche nach einem Job. Er strebte einfach nur eine solide Basis an, von der aus er nachdenken und Investitionsentscheidungen über amerikanische Unternehmen treffen konnte. Er wählte Omaha.

Nach seiner Rückkehr nach Omaha beschloss der 25-jährige Buffett, sich auf Investitionen für sich selbst zu konzentrieren. Außerdem gründete er eine kleine Kapitalanlagegesellschaft mit sechs stillen Teilhabern – zumeist Verwandte und Freunde vor Ort, zum Beispiel seine Tante Alice, die 35.000 Dollar beisteuerte. Die Gesellschaft brachte 105.000 Dollar auf, wobei Buffett nur 100 Dollar einbrachte. Er arbeitete in einem kleinen Raum neben seinem Schlafzimmer.

Buffett war der alleinige Entscheidungsträger und teilte den Partnern nicht mit, in was er investierte (aus Angst vor Nachahmern). Er legte jedoch einen Jahresbericht über die Gesamtperformance vor und seine Frau Susie organisierte anlässlich der jährlichen Zusammenkunft ein Hähnchenessen. Es dauerte nicht lange, bis weitere Investoren hinzukamen (einige waren ehemalige Investoren von Ben Graham, die ein neues Zuhause für ihr Geld suchten), und Buffett willigte ein, weitere Gesellschaften zu gründen, die 1962 alle in der Kapitalanlagegesellschaft BPL (Buffett Partnership Limited) zusammengefasst wurden.

GEBÜHRENSTRUKTUR UND PERFORMANCE VON BUFFETT PARTNERSHIP

Buffett hielt es für falsch, von seinen Partnern ein Honorar zu verlangen, wenn er nicht zumindest die gleiche Rendite erzielen konnte, die sie bekommen konnten, wenn sie ihr Geld sicher ausliehen. So erklärte er, dass er für ein bestimmtes Jahr nur dann ein Honorar verlangen würde, wenn er in diesem Jahr für die Partner einen Gewinn von vier Prozent erzielte (dies galt für den Zeitraum 1956-1961). Jede Rendite über vier Prozent würde allerdings zu einem hohen Anteil an Buffett gehen. Dieses Erfolgshonorar betrug zunächst bis zu 50 Prozent; ab 1961 lag die Hürde bei sechs Prozent und das Erfolgshonorar bei 25 Prozent der darüber hinausgehenden Rendite.

Buffett hatte sich zum Ziel gesetzt, den Dow Jones über beliebige 3-Jahres-Zeiträume zu übertreffen – drei Jahre sind der Mindestzeitraum, über den ein Fondsmanager seiner Meinung nach beurteilt werden sollte.

Tabelle 6.1 zeigt die Wertentwicklung von Buffetts Gesellschaften von 1957 bis 1968 – dies ist der längste Zeitraum, für den wir fundierte Daten haben, bevor die konsolidierte Buffett Partnership Anfang 1970 aufgelöst wurde.

Tabelle 6.1: Wertentwicklung Kapitalanlagegesellschaften von Buffett (1957-1968)

Jahr	**Rendite des Dow Jones in %**	**Rendite der Gesellschaften in %**	**Ergebnisse der Gesellschafter (nach Abzug der Gebühren für Buffett) in %**
1957	-8,4	+10,4	+9,3
1958	+38,5	+40,9	+32,2
1959	+20,0	+25,9	+20,9
1960	-6,2	+22,8	+18,6
1961	+22,4	+45,9	+35,9
1962	-7,6	+13,9	+11,9
1963	+20,6	+38,7	+30,5
1964	+18,7	+27,8	+22,3
1965	+14,2	+47,2	+36,9
1966	-15,6	+20,4	+16,8
1967	+19,0	+35,9	+28,4
1968	+7,7	+58,8	+45,6
Kumuliert 1957-1968	+185,7	+2.610,6	+1.403,5
Durchschnittliche Jahresrendite	9,1	31,7	25,3

Quelle: BPL, Brief an die Gesellschafter (22. Januar 1969)

In diesem Zeitraum von 1957 bis 1968 gab es für Buffett kein einziges schlechtes Jahr. Er erzielte im Durchschnitt die dreifache Jahresrendite des Dow Jones (vor Abzug seines Honorars).

Sobald das Gesellschaftskapital auf einige Millionen Dollar angewachsen war, verbuchte Buffett eine sehr hohe jährliche Gebühr für sich selbst, die er wieder in die Partnerschaften steckte, um seinen Anteil zu erhöhen und reich zu werden.

Hier nun als Beispiel eines der Geschäfte, die Buffett in dieser Zeit tätigte.

SANBORN MAPS

Sanborn Maps war ein vom Pech verfolgtes Unternehmen. Einst war es eine florierende Firma gewesen, die Landkarten für Versicherungsgesellschaften anbot. Die Karten bildeten für jede US-Stadt winzige Details zu Strom- und Wasserleitungen sowie Gebäuden ab, um eine Einschätzung des Brandrisikos zu ermöglichen. Als die Versicherungsgesellschaften fusionierten, kauften sie weniger Exemplare von Sanborns detaillierten Straßenplänen. Außerdem wurden moderne Methoden zur Bewertung und Dämpfung von Risiken eingeführt.

Trotzdem hatte Sanborn immer noch ein Umsatzvolumen von etwa zwei Millionen Dollar pro Jahr und blieb profitabel, obwohl die Gewinne von über 500.000 Dollar pro Jahr in den späten 1930er-Jahren auf unter 100.000 Dollar in den Jahren 1958 und 1959 gesunken waren. Mit den sinkenden Gewinnen sank auch der Aktienkurs, und zwar von 110 Dollar im Jahr 1938 auf 45 Dollar im Jahr 1958. Damit belief sich die Marktkapitalisierung des Unternehmens auf 4,7 Millionen Dollar (45 Dollar x 105.000 Aktien).

Bezeichnenderweise verfügte Sanborn neben dem Kartengeschäft über ein Anlageportfolio, das sich auf 65 Dollar pro Aktie belief – das heißt, das Unternehmen besaß rund sieben Millionen Dollar in marktfähigen Wertpapieren, die ein beträchtliches Einkommen abwarfen.

Die Geschäftsführer, die nur sehr wenige Aktien besaßen, hatten sich damit begnügt, dass das Unternehmen lediglich das Portfolio hielt, und ihre Gehälter kassiert. Sie besaßen sogar die Unverfrorenheit, die Dividende in den acht Vorjahren fünfmal zu kürzen, obwohl das Unternehmen über eine enorme Menge an liquiden Mitteln verfügte.

BUFFETT KAUFTE, BRAUCHTE ABER DIE KONTROLLE, UM VERÄNDERUNGEN ZU BEWIRKEN

Dieser Auszug aus einem Brief, den er 1959 an seine Partner schrieb, gibt uns einen Einblick in Buffetts Überlegungen zu Sanborn:

> „Tatsächlich ist dieses Unternehmen [Sanborn Maps] teilweise eine Investmentgesellschaft, die etwa 30 oder 40 andere Wertpapiere von hoher Qualität besitzt. Unsere Investition wurde mit einem beträchtlichen Abschlag vom Vermögenswert getätigt und geführt, der auf dem Marktwert der Wertpapiere und einer konservativen Einschätzung des operativen Geschäfts beruht."[4]

Buffett kaufte für seine Anlagegesellschaften ab November 1958 und während des gesamten Jahres 1959 Sanborn-Aktien. Er kaufte auch Sanborn-Aktien für seinen persönlichen Fonds und ermutigte Freunde, Anteile zu erwerben. Er wollte, dass möglichst viele Personen, die ihm gegenüber loyal waren, Aktien des Unternehmens besaßen, denn er brauchte Stimmrechte, um die Änderungen durchzusetzen, die erforderlich waren, um den Wert des Unternehmens freizusetzen. Durch seine Gesellschaften, sein persönliches Konto sowie Freunde und Familie gelang es Buffett, genügend Aktien zu kaufen, um seine Wahl in den Verwaltungsrat zu erreichen. Die übrigen Mitglieder waren zumeist Vertreter von Versicherungsgesellschaften – Sanborns größte Kunden.

Bei seiner ersten Verwaltungsratssitzung schlug Buffett vor, dass die Aktionäre den Wert des Anlageportfolios des Unternehmens erhalten sollten und dass Sanborn die Ertragskraft seines Kartengeschäfts wiederherstellen sollte, indem es die Daten durch elektronische Geräte benutzerfreundlicher machte. Die Versicherungsdirektoren lehnten ab, aber die anderen Direktoren stimmten zu.

Buffett war verärgert darüber, dass die Verwaltungsratsmitglieder der Versicherung versucht hatten, seine Ideen zu blockieren, sodass seine Gesellschaften und sein Freundes- und Familienkreis weiterhin Aktien kauften (er zog sogar seinen Vater hinzu, um seine Maklerkunden zu Investitionen zu bewegen). Damit verfügte Buffett über einen ausreichenden Anteil, um die Kontrolle über das Unternehmen zu übernehmen, falls er dies wünschte. Seine Anlagegesellschaft besaß 24.000 Aktien, somit 22,8 Prozent von Sanborn, und seine *Partner* hielten weitere circa 21 Prozent. Buffett hatte 35 Prozent des Geldes seiner Partner in Sanborn Maps gesteckt. Einen weiteren Einblick in Buffetts Denkweise bietet dieser Auszug aus einem Brief an die Partner aus dem Jahr 1958:

> „Obwohl der Grad der Unterbewertung nicht höher ist als bei vielen anderen Wertpapieren, die wir besitzen … sind wir der größte Aktionär, was in vielen Fällen erhebliche Vorteile bei der Bestimmung der Zeitspanne mit sich bringt, die zur Korrektur der Unterbewertung erforderlich ist. Bei dieser speziellen Beteiligung ist uns eine bessere Performance als die des Dow Jones für den Zeitraum, in dem wir sie halten, praktisch sicher.“[5]

Buffett nutzte die Machtposition, um den anderen Sanborn-Direktoren mitzuteilen, dass er eine außerordentliche Aktionärsversammlung einberufen und die Kontrolle über das Unternehmen übernehmen würde, wenn sie seinem Vorschlag nicht folgten. 1960 stimmte der Verwaltungsrat zu, das Portfolio zu verwenden, um die Aktionäre auszuzahlen. Buffetts Anlagegesellschaft diente ihre Anteile an. Die Partner erzielten einen Gewinn von etwa 50 Prozent. Buffett beschrieb es folgendermaßen:

> „Etwa 72 Prozent der Sanborn-Aktien, darunter die 50 Prozent der den 1.600 Aktionären gehörenden, wurden zum Marktwert in Wertpapiere des Portfolios umgetauscht. Dem Kartenunternehmen verblieben über 1,25 Millionen Dollar in Staats- und Kommunalanleihen als Reservefonds ... Den übrigen Aktionären blieben ein leicht erhöhtes Vermögen, ein wesentlich höherer Gewinn pro Aktie und eine erhöhte prozentuale Dividende."[6]

LEKTIONEN

1. **Sicherheitsmarge**. Buffett hat sich hier eindeutig Grahams Ideen zunutze gemacht. Er kaufte die Aktien mit einer angemessenen Sicherheitsmarge zu einem Preis, der unter dem aktuellen Nettoumlaufvermögen lag. Und er hatte die Gewissheit, dass eine gewisse Ertragskraft vorhanden war, die sich weiter verbessern würde, wenn das Unternehmen verändert oder verkleinert würde – und es besteht bis heute. Eine zusätzliche Sicherheit bot ihm die Kontrolle über eine große Zahl an Aktien, da er so die Richtung des Unternehmens beeinflussen konnte.
2. **Größere Schlagkraft, wenn man über Millionen gebietet**. Der Vorteil, wenn man mit größeren Geldsummen arbeitet, besteht darin, dass man als Investor die Kontrolle über ein Unternehmen erlangen kann. Und mit zunehmendem Zugang zu den Mitteln kann der Investor Unternehmen ins Visier nehmen, bei denen es weniger wahrscheinlich ist, dass die derzeitige Kontrolle in den Händen einer kleinen, dominierenden Gruppe von Direktoren liegt. Wir haben also einen 29-jährigen Buffett vor uns, der mit anderen zusammenarbeitet, um den Wert für die

Aktionäre gegen den Willen eines scheinbar fest gefügten Vorstands zu maximieren. Dies erforderte ein hohes Maß an Tatkraft und Zielstrebigkeit, die er vermitteln konnte, um andere in seiner *konzertierten Gruppe* (oder einer Gruppe unabhängiger, besorgter Aktionäre, je nachdem, wie man es betrachtet) zu überzeugen. Trotz Buffetts Neigung, Konfrontationen aus dem Weg zu gehen, konnte er, wenn es um den Shareholder Value ging, sehr kämpferisch sein.

Investition 7

DEMPSTER MILL

Eckpunkte des Geschäfts

Geschäft	**Dempster Mill**
Zeitpunkt	1956-1963, Buffett 26-32 Jahre alt
Gezahlter Preis	28 Dollar
Menge	Circa 35.700 Aktien bzw. 70 Prozent der Aktien des Unternehmens
Verkaufspreis	80 Dollar
Gewinn	2,3 Mio. Dollar bzw. 230 Prozent

BPL wurde aus den einzelnen Gesellschaften am 1. Januar 1962 mit einem Nettovermögen von 7,2 Millionen Dollar gebildet. Buffett steckte fast sein gesamtes eigenes Geld in die Gesellschaft, etwas weniger als 450.000 Dollar. Darüber hinaus war er aufgrund der Gebühren, die er in Rechnung gestellt und in die Gesellschaft gesteckt hatte, am Wert der Gesellschaft beteiligt.

DEMPSTER MILL

Dempster Mill war ein kleines Familienunternehmen mit Sitz in der Stadt Beatrice in Nebraska. Es lieferte Windmühlen und Bewässerungssysteme. Buffett begann 1956 mit dem Erwerb einiger Aktien, die zu Preisen von 16 bis 18 Dollar verkauft wurden. Das Unternehmen hatte ein Vermögen (Buchwert) von etwa 4,5 Millionen Dollar oder 75 Dollar pro Aktie. Das Nettoumlaufvermögen betrug etwa 50 Dollar pro Aktie und der Jahresumsatz etwa neun Millionen Dollar.

Der Aktienkurs war so niedrig, weil Dempster ständig kleine Gewinne oder Verluste machte und die Geschäftsleitung nicht zu wissen schien, wie sie dieses trostlose Muster aufbrechen konnte. Außerdem war das Unternehmen hoch verschuldet und agierte in einer Branche mit sehr schlechten wirtschaftlichen Bedingungen. Buffett sagte über Dempster:

> „In den letzten zehn Jahren war das Geschäft durch stagnierende Umsätze, geringen Lagerumschlag und praktisch keine Gewinne im Verhältnis zum investierten Kapital gekennzeichnet."[7]

Kurzum: Es handelte sich also um eine typische Benjamin-Graham-Anlage. Es gab verschiedene Möglichkeiten, eine Rendite aus einer solchen Investition zu erzielen. Erstens könnte sich die wirtschaftliche Lage der Branche verbessern; zweitens könnte das Management verbessert oder ausgetauscht werden; drittens könnte das Unternehmen liquidiert werden; und viertens könnte es ein Übernahmeangebot annehmen.

Buffett und seine Freunde Walter Schloss und Tom Knapp erwarben elf Prozent der Aktien des Unternehmens und Buffett wurde Mitglied des Vorstands. Er kaufte weiter zu und erwarb schließlich den Anteil der Familie Dempster. Mitte 1961 wurde Buffett Partnership Mehrheitsaktionär mit 70 Prozent des Kapitals, das etwa eine Million Dollar kostete (weitere zehn Prozent wurden von einigen Partnern gehalten), und Buffett wurde zum Chairman ernannt. Der durchschnittlich gezahlte Preis lag bei 28 Dollar pro Aktie. Die Dempster-Beteiligung machte 21 Prozent des Vermögens von BPL aus.

ÄRGER BRAUT SICH ZUSAMMEN

Das Unternehmen war in viele unrentable Geschäfte verstrickt und verbrauchte große Mengen an Aktionärsgeldern für Lagerbestände und Forderungen. Es war logisch, drastische Kürzungen vorzunehmen, um Barmittel freizusetzen, die anderweitig eingesetzt werden konnten, insbesondere für den Kauf anderer börsennotierter Aktien. Die Manager nickten, als Chairman Buffett bei seinen monatlichen Besuchen aus Omaha über den Abbau von Lagerbeständen sprach – und taten dann unverzüglich nichts.

Der Liquiditätsengpass war so besorgniserregend, dass die für Dempster zuständigen Banker die Schließung des Unternehmens in Erwägung zogen, und 1962 war es nur noch wenige Monate von der Katastrophe entfernt. Buffett sah sich mit der Aussicht konfrontiert, seinen Gesellschaftern erklären zu müssen, dass 21 Prozent ihres Vermögens dahingeschwunden waren. Es roch nach einem Misserfolg, der ein schlechtes Licht auf seine Investitionsentscheidungen werfen würde. Doch Buffett war in der Lage, aus Dempster Mill mit wenig verheißungsvollem Material ein wertvolles Unternehmen zu machen – mit ein wenig Hilfe von seinen Freunden.

CHARLIE MUNGER

Im Jahr 1959 lernte Buffett Charlie Munger kennen. Er war ebenfalls ein Intellektueller, stammte aus Omaha (lebte damals allerdings in Kalifornien) und war einer der wenigen Menschen, die mit Buffett mithalten konnten und in rationalen Diskussionen ihr Bestes gaben. Sie verstanden sich prächtig.

Munger war Rechtsanwalt, woraufhin Buffett erklärte, der Anwaltsberuf sei als Hobby in Ordnung, aber als Investor könne er besser reüssieren. Munger gründete daraufhin in Kalifornien einen Investmentfonds und telefonierte regelmäßig mit Buffett über Anlageideen. Im Frühjahr 1962 diskutierten sie das Problem Dempster. Munger kannte in Kalifornien einen hartgesottenen Manager namens Harry Bottle, der vielleicht helfen konnte. Es bedurfte eines großzügigen Gehaltspakets (hauptsächlich eine Gewinnbeteiligung), aber Buffett konnte Bottle überreden, nach Beatrice zu ziehen, und das war es wert.

DIE WIEDERHERSTELLUNG

Bottle zog im April 1962 nach Beatrice, ermittelte die verlustbringenden Bereiche von Dempster Mill und entließ Mitarbeiter: Das war nicht einfach, aber notwendig. Ein neu eingestellter Mitarbeiter Buffetts, Bill Scott, ging nach Beatrice, um Bottle bei der Sichtung des Inventars zu helfen. Scott war ein ehemaliger Banker, der an Buffetts Investmentkurs teilgenommen hatte. Die einzige andere Angestellte, die Buffett hatte, war eine Sekretärin in seinem winzigen neuen Büro im Kiewit Plaza in Omaha.

Bottle und Scott reorganisierten das Marketing von Dempster. Außerdem verkauften sie überschüssige Ausrüstung, reduzierten den Lagerbestand, schlossen fünf Niederlassungen und erhöhten die Preise im Rumpfgeschäft (für Artikel, bei denen Dempster der einzige Lieferant war, erhöhten sie die Preise um bis zu 500 Prozent). Ein ordentliches Kostendaten-System wurde etabliert. Insgesamt wurden 100 Mitarbeiter entlassen, trotz des Widerstands der Gewerkschaften und der örtlichen Bevölkerung. Die Gewinnschwelle wurde praktisch halbiert und die frei werdenden Mittel wurden von Buffett in Aktien und Anleihen investiert.

Zu den praktischen Lösungen, die er anwandte, sagte Bottle:

> „Ich hatte Schwierigkeiten, die Lagerbestände auf ein Niveau zu reduzieren, das eine vernünftige Rendite ermöglichte. In meiner Verzweiflung engagierte ich einfach einen Maler und malte mit seiner Hilfe in etwa drei Metern Höhe über dem Boden eine 15 Zentimeter breite weiße Linie rund um die Innenwand unserer größten Lagerhalle. Ich rief die Werksleiter zusammen und teilte ihnen mit, wenn ich jemals das Gebäude betreten würde und die Linie über dem Kistenstapel nicht sehen könnte, würde ich alle außer der Versandabteilung entlassen, bis die Linie sichtbar wäre. Ich verschob diese Linie schrittweise nach unten, bis ich einen zufriedenstellenden Lagerumschlag erreicht hatte."[8]

Während der Lagerbestand Anfang 1962 noch 4,2 Millionen Dollar betrug, waren es ein Jahr später nur noch etwa 1,6 Millionen Dollar. Während am 30. November 1961 (dem Ende des Geschäftsjahrs von Dempster) 166.000 Dollar an Barmitteln und 2,315 Millionen Dollar an Verbindlichkeiten vorhanden waren, wandelte sich dies zu etwa einer Million Dollar an Barmitteln und Investitionen (von der Art, wie sie Buffett Partnership kaufte) bei Gesamtverbindlichkeiten von 250.000 Dollar. Der Bestand an Aktien und Anleihen stieg im Juli 1963 auf 2,3 Millionen Dollar. Außerdem verfügte Dempster nun über ein rentables operatives Geschäft (das laut Buffetts Schreiben von 1963 mindestens 16 Dollar pro Aktie wert war).

DIE REALISIERUNG DER INVESTITIONSRENDITE

Buffett versuchte das Unternehmen zu verkaufen und schaltete sogar Anzeigen im *Wall Street Journal.* Die Einwohner von Beatrice waren entsetzt über die Aussicht, dass ein weiterer Außenseiter ihren größten Arbeitgeber aufmischen könnte, und so sammelten sie im Sommer 1963 fast drei Millionen Dollar, um das Betriebsvermögen des Unternehmens als laufenden Betrieb von der Dempster Mill Manufacturing

Company zu kaufen. Zurück blieb ein Mantel aus Bargeld und Investitionen, der liquidiert wurde, um den Aktionären Bargeld auszuzahlen, einschließlich Buffett Partnership, das zu diesem Zeitpunkt 73 Prozent des Unternehmens hielt. Der Anteil der Gesellschaft war nun 3,3 Millionen Dollar oder 80 Dollar pro Aktie wert. Buffett hatte das Geld, das er in Dempster Mill investiert hatte, verdreifacht.

LEKTIONEN

1. **Geschäftliche Logik ist die eine Sache, Unbeliebtheit eine andere, oft ausschlaggebende Sache**. Eine ganze Stadt mochte Buffett nicht. Er hatte große Angst vor Konfrontationen und davor, verabscheut zu werden, und schwor sich, nie wieder in eine Situation zu geraten, in der er so brutal zu seinen Mitarbeitern sein musste. Dies erklärt vieles, zum Beispiel die lange Zeit, in der er das lausige Textilgeschäft von Berkshire Hathaway weiterführte, seine Vorliebe für solide Burggraben-Unternehmen mit Managern, die er mag, denen er vertraut und die er bewundert und die ein Unternehmen über Jahrzehnte hinweg wachsen lassen können, und sogar seine Neigung, Aktien über die Höhen und Tiefen des Schicksals eines Unternehmens hinweg zu halten. Buffett baut gern langfristige positive Beziehungen auf.
2. **Gute Manager können wahre Wunder bewirken**. Buffett sagte: „Die Einstellung von Harry war vielleicht die wichtigste Managemententscheidung, die ich je getroffen habe. Dempster war unter zwei früheren Managern in großen Schwierigkeiten und die Banken betrachteten uns als potenziellen Konkurskandidaten. Wäre Dempster untergegangen, wären mein Leben und mein Schicksal von diesem Zeitpunkt an ganz anders verlaufen."[9]
3. **Geduld wird belohnt**. Man kann es nicht besser ausdrücken, als Buffett es selbst getan hat: „Es ist von Vorteil, wenn sich die Kurse von Wertpapieren monatelang, vielleicht sogar jahrelang,

nicht verändern, während wir sie kaufen. Dies macht deutlich, dass wir unsere Ergebnisse über einen angemessenen Zeitraum messen müssen. Wir schlagen drei Jahre als Minimum vor."[10]

4. **Wie wichtig es ist, Unternehmen zu erkennen, die zu viel Geld der Aktionäre verbrauchen**. Ein Unternehmen kann überkapitalisiert sein. Harry Bottle bewies, dass Dempster in der Vergangenheit zu viel Kapital eingesetzt hatte, denn ohne weitere Geld aufzutreiben setzte Dempster im Sommer 1963 nur noch 60 Prozent seines Vermögens in der Produktion ein. Das war alles, was für die produktiven Bestandteile des Unternehmens benötigt wurde. Die übrigen 40 Prozent standen Buffett für Investitionen in marktgängige Wertpapiere zur Verfügung. Buffett erläuterte dies in seinem Brief vom 20. Juli 1963 an die Dempster-Aktionäre: „Diese Überkapitalisierung stellt die Geschäftsleitung vor große Probleme bei ihren Bemühungen, eine zufriedenstellende Rendite auf das der Gesellschaft zur Verfügung gestellte Kapital zu erzielen."
5. **Auf den Kaufpreis kommt es an**. Wenn Sie zu einem ausreichend niedrigen Preis kaufen, haben Sie die Chancen zu Ihren Gunsten verändert. Wie Buffett schrieb: „Verlassen Sie sich nie auf einen guten Verkauf. Der Kaufpreis muss so attraktiv sein, dass selbst ein mittelmäßiger Verkauf gute Ergebnisse bringt."[11]
6. **Halten Sie nach Preissetzungsmacht Ausschau**. Viele Unternehmen verfügen über eine versteckte Preissetzungsmacht. Bei Dempster waren die Manager zuvor nicht mutig genug gewesen, die Preise zu erhöhen, wo sie konnten. Die Fähigkeit, das Potenzial für Preiserhöhungen aufgrund eines gewissen Grades an Kundenbindung zu erkennen, hat sich in Buffetts Karriere immer wieder gezeigt.

Investition 8

AMERICAN EXPRESS

Eckpunkte des Geschäfts

Geschäft	**American Express**
Zeitpunkt	1964-1968, Buffett 33-37 Jahre alt
Gezahlter Preis	durchschnittlich circa 71 Dollar, insgesamt 13 Millionen Dollar
Menge	5 Prozent der Aktien des Unternehmens
Verkaufspreis	circa 180 Dollar (33 Millionen Dollar)
Gewinn	20 Millionen Dollar oder 154 Prozent

Warren Buffett erinnerte sich stets an die entscheidenden Elemente einer Anlageoperation, die Benjamin Graham hervorgehoben hatte:

- Gründliche Analyse eines Unternehmens
- Sicherheitsmarge
- Nur eine zufriedenstellende Rendite erwarten
- Auch die geistige Unabhängigkeit, die in der Geschichte von Mr.

Market zum Ausdruck kommt, und die Idee des inneren Wertes waren wichtig.

Es ist jedoch zu beachten, dass diese Grundsätze bei unterschiedlichen Value-Ansätzen angewendet werden können. Graham legte den Schwerpunkt auf ein hohes Nettoumlaufvermögen, wobei er besonders auf die Sicherheitsmarge für den Fall eines Scheiterns des laufenden Geschäftsbetriebs achtete. Aber auch er schätzte die Ertragskraft und die Stabilität ein und berücksichtigte die Fähigkeiten und die Integrität des Managements.

Buffett wählte viele Unternehmen nach diesem Ansatz aus; wir haben bereits seine Investitionen in Rockwood, Sanborn Maps und Dempster Mill unter die Lupe genommen. In der Tat wählte Buffett später weitere Aktien nach diesem Ansatz aus – darunter auch eine gewisse Berkshire Hathaway.

EINE VERSCHIEBUNG DES SCHWERPUNKTS

Anfang der 1960er-Jahre stellte Buffett fest, dass viele der von ihm analysierten Unternehmen keine besonders soliden Bilanzen aufwiesen und daher nach Grahams Ansatz auf der Strecke geblieben wären. Er fand heraus, dass diese Unternehmen in einigen Fällen gute Aussichten hatten, weil sie über ein starkes wirtschaftliches Fundament in Verbindung mit soliden Finanzen und fähigen, aufrichtigen Managern verfügten.

Dies führte zu einer Weiterentwicklung von Buffetts Investmentansatz, die durch den Einfluss der Ideen von Philip Fisher[12] und regelmäßige Gespräche mit Charlie Munger befördert wurde. Damit soll nicht gesagt werden, dass Buffett Grahams Ansatz ablehnte, sondern lediglich, dass es im Value-Obstgarten viele Arten von reifen Früchten gibt.

Eine der regelmäßig gestellten Fragen, die ich von Buffett und Munger auf ihren Jahreshauptversammlungen in Omaha beantworten gehört habe, lautet: „Was würden Sie tun, wenn Sie mit weniger als einer Million Dollar anfangen würden?“ Sie antworten darauf, dass sie viel kleinere Unternehmen auswählen würden, bei denen es mehr Möglichkeiten gibt, eine Unterbewertung zu finden, und bei denen die Nettoinventarwerte hoch sind. Sie können sich nicht mit so kleinen Unternehmen befassen, da sie Milliarden investieren müssen, um ihre Anlageergebnisse zu verbessern, und es liegt auf der Hand, dass das Kaufen und Halten von starken Unternehmen mit Burggraben auf lange Sicht rationaler ist, wenn man Hunderte von Millionen investiert.

Kleinanleger können in beide Richtungen investieren: Investitionen vom Graham-Typ in Unternehmen mit geringer Marktkapitalisierung sowie in wirtschaftliche Burggraben-Aktien – meist größere Unternehmen. Größere Anleger haben nicht die Möglichkeit, in die meisten Nettoumlaufvermögen-Investments zu investieren, weil sie im Verhältnis zur Größe ihres Vermögens keine nennenswerten Beträge investieren können, ohne den Aktienkurs des Unternehmens, das sie kaufen, drastisch zu beeinflussen.

Ein Beispiel für Buffetts modifizierte Investitionsmethode ist sein Geschäft mit American Express.

AMERICAN EXPRESS

Diese Geschichte beginnt mit einem Gauner. Er kaufte Salatöl aus Sojabohnen und ließ es in Lagerhäusern aufbewahren. Der Preis für dieses Öl wurde täglich an den Rohstoffbörsen notiert und so nutzte der Gauner seine Ölvorräte als Sicherheit, um bei 51 Banken Kredite aufzunehmen.

American Express betrieb das Lagerhaus, in dem die Tanks untergebracht waren, und stellte Lagerbescheinigungen aus, die bestätigten, dass das Salatöl dort war und gehandelt werden konnte. Die Banken waren beruhigt und gewährten dem Gauner Kredite in Höhe von zig Millionen Dollar.

Sie können sich denken, worauf diese Geschichte hinausläuft, oder? Der Schlüssel zu diesem einfachen Betrug ist, dass Öl auf dem Wasser schwimmt oder dass man Salatöl in einer kleinen separaten Kammer direkt unter der Entnahmeluke lagern kann.

Der Gauner erkannte, dass er sich viel mehr Geld leihen konnte, wenn American Express und die Banken glaubten, dass sich mehr Salatöl in den Tanks befand, als tatsächlich vorhanden war. Er veranlasste, dass die Tanks größtenteils mit Meerwasser gefüllt wurden und eine Schicht Salatöl daraufgegossen wurde. Wenn die Inspektoren von American Express oder den Banken vorbeikamen, nahmen sie eine Probe von oben und kamen zu dem Schluss, dass die Tanks große Mengen an wertvollem Öl enthielten.

Der Absturz

Im September 1963 wurde der Gauner sehr wagemutig und glaubte, er könne den Markt beherrschen, was besonders attraktiv war, da die Sowjetunion nach Missernten Speiseöl importieren musste. Er nahm bei seinem Broker zusätzlich zu den bereits bestehenden Krediten einen weiteren Kredit auf, um Öl-Futures zu kaufen.

Dann verbot die US-Regierung den Verkauf von Öl an die Sowjets und der Preis brach ein. Der Gauner ging im November pleite und die Banken verloren über 150 Millionen Dollar. Sie wandten sich an American Express, um ihr Geld zurückzubekommen, und der Aktienkurs des Unternehmens stürzte von 64 auf 38 Dollar ab, weil Analysten sich Sorgen um das Überleben des Unternehmens machten.

Buffetts Marktforschung

Anfang der 1960er-Jahre war American Express Weltmarktführer bei Reiseschecks (60 Prozent des Weltmarkts, obwohl das Unternehmen mehr Gebühren verlangte als seine Konkurrenten) und Weltmarktführer bei Kreditkarten. Buffett ging in eines seiner Lieblingslokale in Omaha und beobachtete. Er stellte fest, dass die einfachen Leute beim Bezahlen immer noch ihre American-Express-Karten benutzten, völlig unbeeindruckt von der Salatöl-Affäre an der Wall Street.

Buffett prüfte es auch in anderen Restaurants und an anderen Orten nach, an denen Kreditkarten verwendet wurden: Die Händler akzeptierten die Karten immer noch. Er ging in Banken und Reisebüros und stellte fest, dass die Menschen immer noch gern Reiseschecks von American Express benutzten. Er sprach mit Konkurrenten von American Express und stellte fest, dass sie American Express immer noch für einen ernsthaften Konkurrenten hielten. Er kontaktierte Freunde, um herauszufinden, ob die Menschen außerhalb von Omaha noch Kreditkarten und Reiseschecks benutzten. Tatsächlich schätzten sie den Service noch immer und zeigten sich von der Aufregung an der Wall Street unbeeindruckt.

Buffett kam zu dem Schluss, dass die wirtschaftlichen Voraussetzungen intakt waren. Es handelte sich um ein Unternehmen mit Preissetzungsmacht, da es seine Branche dominierte. Aufgrund seiner starken Marke und seines Netzwerks war die Kundenbindung stark. Die Menschen vertrauten der Marke trotz des Ausrutschers beim Salatöl immer noch. Aufgrund der Zuverlässigkeit in der Vergangenheit verfügte das Unternehmen über ein hohes Maß an Kundenvertrauen, was einen Wettbewerbsvorteil darstellte. Außerdem wurde durch die Vorabbezahlung der Reiseschecks ein riesiger Bargeldbestand geschaffen. Es war jedoch keine *grahamsche* Investition; dafür war die Bilanz von American Express zu schwach.

Buffett kauft

Anfang 1964 belief sich das Vermögen von Buffett Partnership auf 17 Millionen Dollar, von denen Buffett 1,8 Millionen Dollar gehörten. Er kaufte so viele American-Express-Aktien, wie er sich traute, ohne den

Kurs zu sehr in die Höhe zu treiben. Im Juni 1964 hielt die Kapitalanlagegesellschaft fast drei Millionen Dollar in AmEx-Aktien.

Als Aktionär wollte Buffett nicht, dass sich American Express vor seiner Verantwortung für seine Beteiligung an dem Betrug drückte, denn er wusste, dass ein Unternehmen dieser Art dank seines Rufs lebt oder stirbt (ein zentraler Bestandteil seines Geschäftsmodells). Es war besser, den finanziellen Schaden jetzt auf sich zu nehmen, um den Ruf zu wahren. Buffett befürwortete daher den Plan, sich mit den Banken auf einen Vergleich über 60 Millionen Dollar zu einigen. Der Plan ging auf und der Aktienkurs von American Express stieg rasch an.

Im November besaß Buffett Partnership American-Express-Aktien im Wert von mehr als 4,3 Millionen Dollar und Anfang 1965 machte diese Beteiligung fast ein Drittel ihres Vermögens aus. Buffett kaufte weiter. Bis 1966 hatte die Gesellschaft 13 Millionen Dollar für fünf Prozent der Aktien von American Express ausgegeben. Im Jahr 1967 stieg der Aktienkurs auf 180 Dollar, woraufhin Buffett den größten Teil seiner Anteile verkaufte.

LEKTIONEN

1. **Denken Sie über das Unternehmen nach**. Es gibt Zeiten, in denen kurzfristige Probleme den Kurs einer Aktie drücken. In vielen Situationen bleibt der langfristige Wert davon unberührt. Wenn sich der Markt nur kurzfristig denkt, bietet sich die Gelegenheit, hervorragende Unternehmen mit starker Marktposition und guten Managern günstig zu erwerben.
2. **Wenn die Chancen gut stehen, investieren Sie viel**. Investieren Sie einen bedeutenden Betrag, wenn sich eine glänzende Gelegenheit ergibt. Buffett investierte bis zu 40 Prozent seines Vermögens in diese eine Anlage.
3. **Erkundigen Sie sich nach qualitativen Daten**. Recherchieren Sie auf eigene Faust (sprechen Sie mit allen, die sich auskennen)

und verlassen Sie sich nicht auf die Meinung von Analysten in ihren Hochhäusern in den Finanzzentren. Ein *scuttlebutt* war auf einem alten Segelschiff ein Fass mit Trinkwasser. Es wurde zu einem Ort, an dem sich die Besatzung zum Plaudern traf. Rund um das Fass – oder, wie man heute sagt, den Wasserspender – wurden Informationen ausgetauscht, von Gerüchten und Meinungen bis hin zu Kommentaren und Fakten. Philip Fisher verwendete den Begriff, um zu illustrieren, dass man mit jedem sprechen soll, der etwas über ein Unternehmen weiß. Das können Konkurrenten sein (zum Beispiel die Frage: „Wer ist außer Ihnen der Beste in der Branche?"), Mitarbeiter, Lieferanten, Kunden und so weiter.

Investition 9

DISNEY

Eckpunkte des Geschäfts

Geschäft	**Disney**
Zeitpunkt	1966-1967, Buffett 35-36 Jahre alt
Gezahlter Preis	4 Millionen Dollar
Menge	5 Prozent der Aktien des Unternehmens
Verkaufspreis	6,2 Millionen Dollar
Gewinn	2,2 Millionen Dollar oder 55 Prozent

Im Jahr 1966 wurden die Aktien von Walt Disney zu einem Preis verkauft, der weit unter dem Zehnfachen des Vorjahresgewinns pro Aktie lag. Das heißt, Disneys Aktien hatten ein Kurs-Gewinn-Verhältnis (KGV) von weniger als 10.[13] Disney hatte 1965 rund 21 Millionen Dollar Gewinn vor Steuern erwirtschaftet und verfügte über eine Marktkapitalisierung von 80 bis 90 Millionen Dollar. Außerdem verfügte das Unternehmen über mehr Barmittel als Schulden. An der Wall Street hatte man das Gefühl, dass trotz des jüngsten Erfolgs mit *Mary Poppins* nichts in der Pipeline war, sodass nur wenig Wachstum in Aussicht stand – vielleicht würde der Wert des Unternehmens sinken?

BUFFETTS SCHRITTE

Ein wichtiger Teil von Buffetts Nachforschungen bestand darin, dass er ins Kino ging, umgeben von einer ganzen Reihe von Kindern, die sich *Mary Poppins* ansahen. So konnte er mit eigenen Augen sehen, wie sehr sie das Disney-Produkt liebten. Und er sah, dass die Menschen dank des wertvollen Filmbestands weiterhin für Disney-Filme zahlen würden, Generation für Generation. Das Wunderbare an *Schneewittchen* zum Beispiel ist, dass man den Film, wenn er einmal gedreht ist und man die Kosten abgeschrieben hat, immer wieder neu herausbringen kann. Alle sieben Jahre gibt es eine neue Generation von Jugendlichen, die sich den Film ansehen möchte. Außerdem kann man die Liebe zu den Figuren in vielen verschiedenen Formen nutzen, von der Lizenzierung auf Kinderschultaschen und T-Shirts bis hin zu Themenparks. Und Micky Maus hat keinen Agenten (im Gegensatz zu Tom Cruise, zum Beispiel), der einen Großteil des Wertes, der durch ein Film-Franchise generiert wird, für seinen Klienten verbuchen könnte.

Buffett und Munger besuchten auch Disneyland in Kalifornien und analysierten dort den Wert der Fahrgeschäfte. Buffett traf sich mit Walt Disney und bewunderte seine Hingabe an seine Arbeit und seine ansteckende Begeisterung. Disney zeigte Buffett ein Fahrgeschäft mit dem Namen *Pirates of the Caribbean,* das gerade errichtet wurde. Allein dieses Fahrgeschäft kostete 17 Millionen Dollar – etwa ein Fünftel der Marktkapitalisierung des Unternehmens. Buffett witzelte später: „Stellen Sie sich meine Begeisterung vor – ein Unternehmen, das nur das Fünffache der Fahrgeschäfte kostet!“[14]

DIE BUFFETT-LOGIK - MEHR FISHER UND MUNGER ALS GRAHAM

Buffett legte großes Gewicht auf die immateriellen Vermögenswerte von Disney und schenkte den bilanziellen Vermögenswerten wenig

Beachtung. Allein die Filmbibliothek war den Kaufpreis wert, obwohl diese Vermögenswerte nie in der Bilanz auftauchten – die Filme wurden mit null bewertet! Buffett beschrieb seinen Gedankengang wie folgt:

> „1966 sagten die Leute: ‚Nun gut, *Mary Poppins* läuft dieses Jahr großartig, aber nächstes Jahr wird es keine weitere *Mary Poppins* geben, also werden die Einnahmen sinken.' Es ist mir egal, ob die Einnahmen so niedrig sind. Sie wissen, dass sie in sieben Jahren *Mary Poppins* noch einmal herausbringen können … Ich meine, es gibt kein besseres System, als etwas zu haben, bei dem man im Grunde alle sieben Jahre eine neue Ernte einfährt und jedes Mal mehr verlangen kann … Ich habe Walt Disney besucht. Wir setzten uns zusammen und er legte mir den ganzen Plan für das Unternehmen dar – einen netteren Kerl könnte es nicht geben. Es war ein Witz. Wenn er privat zu einem großen Risikokapitalgeber oder einem großen amerikanischen Unternehmen gegangen wäre und gesagt hätte: ‚Ich möchte, dass Sie sich in dieses Unternehmen einkaufen', … dann hätten sie sich zu einer Bewertung von 300 oder 400 Millionen Dollar eingekauft. Allein die Tatsache, dass es jeden Tag auf dem Markt war, überzeugte [die Menschen, dass 80 Millionen Dollar eine angemessene Bewertung seien]. Im Grunde genommen ignorierten sie es, weil es so vertraut war. Aber das kommt an der Wall Street regelmäßig vor."[15]

Abbildung 9.1: Der Aktienkurs von Walt Disney (1966-1996)

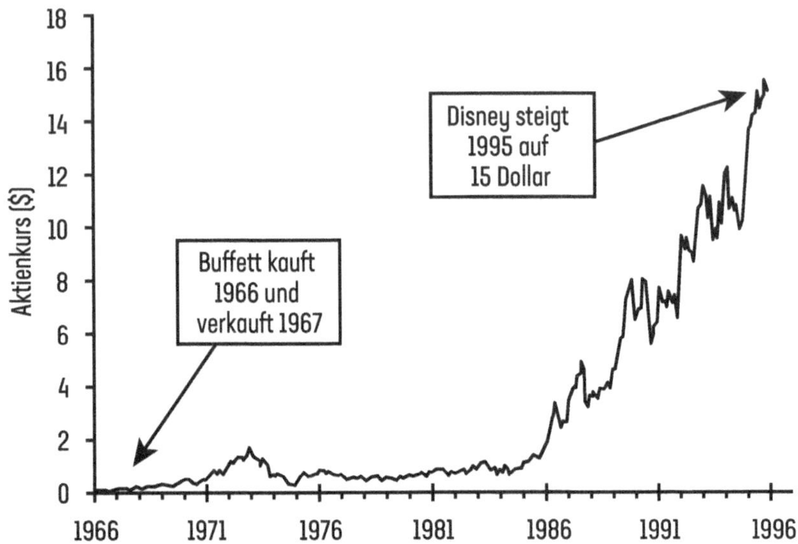

Quelle: Yahoo Finance

Buffett Partnership kaufte fünf Prozent des Unternehmens für vier Millionen Dollar. Buffett verkaufte es im folgenden Jahr für 6,2 Millionen Dollar. Obwohl er damit einen schönen Gewinn erzielte, hatte Buffett zu früh verkauft. Er sagte: „Diese Entscheidung [1966 zu kaufen] mag brillant erscheinen ... aber Ihr Vorsitzender war der Aufgabe gewachsen, sie [durch den Verkauf 1967] zunichtezumachen."[16] Er bezog sich dabei auf die Tatsache, dass der Aktienkurs zwischen 1967 und 1995 um das 138-Fache gestiegen ist.

LEKTIONEN

1. **Mr. Market kann ein Dumbo sein.** Nicht immer, aber manchmal. Achten Sie auf die Langfristigkeit. Institutionelle Anleger sind oft nur auf die kurze Frist ausgerichtet. Versuchen Sie, sie

zu übertrumpfen, indem Sie die Position des Unternehmens nach der aktuellen Flaute einschätzen.

2. **Unternehmen, die nur wenig zusätzliches Kapital benötigen, um höhere Gewinne zu erzielen, können eine Goldgrube sein.** Disney hat den 7-Jahres-Zyklus genutzt, um alte Lieblingsfilme für neue Generationen von Jugendlichen zu geringen Zusatzkosten neu aufzulegen. Und es war in der Lage, die Film-Franchises in neuen Formaten zu nutzen, wenn diese aufkamen, von VHS bis zu Downloads, ebenfalls mit geringen zusätzlichen Kosten. Solche Unternehmen können sehr hohe Renditen auf das eingesetzte Kapital erzielen.
3. **Wieder ein Gerücht – ein „Scuttlebutt“.** Buffett traf sich mit Walt Disney und nahm die Marke und die Produkte des Unternehmens in Disneyland und in den Kinos unter die Lupe.
4. **Achten Sie auf Qualität im Alltag.** Es ist leicht, die Qualität der Produkte oder Dienstleistungen einiger Unternehmen zu erkennen, wenn man nur die Augen offen hält.
5. **Verkaufen Sie nicht zu früh.** Buffett verkaufte die Disney-Aktien 1967 mit einem Gewinn von 55 Prozent und ärgerte sich über diese Entscheidung. Hätte er die Aktien die folgenden Jahrzehnte gehalten, wäre mehr Geld drin gewesen.

Investition 10

BERKSHIRE HATHAWAY

Eckpunkte des Geschäfts

Geschäft	**Berkshire Hathaway**
Zeitpunkt	1962 bis heute
Gezahlter Preis	14,86 Dollar je Aktie, Marktkapitalisierung von BH 15-18 Millionen Dollar
Menge	anfangs 7 Prozent der Aktien des Unternehmens
Verkaufspreis	heutiger Aktienkurs 245.000 Dollar, Marktkapitalisierung über 400 Milliarden Dollar
Gewinn	Milliarden Dollar

Im 19. Jahrhundert war die Hathaway Manufacturing Company eine florierende Baumwollspinnerei in New Bedford, Massachusetts. Die Gewinne schnellten in die Höhe, als das Militär während des Ersten Weltkriegs Uniformen benötigte. In den 1920er-Jahren wirkten sich billige Arbeitskräfte in den Südstaaten negativ auf das Geschäft aus und die Weltwirtschaftskrise führte zur Schließung vieler Spinnereien in der Gegend von New Bedford. Die Besitzer zogen ihr Geld ab und investierten es anderswo.

Ein Unternehmen war aber entschlossen, in der Textilbranche zu bleiben: Hathaway. Es wurde seit Kriegsende von Seabury Stanton geleitet. Er hatte es durch Reinvestitionen in Höhe von zehn Millionen Dollar modernisiert. Stanton und sein Bruder Otis nahmen sogar privat Kredite auf, um das Unternehmen mit investierbarem Kapital zu versorgen.

Hathaway stieg in das Geschäft mit Kunstfasern wie beispielsweise Rayon ein und wurde zum führenden Hersteller von Futterstoffen für Herrenanzüge sowie von Mode und Gardinen. Allerdings fehlte es dem Unternehmen an Wettbewerbsvorteilen, da es nicht in der Lage war, den Eintritt neuer Anbieter in diesen Markt zu verhindern. Besonders frustrierend war der Markteintritt von Herstellern aus dem Fernen Osten mit ihren niedrigeren Kosten. Anstatt jedoch sein Kapital aus dem Geschäft abzuziehen, hielt Seabury Stanton unter dem wachsenden Druck beharrlich am Textilgeschäft fest. Dann verdoppelte er sein Kapital, indem er 1955 Hathaway mit Berkshire Fine Spinning Associates fusionierte.

BERKSHIRE

Berkshire, ein weiteres Unternehmen aus Neuengland, wurde seit über 150 Jahren von der Familie Chace kontrolliert. Es stellte Grundstoffe her (für Bettwäsche, Hemden, Taschentücher und so weiter). Malcolm Chace leitete Berkshire seit 1931, aber 1955 war er zu dem traurigen Schluss gekommen, dass weitere Investitionen in Textilfabriken in Neuengland nur gutes Geld in den Sand setzen würden.

Stanton hingegen war weiterhin von der Leistungsfähigkeit seines Managementteams überzeugt und fühlte sich angesichts der starken Bilanz des fusionierten Unternehmens sicher. Er wurde Präsident des fusionierten Unternehmens, während Malcolm Chace die Rolle des Vorsitzenden übernahm. Das fusionierte Unternehmen hatte über 10.000 Mitarbeiter, 14 Fabriken und einen Jahresumsatz von 112 Millionen Dollar. Stanton bestellte neue Spindeln und baute Webstühle um.

Stantons Zuversicht war jedoch unangebracht und die Schwierigkeiten nahmen im nächsten Jahrzehnt noch zu.

DER NIEDERGANG NACH 1955

Ich saß einmal mit Warren Buffett und Charlie Munger zusammen und wir sahen uns die Bilanzen von Berkshire Hathaway aus dieser Zeit an. Munger bemerkte, wie mickrig die Bilanz in den 1960er-Jahren war (als Buffett die Kontrolle über das Unternehmen übernahm). Buffett beugte sich vor und warf einen Blick darauf. Er sagte: „Das ist die Bilanz von 1955!", deutete dann auf eine andere Seite und sagte: „Das ist die Bilanz von 1964 – sie ist viel *mickriger*!"

Tabelle 10.1 zeigt eine zusammengefasste Bilanz von Berkshire Hathaway für das Jahr 1955, von der Munger sagte, sie sehe mickrig aus, als ich sie ihm und Buffett zeigte.

Tabelle 10.1: Zusammengefasste Bilanz von Berkshire Hathaway (September 1955)

Aktiva	
Kasse	4.169.000 Dollar
Marktgängige Wertpapiere	4.580.000 Dollar
Forderungen und Vorräte	28.918.000 Dollar
Sachanlagen	16.656.000 Dollar
Sonstige Vermögensgegenstände	1.125.000 Dollar
Passiva	
Verbindlichkeiten und passive Rechnungsabgrenzungsposten	-4.048.000 Dollar
Aktionärskapital (2.294.564 umlaufende Aktien, Buchwert 22,40 Dollar je Aktie)	51.400.000 Dollar
Aktienkurs Anfang 1955	circa 14-15 Dollar
Marktkapitalisierung	circa 32 Millionen Dollar

In den neun Jahren nach 1955 beliefen sich die Umsätze auf etwa 530 Millionen Dollar, aber es wurden Verluste gemacht. Die Bilanz des Unternehmens hat sich in diesen neun Jahren mehr als halbiert. Dies ist in Tabelle 10.2 dargestellt.

Tabelle 10.2: Halbierung des Kapitals von Berkshire Hathaway (1955-1964)

Aktionärskapital am 30. September 1955	51.400.000 Dollar
Zusätzliche gesetzliche Rücklagen	888.000 Dollar
Verlust aus Geschäftstätigkeit 1956-1964	-10.138.000 Dollar
Von 1956 bis 1964 gezahlte Bardividenden	-6.929.000 Dollar
Aktienrückkäufe	-13.082.000 Dollar
Resultierendes Aktionärskapital zum 3. Oktober 1964	22.139.000 Dollar

Ein Teil des Rückgangs ist auf operative Verluste zurückzuführen, aber bedeutender ist der Betrag, den die Aktionäre in Form von Dividenden und Aktienrückkäufen erhielten. Das Unternehmen bezahlte in diesem Zeitraum 13 Millionen Dollar für den Rückkauf von etwas mehr als der Hälfte seiner Aktien. Tabelle 10.3 zeigt die zusammengefasste Bilanzposition im Oktober 1964.

Aktiva	
Kasse	920.000 Dollar
Forderungen und Vorräte	19.140.000 Dollar
Sachanlagen	7.571.000 Dollar
Sonstige Vermögensgegenstände	256.000 Dollar
Passiva	
Verbindlichkeiten und passive Rechnungsabgrenzungsposten	-3.248.000 Dollar
Schulden: Wechselverbindlichkeiten	-2.500.000 Dollar
Aktionärskapital (1.137.778 umlaufende Aktien, Buchwert 19,46 Dollar je Aktie)	22.139.000 Dollar

Otis, Seabury Stantons Bruder, war mit der Strategie der Reinvestition in Textilien nicht einverstanden. Dies führte zu Spannungen, ebenso wie die Entscheidung, Seaburys unerfahrenen Sohn Jack zum Schatzmeister zu befördern, mit der Aussicht, dass er schließlich President würde. Sowohl die Familie Chace als auch Otis hielten Jack Stanton für eine schlechte Wahl und suchten nach einer Alternative.

Am verheerendsten war Seaburys Selbstherrlichkeit, als er beschloss, die stillschweigende Vereinbarung mit den jüdischen Familien in New York zu brechen, deren Rolle in der Wertschöpfungskette darin bestand, sich auf die Veredelung der von seinen Fabriken hergestellten Stoffe (Färben und Ausrüsten) zu konzentrieren. Er gründete eigene Veredelungsbetriebe und trat damit in Konkurrenz zu den Familien. Die Juden aus dem Veredelungsgewerbe und die Konfektionäre waren darüber nicht erfreut, was zu einem Rückgang der Aufträge über New York führte, und das Geschäft schrumpfte weiter.

Die wirtschaftliche Lage der Branche war Ende der 1950er- und Anfang der 1960er-Jahre so schlecht, dass sogar Seabury Stanton die Schließung unrentabler Fabriken und die Freigabe von Barmitteln befürwortete. In den sechs Jahren bis 1961 wurde die Hälfte der 14 Fabriken geschlossen und die Zahl der Beschäftigten schrumpfte auf nur noch 5.800. Im Jahr 1962 machte Berkshire Hathaway einen Verlust von 2,2 Millionen Dollar und der Aktienkurs fiel auf unter acht Dollar, was eine Marktkapitalisierung von weniger als 13 Millionen Dollar ergab.

AUFTRITT WARREN BUFFETT UND EINE „MONUMENTAL DUMME“ ENTSCHEIDUNG

Mitte der 1950er-Jahre sahen sich Benjamin Graham und sein Partner Jerry Newman das Unternehmen Berkshire Hathaway (BH) genau an. Schließlich lag der Aktienkurs nahe am aktuellen Nettoumlaufvermögen pro Aktie – ein wichtiges Kriterium, das sie bei Investitionen anstrebten. Buffett beobachtete das Unternehmen nach der Fusion von 1955 aus der Ferne, aber erst als der Aktienkurs im Dezember 1962 auf 7,50 Dollar fiel, kaufte er einen Teil des Unternehmens für BPL. Zu diesem Zeitpunkt verfügte BH über ein Betriebskapital von 10,25 Dollar je Aktie und einen Buchwert von 20,20 Dollar je Aktie (wie in Buffetts Brief an die Aktionäre von 2014 angegeben). Der Umsatz betrug etwa 60 Millionen Dollar, aber BH hatte nur noch fünf Fabriken.

Da BH weiterhin unter dem aktuellen Nettoumlaufvermögen gehandelt wurde, kaufte Buffett weitere Aktien. Zu diesem Zeitpunkt hatte er nicht die Absicht, das Unternehmen zu übernehmen. Die Anlagestrategie war ein typischer *Benjamin-Graham-Zigarrenstummel* – das Unternehmen war so billig, dass ein Performanceausreißer nach oben oder ein Verkauf von Aktien an einen begeisterten Käufer einen Verkauf der Aktien mit Gewinn ermöglichen konnte. Buffett drückte es so aus: „Ein Zigarrenstummel, den man auf der Straße findet und der nur noch einen Zug bringt, bietet vielleicht kein großes Raucherlebnis, aber der ‚Schnäppchenkauf' macht den Zug zum Gewinn."[17]

Seabury Stanton hatte es sich zur Gewohnheit gemacht, Fabriken zu schließen und so Barmittel freizusetzen, gefolgt von einem Aktienrückkauf. Buffetts Plan war es, von dem nächsten Aktienrückkauf zu profitieren. Es dauerte nicht lange, bis zwei weitere Werke geschlossen wurden und weitere Aktienrückkäufe anstanden.

DER SCHICKSALHAFTE RÜCKKAUF

Stanton beschloss, im Frühjahr 1964 einen Aktienrückkauf durchzuführen. BH hatte 1.583.680 Aktien im Umlauf, von denen Buffett Partnership etwa sieben Prozent besaß. Bevor er den Rückkauf öffentlich ankündigte, sprach Stanton mit Buffett und fragte, zu welchem Preis Buffett Partnership verkaufen würde. Buffett nannte 11,50 Dollar, 50 Prozent über seinem Kaufpreis. Wie Buffett später sagte: „Da war er – der kostenlose Zug, der nur auf mich wartete, und danach könnte ich mich anderweitig nach anderen weggeworfenen Stummeln umsehen."[18] „Gut, wir haben einen Deal", sagte Stanton. Aber ein paar Tage später, am 6. Mai 1964, schickte er einen Brief an alle Aktionäre und bot an, 225.000 Aktien für *nur* 11,375 Dollar zu kaufen – einen Achtelpunkt weniger, als er mit Buffett vereinbart hatte.

Buffett sagte: „Ich habe mich über Stantons Verhalten geärgert und diente nicht an."[19] Später erkannte er, dass dies eine monumental dumme Entscheidung war – die wirtschaftliche Lage der Branche war entsetzlich und BH würde aller Wahrscheinlichkeit nach weiterhin Geld verlieren. Das Vernünftigste wäre gewesen, sich an Plan A zu halten und eine schnelle Auszahlung zu erreichen. Aber stattdessen war Buffetts Verärgerung über Stantons Versuch, ihn über den Tisch zu ziehen, so groß, dass er, anstatt zu verkaufen, tatsächlich *Aktien nachkaufte* – und zwar aggressiv. Die durchschnittlichen Kosten der gekauften Aktien betrugen 14,86 Dollar. „Darin spiegeln sich sehr umfangreiche Käufe Anfang 1965 wider. Das Unternehmen verfügte am 31. Dezember 1965 allein über ein Nettoumlaufvermögen von etwa 19 Dollar pro Aktie"[20], ordnete Buffett die Situation später ein.

Buffett erwarb unter anderem Aktien von Stantons Schwager und von Malcolm Chace (dem Vorsitzenden). Bis April 1965 hatte Buffett 392.633 von 1.017.547 ausgegebenen Aktien erworben. Mit diesen 38,6 Prozent übernahm er in einer Vorstandssitzung im Mai die Kontrolle über das Unternehmen (die Marktkapitalisierung betrug zu diesem Zeitpunkt etwa 18 Millionen Dollar).

Es ist amüsant zu lesen, wie Buffett das Geschehene beschrieb: „Durch Seaburys und mein kindisches Verhalten – was war schon ein Achtelpunkt für einen von uns? – verlor er seinen Job und ich fand mich mit mehr als 25 Prozent des Kapitals von BPL wieder, das in ein schreckliches Geschäft investiert war, über das ich sehr wenig wusste."[21]

Jeder Penny der 22 Millionen Dollar, die BH besaß, wurde für den Betrieb des Textilgeschäfts benötigt; das Unternehmen hatte keine überschüssige Liquidität und war mit 2,5 Millionen Dollar Schulden belastet. In einem Artikel der Zeitschrift *Fortune* vom 20. Juli 1998 äußerte Buffett: „Wir stiegen in ein schreckliches Unternehmen ein, weil es billig war." Später erklärte er, dass sich das vermeintlich hohe Betriebskapital als Fata Morgana herausstellte. Berkshire war nicht nur ein Zigarrenstummel, sondern auch noch ein feuchter Zigarrenstummel. Kaum vielversprechendes Material, um ein Geschäftsimperium aufzubauen!

Heute ist BH eines der größten Unternehmen der Welt (und viele der 1.200 Aktionäre von 1965 wurden innerhalb von 20 Jahren nach Buffetts Übernahme der Kontrolle zu Millionären). Wie er es von dort bis hierher geschafft hat, ist eine faszinierende Geschichte mit vielen nützlichen auf diesem Weg gelernten Lektionen. Wir beginnen die Reise, indem wir zeigen, wie wichtig es für Buffett war, die richtige Führungspersönlichkeit zu finden und ihr großes Vertrauen zu schenken.

Die Schlüsselperson bei Berkshire Hathaway im Jahr 1965 war nicht Buffett, sondern ein Manager, der sein Leben lang in der Produktion tätig war. Er war für Buffett unentbehrlich dafür, mit dem Unternehmen zurechtzukommen und ihm Zeit zu verschaffen, um den notwendigen Wandel zu planen.

Ein Besuch in der Hauptverwaltung

Als Vertreter des größten Aktionärs wurde Buffett eingeladen, das Werk zu besichtigen (vor dem Übernahmecoup im Mai 1965). Jack Stanton versorgte Buffett mit einigen Buchhaltungsdaten, war aber zu beschäftigt, um ihn durch das Werk zu führen. Ein großer Fehler!

Ken Chace (nicht verwandt mit Malcolm Chace aus der Berkshire-Familie) wurde gebeten, Buffett herumzuführen. Chace, ein unprätentiöser Manager in den 40ern, hatte sich bis zum Leiter der Produktion hochgearbeitet. Otis Stanton und Malcolm Chace hatten Ken Chace bereits insgeheim als Kandidaten für die Nachfolge als CEO ins Auge gefasst.

Chace und Buffett sprachen zwei Tage lang immer wieder miteinander. Buffett wollte über jeden Aspekt des Unternehmens Bescheid wissen und interessierte sich insbesondere für die Lösung des Problems der geringen Rentabilität. Er wollte alles über die Probleme und die Art und Weise, wie Ken Chace sie lösen würde, erfahren. Die Offenheit von Chace gefiel Buffett.

Seit dem Dempster-Mill-Schlamassel wusste Buffett, dass ein in Schwierigkeiten befindliches Unternehmen von der richtigen Person geführt werden muss, um erfolgreich zu sein. Konnte er darauf vertrauen, dass diese Person sowohl kompetent als auch integer gegenüber den Interessen der Aktionäre war?

Buffett kam zu dem Schluss, dass der bescheidene Ken Chace dieser Mann war.

Chace hatte aber andere Vorstellungen

Ken Chace hatte sich bereits nach einer anderen Stelle umgesehen, da ihm nur zu schmerzlich bewusst war, dass BH kaum eine Zukunft hatte. Er hatte mit einem Konkurrenten über einen Wechsel zu dessen Unternehmen gesprochen.

Stanley Rubin, der bei BH als Vizepräsident für den Vertrieb tätig war, kannte Buffett und wusste beziehungsweise ahnte, dass Buffett bald die Kontrolle über BH übernehmen würde. Er vermutete auch, dass Buffett wollte, dass Ken Chace danach die Leitung übernahm. Anfang 1965 rief er Ken Chace an und flehte ihn an, seinen Posten nicht aufzugeben. Im April 1965 trafen sich Chace und Buffett in New York für zehn Minuten. Buffett teilte Chace mit, dass er ihn zum Präsidenten von BH machen wolle. Er erklärte, dass er über genügend Aktien verfüge, um bei der nächsten Vorstandssitzung die Kontrolle über das Unternehmen zu erlangen, dass er dieses Gespräch aber bis dahin geheim halten wolle.

Es wurde klargestellt, dass das operative Geschäft Chaces Baby sein sollte; Buffett übernahm keine normale Managementfunktion. Buffetts

Rolle in den Unternehmen, die er kontrolliert, ist in der Tat eine dreifache:

1. Kapitalallokation
2. Auswahl der Schlüsselperson(en) und Ausarbeitung eines geeigneten Anreizpakets
3. Er lobt Manager, die gute Leistungen erbringen. Er braucht keine regelmäßigen Sitzungen oder Briefings, aber er liest gern die Zahlen, die von den operativen Einheiten eingehen.

Buffett hatte bereits viele Mitglieder der Chace-Familie des alten Berkshire (zur Erinnerung: nicht die Familie von Ken Chace) davon überzeugt, ihm ihre Anteile zu verkaufen. Auch Otis Stanton erklärte sich zum Verkauf bereit unter der Bedingung, dass Buffett seinem Bruder Seabury das gleiche Angebot unterbreitete. Im Frühjahr 1965 hatte BH nur noch zwei Fabriken und 2.300 Beschäftigte. Auf der Vorstandssitzung im Mai trat Stanton zurück und stürmte mit seinem Sohn Jack hinaus. Ken Chace wurde zum Präsidenten gewählt. Otis Stanton stimmte für die Änderungen und blieb im Vorstand. Nach wenigen Jahren besaß Buffett Partnership fast 70 Prozent der Aktien von BH.

Aber was macht man mit einem kleinen, im Niedergang begriffenen Textilunternehmen in Neuengland mit lauter pessimistischen Mitarbeitern? Das war ein großes Rätsel.

BERKSHIRE HATHAWAY: EIN CHEF, EIN PRÄSIDENT UND EIN MISERABLES UNTERNEHMEN

1965 musste sich Buffett von Omaha aus auf die Leitung der Investmentgesellschaft konzentrieren. Obwohl ein erheblicher Teil des Geldes seiner Partner in BH investiert war, musste er noch Hunderte andere Unternehmen analysieren, um Portfolioaktien auszuwählen.

Buffett hatte keine Ahnung, wie man ein Textilunternehmen führt, aber er hatte einen in New Bedford geborenen und aufgewachsenen Mann, der sein ganzes Erwachsenenleben in der Branche verbracht hatte – Ken Chace – als Präsidenten des Unternehmens. Warren Buffett war als *Vorsitzender des Exekutivausschusses* der eigentliche Chef. (Malcolm Chace blieb Vorsitzender des Verwaltungsrats.)

Dann führte Buffett BH durch acht Phasen oder Tagesordnungspunkte, um es zu gliedern. Diese waren wie folgt.

1. Den Ruf des Insolvenzverwalters loswerden

Buffett war durch die Abneigung, die die Einwohner von Beatrice gegen ihn entwickelt hatten, sehr verletzt gewesen, als er einige Betriebe von Dempster Mill geschlossen und Dutzende von Menschen arbeitslos gemacht hatte.

Er wandte sich sofort an die Presse in New Bedford und erklärte, dass das Unternehmen wie gewohnt weiterarbeiten und dass es keine Schließung der Fabrik geben würde. Wie es der Zufall wollte, sah sich BH zu dieser Zeit einem sich verbessernden Markt für Synthetikstoffe gegenüber. Es sah so aus, als ob das Unternehmen Gewinne machen würde – und das tat es auch (nur!) zwei Jahre lang.

2. Zuweisung von Aufgaben

Buffett stand zu seinem Wort: Alles, was mit dem Betrieb der Fabrik zu tun hatte, war Sache von Ken Chace. Buffetts Aufgabe war es, sich um das Geld zu kümmern.

3. Anreize

Buffett hält nichts von Aktienoptionen für Führungskräfte, da sie Belohnungen ohne das Risiko von Verlusten bieten und die Manager ermutigen, mit dem Geld der Aktionäre zu spielen. Stattdessen bot er Ken Chace an, 1.000 Aktien zu kaufen. Da er nur 30.000 Dollar pro Jahr verdiente, konnte er den Kauf nicht finanzieren. Buffett bot ihm an, ihm die benötigten 18.000 Dollar zu leihen, und Chace nahm an. Chace setzte großes Vertrauen sowohl in sich selbst als Manager als auch in seinen neuen Chef Buffett, der mit diesem winzigen Unternehmen vielleicht Großes vollbringen konnte.

4. Konzentration auf die Rendite des eingesetzten Kapitals

Buffett erläuterte Ken Chace, dass er weder auf die Produktionsmenge der Fabriken noch auf das Umsatzvolumen oder den Marktanteil besonderen Wert lege. Außerdem sei der Fokus auf den Gewinn ein ungeeignetes Mittel, um ein Ziel für das Unternehmen festzulegen.

Der Grund dafür ist, dass die Betrachtung der Höhe des Gewinns unzureichend ist, wenn er nicht zusammen mit der Menge des Geldes der Aktionäre betrachtet wird, das zur Erzielung dieses Gewinns aufgewendet wurde. Mit anderen Worten: Was wirklich zählt, ist die prozentuale Rendite auf das eingesetzte Kapital. Ken Chace sollte anhand dieses Maßstabs beurteilt werden.

Buffett sagte dazu: „Ich habe lieber ein 10-Millionen-Dollar-Unternehmen, das 15 Prozent verdient, als ein 100-Millionen-Dollar-Unternehmen, das fünf Prozent verdient. Ich habe andere Möglichkeiten, das Geld zu investieren."[22]

5. Bargeld freisetzen

Buffett machte deutlich, dass die vorhandenen Barmittel nicht zur Erzielung angemessener Renditen in BH verwendet wurden. Chace wurde damit beauftragt, so viel Bargeld wie möglich freizusetzen. In diesem Zusammenhang wurde er gebeten, monatliche Finanzberichte zu erstellen.

6. Schlechte Nachrichten frühzeitig übermitteln

Chace wurde angewiesen, Buffett zu warnen, wenn unangenehme Überraschungen bevorstanden.

7. Schlüsselpersonen loben

Menschen reagieren auf Signale, dass sie geschätzt werden; es ist nur fair, dass man ihnen sagt, dass sie gute Arbeit leisten, wenn dies der Fall ist. Buffett vergaß nie, seine Manager für gute Leistungen zu loben. Im Brief an die Gesellschafter 1966 erläuterte er die Investition in BH und berichtete seinen Partnern vom „ausgezeichneten Management" und davon, dass „es eine Freude ist, Berkshire zu besitzen ... wir haben das große Glück, dass Ken Chace das Unternehmen in erstklassiger Weise leitet, und wir haben auch einige der besten Vertriebsmitarbeiter in der Branche, die diesen Teil ihrer jeweiligen Abteilungen leiten".

8. Buffett sollte der Einzige sein, der Kapital zuweisen konnte

In Anbetracht der Tatsache, dass das Unternehmen in der Vergangenheit viel Geld in die Textilindustrie gesteckt hatte, brauchte Buffett die Kontrolle über das Kapital. Er verfügte über die geistige Flexibilität und das Wissen über andere Branchen, um das Geld in einem viel größeren Rahmen zu verteilen und gute Investitionen zu tätigen.

DIE ERSTEN ZWEI JAHRE

In den ersten zwei Jahren, in denen Buffett das Unternehmen leitete, war BH profitabel. Es wurde nur sehr wenig Geld in die Fabriken investiert, obwohl Ken Chace gut aussehende Prognosen für mögliche Investitionen in das Unternehmen vorlegte. Buffett konnte nicht verstehen, wieso die historische Durchschnittsrendite von BH, die erschreckend war, nicht für die künftige Rendite repräsentativ war.

Chace gelang es, der Aufforderung nachzukommen und das in Vorräten und Anlagevermögen gebundene Kapital freizusetzen. Die Dividenden fielen zunächst gering aus und blieben dann ganz aus, wodurch Barmittel eingespart wurden.

Einige Geschäftsbereiche waren so verlustreich, dass jedem klar war, dass es unsinnig wäre, sie weiterzuführen, zum Beispiel die Abteilung für feine Batiststoffe, die etwa zehn Prozent der Produktion des Unternehmens ausmachte. Sie wurde eingestellt, was den Verlust von Hunderten von Arbeitsplätzen zur Folge hatte.

Anfang 1967 war der Kassenbestand so weit angewachsen, dass der Jahresbericht 1966 auf mögliche zusätzliche Standbeine für das künftige Einkommen des Unternehmens hinwies: „Das Unternehmen hat nach geeigneten Akquisitionen innerhalb und möglicherweise auch außerhalb des Textilsektors gesucht."

Wir werden uns im nächsten Kapitel mit einem solchen brillanten Deal befassen.

LEKTIONEN

1. **Werden Sie nicht emotional**. Buffetts Wut führte dazu, dass er 70 Prozent eines Unternehmens kontrollierte, das sich auf dem absteigenden Ast befand. Dann musste er sich den Weg freischaufeln – er tat es fachmännisch und hatte etwas Glück und so ging alles gut aus. Es wäre aber noch besser gelaufen, wenn er mit hochwertigem Rohmaterial gestartet wäre.
2. **Ein hochqualifiziertes und integres Management ist entscheidend**. Es ist kluge Geschäftspraxis, dafür zu sorgen, dass wichtige Mitarbeiter sehr motiviert sind, wobei die Ziele und finanziellen Vergütungspakete einfach gehalten werden (ein paar Sätze genügen – mehrseitige Berichte von Vergütungsberatern über Anreizpakete sind nicht erforderlich) und lukrativ sein sollten, sofern die Aktionäre gut wegkommen.

3. **Kapital umverteilen**. Ein Unternehmen muss nicht unbedingt in seiner eigenen Branche investieren. Möglicherweise können anderswo höhere Renditen auf das eingesetzte Kapital erzielt werden.
4. **Versuchen Sie, sich gegenüber allen, mit denen Sie in Kontakt kommen, anständig zu verhalten**. In den 20 Jahren nach 1965 gab es viele Momente, in denen es rational und vernünftig gewesen wäre, Berkshire Hathaway zu schließen und das eingesetzte Kapital für produktivere Investitionen zu verwenden. Doch Buffett setzte auf Langfristigkeit und hielt der Belegschaft die Treue. Sein Ruf als anständiger Mensch, der aus seiner angeborenen Großzügigkeit resultiert und nicht aufgesetzt ist, ist ein wichtiger geschäftlicher Vorteil. Viele Familien, die ihre Unternehmen verkaufen wollten, haben in der Berkshire-Familie ein willkommenes Zuhause gefunden, wo Kontinuität, langfristige Werte und Integrität schon immer wichtige Schlagworte waren und wo Asset-Stripping und andere Formen der Kurzfristigkeit ein Gräuel waren. Dutzende von Familienmitgliedern leiten diese Unternehmen noch heute loyal, obwohl sie ihre Anteile vor Jahrzehnten an Berkshire verkauft haben. Sie sind Multimillionäre, arbeiten aber gern mit ihrem Freund Warren Buffett zusammen, der ihnen freie Hand lässt und Respekt, Anerkennung und Sinnhaftigkeit bietet.

Investition 11

NATIONAL INDEMNITY INSURANCE

Eckpunkte des Geschäfts

Geschäft	**National Indemnity Insurance**
Zeitpunkt	1967 bis heute
Gezahlter Preis	8,6 Millionen Dollar
Menge	gesamtes Unternehmen
Verkaufspreis	derzeit Milliarden Dollar wert
Gewinn	Milliarden Dollar

Lassen Sie uns kurz zusammenfassen, wo wir stehen. Wir sind an dem Punkt in der Geschichte angelangt (1965-1967), an dem Buffetts Fonds – Buffett Partnership – ein Vermögen von etwa 30 bis 60 Millionen Dollar hatte. Davon entfiel etwa ein Fünftel auf Buffetts reinvestierte Gebühren. Die Partnerschaft war Mehrheitsgesellschafter eines Schrottunternehmens, das Textilien in Massenproduktion herstellte, Berkshire Hathaway (BH), mit einem Nettovermögen von etwa 22 Millionen Dollar und einer ähnlichen Marktkapitalisierung. BH schaffte es in dieser Zeit, einen gewissen Gewinn zu erwirtschaften, aber Buffett war klar, dass das Unternehmen auf lange Sicht keine zufriedenstellende Rendite auf das eingesetzte Kapital erzielen würde.

Buffett wies an, dass alle Kapitalinvestitionen in den Textilbetrieb von ihm genehmigt werden mussten und dass so viel Geld wie möglich aus den Lagerbeständen und Forderungen freigesetzt werden sollte, während die Fabriken geöffnet bleiben sollten. Buffett schreckte davor zurück, die Fabriken zu schließen, solange die Manager und Arbeiter bereit waren, zu versuchen, Gewinne zu erwirtschaften – was 20 Jahre lang der Fall war.

Buffetts Zeit war größtenteils der Suche nach neuen Investitionen für den Partnership-Fonds gewidmet, aber er musste auch darüber nachdenken, was er mit BH machen sollte. Er telefonierte regelmäßig mit Ken Chace, dem Präsidenten von BH, um zu besprechen, wo im Betrieb von BH Geld eingespart werden konnte.

JACK RINGWALT

Schon sehr früh in der Geschichte der Investmentgesellschaften, Mitte der 1950er-Jahre, hatte Buffett einen in Omaha bekannten Mann angesprochen und ihn dazu gebracht, einen Teil seines Geldes bei ihm zu investieren. Es handelte sich um Jack Ringwalt, der sein Vermögen durch den Aufbau einer Versicherungsgesellschaft aus dem Nichts gemacht hatte. Obwohl Buffett wie ein Teenager aussah, bot Ringwalt ihm an, 10.000 Dollar bei ihm zu investieren. Buffett lehnte dies ab und sagte, Ringwalt solle 50.000 Dollar investieren, da er weniger nicht akzeptieren würde!

Ringwalt, ein Studienabbrecher und gewiefter Geschäftsmann, sagte: „Wenn Sie glauben, dass ich einem Kerl wie Ihnen 50.000 Dollar meines Geldes überlasse, sind Sie noch verrückter, als ich dachte."[23] Er zog sein Angebot von 10.000 Dollar zurück. Ein paar Jahre später überlegte er, was aus diesen 50.000 Dollar in Buffetts Händen geworden wäre, und kam zu dem Schluss, dass daraus nach 20 Jahren zwei Millionen Dollar geworden wären.

In den 1950er- und frühen 1960er-Jahren beobachtete Buffett aus der Ferne, wie Ringwalts National Indemnity Insurance Corporation immer stärker wurde. Schließlich war Buffett im Februar 1967 in der Lage, vom künftigen Wachstum dieses gut geführten Unternehmens zu profitieren. Der Kauf des Unternehmens sollte Berkshire Hathaway verändern und den Startschuss für sein Wachstum geben.

NATIONAL INDEMNITY IM JAHR 1967

Jack Ringwalt gründete National Indemnity (NICO) zusammen mit seinem Bruder Arthur Ringwalt im Jahr 1940, als er feststellte, dass zwei Taxiunternehmen in Omaha anderswo keine Haftpflichtversicherung bekommen konnten. NICO hatte zunächst einschließlich der Brüder vier Mitarbeiter. Sie sahen enormes Potenzial in der Versicherung von Nicht-Standard-Risiken – jene Bereiche, um die die großen Versicherungskonzerne einen Bogen machen. Die Philosophie, dass es zu jedem realen Risiko einen angemessenen Prämiensatz gibt, wurde in Jack Ringwalts Aphorismus festgehalten: „Es gibt kein schlechtes Risiko. Es gibt nur schlechte Tarife."

Das bedeutete, dass *risikoreiche* Versicherungssparten wie Fernverkehr-Lkw, Taxis, Mietwagen und öffentliche Busse nicht willkürlich abgelehnt werden sollten – solange die Prämien hoch genug waren, um das Risiko zu rechtfertigen. NICO ging weit über die Versicherung von Fahrzeugen hinaus und versicherte einige recht ungewöhnliche Gegenstände, darunter:

- Löwenbändiger und andere Zirkusartisten
- Die Beine von Burlesque-Stars
- Schatzsuchen von Radiosendern – NICO zahlte, wenn jemand den versteckten Gegenstand fand, nachdem er kryptischen Hinweisen gefolgt war.

Jack Ringwalt war für seine Pfennigfuchserei bekannt, zum Beispiel schaltete er gewohnheitsmäßig das Licht aus und nahm seinen Mantel in der Mittagspause nicht mit, wenn er für die Garderobe bezahlen musste. Dies sind die Gewohnheiten, die ein echter Value-Sucher an den Tag legt, und so sollte es nicht überraschen, dass Ringwalt genau die Art von Person war, die Buffett mochte. Ringwalt war auch in anderer Hinsicht sympathisch, etwa durch seine Intelligenz und sein Businesswissen. Er wusste, wann er ein Risiko eingehen und wann er sich zurückziehen sollte – die Chancen mussten passen. Ringwalt und Buffett wurden Freunde.

Im Februar 1967 hatte National Indemnity so viele Versicherungen abgeschlossen, dass sich ein Float von 17,3 Millionen Dollar angesammelt hatte. Beim Float handelt es sich um Prämieneinnahmen, die noch nicht in Form von Schadens- oder Betriebskosten ausgezahlt wurden. Wenn die Prämien weiterhin flossen und die Abschlussdisziplin beibehalten wurde (also die Versicherungspolicen preislich nicht zu niedrig angesetzt wurden), würde der Float bei 17,3 Millionen Dollar verharren oder sogar wachsen.

Ringwalt hielt sich selbst für einen guten Investor und suchte nach Anlagemöglichkeiten für den Float, um eine weitere Einkommensquelle für das Unternehmen zu erschließen. Buffett dachte, er könne es besser als Ringwalt. Er war der Meinung, dass er mit NICO gutes Geld verdienen könnte, indem er einfach einen Teil des Floats in Aktien investierte, selbst wenn das Versicherungsgeschäft nur ein ausgeglichenes Ergebnis oder einen kleinen Verlust erzielte.

Wie üblich hatte Buffett das Bedürfnis, seinen Kompetenzbereich auf das Versicherungsgeschäft auszudehnen. So verbrachte er viel Zeit in Bibliotheken, um die Mechanismen und die Logik des Versicherungswesens zu ergründen. Schließlich wandte er sich an Ringwalt und versuchte ihn zum Verkauf von NICO zu bewegen.

DER NATIONAL-INDEMNITY-DEAL

Das Geschäft mit National Indemnity wäre wahrscheinlich nie zustande gekommen, wenn nicht ein anderer Mann aus Omaha, der Börsenmakler Charles Heider, Anfang der 1950er-Jahre mit Buffett konkurriert hätte; beide zogen los, um wohlhabende Leute davon zu überzeugen, über die Makler, für die sie arbeiteten, Aktien zu kaufen.

Heider hatte so viel Respekt vor Buffett, dass er einer der Ersten war, die sich seinen Investmentgesellschaften anschlossen. Während Buffett der Emporkömmling war, der den Fonds in den 1960er-Jahren aufbaute, war Heider in Omaha bereits gut etabliert und respektiert. Sie unterhielten sich von Zeit zu Zeit. Sie sprachen unter anderem über Jack Ringwalt und National Indemnity, denn Heider saß im Verwaltungsrat von NICO. Er erzählte Buffett, dass es Zeiten gab, in denen Ringwalt über das ganze Unternehmen verärgert war – normalerweise, nachdem ein Kundenanspruch ihn geärgert hatte –, und in solchen Momenten wollte er aufgeben und das ganze Unternehmen verkaufen. Aber Heider erklärte, dass Ringwalt diese Momente der Verzweiflung nur etwa 15 Minuten im Jahr hatte.

Das war Musik in Buffetts Ohren. Er sagte, Heider solle ihn anrufen, wenn Ringwalt das nächste Mal in der Stimmung sei, zu verkaufen. In der Zwischenzeit bat Buffett Ringwalt, ihm die gleichen Informationen zukommen zu lassen, die er an die wenigen außenstehenden Aktionäre schickte. Ringwalt dachte fälschlicherweise, dass Buffett ihm schmeichelte, indem er sich dafür interessierte, wie NICO seinen Investitionsbestand verwaltete. Er dachte, Buffett wolle von ihm erfahren, in welche Aktien er investieren sollte, und erklärte sich bereit, Buffett die Informationen zu übermitteln. Natürlich war Buffett in Wirklichkeit an der Geschäftstätigkeit des Unternehmens interessiert und er gewann aus dem Material, das Ringwalt ihm schickte, einen Eindruck von der langjährigen Geschichte des Unternehmens.

Februar 1967

Charlie Heider war bekannt dafür, Aktienpakete zu verschieben, und Anfang 1967 erhielt er einen Anruf von Jack Ringwalt, der ihn fragte, ob es möglich wäre, das Unternehmen für zehn Millionen Dollar zu verkaufen. Wie versprochen rief Heider sofort seinen Freund Warren Buffett an. Noch am selben Nachmittag wurde ein Treffen anberaumt. Das Treffen war kurz – Ringwalt war auf dem Heimweg und fuhr am nächsten Tag in den Urlaub. Buffett befragte ihn über den Verkauf wie folgt:

WB: Wie kommt es, dass Sie Ihr Unternehmen nie verkauft haben?

JR: Weil Gauner und Bankrotteure es haben wollten.

WB: Aus welchem Grund noch?

JR: Ich würde nicht wollen, dass die anderen Aktionäre weniger pro Aktie erhalten als ich selbst.

WB: Noch etwas?

JR: Ich würde meine Agenten nicht hintergehen wollen.

WB: Noch etwas?

JR: Ich möchte nicht, dass sich meine Mitarbeiter Sorgen machen müssen, ihren Arbeitsplatz zu verlieren.

WB: Noch etwas?

JR: Ich bin irgendwie stolz darauf, dass es in Omaha eine Institution ist, und ich würde mir wünschen, dass es in Omaha bleibt.

WB: Noch etwas?

JR: Ich weiß nicht – ist das nicht genug?

WB: Was sind Ihre Aktien wert?

JR: Laut *World-Herald* [einer Zeitung aus Omaha] beträgt der Marktwert 33 Dollar pro Aktie, aber die Aktie ist 50 Dollar wert.

WB: Ich kaufe sie.[24]

Damit hatte Ringwalt nicht gerechnet – er hatte keine Ahnung gehabt, dass Buffett das Unternehmen kaufen wollte. Er beruhigte sich auch langsam und war dann wieder in einer Stimmung, in der er nicht sicher war, ob er das Unternehmen verkaufen wollte. Später schilderte Ringwalt: „Ich dachte jedoch, dass Herr Buffett zumindest einen ehrlichen Ruf hatte, finanziell verantwortungsbewusst war und dass es vielleicht keine so schlechte Idee wäre. Außerdem hatte ich das Gefühl, dass er seine Meinung wahrscheinlich ohnehin ändern würde, während ich in Florida war."[25]

Aber Buffett war sich sehr sicher. Innerhalb einer Woche hatte er die Unterlagen vorbereitet (ein Vertrag, der nicht länger als eine Seite war) und die Gelder zahlungsbereit hinterlegt – er wollte keine Verzögerungen, die es Ringwalt ermöglichen würden, seine Meinung zu ändern. Buffett glaubte in der Tat, dass Ringwalt seine Meinung ändern wollte, aber er wusste auch, dass er ein ehrlicher Mann war und nicht aus dem Geschäft aussteigen würde – obwohl er kurze Zeit versuchte, Buffett vom Kauf abzubringen.

Ringwalt unterschrieb mehr oder weniger sofort nach seiner Rückkehr aus dem Urlaub. Er kam zehn Minuten zu spät zum Treffen und seitdem wird darüber gewitzelt, dass er auf der Suche nach einer Parkuhr war, auf der noch etwas Zeit war, ganz der Pfennigfuchser. Das Gerücht besagt, dass er in Wirklichkeit immer noch unsicher war, ob er verkaufen sollte. Berkshire Hathaway kaufte das Unternehmen für 8,6 Millionen Dollar.

BUFFETT ÜBERNIMMT DIE KONTROLLE ÜBER NATIONAL INDEMNITY

Buffett hat die wunderbare Gabe, an sehr talentierten und erfahrenen Leuten festzuhalten. Es macht ihm nichts aus, dass sie in die Jahre gekommen sind; ihr Wissen, ihr Urteilsvermögen und ihre Kontakte sind oft entscheidend für den Erfolg des Unternehmens. Außerdem muss er sich um zahlreiche Investitionen kümmern; er kann sich einfach nicht mit den täglichen Details der Leitung jedes einzelnen Unternehmens befassen.

Er überredete Jack Ringwalt, zu bleiben und für das Unternehmen zu arbeiten. Buffett bezahlte ihn gut und pflegte ihre Freundschaft. Ringwalt dachte, es handele sich um eine 30-tägige Übergangsphase, aber schließlich blieb er sechs Jahre lang. Er erzählte: „Ich fand, dass Buffett ein sehr rücksichtsvoller Vorstandsvorsitzender war, und ich blieb mehr als sechs Jahre im Unternehmen, als ich das normale Rentenalter von 65 Jahren schon weit überschritten hatte."[26] In weiser Voraussicht verwendete Ringwalt einen Teil des Geldes, das er aus dem Verkauf von NICO erhielt, um Aktien von Berkshire Hathaway zu kaufen, und machte damit ein weiteres Vermögen.

Hatte NICO einen Wettbewerbsvorteil?

Bei der Betrachtung des Wettbewerbsvorteils von NICO sollten wir uns zunächst einen Auszug aus Buffetts Brief an die Aktionäre von Berkshire Hathaway aus dem Jahr 2004 ansehen:

> „Als wir das Unternehmen – einen Spezialisten für gewerbliche Kfz- und allgemeine Haftpflichtversicherungen – erwarben, schien es keine Eigenschaften zu haben, die die chronischen Probleme der Branche überwinden würden. Es war nicht bekannt, es hatte keinen Informationsvorsprung (das Unternehmen hatte nie einen Versicherungsmathematiker), es war kein kostengünstiger Anbieter und es verkaufte über Generalagenten, eine Methode, die viele für überholt hielten. Nichtsdestotrotz war NICO in den letzten 38 Jahren fast immer ein Performance-Star gewesen. Hätten wir diese Übernahme nicht getätigt, könnte Berkshire heute von Glück sagen, wenn es nur halb so viel wert wäre.
> Was uns zugutekommt, ist eine Denkweise des Managements, die für die meisten Versicherer unmöglich zu kopieren ist. Werfen Sie einen Blick auf die [Tabelle]:

PORTRÄT EINES DISZIPLINIERTEN VERSICHERERS

National Indemnity Company

Jahr	abgeschlossene Prämien in Millionen Dollar	Mitarbeiter zum Jahresende	Verhältnis Betriebskosten zu abgeschlossenen Prämien	Versicherungs-gewinn (Versicherungsverlust) in Prozent der Prämien
1980	79,6	372	32,3 %	8,2 %
1981	59,9	353	36,1 %	(0,8 %)
1982	52,5	323	36,7 %	(15,3 %)
1983	58,2	308	35,6 %	(18,7 %)
1984	62,2	342	35,5 %	(17,0 %)
1985	160,7	380	28,0 %	1,9 %
1986	366,2	403	25,9 %	30,7 %
1987	232,3	368	29,5 %	27,3 %
1988	139,9	347	31,7 %	24,8 %
1989	98,4	320	35,9 %	14,8 %
1990	87,8	289	37,4 %	7,0 %
1991	88,3	284	35,7 %	13,0 %
1992	82,7	277	37,9 %	5,2 %
1993	86,6	279	36,1 %	11,3 %
1994	85,9	263	34,6 %	4,6 %
1995	78,0	258	36,6 %	9,2 %
1996	74,0	243	36,5 %	6,8 %
1997	65,3	240	40,4 %	6,2 %
1998	56,8	231	40,4 %	9,4 %
1999	54,5	222	41,2 %	4,5 %
2000	68,1	230	38,4 %	2,9 %
2001	161,3	254	28,8 %	(11,6 %)
2002	343,5	313	24,0 %	16,8 %
2003	594,5	337	22,2 %	18,1 %
2004	605,6	340	22,5 %	5,1 %

> Können Sie sich vorstellen, dass *irgendein* börsennotiertes Unternehmen ein Geschäftsmodell verfolgt, das zu einem solchen Umsatzrückgang führt, wie wir ihn von 1986 bis 1999 erlebt haben? Dieser kolossale Einbruch, das muss betont werden, erfolgte nicht, weil keine Geschäftsabschlüsse möglich waren. NICO hätten viele Milliarden Dollar an Prämien zur Verfügung gestanden, wenn wir nur bereit gewesen wären, die Preise zu senken. Stattdessen haben wir unsere Preise konsequent so gestaltet, dass wir Gewinn machten, und nicht, um es mit unserem optimistischsten Konkurrenten aufzunehmen. Wir haben die Kunden nie verlassen – aber sie haben uns verlassen."

Um Buffetts Worte weiter auszuführen: Viele Versicherer verlieren Geld, weil sie dem Geschäft hinterherjagen und die Prämien, die sie verlangen, nach unten drücken. Die Manager dieser Unternehmen zögern oft, auf Volumen und Marktanteile zu verzichten. Sie wollen den Personalbestand hoch halten, um das Geschäftsvolumen zu steigern. Dies macht die Versicherungsgewinne zyklisch, denn wenn die Versicherer durch schlecht bepreiste Policen Geld verlieren, gehen viele in Konkurs oder sind gezwungen, Einsparungen vorzunehmen, was schließlich zu höheren Prämien und zum Beginn eines neuen Zyklus führt.

Buffett trug dazu bei, die gewohnte Mentalität zu durchbrechen, indem er erklärte, dass keine betriebsbedingten Kündigungen ausgesprochen würden, wenn das Geschäftsvolumen aufgrund der Weigerung, den Konkurrenten bei den absurd niedrigen Preisen zu folgen, sinken würde. Dies war zwar kurzfristig mit Kosten verbunden, aber der Nutzen für das Unternehmen im Hinblick auf die Kultur der langfristigen Rentabilität war sehr wertvoll. Die Versicherungsdisziplin von National Indemnity ist hervorragend. Das bedeutet, dass der Float keine Kosten verursacht, weil das zugrunde liegende Versicherungsgeschäft Jahr für Jahr Gewinne oder nur geringe Verluste erwirtschaftet.

Die Kombination aus einem wachsenden Topf mit kostenlosem Float und Buffetts großes Geschick darin, diesen Float zu investieren, ist ein sehr wichtiger Faktor für seinen Erfolg. Laut Buffett ist es kein Zufall, dass ein Großteil der Unternehmen von Berkshire Hathaway Versicherungen sind.

BUFFETTS URTEIL ÜBER DAS GESCHÄFT MIT NATIONAL INDEMNITY – EIN „PATZER"

Buffett bezeichnete die Art und Weise, wie er das National-Indemnity-Geschäft angegangen ist, als schwerwiegenderen Fehler als den Kauf von Berkshire Hathaway und sagte, es sei „der teuerste in meiner Karriere" gewesen. Diese selbstironische Bemerkung, die sich in seinem Brief an die BH-Aktionäre aus dem Jahr 2014 findet, bedarf einer Erklärung. Der Schlüssel zum Verständnis dieser Logik liegt darin, dass er sich in erster Linie seinen Partnern gegenüber verantwortlich fühlte – und zwar sehr stark. Der Fonds bestand zu 100 Prozent aus Gesellschaftergeldern. Wenn etwas, das für den Fonds gekauft wurde, von Wert war, würden seine Partner 100 Prozent des Gewinns erhalten. Wenn also National Indemnity ein großartiger Kauf war und Buffett den Verkäufer dazu bringen konnte, sich von allem zu trennen, und die Anlagegesellschaft alles kaufte, profitierten die Partner zu 100 Prozent davon (abzüglich Buffetts Gebühren natürlich).

Doch Buffett machte einen Fehler: Anstatt National Indemnity direkt für die Partner zu kaufen, ließ er es von Berkshire Hathaway kaufen. Im Februar 1967 besaßen die Partner lediglich 61 Prozent von Berkshire Hathaway. Somit flossen 39 Prozent des Wertes von National Indemnity – und der Wert war groß – an andere Personen als die Partner.

„Warum also habe ich NICO für Berkshire und nicht für BPL gekauft? Ich hatte 48 Jahre Zeit, über diese Frage nachzudenken, und ich habe noch keine gute Antwort gefunden. Ich habe einfach einen kolossalen Fehler begangen … Ich habe mich dafür entschieden, 100 Prozent eines ausgezeichneten Unternehmens (NICO) mit einem zu 61 Prozent im Besitz befindlichen schrecklichen Unternehmen (Berkshire Hathaway) zu verheiraten, eine Entscheidung, die letztendlich etwa 100 Milliarden Dollar von den BPL-Partnern zu einer Ansammlung von Fremden umgeleitet hat."[27]

Positiv ist zu vermerken, dass Buffett diese „Fremden" (die anderen BH-Aktionäre) sehr wohlhabend gemacht hat und dass er seine Partner ebenfalls sehr wohlhabend gemacht hat. Und National Indemnity entwickelte sich zu einer Erfolgsgeschichte von Weltrang.

LEKTIONEN

1. **Der Anleger sollte bereit sein, ein gutes Unternehmen über Jahre hinweg zu beobachten, bevor er es kauft**. Führen Sie die Analyse durch und setzen Sie es auf Ihre Beobachtungsliste. Haben Sie eine Bewertung im Kopf. Wenn sich die Gelegenheit ergibt, können Sie diszipliniert investieren. Wenn sich die Gelegenheit nicht ergibt, sollten Sie Ihr Geld anderweitig einsetzen, wo Sie mit einer Sicherheitsmarge investieren können.
2. **Die von den Versicherungsgesellschaften gehaltenen liquiden Mittel können investiert werden, um ein Vermögen zu machen**, selbst wenn das Versicherungsgeschäft ein ausgeglichenes Ergebnis oder einen kleinen Verlust aufweist. Diejenigen, die von ihren Investitionsfähigkeiten überzeugt sind, können eine Reihe von Versicherungsgesellschaften aufkaufen, um noch mehr Float zu erhalten. Genau das hat Buffett getan.
3. **Jahrzehntelang an einer guten Sache festhalten**. Das ursprüngliche Unternehmen NICO wurde in den letzten fünf Jahrzehnten gehalten und ausgebaut. An einen Verkauf war nie

zu denken. Es handelt sich immer noch um ein florierendes Geschäft, das jedoch inzwischen von dem erstaunlichen Erfolg des Rückversicherungsgeschäfts (Versicherung von Versicherern) in den Schatten gestellt wird.

Investition 12

HOCHSCHILD-KOHN

Eckpunkte des Geschäfts

Geschäft	**Hochschild-Kohn**
Zeitpunkt	1966 bis 1969
Gezahlter Preis	4,8 Millionen Dollar
Menge	80 Prozent der Aktien des Unternehmens
Verkaufspreis	4,0 Millionen Dollar
Verlust	0,8 Millionen Dollar

In den späten 1960er-Jahren war der in den 30ern befindliche Buffett Multimillionär. Viele Jahre lang hatte er Anspruch auf 25 Prozent des Gewinns, den er für seine Anlagepartner oberhalb der Schwelle von sechs Prozent erzielte. Da er im Durchschnitt Renditen von rund 30 Prozent pro Jahr erzielte und der Investmentfonds auf mehr als 50 Millionen Dollar angewachsen war, konnte er sowohl seine Partner zufriedenstellen als auch selbst jedes Jahr Millionen verdienen.

Buffetts Einkommen floss in der Regel in die Gesellschaft zurück, sodass er Jahr für Jahr einen größeren Anteil daran hielt. Die Anlagegesellschaft hielt etwa 70 Prozent des angeschlagenen Unternehmens Berkshire Hathaway und inzwischen hatte BH die Versicherungsgesellschaft National Indemnity für 8,6 Millionen Dollar gekauft. Buffett beschränkte weitere bedeutende Investitionen in die Textilindustrie nachdrücklich.

Berkshire Hathaway war nicht das einzige Unternehmen, dessen Aktien mehrheitlich oder vollständig von Buffett Partnership kontrolliert wurden: Hochschild-Kohn war zu dieser Zeit eine weitere wichtige Investition.

HOCHSCHILD-KOHN

Im Januar 1966 machte ein befreundeter Investmentbanker, David „Sandy" Gottesman, Warren Buffett auf die Möglichkeit aufmerksam, ein angeschlagenes Kaufhaus in Baltimore zu erwerben. Hochschild-Kohn war nicht wettbewerbsfähig und benötigte hohe Investitionen, um eine Umstrukturierung einzuleiten. Es befand sich im Privatbesitz von Mitgliedern der Familie Kohn. Nur wenige Mitglieder der nächsten Generation wollten sich an der Leitung des Unternehmens beteiligen, und sie wussten, dass das Unternehmen der Familie kaum Dividenden einbringen würde. Martin Kohn, der Vorstandsvorsitzende, teilte Gottesman mit, dass sie zum Verkauf bereit seien und ein „verbilligter Preis" akzeptabel wäre.

Buffett wusste von Anfang an, dass er „ein zweitklassiges Kaufhaus zu einem drittklassigen Preis" kaufte. Aber ihm gefielen das Reinvermögen in der Bilanz (das höher war als die Marktkapitalisierung) und die versteckten Vermögenswerte: nicht erfasste Immobilienwerte und ein beträchtliches LIFO-Bestandspolster (Last In, First Out), was bedeutet, dass ältere Bestände zu älteren Preisen und nicht zum aktuellen Wiederbeschaffungswert bewertet wurden.

Das Geschäft

Warren Buffett und Charlie Munger lernten die Kohns kennen und mochten sie. Aufgrund der starken Bilanz machten sie ein Angebot über den Kauf aller Aktien. Louis Kohn erklärte sich bereit, das Unternehmen zu leiten. Sie kauften es im März 1966 über eine neue Gesellschaft, die zum Halten der Aktien gegründet wurde und den Namen Diversified Retailing Company, Inc. trug. Der Name dieser neuen Gesellschaft gab einen Hinweis auf die Absichten von Buffett und Munger: Sie wollten einen Einzelhandelskonzern aufbauen. Buffett Partnership kaufte 80 Prozent der Aktien von Diversified Retailing, während Charlie Mungers Investmentgesellschaft Wheeler, Munger and Company zehn Prozent und Gottesmans Fonds zehn Prozent erwarb. Der Preis für Hochschild-Kohn betrug zwölf Millionen Dollar, wobei etwa die Hälfte dieser Summe von der Holdinggesellschaft Diversified Retailing geliehen wurde.

Wheeler, Munger and Company hatte seinen Sitz in Kalifornien und war unabhängig von Buffett – aber Munger und Buffett telefonierten täglich miteinander und hatten viele gemeinsame Beteiligungen. Wheeler, Munger and Company war von 1962 bis 1975 tätig und erzielte eine durchschnittliche jährliche Rendite von 19,8 Prozent, weit mehr als der Dow Jones Industrial Average, der in diesem Zeitraum nur fünf Prozent pro Jahr abwarf.

Wieder einmal die Bedeutung guter Leute

In Buffetts Halbjahresbrief 1966 an die Gesellschafter schrieb er über Hochschild-Kohn: „Wir haben erstklassige Leute (sowohl vom persönlichen als auch vom geschäftlichen Standpunkt aus), die das Unternehmen leiten … sie werden das Unternehmen wie in der Vergangenheit weiterführen." Weiter betonte er, dass er großen Wert auf das Management-Talent lege: „Selbst wenn der Preis niedriger gewesen wäre, das Management aber mittelmäßig, hätten wir das Unternehmen nicht gekauft."

UND WAS WURDE DARAUS?

Im Sommer 1967 bezeichnete Buffett die Fortschritte von Hochschild-Kohn als äußerst zufriedenstellend. Ironischerweise äußerte er sich in demselben Brief – angesichts des künftigen Erfolgs – recht deprimiert über Berkshire Hathaway.

Im Januar 1968 erklärte Buffett, dass es ihm Spaß mache, mit den Führungskräften der von der Investmentgesellschaft kontrollierten Unternehmen zusammenzuarbeiten, und dass er entschlossen sei, einen beträchtlichen Teil der Gelder von Buffett Partnership in Unternehmen anzulegen, in denen er die Kontrolle über alle oder die Mehrheit der Aktien habe, selbst wenn dies eine Verringerung seines jährlichen Renditeziels bedeute:

> „Die befriedigende Natur unserer Tätigkeit in von uns kontrollierten Unternehmen ist ein kleiner Grund für die heruntergeschraubten Investitionsziele, die im Schreiben vom 9. Oktober erörtert wurden [geändert von zehn Prozentpunkten gegenüber dem Dow Jones auf den niedrigeren Wert von neun Prozent pro anno oder einen Vorsprung von fünf Prozentpunkten gegenüber dem Dow]. Wenn ich mit Menschen zu tun habe, die ich mag, in Unternehmen tätig bin, die ich anregend finde (welches Unternehmen ist das nicht?), und eine lohnende Gesamtrendite auf das eingesetzte Kapital erziele (sagen wir zehn bis zwölf Prozent), erscheint es töricht, von einer Situation zur anderen zu eilen, um ein paar Prozentpunkte mehr zu verdienen.
> Es erscheint mir auch nicht sinnvoll, bewährte, angenehme persönliche Beziehungen zu tollen Menschen bei einer anständigen Rendite gegen mögliche Irritationen, Ärger oder Schlimmeres mit potenziell höheren Renditen einzutauschen.“[28]

Trotz dieses allgemeinen Ansatzes ließ Buffett Hochschild-Kohn (HK) auf seiner Liste lobenswerter Errungenschaften weg; National Indemnity und Associated Cotton Shops (das im nächsten Kapitel besprochen wird) wurden für eine lobende Erwähnung herausgegriffen, das BH-Textilgeschäft und HK jedoch nicht. Buffett hatte gegen die Pläne des Managements von HK, weitere Geschäfte zu eröffnen, bereits sein Veto eingelegt (nachdem er die Eröffnung eines Geschäfts bedauerlicherweise genehmigt hatte), um zu vermeiden, dass dem schlechten Geld gutes hinterhergeworfen wird.

Über die Investition in HK sagte Munger: „Wir waren so sehr vom Graham-Ethos beeinflusst, dass wir dachten, wenn man nur genug Vermögenswerte für seine Dollar bekäme, könnte es irgendwie klappen. Und wir haben den intensiven Wettbewerb zwischen vier verschiedenen Kaufhäusern in Baltimore nicht ausreichend berücksichtigt."[29]

Im Jahr 1968 ging der Umsatz der Geschäfte deutlich zurück und Buffett war auf der Suche nach einem Käufer für HK oder wollte das Unternehmen liquidieren. Glücklicherweise war Supermarkets General interessiert und kaufte das Unternehmen im Dezember 1969 für 5.045.205 Dollar in bar plus unverzinsliche Anleihen von Supermarkets General. So erhielt Diversified Retailing nicht nur fünf Millionen Dollar auf sein Bankkonto, sondern wurde auch Inhaber der Schulden von Supermarkets General, von denen zwei Millionen Dollar Anfang 1970 und 4,54 Millionen Dollar Anfang 1971 zur Rückzahlung fällig waren. Der Gegenwartswert (im Jahr 1969) dieser Schuldverschreibungen belief sich auf etwa sechs Millionen Dollar, sodass Diversified Retailing bei dem Verkauf effektiv etwa elf Millionen Dollar erhielt. Das erhaltene Bargeld verblieb bei Diversified Retailing. Diversified Retailing schuldete seinen Gläubigern noch etwa sechs Millionen Dollar, was in etwa den Schulden entsprach, die ihm von Supermarkets General zustanden.

Das Joint Venture zwischen Buffetts Partnerschaftsfonds, dem Fonds von Charlie Munger und dem Fonds von Gottesman hatte bei dem Abenteuer Hochschild-Kohn einen kleinen Verlust gemacht. Das Problem bei Einzelhandelsunternehmen ist, dass die Manager in der

Regel unter ständigem Beschuss der Konkurrenz stehen. Wenn sie eine gute Idee haben, um ihr Angebot zu verbessern, dauert es nicht lange, bis die Konkurrenten sie kopiert haben. Sie müssen also ständig auf der Höhe der Zeit sein. Auch mit der ständigen Innovation der Konkurrenten muss man Schritt halten.

Wie Buffett es ausdrückt, müssen die Manager im Einzelhandel „jeden Tag klug sein", während in anderen Branchen die Manager das Geschäft selbst dann nicht zerstören, wenn sie eine Zeit lang mittelmäßige Leistungen erbringen. So ist es möglich, dass Marken wie die *Washington Post*, Coca-Cola und Disney den größten Teil ihres Burggrabens (ihre Position in den Köpfen der Kunden) behalten, selbst wenn sie für ein oder zwei Jahre schlechte Manager haben. Kaufhäuser genießen diesen Luxus nicht. Natürlich gibt es außergewöhnliche Einzelhändler, die jeden Tag klug sind und ihre Konkurrenten Jahr für Jahr schlagen, aber sie sind selten.

LEKTIONEN

Ich überlasse es Buffetts, uns zu erklären, was wir aus diesem Fall lernen sollten. In seinem Brief an die Aktionäre von Berkshire Hathaway aus dem Jahr 1989 sinnierte er über die Verlagerung seines Schwerpunkts vom Quantitativen (insbesondere der Bilanz) zum Qualitativen, ein Gedanke, der zum Teil durch den Fehler beim Kauf von Hochschild-Kohn angeregt wurde.[30]

> „Kurz nach dem Kauf von Berkshire erwarb ich ein Kaufhaus in Baltimore, Hochschild-Kohn … Ich kaufte mit einem beträchtlichen Abschlag vom Buchwert, die Mitarbeiter waren erstklassig und das Geschäft beinhaltete einige Extras – nicht erfasste Immobilienwerte und ein beträchtliches LIFO-Bestandspolster. Wie hätte ich mir das entgehen lassen können? Sooo – drei Jahre später hatte ich das Glück, das Unternehmen für ungefähr das

zu verkaufen, was ich bezahlt hatte. Nach dem Ende unserer Unternehmensehe mit Hochschild-Kohn hatte ich Erinnerungen wie der Ehemann in dem Country-Song ‚My Wife Ran Away With My Best Friend and I Still Miss Him a Lot'."

Aus dieser Passage geht hervor, dass Buffett erkannt hat, dass quantitative Investitionsfaktoren nicht ausreichen, um eine gute Investition zu tätigen. Im Laufe seiner Karriere konzentrierte er sich zunehmend auf qualitative Faktoren.

Nachfolgend einige weitere Überlegungen zum HK-Geschäft:

1. **Es ist viel besser, ein wunderbares Unternehmen zu einem fairen Preis zu kaufen, als ein faires Unternehmen zu einem wunderbaren Preis**. Suchen Sie nach erstklassigen Unternehmen, die von einem erstklassigen Management geführt werden.
2. **Gute Jockeys sind auf guten Pferden gut, aber nicht auf heruntergekommenen Gäulen**. Sowohl Berkshires Textilunternehmen als auch Hochschild-Kohn wurden von fähigen und ehrlichen Leuten geführt. Dieselben Manager, die in einem Unternehmen mit guten wirtschaftlichen Rahmenbedingungen beschäftigt wären, hätten gute Ergebnisse erzielt. Aber sie hätten niemals Fortschritte gemacht, wenn sie im Treibsand gelandet wären. Buffett sagte, wenn ein Management mit dem Ruf, brillant zu sein, ein Unternehmen mit dem Ruf, schlecht zu wirtschaften, in Angriff nehmen würde, bleibe der Ruf des Unternehmens unversehrt.
3. **Meiden Sie Unternehmen mit Problemen**. Buffett hat erklärt, dass er und Munger nicht gelernt hätten, wie man schwierige Geschäftsprobleme löst, aber sie hätten gelernt, wie man sie vermeidet. In der Geschäftswelt und bei Investitionen ist es in der Regel weitaus profitabler, sich an das Einfache und Offensichtliche zu halten, als sich mit den schwierigen Problemen zu

befassen. Gelegentlich ergibt sich eine großartige Investitionsmöglichkeit, wenn ein großes Unternehmen mit einem einzigen großen, aber lösbaren Problem konfrontiert ist. Dies war bei American Express und GEICO der Fall, wie wir in früheren Kapiteln gesehen haben.

4. **Die überwältigende Bedeutung der unsichtbaren Kraft des institutionellen Imperativs in der Wirtschaft**. Buffett sagte, er habe erlebt, dass „(1) eine Institution, als ob sie von Newtons erstem Bewegungsgesetz beherrscht würde, sich jeder Änderung ihrer gegenwärtigen Richtung widersetzt; dass (2) so, wie die Arbeit sich ausweitet, um die verfügbare Zeit zu füllen, Unternehmensprojekte oder Übernahmen entstehen, um die verfügbaren Mittel aufzusaugen; dass (3) jeder noch so törichte Geschäftswunsch des Bosses schnell durch detaillierte Rendite- und Strategiestudien unterfüttert wird, die von seinen Truppen erstellt werden; und dass (4) das Verhalten vergleichbarer Unternehmen, ob sie nun expandieren, aufkaufen, die Vergütung der Führungskräfte festlegen oder was auch immer, gedankenlos imitiert wird." Er versuchte seine Investitionen so zu organisieren und zu verwalten, dass der Einfluss dieses institutionellen Imperativs möglichst gering war. Eine Möglichkeit, dies zu erreichen, bestand darin, mit Menschen ins Geschäft zu kommen, die er mochte, denen er vertraute und die er bewunderte.
5. **Buffett wurde weder als Investor noch als Geschäftsmann geboren**. Er lernte durch eigene und fremde Erfahrungen, wie die Dinge funktionieren. Der Lernprozess dauerte Jahrzehnte, bis er einen einigermaßen hohen Standard erreicht hatte, und trotzdem machte er Fehler. Das Interesse an lebenslangem Lernen ist eine Voraussetzung für einen Investor. Buffetts Offenheit für Korrekturen hat dazu geführt, dass er genügend gute Entscheidungen getroffen hat, um insgesamt eine hervorragende Performance zu erzielen.

Investition 13

ASSOCIATED COTTON SHOPS

Eckpunkte des Geschäfts

Geschäft	**Associated Cotton Shops**
Zeitpunkt	1967 bis heute
Gezahlter Preis	ungewiss, aber von 6 Millionen Dollar war die Rede
Menge	80 Prozent der Aktien des Unternehmens
Verkaufspreis	ungewiss, denn das Unternehmen wurde in den 1970er-Jahren mit Berkshire fusioniert
Gewinn	gut, aber nicht separat identifizierbar

Im Jahr 1967 leitete Buffett einen sehr ungewöhnlichen Investmentfonds. Anstatt der Konvention zu folgen und nur Minderheitsbeteiligungen an börsennotierten Unternehmen zu übernehmen, hatte er seine Gesellschaft als Mehrheitsaktionär des am Boden liegenden Textilunternehmens Berkshire Hathaway positioniert (mit einer bald hinzukommenden Versicherungstochter). Darüber hinaus wurden 4,8 Millionen Dollar des Geldes der Partner (etwa zehn Prozent des Fonds) verwendet, um eine 80-prozentige Beteiligung an einem brandneuen Unternehmen namens Diversified Retail zu erwerben, und er wurde Chief Executive Officer von Diversified. Diese Organisation nahm einen Kredit von weiteren sechs Millionen Dollar auf und kaufte 1966 das Kaufhausunternehmen Hochschild-Kohn.

Anfang 1967 einigten sich Buffett und die Minderheitsaktionäre von Diversified Retailing darauf, das Einzelhandelsimperium durch den Kauf der Bekleidungsladenkette Associated Cotton Shops zu erweitern.

DAS UNTERNEHMEN

Associated Cotton Shops wurde 1931 von Benjamin Rosner (zusammen mit dem Mitte der 1960er-Jahre verstorbenen Leo Simon) als einzelnes Geschäft in Chicago mit nur 3.200 Dollar gegründet. 36 Jahre später hatte das Unternehmen einen Jahresumsatz von 44 Millionen Dollar und 80 Geschäfte. Die Läden befanden sich in innerstädtischen Lagen, die oft nicht die besten waren (die Mitarbeiter hielten ständig Ausschau nach Ladendieben). Rosner, 1967 63 Jahre alt, war ein bekannter Pfennigfuchser und Workaholic – Eigenschaften, die Buffett sehr bewunderte. Es gibt eine tolle Geschichte über Rosner, die Buffett gern erzählt. Sie unterstreicht seine Bewunderung für Rosners Besessenheit vom Geschäft und dafür, dass er wie Buffett sein eigener Herr ist. Sie lautet wie folgt.

Rosner nahm an einem Abendessen mit Smokingzwang teil, wo er sich mit einem anderen Geschäftsmann über die Einzelheiten ihrer Unternehmen unterhielt. Er wollte wissen, ob er den besten Preis für Toilettenpapierrollen bekam – ein bei einem eleganten Abendessen übliches Gesprächsthema, Sie wissen schon. Der andere Geschäftsmann enthüllte, dass er mehr für sein Toilettenpapier bezahlte als Rosner. Rosner war nicht erfreut, sondern beunruhigt: Das konnte bedeuten, dass der Lieferant ihn betrog, indem er ihm etwas kleinere Rollen schickte, während er vorgab, sie seien gleich. Er verließ sofort das

Abendessen, ging in sein Lager und verbrachte den Rest des Abends damit, die Anzahl der Blätter auf einer Rolle zu zählen. Und tatsächlich stellte er fest, dass eine Rolle weniger Blätter enthielt als üblich!

DAS GESCHÄFT

Als sie zum ersten Mal über einen möglichen Deal sprachen, bot Rosner Buffett an, ihn in einigen Läden herumzuführen, damit er sehen konnte, was er kaufen würde. Buffett lehnte entschieden ab. Die Einzelheiten des Einzelhandels lagen außerhalb seines Kompetenzbereichs. Was aber definitiv in seinen Bereich fiel, war die finanzielle Situation des Unternehmens zu diesem Zeitpunkt und in der jüngeren Vergangenheit. Also bat er Rosner, ihm am Telefon die Bilanzdaten der letzten fünf Jahre vorzulesen.

Bei einem Treffen, bei dem auch Charlie Munger zugegen war, war Rosner ungeduldig und wollte schnell zu einem Abschluss kommen. Nach einer Diskussion von etwa einer halben Stunde sagte er zu Buffett: „Man hat mir erzählt, dass niemand im Westen so schnell zieht wie Sie! Also ziehen Sie!“ Buffett entgegnete, dass er nicht mehr lange zögern würde und dass noch am selben Nachmittag eine Entscheidung getroffen würde – alle Männer im Raum wussten, wann man entschlossen handeln muss. Es ist nicht klar, wie viel für Associated Cotton Shops gezahlt wurde, aber in einigen Quellen wird eine Summe von sechs Millionen Dollar genannt.

DANACH

Rosner verkaufte, weil er sich zur Ruhe setzen wollte, aber Buffett bat ihn, zu bleiben, um den Übergang zu erleichtern. Er wusste von Anfang an, dass Rosner nicht in der Lage sein würde, zu kündigen. Bemerkenswerterweise blieb er schließlich weitere 20 Jahre in der Firma. Später erzählte er seinem Freund Buffett, warum das funktionierte: „Du hast vergessen, dass du dieses Unternehmen gekauft hast. Und ich habe vergessen, dass ich es verkauft habe." Ein größeres Lob für Buffetts unbürokratischen Führungsstil kann es nicht geben, obwohl es nur dann ein Lob ist, wenn die Manager unter solchen Bedingungen hervorragende Arbeit leisten.

Buffett lobte Rosner in den höchsten Tönen, was dazu beigetragen haben muss, ihn zu halten. Aber trotz der Bemerkung „Sie haben vergessen, dass Sie dieses Unternehmen gekauft haben" war Buffett sehr daran interessiert, monatliche Berichte über die Geschäftsentwicklung zu erhalten. Während er meinte, kein Auge für den Einzelhandel zu haben, hatte Buffett ein sehr scharfes Auge für Finanzen.

Rosners Performance war sehr erfreulich. Buffett schrieb im Januar 1968 an seine Partner, dass die Übernahme „nicht erfreulicher sein könnte. Alles war wie versprochen oder besser. Der Hauptverkäufer, Ben Rosner ... leistet weiterhin hervorragende Arbeit." Sechs Monate später schrieb er an die Partner, dass Ben Rosner „weiterhin Anstrengungen und Fähigkeiten in Ergebnisse umwandelt". Für das gesamte Jahr 1968 bezifferte Buffett die Rendite des bei Associated Cotton Shops eingesetzten Kapitals auf etwa 20 Prozent.[31]

Im Laufe des Jahres 1969 wurde Associated Cotton Shops in Associated Retail Stores umbenannt und Buffett war mit dem Verlauf der Dinge sehr zufrieden:

> „Associated Retail Stores besitzt ein Vermögen von etwa 7,5 Millionen Dollar. Es handelt sich um ein ausgezeichnetes Unternehmen mit einer starken Finanzlage, guten Gewinnspannen und einem Rekordanstieg von Umsatz und Gewinn in den letzten Jahren. Im vergangenen Jahr betrug der Umsatz etwa 37,5 Millionen Dollar und der Nettogewinn etwa eine Million Dollar. In diesem Jahr dürften neue Rekorde bei Umsatz und Gewinn erzielt werden, wobei ich Letzteren auf etwa 1,1 Millionen Dollar nach allen Steuern schätze."[32]

Da haben Sie es also: Der Einzelhandel ist ein sehr schwieriges Pflaster, doch manche Menschen haben ein besonderes Talent dafür, dort hohe Renditen auf das eingesetzte Kapital zu erzielen, und es gelingt ihnen Jahr für Jahr. Buffett pflegte in den folgenden Jahrzehnten geschickt die Freundschaft mit vielen großen Einzelhändlern. Denken wir zum Beispiel an die Familie Blumkin bei Nebraska Furniture Mart, an die Familie Friedman bei Borsheims oder an Bill Child von RC Willey.

LEKTIONEN

1. **Der Kompetenzkreis**. Wir alle haben einen Kompetenzkreis, aber manche Menschen denken, ihr Kreis sei viel größer, als er tatsächlich ist. Buffett und Munger definieren ihre Kreise jeweils recht eng. Mit anderen Worten: Sie räumen freimütig ein, dass es viele Themen gibt, bei denen sie nicht genügend Kompetenz besitzen, um aus den ihnen vorgelegten Daten Schlussfolgerungen ziehen zu können. So kaufen sie beispielsweise niemals Hightech-Unternehmen, weil sie die Aussichten für das Unternehmen in zehn Jahren nicht einschätzen können. In der Tat betrachten sie die meisten Branchen als außerhalb ihres Kompetenzbereichs liegend – sie können Investitionen in diesen Bereichen einfach nicht analysieren.
2. **Es ist großartig, mit eifrigen Kostensenkern zusammenzuarbeiten**. Ben Rosner kannte sein Unternehmen in- und auswendig und suchte jeden Tag nach Möglichkeiten, jedes Gramm Fett aus dem Betrieb zu entfernen. Dies führte zu einer sehr guten Rendite auf das eingesetzte Kapital.
3. **Die Menschen schätzen Respekt ebenso sehr wie finanzielle Belohnung**. Nachdem Ben Rosner das Unternehmen verkauft hatte, verfügte er über mehr als genug Geld, um sich zur Ruhe zu setzen, aber es reizte ihn, weiter zu arbeiten. Ihm gefielen der gegenseitige Respekt und das Vertrauen zwischen Buffett und

ihm. Dies zeigte sich in der Freiheit, die ihm bei der Kontrolle seines Bereichs eingeräumt wurde, in dem Lob, das ihm zuteilwurde, und in dem absoluten Vertrauen, das Buffett in ihn setzte, dass er sich nicht in einer Weise verhalten würde, die den Interessen von Buffetts Partnern schaden würde.

Investition 14

INVESTITIONEN IN BEZIEHUNGEN

Atemlose, übermütige Wetten auf Aktien scheinen alle paar Jahre in Wellen aufzutreten. Jeder Zyklus mit seinem Absturz und seinen Opfern beschert denjenigen, die der Börsengeschichte wenig Aufmerksamkeit schenken, *aufschlussreiche* Lektionen. Klügere Köpfe werden darin bestärkt, sich daran zu erinnern, eine Position einzunehmen, die den Wahnsinn der Masse ausnutzt, anstatt sich an dem Wahnsinn zu beteiligen.

Der Anstieg des Marktes in den 1960er-Jahren folgte auf den Boom der 1950er-Jahre. Der Kater nach der Hochstimmung führte dazu, dass viele Unternehmen in Konkurs gingen und viele Spekulanten viel Geld verloren. Wie sah Buffett die Dinge zu dieser Zeit, 1967 bis 1969, und was tat er?

Wie wir sehen werden, machte sich Buffett in dieser Zeit viele Gedanken über den Aktienmarkt, über die Bewertung von Aktien und die Art und Weise, wie er mit Unternehmensmanagern auf einer persönlichen Ebene zusammenarbeiten wollte. In diesem Kapitel geht es nicht um eine bestimmte Finanzanlage, sondern um eine schwierige Phase in Buffetts Karriere, in der er einige große und schwierige Entscheidungen treffen musste. Es trägt dazu bei, uns die Evolution seines Anlagestils in diesen Jahren vor Augen zu führen.

DIE GO-GO-JAHRE

In den beiden Jahrzehnten nach der Weltwirtschaftskrise galt fast überall der Rat: Finger weg von Aktien, sie sind gefährlich und von Natur aus spekulativ. Diese Haltung sorgte bis Anfang der 1950er-Jahre für niedrige Aktienkurse. Zu dieser Zeit konnte man viele Schnäppchen machen. Als die Unternehmen dann bewiesen, dass sich die wirtschaftlich guten Zeiten in steigenden Gewinnen und Dividenden niederschlugen, stiegen die Aktienkurse.

Die Stimmung schlug um und viele Menschen begannen zu meinen, dass es großartig war, Aktien zu besitzen. *Mein Freund hat sein Geld in ein paar Jahren verdoppelt. Er liebt es, in den Aktienmarkt zu investieren. Ich werde auch einsteigen.* Es war eine neue Generation, die den Nachkriegswohlstand und steigende Preise erlebt hatte; 1929 war längst Geschichte. Der Dow Jones Industrial Average verdreifachte sich in den 1950er-Jahren von 200 auf 600 und stieg dann zwischen 1960 und 1966 um weitere zwei Drittel.

Die durchschnittliche Aktie wurde 1950 zu einem Preis verkauft, der nur das 7,2-Fache des zuletzt gemeldeten Jahresgewinns pro Aktie betrug (ein Kurs-Gewinn-Verhältnis, kurz KGV, von 7,2). Das KGV ist ein gängiges Maß für die Billigkeit oder Kostspieligkeit einer Aktie. Im Jahr 1956 lag das KGV bei 12,1 – ein immer noch recht niedriger Wert, der es Buffett ermöglichte, viele Unternehmen zu finden, die im Verhältnis zu ihrem Wert für einen Privateigentümer günstig waren. In den 1960er-Jahren lag das durchschnittliche Kurs-Gewinn-Verhältnis jedoch in der Regel zwischen 15 und 21. Dieses höhere Niveau machte die Suche nach Schnäppchen schwieriger, aber nicht unmöglich.

Während sich die Anleger in riesige Konglomerate und die Elektronik- und Chemieunternehmen von morgen stürzten (Dustin Hoffman erhielt 1967 in *Die Reifeprüfung* Ratschläge für die „Industrie von morgen"), wurde Buffett zunehmend unruhig, weil er nur wenige Schnäppchen für das Geld der Partner fand. Ihm gingen die Ideen aus, während der Markt in Euphorie geriet.

BUFFETT WAR KEIN GEWÖHNLICHER FONDSMANAGER

Der erste praktische Schritt, den Buffett unternahm, war die Schließung der Gesellschaft für neue Investoren im Frühjahr 1966. Er sagte: „Ich glaube, dass eine wesentlich höhere Größe den zukünftigen Ergebnissen eher schadet als nützt. Das mag auf meine persönlichen Ergebnisse nicht zutreffen, aber auf Ihre Ergebnisse wird es wahrscheinlich zutreffen."[33]

Man beachte den Gegensatz zu vielen anderen Fondsmanagern. Ein boomender Markt ist für sie eine Gelegenheit, erheblich mehr an Gebühren zu verdienen, denn jeder will dann in Aktien investiert sein. Die Verwalter erhalten eine Gebühr in Höhe von etwa 0,5 Prozent bis 1,0 Prozent für jeden Dollar im verwalteten Fonds, was ihnen einen Anreiz gibt, die von ihnen kontrollierten Fonds aufzublähen.

Buffett schuf eine andere Anreizstruktur. Erstens hatte er einen angeborenen Sinn für Anstand und Ehre und versuchte aufrichtig, sein Bestes für seine Partner zu tun, von denen viele enge Freunde oder Verwandte waren. Zweitens hatte Buffett eine ganz und gar ungewöhnliche Honorarstruktur. Er erhielt nichts für seine Dienste, wenn er nicht jedes Jahr eine Rendite von mindestens sechs Prozent erzielte. Wenn er weiterhin Aktien kaufte, die er als potenziell überteuert ansah, nur um das Volumen des von ihm verwalteten Fonds zu vergrößern, hatte er keinen finanziellen Vorteil davon.

FRUSTRATION UND VERWIRRUNG IM JAHR 1967

Anfang 1967 waren Buffetts Investitionsideen – Unternehmen, die er tatsächlich kaufen konnte – auf ein Rinnsal zusammengeschrumpft. Er war frustriert, ja verwirrt über das Marktverhalten. Der Markt befand sich in einer manischen Phase, in der voll bewertete bis überbewertete Unternehmen an der Tagesordnung waren. Wie konnte er in einem solchen Umfeld investieren und nicht nur spekulieren?

Buffett dachte lange über diese Frage nach. Sollte er sich der Masse anschließen und auf kurzfristige Wetten und die aufregenden *Unternehmen von morgen* setzen, auch wenn sie keine Gewinnhistorie hatten? Ein wichtiger Faktor bei dieser Überlegung war, dass er bereits reich war (etwa zehn Millionen Dollar). War es nicht an der Zeit, dass er sich auf andere Dinge im Leben konzentrierte, zum Beispiel auf seine Familie?

BUFFETTS UNVERSTÄNDNIS

Buffett war in den späten 1960er-Jahren derart irritiert von dem seltsamen Verhalten des Marktes, dass er seinen Anlegern klarmachen wollte, dass der Markt merkwürdige und irrationale Dinge tun kann. Er lässt sich daher nicht über kurze Zeiträume, also Monate oder sogar Jahre, vorhersagen. In seinem Schreiben an die Partner vom Juli 1966 wiederholte er, er sei „nicht damit beschäftigt, allgemeine Börsen- oder Konjunkturschwankungen vorherzusagen". Er erklärte, dass sich Investoren, die glaubten, er könne dies, nicht an der Anlagegesellschaft beteiligen sollten.

Er kaufte oder verkaufte niemals Aktien auf der Grundlage dessen, was andere Menschen von der Börse erwarteten. Er betonte erneut, dass er sich nur darauf konzentriere, was das *Unternehmen* seiner Meinung nach tun werde. „Der Verlauf des Aktienmarkts wird in hohem Maße bestimmen, *wann* wir recht haben werden, aber die Genauigkeit unserer Analyse des Unternehmens wird weitgehend bestimmen, *ob* wir recht haben werden. Mit anderen Worten: Wir konzentrieren uns eher auf das, was passieren sollte, nicht darauf, wann es passieren sollte."[34]

Einige Monate später, in seinem Brief vom Januar 1967, versuchte Buffett seine Anhänger davon zu überzeugen, dass die zehn Jahre der Partnerschaft eine ganz besondere Periode waren, die unwiederholbare Renditen von durchschnittlich 29,8 Prozent pro Jahr gebracht hatte. Er sagte, es bestehe „absolut keine Chance", dass sich dies im nächsten

Jahrzehnt wiederholen würde oder auch nur annähernd erreichen ließe. Die abnehmende Investment-Performance sei auf den Mangel an Ideen zurückzuführen – er könne nur versuchen, „die vorhandenen [Ideen] intensiver auszunutzen".[35] Und selbst bei dieser erhöhten Intensität bestehe die reale Gefahr, dass „ein Rinnsal mit wesentlich größerer Wahrscheinlichkeit vollständig versiegt als ein Fluss".[36]

Buffett glaubte, dass nun zwei Zutaten fehlten.

Er war nicht länger ein „hungriger 25-Jähriger, der mit 105.100 Dollar Anfangskapital einer Anlagegesellschaft arbeitete".[37] Er war jetzt ein „besser genährter" 36-Jähriger, der Schwierigkeiten hatte, einen viel größeren Geldbetrag zu investieren: 54.065.345 Dollar. Er musste größere Mengen kaufen, um die Performance zu steigern, und dies schränkte die Zahl der infrage kommenden Unternehmen ein, da nicht viele einen ausreichend großen Streubesitz aufwiesen (Aktien im Besitz von Anlegern, die nicht eng mit dem Unternehmen verbunden waren, zum Beispiel der Gründerfamilie oder der Geschäftsführer).

Zweitens war das Marktumfeld der erfolgreichen Umsetzung seiner Anlagephilosophie nicht mehr förderlich. Im Vergleich zu 1956 gab es nur noch „ein Fünftel bis ein Zehntel" so viele wirklich gute Anlageideen, die aus der Anwendung seiner Philosophie hervorgingen. Zu Beginn von Buffett Partnership, in einem Marktumfeld, in dem die Aktienkurse im Verhältnis zu den Vermögenswerten und Erträgen deutlich niedriger waren, gab es eine beträchtliche Anzahl von Unternehmen, die deutlich unter dem Wert für einen privaten Eigentümer verkauft wurden: 15 bis 25 Unternehmen konnten identifiziert werden und Buffett konnte „von den Wahrscheinlichkeiten, die allen Beteiligungen innewohnen, begeistert sein".[38] Als er sich 1967 einen Überblick über die Szenerie verschaffte, fand er nur sehr wenige Unternehmen, die für ihn überhaupt verständlich waren.

Die Lage war so schlecht, dass Buffett erklärte, dass er im Zeitraum von 1964 bis 1966 nur zwei oder drei Aktien pro Jahr identifiziert habe, die „eine überdurchschnittliche Performance erwarten ließen".

WAS TUN?

Das Einzige, was Buffett nicht tun wollte, war, die zentralen Elemente seiner Philosophie zu ändern (Unternehmen analysieren, Sicherheitsmarge, angemessene Renditen anstreben, Mr. Market ausnutzen). Er wollte nicht über seinen Kompetenzbereich oder seine „Sphäre des Verständnisses" hinausgehen. Genauer gesagt lehnte Buffett die populären Ansätze der späten 1960er-Jahre ab.

Den Gedanken, Technologie-Aktien zu kaufen, wies er zurück, „denn das ist mir zu hoch".[39]

Er lehnte auch den damals beliebten Ansatz ab, in Aktien zu investieren, „wenn sich der Versuch, das Marktgeschehen zu antizipieren, über die Unternehmensbewertungen hinwegsetzt"[40], obwohl es Berichte gab, die darauf hinwiesen, dass einige Personen diesen Trick vollführt und schnelle Gewinne erzielt hatten. Buffett sagte: „Es handelt sich um eine Anlagetechnik, deren Tauglichkeit ich weder bejahen noch verneinen kann. Sie stellt meinen Intellekt (oder vielleicht meine Vorurteile) nicht vollständig zufrieden und passt ganz sicher nicht zu meinem Temperament".[41]

Und schließlich wollte er „keine Aktivitäten in Investmentgeschäften anstreben, selbst wenn sie glänzende Gewinnaussichten bieten, bei denen eine beträchtliche Wahrscheinlichkeit besteht, dass sich größere menschliche Probleme entwickeln".[42] Nach den Erfahrungen mit den Entlassungen bei Dempster Mill und den harten Entscheidungen bei Berkshire Hathaway in Bezug auf die Belegschaft konnte Buffett den Gedanken an Spannungen und Konflikte in anderen Unternehmen, bei denen möglicherweise Rationalisierung erforderlich war, nicht ertragen.

FEHLGELEITETE KURZFRISTIGE PERFORMANCE-ERMITTLUNG

Im Einklang mit dem Glauben an die Vorhersagbarkeit kurzfristiger Markt- oder Aktienkursbewegungen kam es Ende der 1960er-Jahre zu einer Verlagerung auf kurzfristige Maßstäbe für den Erfolg oder Misserfolg eines Anlegers. Buffett war verärgert über die Möglichkeit, dass die Menschen darauf bestehen könnten, dass er für kurzfristige Ziele zur Rechenschaft gezogen wurde – schließlich galt das ja auch für andere Fondsmanager. So äußerte sich Buffett in seinem Brief an die Partner vom Oktober 1967:

> „Jahrelang habe ich gepredigt, wie wichtig die Messung ist. Ich habe den Partnern immer wieder erklärt, dass das Geld woanders hingehen sollte, wenn unsere Performance nicht besser als der Durchschnitt ist. In den letzten Jahren hat dieser Gedanke in der gesamten Investmentbranche (oder besser gesagt der Investorengemeinschaft) an Bedeutung gewonnen. In den letzten ein oder zwei Jahren hat es begonnen, ein wenig wie eine Flutwelle zu wirken. Ich glaube, wir sind Zeugen der Verzerrung einer guten Idee. Ich habe meine Partner immer gewarnt, dass ich drei Jahre als Minimum betrachte, um festzustellen, ob wir ‚erfolgreich' sind. Natürlich hat sich die Zeitspanne der Erwartungen in dem Maße verkürzt, in dem die Anlageperformance großer Geldmengen jährlich, vierteljährlich, monatlich und vielleicht sogar noch häufiger gemessen wird … Die Belohnung für eine überragende kurzfristige Performance ist enorm geworden, nicht nur in Form einer Entschädigung für die tatsächlich erzielten Ergebnisse, sondern auch in Form der Anziehung neuer Gelder für die nächste Runde. Auf diese Weise hat sich eine sich selbst verstärkende Aktivität entwickelt, die dazu führt, dass in immer kürzerer Zeit immer größere Geldbeträge zur Verfügung stehen. Eine beunru-

higigende Folge davon ist, dass das Vehikel für die Beteiligung (die einzelnen Unternehmen oder Aktien) mit zunehmender Beschleunigung der Aktivität immer unwichtiger wird – zuweilen sogar fast nebensächlich."

BUFFETTS HINWENDUNG ZU QUALITATIVEN ASPEKTEN (OHNE DIE QUANTITATIVEN AUFZUGEBEN)

Zu Beginn seiner Laufbahn war Buffett stark von den Ideen Benjamin Grahams beeinflusst, der sich vor allem auf das Reinvermögen oder noch mehr auf das Nettoumlaufvermögen in der Bilanz konzentrierte, wobei auch die Ertragskraft und qualitative Faktoren wie die Geschäftsaussichten, die Qualität der Manager und die Stabilität des Unternehmens eine Rolle spielten. An erster Stelle stand die Stärke der Bilanz, da sie eine Sicherheitsmarge bot.

Buffett war versucht, zunächst zaghaft, dann immer mutiger, andere Wege zu beschreiten. Der Erfolg mit Disney, American Express und einer Reihe anderer Investitionen veranlasste ihn, immer mehr Geld in Unternehmen mit hervorragenden qualitativen Merkmalen zu investieren – weitgehend unabhängig von der Vermögensposition.

Dies bedeutete jedoch nicht, dass Grahams Methoden vollständig aufgegeben und durch einen neuen Ansatz ersetzt werden mussten. Es ist durchaus möglich, ein Portfolio mit den Ideen von Graham und den kombinierten Ideen von Philip Fisher, Charlie Munger und Buffett in seinen 30ern zu führen, wie dieses Zitat aus Buffetts Brief an die Partner vom Oktober 1967 deutlich macht:

> „Die Bewertung von Wertpapieren und Unternehmen zu Anlagezwecken war schon immer eine Mischung aus qualitativen und quantitativen Faktoren … Interessanterweise waren die

> wirklich sensationellen Ideen, die ich im Laufe der Jahre hatte, stark auf der qualitativen Seite angesiedelt, wenn ich eine ‚hochwahrscheinliche Erkenntnis' hatte, obwohl ich mich in erster Linie der quantitativen Schule zuordne. Das ist es, was die Kasse wirklich zum Klingeln bringt. Es ist jedoch ein seltenes Vorkommnis, wie es Einsichten normalerweise sind, und natürlich ist auf der quantitativen Seite keine Einsicht erforderlich – die Zahlen sollten einen treffen wie ein Schlag auf den Kopf mit einem Baseballschläger. Das wirklich große Geld wird also eher von Anlegern verdient, die mit qualitativen Entscheidungen richtigliegen, aber das sicherere Geld wird – zumindest meiner Meinung nach – eher mit offensichtlichen quantitativen Entscheidungen gemacht."[43]

Natürlich sagte Buffett nicht: „Raus mit dem Alten und rein mit dem Neuen." Benjamin Grahams Ansatz hat immer noch große Validität. Trotzdem war es klug, zu erkennen, dass die 1950er-Jahre eine besonders gute Zeit für die Jagd nach Bilanzschnäppchen waren, da die Aktienkurse so niedrig waren, dass das Kurs-Gewinn-Verhältnis im einstelligen Bereich lag und das Nettovermögen oder das Nettoumlaufvermögen häufig größer war als die Marktkapitalisierung. Diese Art von Anlageansatz macht jedoch in Zeiten hoher Börsenkurse lange Durststrecken durch. In den späten 1960er-Jahren verschwanden die quantitativen Schnäppchen.

Buffett nannte einige mögliche Erklärungen für diese Entwicklung:

- **Konkurrierende Investoren waren auf den Zug aufgesprungen**. Grahams Bücher waren populär und so griffen auch andere seine Ideen auf. Buffett vertrat die Ansicht, dass das ständige Durchkämmen und erneute Durchkämmen von Investmentlisten zu höheren Kursen geführt habe. Damit diese Methode bei einer Reihe von Aktien wieder funktionierte, bedurfte es „einer wirtschaftlichen Erschütterung wie in den 1930er-Jahren, die eine negative Einstellung zu Aktien bewirkte und Hunderte neuer günstiger Wertpapiere hervorbrachte“.[44]

- **Übernahmeangebote waren alltäglich geworden** und sie konzentrierten sich in der Regel auf Schnäppchen, wodurch sie vom Markt verschwanden.
- **Die große Zunahme der Zahl der Wertpapieranalysten**, die „eine intensivere Prüfung von Themen weit über das hinaus, was vor einigen Jahren existierte“[45], leisten konnten, ob sie nun Graham-Anhänger waren oder nicht. Es waren jetzt Hunderte von Analysten und Fondsmanagern im Spiel, von denen viele unterbewertete Aktien ausgemacht hatten, und daher gab es dementsprechend weniger vernachlässigte und ungeliebte Unternehmen.

Buffett betrachtete quantitative Schnäppchen immer noch als *A und O* seines Investitionsansatzes, aber zu dieser Zeit „verschwand das Thema quantitativ bestimmtes Schnäppchen praktisch“.[46] Auch heute noch lehnen Buffett und Munger die Idee des quantitativen Schnäppchens nicht ab, da es eine gute Möglichkeit darstellt, hohe Renditen zu erzielen, wenn man kleine Summen investiert. Es ist nur so, dass man bei Investitionen in Milliardenhöhe diese Schnäppchen nicht unter ausreichend großen Unternehmen finden kann.

ZURÜCKFAHREN DES ENGAGEMENTS FÜR DIE INVESTMENTGESELLSCHAFT

Buffett war 1967 so genervt von dem von anderen Marktteilnehmern verfolgten neuen Investitionsansatz und der Knappheit an Schnäppchen, dass er in seinem Herbstbrief des Jahres einige Sätze schrieb, die seine Partner wie ein Keulenschlag trafen:

„Wenn das Spiel nicht mehr so gespielt wird, wie man es gewohnt ist, dann ist es nur menschlich, zu beklagen, dass die neue Herangehensweise falsch ist, zu Problemen führen wird und so weiter. Ich habe mich in der Vergangenheit über ein solches Verhalten anderer verächtlich geäußert. Ich habe auch gesehen, wie diejenigen bestraft werden, die die Bedingungen so einschätzen, wie sie waren – und nicht so, wie sie sind. Im Grunde genommen bin ich mit den gegenwärtigen Bedingungen nicht im Einklang. Ein Punkt steht für mich jedoch eindeutig fest. Ich werde einen früheren Ansatz, dessen Logik ich verstehe (auch wenn es mir schwerfällt, sie anzuwenden), nicht aufgeben, auch wenn dies bedeuten könnte, dass ich auf große und scheinbar einfache Gewinne verzichte, um einen Ansatz zu verfolgen, den ich nicht ganz verstehe, den ich nicht erfolgreich praktiziert habe und der möglicherweise zu einem erheblichen dauerhaften Kapitalverlust führen könnte."[47]

PERSÖNLICHE MOTIVATION

Buffett erkannte, dass er nicht mehr so hart arbeiten wollte. Er legte ein zwanghaftes Verhalten an den Tag. Er arbeitete den ganzen Tag und Abend und vernachlässigte dabei seine Familie. Er hatte mit seiner Frau vereinbart, dass er sich zurückziehen würde, sobald er acht bis zehn Millionen Dollar verdient hatte. Dieses Ziel hatte er erreicht. Er schrieb:

> „Veränderte persönliche Umstände machen es ratsam, die Geschwindigkeit der Tretmühle zu reduzieren. Ich habe viele Fälle beobachtet, in denen Gewohnheitsmuster in allen Bereichen des Lebens, insbesondere im Geschäftsleben, fortbestehen und sich im Laufe der Jahre noch verstärken, lange nachdem sie aufgehört haben, sinnvoll zu sein … Eine grundlegende Selbstanalyse sagt mir, dass ich nicht in der Lage sein werde, weniger als den vollen Einsatz zu leisten, um ein öffentlich verkündetes Ziel für Menschen

zu erreichen, die mir ihr Kapital anvertraut haben. Voller Einsatz macht immer weniger Sinn."[48]

Buffett wollte mehr vom Leben, sowohl in Bezug auf andere Dinge als Geld als auch in Bezug auf die Art der Investitionen, die er tätigte. Anstatt im Spekulationsfieber mit dem Kopf gegen die Backsteinmauer eines Marktes zu rennen, wollte er sein Arbeitspensum reduzieren, indem er sich auf Unternehmen konzentrierte, die er kontrollierte und die von Menschen geführt wurden, die er mochte, denen er vertraute und die er bewunderte, auch wenn dies niedrigere Renditen bedeutete. Er zog es vor, das, was er tat, mit Freude zu tun, anstatt unablässig nach finanziellen Erträgen zu streben:

„Ich werde mich wahrscheinlich auf Dinge beschränken, die einigermaßen einfach, sicher, profitabel und angenehm sind. Das wird unsere Tätigkeit nicht konservativer machen als in der Vergangenheit, denn ich glaube, zweifellos mit einer gewissen Voreingenommenheit, dass wir immer sehr konservativ gehandelt haben. Das langfristige Abwärtsrisiko wird nicht geringer, sondern lediglich das Aufwärtspotenzial wird geringer sein."[49]

Ihm war klar, dass viele Partner, wenn sie dies lasen, nicht bereit wären, das neue, niedrigere Ziel für die Anlageperformance zu akzeptieren, und sich anderweitig umsehen würden: „Partner mit attraktiven alternativen Anlagemöglichkeiten können logischerweise entscheiden, dass ihre Mittel anderswo besser eingesetzt werden können, und Sie können sicher sein, dass ich für eine solche Entscheidung volles Verständnis habe."[50]

Als sie dies hörten, beschlossen einige Partner, Geld aus der Partnerschaft abzuziehen, um es bei Fondsmanagern zu platzieren, die eine aufregendere Zukunft versprachen (1,6 Millionen Dollar von Oktober bis Dezember 1967). Buffett war froh, dass diese Leute ausgestiegen waren, denn so war er davon befreit, „Ergebnisse anzustreben, die ich unter den gegenwärtigen Bedingungen wahrscheinlich nicht erreichen kann".[51]

ER ÜBERTRAF DIE ERWARTUNGEN - WIEDER EINMAL

Ironischerweise brachte diese Zeit, in der Buffett des Aktienmarkts überdrüssig wurde, wunderbare Erträge. Buffett Partnership legte 1967 um 35,9 Prozent zu, während der Dow Jones nur um 19,0 Prozent zulegte. Nach Abzug von Buffetts Managementgebühr betrug die Rendite für die Partner 28,4 Prozent oder 19.384.250 Dollar bei einem Nettovermögen von 68.108.088 Dollar. Buffett witzelte, davon könne man sich „eine Menge Pepsi kaufen". Buffett war zu dieser Zeit Pepsi-Trinker, er wechselte aber nach dem Kauf einer Beteiligung an dem Unternehmen zu Coca-Cola.

Dennoch durchschaute Buffett die Künstlichkeit der Gewinne. Er bezeichnete den Anstieg als Folge von „spekulativen Bonbons", mit denen Aktienhändler gemästet wurden. Er wusste, dass das Ganze mit „Verdauungsstörungen" und „Unbehagen" enden konnte, auch wenn er sich gut und puritanisch verhielt, indem er „Haferflocken aß" – also den Graham-Prinzipien folgte.[52]

Buffett merkte an, dass ein großer Teil der Gewinne mit einer einzelnen Aktie erzielt wurde, die nach einem ausgezeichneten Wachstum im Zeitraum von 1964 bis 1967 schließlich 40 Prozent des Portfolios ausmachte. Auch wenn er den Namen der Aktie nicht nannte, wissen wir natürlich, dass es sich um American Express handelte, dessen Kurs in dieser Zeit von etwa 38 Dollar auf 180 Dollar stieg, was der Gesellschaft bei einer Investition von 13 Millionen Dollar einen Gewinn von über 20 Millionen Dollar bescherte.

Ein solcher Gewinn ist zwar erfreulich, aber wenn Sie etwas über die Geschichte des Aktienmarkts wissen, dann wissen Sie auch, dass die Auswahl von Gewinner-Ausreißern keine solide Grundlage für die Prognose zukünftiger Erträge ist. Was zählt, ist das Vorhandensein zahlreicher Anlagemöglichkeiten, aber zu dieser Zeit herrschte daran kein Überfluss – es herrschte Dürre.

DAS ENDE DER ANLAGEGESELLSCHAFT?

Buffett sah sich gezwungen, sich der Frage zu stellen, ob er die Leitung der Gesellschaft aufgeben sollte – viele Partner hatten seinen Brief vom Oktober 1967 gelesen und dachten verständlicherweise, dass er den Beginn des Niedergangs signalisierte. Doch im Januar 1968 erklärte Buffett, dass die Antwort auf diese Frage „definitiv nein“ sei. Er erläuterte: „Solange die Partner bereit sind, ihr Kapital zusammen mit meinem zu investieren, und das Geschäft gut läuft (und es könnte nicht besser sein), beabsichtige ich, weiterhin mit denen Geschäfte zu machen, die mich seit den Kinderschuhen unterstützt haben.“[53]

DIE LÖSUNG

Im Januar 1968 glaubte Buffett, einen Kompromiss gefunden zu haben, der es ihm ermöglichen würde, mit weniger Stress, weniger Besessenheit sowie mit stärkeren Beziehungen zu seinen Betriebsleitern und zu seiner Familie weiterzumachen. Er erklärte sich sogar bereit, sich für wohltätige Zwecke zu engagieren, insbesondere für die Bürgerrechtsbewegung. Es dauerte jedoch nicht lange, bis er merkte, dass das neue Interessenportfolio für ihn einfach nicht funktionierte – wie wir in den kommenden Kapiteln über spätere Investitionsgeschichten noch sehen werden.

LEKTIONEN

1. **Die Märkte durchlaufen Phasen der Irrationalität.**
2. **Halten Sie sich in guten wie in schlechten Zeiten an solide Anlagegrundsätze.**
3. **Im Leben geht es nicht nur und nicht einmal hauptsächlich darum, Geld zu verdienen.** Menschliche Beziehungen sind wichtig.
4. **Die meisten Fondsmanager, die versuchen, Aktien auszuwählen, um den Markt zu übertreffen, werden dies nicht schaffen, wenn man die hohen Gebühren berücksichtigt, die sie verlangen**, wobei diese Gebühren in keiner Beziehung zur Performance stehen.

Investition 15

ILLINOIS NATIONAL BANK AND TRUST COMPANY

Eckpunkte des Geschäfts

Geschäft	**Illinois National Bank and Trust Company**
Zeitpunkt	1969 bis 1980
Gezahlter Preis	circa 15,5 Millionen Dollar
Menge	97,7 Prozent der Aktien der Bank
Verkaufspreis	17,5 Millionen Dollar, zuzüglich 11 Jahren Dividende, schätzungsweise 30 Millionen Dollar
Gewinn	mehr als 32 Millionen Dollar, über 200 Prozent

Warren Buffett mochte sich in der Hochphase des Aktienmarkts 1968 und 1969 vor dem Kauf von Minderheitsbeteiligungen hüten, aber die Aussicht auf Mehrheitsbeteiligungen an hervorragend organisierten Unternehmen reizte ihn. Schließlich hatte er bereits mit dem Kauf von National Indemnity und Associated Cotton Shops sehr gute Erfahrungen gemacht. Nun, da diese beiden Unternehmen ihrer Muttergesellschaft Berkshire Hathaway viel Geld einbrachten, warum sollte er dieses Geld nicht nutzen, um das Unternehmensportfolio von Berkshire zu erweitern?

EINE PROFITABLE KLEINE BANK

Im Jahr 1931 gründete Eugene Abegg, ein junger Mann mit einem Kapital von nur 250.000 Dollar, in Rockford im Bundesstaat Illinois eine Bank. Er nannte sie Illinois National Bank and Trust Company, aber viele Menschen nannten sie einfach Rockford Bank nach der Stadt. Sie verfügte über Einlagen in Höhe von 400.000 Dollar. Seit dieser Zeit hatten die Eigentümer der Bank kein neues Kapital mehr zugeführt. Dennoch hatte Abegg bis 1969 Stück für Stück eine Bank mit einem Nettovermögen von 17 Millionen Dollar und 100 Millionen Dollar an Einlagen aufgebaut. Sie erwirtschaftete einen Gewinn von rund zwei Millionen Dollar pro Jahr – eine zufriedenstellende Rendite auf das eingesetzte Kapital. Ken Chace, der Präsident von Berkshire Hathaway, beschrieb diese Erträge als „nahe an der Spitze der größeren Geschäftsbanken des Landes“, wenn man den Prozentsatz der Einlagen oder der Bilanzsumme als Maß nimmt.[54]

Neben hohen Renditen auf Aktiva und Passiva – Erträge von zwei Prozent auf 100 Millionen Dollar Einlagen beziehungsweise zwei Millionen Dollar Erträge auf 17 Millionen Dollar Eigenkapital (2 Millionen Dollar/17 Millionen Dollar = 11,8 Prozent) – wurde die Bank konservativ geführt. Sie erzielte ihre Renditen, obwohl sie bei der Kapitalstruktur, der Liquidität und der Kreditvergabepolitik nur sehr geringe Risiken einging.

Im Bankwesen ist es leicht, die Zahlen eine Zeit lang gut aussehen zu lassen, indem man sich übermäßig viel Geld auf den Finanzmärkten leiht, um Kredite an hochriskante Interessenten zu vergeben. Alles scheint gut zu sein – bis einen das Glück verlässt. Im Gegensatz dazu nahm die Rockford Bank nur selten Kredite auf den Kapital- oder Geldmärkten auf und verfolgte die Politik, ein relativ hohes Maß an Liquidität zu halten. Dies bedeutete, dass sie über Reserven an Vermögenswerten verfügte, die sie kurzfristig in Bargeld umwandeln konnte – wobei nicht übermäßig viel in langfristigen Krediten gebunden war –, und dass sie Zugang zu kurzfristigen Mitteln hatte.

Auch bei der Kreditvergabe war sie konservativ und verzeichnete deutlich unterdurchschnittliche Kreditausfälle. Darüber hinaus waren mehr als 50 Prozent der Einlagen Festgelder, was zu einer stärkeren Bindung der Kundeneinlagen führte. Dies senkte das Risiko, verringerte aufgrund der höheren Zinssätze aber auch die Gewinne. In Anbetracht all dieser sicherheitsorientierten Maßnahmen war es überraschend, dass die Bank eine so hohe Kapitalrendite erzielte. Buffett führte dies auf das hervorragende Management zurück.

DAS GESCHÄFT

Abegg, der ein Viertel der Aktien besaß, hatte über den Verkauf des Unternehmens an jemand anders verhandelt, bevor Buffett auftauchte. Der potenzielle Käufer hatte begonnen, das Unternehmen zu kritisieren, und verlangte eine Prüfung. Dies ärgerte Abegg und er beschloss, den Deal nicht weiterzuverfolgen. In der Zwischenzeit rechnete Buffett aus, was er zu zahlen bereit war, und es stellte sich heraus, dass er etwa eine Million weniger als der andere Käufer zahlen wollte.

Abegg war von den anderen Bietern so genervt, dass er seine Mitaktionäre drängte, Buffetts Angebot anzunehmen, und er drohte ihnen mit seinem Rücktritt, falls sie dies nicht täten. Im Jahr 1969 erwarb Berkshire Hathaway 97,7 Prozent der Aktien der Bank. Ein gut informierter Beobachter, Robert P. Miles, bezifferte den Kaufpreis auf 15,5 Millionen Dollar. Unter der Annahme, dass diese Zahl korrekt ist, zahlte Buffett nur das Siebenfache des Gewinns für die größte Bank der Stadt, die durchweg hohe Renditen auf das eingesetzte Kapital erzielt hatte. Noch bemerkenswerter ist, dass Eugene Abegg die Bank zu einem Preis verkaufte, der unter dem Buchwert (Nettovermögenswert) lag.

Buffett beschloss, den Kauf teilweise mit geliehenem Geld in Höhe von zehn Millionen Dollar zu finanzieren, was er selten tat. Später sagte er: „In den nächsten drei Jahrzehnten nahmen wir fast keine Kredite bei Banken auf („Schulden“ ist bei Berkshire ein Schimpfwort).“[55]

DIE SEHR ANGENEHME ERFAHRUNG MIT DER ILLINOIS NATIONAL BANK

Wie wir bereits gelernt haben, hielt Buffett gern an großartigen Managern fest, die seine Unternehmen leiten sollten. Er erkannte sehr früh die Brillanz von Abegg, der in den 39 Jahren, in denen er die Bank geleitet hatte, immer wieder bewiesen hatte, dass er genau wusste, wie man Renditen erwirtschaftet und wie man dies mit geringem Risiko für die Aktionäre erreicht. Trotz Abeggs Alter von 71 Jahren war Buffett entschlossen, ihn zum Bleiben zu bewegen – was nicht sehr schwierig war, da Abegg weiterarbeiten wollte.

Nachdem er seinen Mann gefunden hatte, ließ Buffett wie gewohnt die Zügel locker und überließ Abegg die Leitung des Geschäftsbetriebs. Die folgende Würdigung zeigt, dass Buffetts Vertrauen voll und ganz gerechtfertigt war:

„Wir haben die Erfahrung gemacht, dass der Manager eines Unternehmens mit bereits hohen Kosten häufig ungewöhnlich einfallsreich ist, wenn es darum geht, neue Wege zu finden, die Gemeinkosten zu erhöhen, während der Manager eines straff geführten Unternehmens in der Regel weiterhin zusätzliche Methoden zur Kostensenkung findet, selbst wenn seine Kosten bereits deutlich unter denen seiner Konkurrenten liegen. Niemand hat diese letztere Fähigkeit besser unter Beweis gestellt als Gene Abegg."[56]

Bemerkenswerterweise zahlte die Bank in den fünfeinhalb Jahren nach der Übernahme an Berkshire Dividenden in Höhe von 20 Millionen Dollar – mehr, als Berkshire für die Aktien der Rockford Bank bezahlt hatte. Darüber hinaus wuchs der Wert des Bankgeschäfts im Laufe der Zeit immer mehr an.

WÜRDE ES IHNEN GEFALLEN, DIESE BANK ZU BESITZEN?

Im Jahr 1971 verdiente die Illinois National Bank auf die durchschnittlichen Einlagen über zwei Prozent nach Steuern. Abegg machte nicht langsamer, sondern beschleunigte die Effizienzsteigerungen noch, sodass die Rendite 1972 auf 2,2 Prozent stieg. Und die Bank expandierte schnell – 1972 steigerte sie die Kredite an Kunden um 38 Prozent.

Im darauffolgenden Jahr wurde ein weiterer Rekord erzielt und die durchschnittlichen Einlagen stiegen auf 130 Millionen Dollar. Das Betriebsergebnis nach Steuern lag mit 2,1 Prozent der durchschnittlichen Einlagen erneut auf einem für die Branche hohen Niveau.

Im BH-Brief an die Aktionäre aus dem Jahr 1975 hob Buffett die erstaunlich niedrige Zahl notleidender Kredite bei der Bank hervor: „Es ist schwierig, Adjektive zu finden, um die Leistung von Eugene Abegg, dem Chief Executive Officer, zu beschreiben. Bei einem durchschnittlichen Kreditaufkommen von etwa 65 Millionen Dollar betrugen die Netto-Kreditverluste 24.000 Dollar oder 0,04 Prozent."[57]

Selbst das sollte im nächsten Jahr noch übertroffen werden, als die Kreditverluste auf nur 0,02 Prozent der ausstehenden Kredite zurückgingen, ein winziger Bruchteil der 1976 im Bankensektor üblichen Quote. In dieser Zeit steigender Gewinne, Einlagen (seit 1969 um 60 Millionen Dollar) und Kredite blieb die Zahl der Beschäftigten der Bank etwa auf demselben Stand wie zum Zeitpunkt des Erwerbs 1969. Mit diesem Team expandierte sie stark in andere Bereiche wie Treuhand, Reisen und Datenverarbeitung.

Im Jahr 1977 beliefen sich die Erträge auf 3,6 Millionen Dollar, was einer Ertragsrate auf das Vermögen entsprach, die etwa dreimal so hoch war wie die der meisten Großbanken. Abegg war inzwischen 80 Jahre alt und fragte Buffett, ob er Hilfe bekommen könne. Peter Jeffrey, der frühere Präsident und CEO der American National Bank of Omaha, wurde zum Präsidenten und CEO ernannt.

Und trotzdem ging es weiter bergauf mit einer Gesamtkapitalrendite von 2,1 Prozent im Jahr 1978. Das bedeutete einen den BH-Aktionären zurechenbaren Nettogewinn nach Steuern von 4,26 Millionen Dollar. Innerhalb eines Jahrzehnts hatten sich die Termineinlagen der Verbraucher vervierfacht, der Reingewinn verdreifacht und die Einnahmen der Treuhandabteilung mehr als verdoppelt, während die Kosten streng kontrolliert wurden.

TROTZDEM MUSSTE DIE ILLINOIS NATIONAL BANK GEHEN

1978 teilten die Bankenaufsichtsbehörden Buffett mit, er müsse die Rockford Bank bis Ende 1980 von seinen übrigen Geschäften abkoppeln. Die Aufsichtsbehörden verschärften die Vorschriften, die es Banken gestatteten, Teil von Nicht-Banken-Organisationen zu sein. Buffett kündigte an, dass die wahrscheinlichste Lösung darin bestehen würde, die Bank irgendwann in der zweiten Hälfte des Jahres 1980 an die Berkshire-Aktionäre auszugliedern. In der Zwischenzeit übertrafen sich Eugene Abegg und Peter Jeffery selbst mit einer Kapitalrendite von 2,3 Prozent (fünf Millionen Dollar) im Jahr 1979, was das Dreifache der üblichen Rendite konkurrierender Banken war.

Der höchste Preis ist nicht immer die beste Wahl

1979 prüfte Buffett die Möglichkeit, 80 Prozent oder mehr der Aktien der Bank an einen externen Investor zu verkaufen. Er versprach: „Wir werden bei der Wahl des Käufers sehr wählerisch sein und sie wird nicht nur auf dem Preis basieren. Die Bank und ihr Management haben uns außerordentlich gut behandelt und wenn wir verkaufen müssen, wollen wir sicher sein, dass sie genauso gut behandelt werden.“[58] Er hielt eine Ausgliederung nach wie vor für möglich, wenn bis zum

Frühherbst kein angemessener Preis und kein geeigneter Käufer gefunden werden konnte.

Er ärgerte sich sehr, dass die Bank dem Berkshire-Stall verloren ging, und schrieb: „Sie sollten sich darüber im Klaren sein, dass wir nicht erwarten, die Ertragskraft der Bank vollständig oder auch nur zu einem großen Teil durch den Erlös aus ihrem Verkauf ersetzen zu können. Man kann einfach keine qualitativ hochwertigen Unternehmen zu dem Kurs-Gewinn-Verhältnis kaufen, das bei unserem Verkauf der Bank wahrscheinlich vorherrschen wird."[59]

Die Trennung

Am letzten Tag des Jahres 1980 wurden 41.086 Aktien der Rockford Bancorp Inc. (die 97,7 Prozent der Illinois National Bank besaß) gegen die gleiche Anzahl Aktien von Berkshire Hathaway getauscht – dies bedeutete, dass die Bank mit etwa vier Prozent von BH bewertet wurde.

Diese Methode ermöglichte es allen Berkshire-Aktionären, wenn sie es wünschten, sowohl ihre anteilige Beteiligung an der Bank als auch ihre anteilige Beteiligung an Berkshire zu behalten. (Davon gab es eine Ausnahme: Buffett selbst wurden von den Bankaufsichtsbehörden nur 80 Prozent seines proportionalen Anteils zugestanden.) Die Berkshire-Aktien wurden zu je 425 Dollar gehandelt und daher wurde die Bank mit 425 x 41,086 Dollar, also 17,5 Millionen Dollar, bewertet.

Alternativ konnten die Aktionäre eine überproportionale Beteiligung an der Bank oder an BH halten – sie konnten einen Teil der ihnen zugeteilten Bank-Aktien gegen BH-Aktien tauschen oder umgekehrt.

EINE WÜRDIGUNG DURCH BUFFETT

Leider starb Eugene Abegg im Juli 1980. Buffett schrieb über ihre Freundschaft:

„Als Freund, Bankier und Bürger war er unübertroffen.
Man lernt sehr viel über einen Menschen, wenn man ein Unternehmen von ihm kauft und er es dann als Angestellter und nicht als Eigentümer weiterführt … Von dem Zeitpunkt an, als wir uns zum ersten Mal trafen, war Gene zu 100 Prozent ehrlich – das einzige Verhaltensmuster, das er in sich trug. Zu Beginn der Verhandlungen legte er alle negativen Faktoren offen auf den Tisch; auf der anderen Seite erzählte er mir noch Jahre nach Abschluss der Transaktion regelmäßig von einigen zuvor nicht diskutierten wertvollen Dingen, die mit unserem Kauf einhergingen …
Gene vergaß nie, dass er das Geld anderer Leute verwaltete. Obwohl diese treuhänderische Einstellung immer vorherrschend war, konnte die Bank dank seiner hervorragenden Managementfähigkeiten regelmäßig die nationale Spitzenposition in Sachen Rentabilität erreichen …
Dutzende von Bürgern aus Rockford haben mir im Laufe der Jahre von der Hilfe berichtet, die Gene ihnen zuteilwerden ließ. In einigen Fällen war diese Hilfe finanzieller Art, in allen Fällen beinhaltete sie viel Weisheit, Einfühlungsvermögen und Freundschaft. Das Gleiche hat er auch mir immer angeboten. Aufgrund unseres jeweiligen Alters und unserer Stellung war ich manchmal der jüngere Partner, manchmal der ältere. Wie auch immer die Beziehung war, sie war immer etwas Besonderes, und ich vermisse sie.“[60]

LEKTIONEN

1. **Investieren Sie in hervorragende Unternehmen zu vernünftigen Preisen.** Wenn ein Unternehmen in der Vergangenheit eine hohe Ertragskraft gezeigt hat und es allen Grund zu der Annahme gibt, dass die Ertragskraft weiter steigen wird, dann lohnt es sich, für das Unternehmen den vollen Preis zu zahlen.

2. **Noch besser ist es, wenn Sie ein solches Unternehmen zu einem niedrigen Preis erwerben können, dann wird es für Sie sehr gut laufen.** Innerhalb eines Jahrzehnts konnte die Illinois National Bank ihren Jahresgewinn um 150 Prozent auf fünf Millionen Dollar steigern und ihren Wert mutmaßlich vervierfachen.
3. **Kaufen Sie einen großen Anteil an großartigen Unternehmen** – wenn Buffett großartige Unternehmen wie dieses fand, kaufte er so viel wie möglich davon.
4. **Es ist ein sehr gutes Zeichen, wenn sich ein Unternehmensgründer sehr darum kümmert, wer das Unternehmen kauft**, und nicht darum, den letzten Penny rauszuholen, den er bekommen kann. Buffett wusste, dass die Fusion wahrscheinlich nicht funktionieren würde, wenn dem Manager mehr an einem hohen Verkaufspreis und weniger an der Managementphilosophie des übernehmenden Unternehmens gelegen war. Buffett „erwarb" Manager wie Eugene Abegg oder Ben Rosner von Associated Retail Stores, die „ihre Unternehmen für Berkshire mit der gleichen Sorgfalt und Tatkraft führen, die sie an den Tag legen würden, wenn sie selbst 100 Prozent dieser Unternehmen besäßen". Diese Einstellung sollte in den Charakter guter Manager „eingebettet" sein.[61]
5. **Banken, die sich auf einfaches, kostengünstiges Standardbanking mit Schwerpunkt auf geringem Risiko und stetigem Wachstum beschränken, haben eine völlig andere Perspektive als komplexe Banken**, die sich mit komplexen Derivaten und Marktanleihen beschäftigen und bei denen Investmentbanker die Kultur bestimmen.
6. **Ein Manager, der ständig nach Effizienzsteigerungen und Kosteneinsparungen strebt, ist es wahrscheinlich wert, unterstützt zu werden.** Diese Maßnahmen vertiefen und verbreitern den Burggraben des Wettbewerbsvorteils.

Investition 16

OMAHA SUN NEWSPAPERS

Eckpunkte des Geschäfts

Geschäft	**Omaha Sun Newspapers**
Zeitpunkt	1969 bis 1980
Gezahlter Preis	1,25 Millionen Dollar
Menge	alle Aktien des Unternehmens
Verkaufspreis	unbekannt, aber wahrscheinlich viel weniger als 1,25 Millionen Dollar
Gewinn	ein finanzieller Verlust, aber ein qualitativer Gewinn einschließlich eines Pulitzer-Preises

Buffett begann das Jahr 1968 mit einem Nettovermögen der Gesellschaft von 68.108.088 Dollar, nachdem er 1967 eine Rendite von 35,9 Prozent erzielt hatte. Aber er war keineswegs in überschwänglicher Stimmung. Je mehr der Markt von Spekulationsfieber und Buchhaltungstricks getrieben wurde, desto besorgter wurde er.

BUFFETTS EINSTELLUNG

Es ist wichtig, Buffetts Denkweise zu verstehen. Es war für ihn nicht befriedigend, Geld zu verdienen, indem er zusah, wie seine Aktien auf dem Markt stiegen. Die Befriedigung bestand darin, zu demonstrieren, dass seine analytischen Überlegungen stichhaltig waren. Dies zeigte sich in der Leistung der von ihm ausgewählten Unternehmen und dem daraus resultierenden Anstieg ihrer Aktienkurse.

Erst die logische Analyse, dann der geschäftliche Erfolg, dann der Anstieg der Aktienkurse. Das ergab Sinn, das war im Anlageuniversum die richtige Reihenfolge. Wenn eine ausgewählte Investition innerhalb weniger Wochen um 100 Prozent steigt, weil die Promoter kurzfristige Ziele verfolgen, ist das ein Grund zur Sorge, nicht zum Feiern. Gewinne, die durch Unvernunft erzielt wurden, können auf ebenso unvernünftige Weise schnell wieder vernichtet werden.

DIE SPIELCHEN, DIE DIE MENSCHEN SPIELEN

Buffett befürchtete daher, dass die Spielchen, die gespielt wurden, dem gesellschaftlich wichtigen Marktmechanismus der Aktieninvestitionen langfristig schweren Schaden zufügen würden. Zynische Manipulationen würden zu Misserfolgen führen und Misserfolge würden zu Angst und Abscheu vor Investitionen in Unternehmen führen, was den Mittelzufluss für unentbehrliche Unternehmen verringern würde.

In seinem Brief an die Partner vom Juli 1968 schrieb Buffett:

> „Spektakuläre Vermögen werden von denjenigen verdient, die sich an der Mode der Kettenbriefwerbung beteiligen (sei es als Initiatoren, leitende Angestellte, professionelle Berater, Investmentbanker, Aktienspekulanten und so weiter). Das Spiel wird von den Leichtgläubigen, den Selbsthypnotisierten und den Zynikern gespielt."[62]

Damit die Manipulation funktionierte, mussten die Promoter Illusionen erzeugen. Die beliebteste Methode, dies zu tun, waren die Buchhaltungszahlen. Buffett sagte:

> „Das erfordert häufig buchhalterische Verzerrungen (ein besonders fortschrittlicher Unternehmer sagte mir, er glaube an eine ‚kühne, fantasievolle Buchführung'), Tricks bei der Kapitalisierung und die Verschleierung des wahren Charakters der beteiligten Unternehmen. Das Endprodukt ist populär, respektabel und immens profitabel."[63]

Buffett schüttelte zwar den Kopf über diesen Wahnsinn, konnte sich aber zumindest damit trösten, dass er seinen Partnern Buchgewinne bescherte:

> „Ehrlich gesagt hat sich unsere eigene Performance auf indirekter Basis aufgrund der Auswirkungen solcher Aktivitäten erheblich verbessert ... wir haben die Früchte des Marktes viel schneller geerntet, als es sonst der Fall gewesen wäre."[64]

Die Investmentgesellschaft erzielte 1968 einen erstaunlichen Gewinn von 40 Millionen Dollar oder 58,8 Prozent. Im Januar 1969 verwaltete Buffett ein Vermögen von 104 Millionen Dollar.

Buffett hatte einen Zeitungsausschnitt über den Börsenkrach von 1929 an der Wand seines Büros hängen, um ihn an die Folgen einer Manie zu erinnern. Manien scheinen Spaß zu machen, aber wenn man dabei mitspielt, besteht ein hohes Risiko, dass man gegen Buffetts zwei wichtigste Regeln des Investierens verstößt:

> Regel 1: Verliere kein Geld.
> Regel 2: Vergiss Regel Nummer 1 nicht.

DIE OMAHA SUN

Seit der Zeit, in der er die *Washington Post* ausgetragen hatte, hatte Buffett ein starkes Interesse an Qualitätsjournalismus. In der Tat verließ er sich auf Zeitungsinformationen, um seine Ideen zu entwickeln. Sowohl er als auch Charlie Munger hatten großen Respekt vor analytischem, kritischem und investigativem Journalismus. Zeit ist kostbar – die Lektüre, die man wählt, kann den Charakter bilden und die Breite und Tiefe des Wissens erweitern.

Die Gelegenheit

1968, als sich Buffett auf kleine Unternehmen konzentrierte, die er kontrollieren konnte, liebäugelte er mit der Idee, Zeitungseigentümer zu werden, vor allem wenn die Zeitung zu einem vernünftigen Preis verkauft wurde. Dann ergab sich die Gelegenheit, und zwar auf eine sehr simple Art und Weise. Seine Frau Susie kannte Stanford Lipsey, den Eigentümer und Verleger der *Omaha Sun*. Eines Tages kam Lipsey in Buffetts Büro im Kiewit Plaza und sagte, er wolle verkaufen.

Das Unternehmen publizierte ein halbes Dutzend lokal ausgerichtete Wochenzeitungen im Großraum Omaha mit einer Gesamtauflage von 50.000 Exemplaren bei einem Jahresumsatz von etwa einer Million Dollar. Diese Zeitungen enthielten die üblichen lokalen Berichte über die Geschehnisse in der Gegend. Aber sie recherchierten auch Geschichten, die der marktbeherrschende Verlag in Omaha, der *Omaha World-Herald*, übersehen hatte oder aus Vorsicht nicht drucken wollte. Oft handelte es sich dabei um die Unvernunft und die Vergehen von Amtsträgern und anderen prominenten Bürgern von Omaha.

Selbst Lipsey war nicht euphorisch, was die Geschäftsaussichten der Zeitungen anging, sodass es sein könnte, dass Buffett eher durch den wichtigen Dienst an der Öffentlichkeit durch investigativen und harten Journalismus als durch die Investitionsmöglichkeit motiviert war. Wie dem auch sei, das Geschäft wurde innerhalb von 20 Minuten abgeschlossen. Buffett erklärte später, dass er eineinviertel Millionen Dollar für ein Unternehmen zahlte, von dem er erwartete, dass es jährlich 100.000 Dollar erwirtschaften würde, die er herausziehen könnte (dies entspräche einer Rendite von acht Prozent auf das investierte Kapital). Lipsey blieb der Herausgeber. Eine Rendite von acht Prozent war weniger als das, was Buffett üblicherweise erwartete, aber man muss bedenken, dass er zu dieser Zeit nicht viele andere Investitionsmöglichkeiten finden konnte, sodass ein großer Teil des Geldes der Gesellschaft ziemlich ungenutzt blieb.

Es gab noch eine weitere Überlegung: Buffett hatte festgestellt, dass es in manchen Städten nur eine einzige Zeitung gab. Dies verschaffte ihm Preissetzungsmacht. Durch die Investition von etwa einer Million Dollar (etwa 1,5 Prozent der Partnership) konnte Buffett im Verlagswesen Fuß fassen und Erfahrungen sammeln, die ihm bei künftigen Abenteuern zugutekommen sollten (und das taten sie auch). Der Eigentumsübergang fand am 1. Januar 1969 statt. Alle Aktien wurden von Berkshire Hathaway erworben.

BUFFETT, DER PULITZER-PREISTRÄGER

Buffett, der stolze Kontrolleur der *Omaha Sun*, einer Zeitung mit geringer Auflage, die um ein Gewinnplanziel von 100.000 Dollar kämpfte, kannte seine Heimatstadt sehr gut. Es gelangten Informationen in seinen Besitz, die stark auf einen Skandal bei einer der beliebtesten Wohltätigkeitsorganisationen der Nation mit Sitz in Omaha hindeuteten.

Boys Town wurde 1917 von Father Flanagan, einem irischen Priester, als Zufluchtsort für obdachlose Jungen gegründet. Mitte der 1930er-Jahre verfügte sie über 160 Hektar Land, eine Schule und Leichtathletikanlagen. Einen enormen Aufschwung erhielt die Einrichtung, als sie 1938 durch den Oscar-prämierten Film *Boys Town* mit Spencer Tracy und Mickey Rooney in den Hauptrollen berühmt wurde. Nach dem Film begann die Wohltätigkeitsorganisation, landesweit Spenden zu sammeln, und verschickte regelmäßig Millionen von Briefen. In den Briefen wurde angedeutet, dass die Jungen ohne mehr Geld hungern würden, und so flossen die Gelder in Strömen. Boys Town wuchs auf 1.300 Hektar an, im Jahr 1971 beherbergte es 665 Jungen und beschäftigte 600 Mitarbeiter.

Aber die Dinge hatten begonnen, sich zu verschlechtern

Die Jungen wurden in hohem Maße isoliert – auf dem Gelände bleiben, kein Kontakt mit Mädchen, nur ein (genehmigter) Besucher pro Monat und ihre Briefe wurden zensiert. Das war schon schlimm genug, aber das Hauptaugenmerk von Buffett und seinem Redakteur bei der *Sun*, Paul Williams, lag darauf, wie das Geld beschafft und ausgegeben wurde.

Bei der Werbung um Spender behauptete Boys Town, dass es kein Geld von der Kirche, dem Staat oder der Bundesregierung erhalte. Es stellte sich jedoch heraus, dass der Staat Nebraska sehr wohl Gelder bereitstellte. Weitere Nachforschungen folgten. Buffett genoss es, zusammen mit professionellen Journalisten in Omaha als Detektiv unterwegs zu sein. Er half bei der Zusammenstellung der Zahlen über die Wohltätigkeitsorganisation. Es stellte sich heraus, dass die 50 Millionen Briefe, die jährlich verschickt wurden, so viel Geld einbrachten (etwa 25 Millionen Dollar pro Jahr), dass der Bargeldbestand um etwa 18 Millionen Dollar pro Jahr wuchs: das Vierfache dessen, was die Wohltätigkeitsorganisation ausgab. Der Berg war auf 209 Millionen Dollar angewachsen (etwa 300.000 Dollar pro Junge) und noch immer bat die Organisation die Amerikaner um großzügige Spenden. Sie hatte sogar zwei Schweizer Bankkonten. Außerdem gab es bei Boys Town keine Finanzkontrollsysteme, um die erhaltenen Gelder zu verwalten – es gab weder einen Plan für die erforderlichen Ausgaben noch ein Budget. Boys Town hatte das Geld anderer Leute schlecht verwaltet – was Buffett bekanntlich als große Sünde ansah.

Ein Sensationsbericht

Die Story wurde im März 1972 veröffentlicht. Sie entwickelte sich zu einem landesweiten Skandal und die Mittelbeschaffung wurde gestoppt. Während die *Washington Post* im darauffolgenden Jahr den Pulitzer-Preis für die investigative Berichterstattung über den Watergate-Skandal erhielt, gewann die kleine *Omaha Sun* den Preis für lokalen investigativen Spezialjournalismus.

Sonnenlicht als Desinfektionsmittel – Boys Town wurde reformiert

Von diesem Zeitpunkt an erhöhte Boys Town seine Ausgaben für Projekte und war viel offener in Bezug auf seine Finanzen. Der Vorstand wurde ausgetauscht, ebenso die Verwaltung. Der Campus wurde für Berater geöffnet und es wurde ein Familienmodell für die Jungen eingeführt, bei dem die Kinder in Häusern leben und von Ehepaaren betreut werden. Heute ist Boys Town landesweit führend in der Erziehungsarbeit und der Erforschung und Behandlung von Sprach- und Hörstörungen bei Kindern und es erhält für seine Transparenz ein hohes Rating.

Doch während sich Boys Town selbst sanierte, scheiterte die *Omaha Sun* finanziell. Sie war der schlecht positionierte zweite Akteur in der Stadt. Als sie schließlich 1980 verkauft wurde, konnte der neue Eigentümer aus Chicago den Betrieb nicht aufrechterhalten und die Zeitung wurde 1983 geschlossen. Der Rivale, der *Omaha World-Herald,* ist bis heute erfolgreich und berichtet über lokale, nationale und internationale Angelegenheiten.

LEKTIONEN

1. **Es gibt mehr im Leben als kurzfristigen finanziellen Gewinn.** Buffett setzte einen winzigen Teil seines Vermögens für eine Zeitung ein, die bestenfalls eine bescheidene Rendite abwerfen würde. Aber manchmal lohnt es sich, in die Zukunft zu investieren. Buffett hat immer gesagt, dass er ein sehr glücklicher Mann ist. Er habe so viel Geld verdient, weil er das Glück hatte, in eine Gesellschaft mit guten Institutionen hineingeboren zu werden: Rechtsstaatlichkeit, Eigentumsrechte, eine starke Zivilgesellschaft und die Kontrolle der Macht, einschließlich einer freien Presse. Diese Dinge sind kostbar; sie ermöglichen es uns, in Freiheit zu gedeihen. Buffett betrachtete die Verwendung von 1,5 Prozent des Fonds für den Schutz dieser Institutionen wohl als Beitrag zur guten Sache. Eine erwartete Rendite von acht Prozent hätte sich als Bonus ergeben können, sie tat es aber nicht.
2. **Für Bildung bezahlen.** Buffett war der Meinung, dass die amerikanischen Zeitungen hervorragende Geschäftsmöglichkeiten boten. Wenn man damals für sein Geschäft werben wollte, sei es für den Verkauf von Autos, Häusern oder Lebensmitteln, war man gezwungen, das Lokalblatt zu nutzen. Die meisten Amerikaner lebten in Städten mit nur einer Zeitung. Eineinviertel Millionen Dollar, die für eine geringe Rendite gebunden waren, um mehr über dieses Geschäft zu erfahren, waren ein kleiner Preis. Zu dieser Zeit entwickelte Buffett ein Interesse daran, mehr über die wirtschaftliche Seite der Zeitungen und die Einzelheiten ihrer Funktionsweise zu erfahren, ähnlich wie er sich früher darauf konzentriert hatte, das Versicherungsgeschäft von Grund auf zu verstehen. Dieser erste Schritt in die Zeitungswelt führte später zu hohen Renditen bei der *Buffalo Evening News* und auch zu einer 20-fachen Rendite bei einer Investition in die *Washington Post*. In jüngerer Zeit, im Jahr 2012, kaufte BH 63 Lokalzeitungen.

3. **Halten Sie an guten Leuten fest.** Stan Lipsey wurde ein guter Freund von Buffett. Er hatte große Qualitäten als Mensch und als Zeitungsverleger. Einige Jahre später steckte die *Buffalo Evening News* in ernsten Schwierigkeiten. Stan Lipsey war der Mann, den Buffett überredete, das Unternehmen aus dem Schlamassel zu ziehen. Er leitete die *Buffalo Evening News* 32 Jahre lang bis 2012 als Buffetts vertrauenswürdiger Schlüsselspieler. Bei seiner Pensionierung wurde Buffett nach dem Geheimnis von Lipseys Erfolg gefragt. „Er engagiert sich leidenschaftlich für die Zeitung", antwortete er. „Er ist 85 Jahre alt und immer in Bewegung – auf eine positive Art und Weise. Und er liebt Zeitungen. Wenn man diese Bewegung und seine Leidenschaft zusammenbringt, erzielt man unglaubliche Ergebnisse."[65]
4. **Vergessen Sie das Qualitative nicht.** Wenn Ihnen jemand erklärt, dass Buffetts Erfolg allein auf seinem Verständnis von Finanzzahlen und den Finanzmärkten beruht, dann wissen Sie, dass Sie mit jemandem sprechen, der ihn nicht wirklich verstanden hat. Für Buffett sind Menschen und Beziehungen sehr wichtig. Hinzu kommt, dass die qualitative Analyse mit all ihrer Vagheit und Ungenauigkeit von zentraler Bedeutung ist, um sich einen Vorteil zu verschaffen.

Investition 17

WEITERE VERSICHERUNGEN

Eckpunkte des Geschäfts

Geschäft	**Versicherungen und Rückversicherungen**
Zeitpunkt	1968 bis 1969
Gezahlter Preis	diverse kleinere Beträge
Menge	keine Angabe
Verkaufspreis	keine Angabe
Gewinn	beträchtlich, aber in den Büchern der Holdinggesellschaft Berkshire Hathaway verborgen

Im Jahr 1969 wurde Buffett Partnership langsam ziemlich komplex. Der größte Teil des Geldes wurde in Minderheitsbeteiligungen an börsennotierten Unternehmen gesteckt, aber ein erheblicher Betrag wurde in zwei große Beteiligungen investiert. Bei der ersten handelte es sich um Diversified Retailing (Associated Retail Stores), das sich zu 80 Prozent im Besitz der Gesellschaft befand, während zehn Prozent im Besitz des in Kalifornien ansässigen Investmentfonds von Charlie Munger und zehn Prozent im Besitz des Fonds von Sandy Gottesman (First Manhattan Company) waren.

Die Gesellschaft besaß auch 70,3 Prozent von Berkshire Hathaway (691.441 von 983.582 Aktien). Dieses Unternehmen war unter Präsident Ken Chace umgestaltet worden. Chace schrieb Anfang 1970 an die BH-Aktionäre und erklärte, was geschehen war: „Vor vier Jahren hat sich Ihr Management verpflichtet, eine größere und beständigere Ertragskraft zu entwickeln, als es möglich schien, wenn das Kapital weiterhin ausschließlich in die Textilindustrie investiert würde."[66] Er erläuterte, dass Buffett das aus der Textilindustrie freigesetzte Geld zunächst in handelbare Wertpapiere investierte „in Erwartung des Erwerbs operativer Unternehmen, die unseren Investitions- und Managementkriterien entsprechen".[67] Chace hätte dies nicht allein tun können. Er brauchte Buffett, um den Anstoß zu geben, die analytische Kraft, das kompetente Auge, das über eine breite Palette von Industrien schweift, um Geld von Textilien in andere Waren und Dienstleistungen umzuschichten.

Chace war erstaunt, wie erfolgreich diese Strategie gewesen war. In seinem Schreiben an die BH-Aktionäre vom April 1970 wies er darauf hin, dass die Wettbewerber einen großen Fehler begangen hatten, als sie sich auf eine reine Textilstrategie beschränkten. Er schrieb: „Unternehmen, die weiterhin große Summen in die Expansion des Textilsektors investiert haben", hätten „völlig unzureichende Erträge" erzielt. Im Gegensatz dazu hatte BH zwei große Käufe von Unternehmen mit laufender Geschäftstätigkeit getätigt. Dank dieser beiden Transaktionen konnte BH „im vergangenen Jahr eine Gesamtrendite von mehr als zehn Prozent auf das durchschnittliche Eigenkapital erzielen, während die Rendite des im Textilgeschäft eingesetzten Teils unseres Kapitals weniger als fünf Prozent betrug".

Daraus lässt sich ableiten, dass die beiden erworbenen Unternehmen weit mehr als zehn Prozent abgeworfen haben müssen. Zu diesem Zeitpunkt betrug der Kapitaleinsatz im Textilgeschäft nur etwa 16 Millionen Dollar.

BERKSHIRE HATHAWAY VERWANDELT SICH IN EINE ÜBERAUS LEISTUNGSFÄHIGE HOLDINGGESELLSCHAFT

In den Jahren 1968 und 1969 verkaufte Berkshire Hathaway seinen gesamten Bestand an börsenfähigen Wertpapieren, vor allem Aktien, um mehr Bargeld zu erhalten, das für künftige Käufe von kontrollierten Unternehmen genutzt werden konnte. Erfreulicherweise konnte Chace berichten, dass das Unternehmen mit diesen Wertpapieren einen Nachsteuergewinn von mehr als fünf Millionen Dollar erzielt hatte. Man bedenke, dass BH noch 1965 eine Börsenkapitalisierung von weniger als 20 Millionen Dollar und einen Nettoinventarwert von 22 Millionen Dollar hatte und mit seinem einzigen Geschäft kaum Gewinne erwirtschaftete, sodass eine Steigerung um fünf Millionen schon etwas Besonderes war.

Die Gewinne lieferten wichtige Mittel, um im Jahr 1969 den Kauf von 97,7 Prozent der Illinois National Bank zu ermöglichen, die der Holdinggesellschaft später hervorragende Renditen bescherte (siehe Investition 15). Diese Bank bildete neben der 1967 für 6,8 Millionen Dollar gekauften Versicherungsgesellschaft National Indemnity (das Geld dafür wurde aus dem Textilgeschäft von BH entnommen) eine starke Säule, auf der ein Geschäftsimperium aufgebaut werden konnte. Das Versicherungsgeschäft verzeichnete 1969 ein weiteres Jahr mit versicherungstechnischen Gewinnen, sodass Buffett den Geldbestand von National Indemnity und seiner Partnergesellschaft, National Fire and Marine Insurance (1967 gekauft), kostenfrei in Wertpapiere investieren konnte. Die Versicherungssparte von Berkshire Hathaway war ebenfalls auf Expansionskurs, was Ken Chace wie folgt beschrieb:

„Unsere neue Kautionsabteilung hat im Laufe des Jahres gute Fortschritte gemacht, auch wenn sie noch klein ist. Durch die Gründung einer Niederlassung in Los Angeles treten wir in den kalifornischen Markt für Arbeitsunfallversicherungen ein. Unsere neue Rückversicherungsabteilung scheint einen guten Start hinzulegen ... Wir haben auch interessante Pläne für ein neues ‚Heimatstaat'-Versicherungsgeschäft."[68]

Dass ein so kleines Unternehmen bereits die Rückversicherung ins Visier nahm, zeigt, dass Buffett und Chace schon sehr früh sehr groß dachten.

WEITERE UNTERNEHMEN KOMMEN ZUR SAMMLUNG HINZU

BH besaß auch die *Omaha Sun*, die jedoch finanziell unbedeutend war. Im Jahr 1969 kamen zwei weitere kleine Unternehmen hinzu. Dabei handelte es sich um die Blacker Printing Company (zu 100 Prozent im Besitz von BH), die mit der Zeitung *Sun* verbunden war, und die Gateway Underwriting Agency (zu 70 Prozent im Besitz von BH), die eine nützliche Ergänzung der Versicherungssparte darstellte. Gateway fungierte (und fungiert immer noch) als Großhandelsversicherungsagentur, die Versicherungsvertreter mit Versicherungskapazitäten zusammenbringt.

Inzwischen hatte Buffett angekündigt, dass er sich auf Mehrheitsbeteiligungen an Unternehmen konzentrieren wolle, und so erklärte Chace, dass er „keine weiteren Käufe von marktfähigen Wertpapieren" durch Berkshire Hathaway erwarte. Eine interessante Aussage, wenn man bedenkt, dass Berkshire Hathaway später dafür berühmt wurde, börsennotierte Aktien wie *Washington Post* und Coca-Cola zu kaufen und damit ein Vermögen zu machen. Dies ist ein weiterer Hinweis darauf, dass der Aufbau dieses Unternehmens nicht so sehr Buffetts großem Plan folgte, sondern vielmehr seinen *großen Prinzipien*, die zu verschiedenen Zeiten zu unterschiedlichen Taktiken führten.

Zu den großen Prinzipien gehören:

- Nach hohen Kapitalrenditen streben
- Die Risiken gering halten, zum Beispiel das Risiko bei der Aufnahme großer Geldbeträge
- Eher Investor als Spekulant sein, also das Geschäft analysieren, auf angemessene Renditen achten und eine Sicherheitsmarge einbauen

KAPITALVERWENDUNG

Während etwa 16 Millionen Dollar in der Textilbranche gebunden waren, verfügte die Illinois Bank über 17 Millionen Dollar des Netto-Sachvermögens von BH und die Versicherungsgesellschaft über etwa 15 Millionen Dollar des Kapitals von BH.

Wenn man die Bank- und Versicherungserträge zusammenzählte, schätzte Buffett „ihre normale aktuelle Ertragskraft auf etwa vier Dollar pro Aktie".[69] Das war ziemlich gut, wenn man bedenkt, dass die Anlagegesellschaft im Durchschnitt 14,86 Dollar für jede ihrer BH-Aktien gezahlt hatte.

Außerdem war Buffett der Meinung, dass sowohl Diversified Retailing als auch Berkshire Hathaway gute Aussichten auf künftiges Wachstum hatten:

> „Meine persönliche Meinung ist, dass der innere Wert von DRC und BH im Laufe der Jahre erheblich steigen wird. Zwar kennt niemand die Zukunft, aber ich wäre enttäuscht, wenn dieses Wachstum nicht bei etwa zehn Prozent pro Jahr läge. Die Marktpreise für Aktien schwanken stark um den inneren Wert, aber auf lange Sicht spiegelt sich der innere Wert praktisch immer irgendwann im Marktpreis wider. Daher bin ich der Meinung, dass beide Wertpapiere langfristig eine sehr gute Wahl sind, und ich bin froh, dass ich einen beträchtlichen Teil meines Vermögens in sie investiert habe."[70]

Sowohl Chace als auch Buffett machten deutlich, dass die Suche nach Übernahmen weitergehen würde.

LEKTIONEN

1. **Große Prinzipien sind wichtiger als ein großer Plan**. Eine gute Rendite auf das eingesetzte Kapital aus risikoarmen Geschäften zu fairen Preisen – das sind wichtige Grundsätze, die auf verschiedene Weise angewendet werden können. Bei ihrer Anwendung haben sich Buffett und BH in Richtungen entwickelt, die zu Beginn nicht absehbar waren.
2. **Der innere Wert steht im Mittelpunkt der Aufmerksamkeit**. Der Markt kann die Aktienkurse eine Zeit lang vom inneren Wert wegbewegen, wird ihn aber letztendlich widerspiegeln.
3. **Die Kapitalallokation war das Herzstück von Buffetts guten Anlageergebnissen**. Die Bewertung von Unternehmen in einer Reihe von Branchen half Buffett und seinen Managern, sich nicht kurzsichtig auf nur eine Art von Unternehmen zu konzentrieren. Das einem Unternehmen zugewiesene Kapital beinhaltet Opportunitätskosten, die als die *nächstbeste* Rendite berechnet werden. Das heißt, wenn man einem Unternehmen in Industriezweig A Geld zuweist, muss man bedenken, dass man das gleiche Geld nicht gleichzeitig einem Unternehmen in Industriezweig B zuweisen kann. Wenn man also beispielsweise die 10-prozentige Rendite des ersten Unternehmens beurteilen will, vergleicht man sie mit der nächstbesten Verwendungsalternative, in diesem Fall Branche B (unter der Annahme, dass A und B das gleiche Risiko aufweisen). Wenn das Unternehmen in Branche B voraussichtlich neun Prozent pro Jahr erwirtschaftet, schöpft man Wert, indem man in A statt in B investiert. Wenn man Alternativen in einer Vielzahl von Unternehmen und Sektoren abschätzt, kann man die Kapitalrendite aufgrund der größeren Bandbreite an Optionen erhöhen.

Investition 18

BUFFETTS INVESTITION IN DIE VERNUNFT

Während Warren Buffett im Jahr 1969 damit beschäftigt war, Tochtergesellschaften zu Berkshire Hathaway hinzuzufügen, war er zunehmend besorgt über die Haltung anderer Aktienkäufer. Ein Beispiel für diese Haltung war die Aussage eines Vermögensverwalters eines der führenden Investmentfonds anlässlich der Einführung eines neuen Beratungsdienstes:

> „Die Komplexität der nationalen und internationalen Wirtschaft macht die Geldverwaltung zu einem Vollzeitjob. Ein guter Vermögensverwalter kann Wertpapiere nicht wochenweise und nicht einmal tageweise studieren. Wertpapiere müssen in einem minutenweisen Programm studiert werden."[71]

Darauf antwortete Buffett in seiner typischen scherzhaften Manier, aber mit harter intellektueller Schärfe wie folgt:

> „Wow! Angesichts solcher Sachen bekomme ich ein schlechtes Gewissen, wenn ich eine Pepsi trinken gehe. Wenn eine große und wachsende Zahl hochmotivierter Menschen mit riesigen Geldbeträgen auf eine begrenzte Menge geeigneter Wertpapiere

setzt, wird das Ergebnis höchst unvorhersehbar. In mancher Hinsicht ist das faszinierend zu beobachten, in anderer Hinsicht ist es entsetzlich."[72]

Buffett hatte Folgendes von Graham gelernt und selbst wiederholt gepredigt:

- Bei Investitionen geht es darum, das Unternehmen zu verstehen, wofür man eine gründliche Analyse durchführen muss.
- Kurzfristige oder sogar mittelfristige Kursbewegungen von Aktien an der Börse haben in der Regel nichts mit dem zu tun, was in dem Unternehmen vor sich geht, und sind irrelevant. Langfristig wird der Markt den inneren Wert erkennen, aber für viele Monate (oder Jahre) dazwischen kann man sicher sein, dass der Markt einige sehr seltsame Dinge tun wird.

Diese Botschaft ist heute noch genauso aktuell wie 1969.

NICHTS ZU KAUFEN

Buffett führte weiter aus, dass es ihm sehr schwerfalle, Unternehmen zu finden, in die zu investieren sich lohne, wenn er an seinen Anlagegrundsätzen festhalte:

> „Ich kann gar nicht genug betonen, dass die Qualität und die Quantität von Ideen derzeit auf einem historischen Tiefstand sind … Manchmal denke ich, wir sollten in unserem Büro eine Tafel anbringen wie die am Hauptsitz von Texas Instruments in Dallas, auf der steht: ‚Wir glauben nicht an Wunder, wir verlassen uns auf sie.' Es ist möglich, dass ein alter, übergewichtiger Baseballspieler, dessen Beine und Augen nicht mehr funktionieren, einen Fastball voll trifft und damit einen Homerun erzielt, aber man

ändert deswegen nicht seine Aufstellung. Wir sind mit einer Reihe wichtiger negativer Faktoren konfrontiert, die sich auf unsere Zukunft auswirken, und auch wenn sie sich nicht zur Sinnlosigkeit aufsummieren, ergeben sie sicherlich nicht mehr als eine durchschnittliche, recht mäßige Rentabilität."[73]

Dies enthält auch eine positive Botschaft: Wenn Sie sich an solide Anlagegrundsätze halten, investieren Sie kein Geld in Zeiten, in denen keine Schnäppchen zu finden sind – Ihr Anlagevermögen kann sich so als Bargeld ansammeln. Das können Sie, wenn es wieder mehr Schnäppchen gibt, wieder investieren. Diese Methode bietet eine gewisse Immunität gegen die Ansteckung durch die Marktstimmung.

NIEDRIGE KOSTEN

Etwa zu dieser Zeit äußerte sich Buffett auch zur Sparsamkeit oder zu der Frage, ob man ein großes Research-Team brauche, um ein erfolgreicher Fondsmanager zu sein:

> „Am 1. Januar 1962 konsolidierten wir die Vorgänger-Investmentgesellschaften, zogen aus dem Schlafzimmer aus und stellten unsere ersten Vollzeitmitarbeiter ein. Das Nettovermögen betrug zu diesem Zeitpunkt 7.178.500 Dollar. Von diesem Zeitpunkt an bis zu unserem gegenwärtigen Nettovermögen von 104.429.431 Dollar haben wir eine weitere Person auf die Gehaltsliste gesetzt."[74]

BUFFETT BESCHLOSS, SICH ZURÜCKZUZIEHEN

Buffett war schließlich so genervt von dem Investitionsumfeld, dass er im Alter von 38 Jahren seinen Rücktritt ankündigte. Ende Mai 1969 versandte er einen Brief, der seine Partner verblüffte.

Buffett hatte sowohl über die beunruhigende Stimmung nachgedacht, in die der Aktienmarkt geraten war, als auch über die persönlichen Kosten, die entstehen würden, wenn er sich weiterhin mit Haut und Haaren der Aktienanalyse widmen und dabei sein Familienleben vernachlässigen würde.

Als er 18 Monate zuvor zum ersten Mal von der Notwendigkeit eines Richtungswechsels gesprochen hatte, hatte er bestritten, dass er aufhören wolle. Er erklärte jedoch, dass er ein wenig kürzertreten wolle, um mehr Zeit für die Familie und andere Interessen zu haben, und dass er sich mehr darauf konzentrieren wolle, kontrollierte Unternehmen über einen langen Zeitraum aufzubauen und mit Menschen zusammenzuarbeiten, die er mag, denen er vertraut und die er bewundert. Buffett wollte das Vergnügen genießen, diese Beziehungen aufzubauen, auch wenn das bedeutete, die Erwartungen an die jährliche Kapitalrendite zu senken.

In diesen 18 Monaten war die große Mehrheit der Gesellschafter der Ansicht, dass Buffett weitermachen sollte – selbst bei den gesunkenen Renditeerwartungen war es wahrscheinlich, dass er immer noch ein hervorragender Vermögensverwalter sein würde. Doch im Mai 1969 hatte Buffett beschlossen, die Partnerschaft bald zu beenden.

Der Markt war nicht mehr zuträglich

Zunächst erklärte Buffett seine Frustration über den Markt:

> „(1) Die Investitionsmöglichkeiten, die sich dem Analysten bieten, der die quantitativen Faktoren betont, sind praktisch verschwunden, nachdem sie in den letzten 20 Jahren immer mehr abgenommen haben.
> (2) Unser Vermögen von 100 Millionen Dollar schließt einen großen Teil dieser scheinbar unfruchtbaren Investmentwelt aus, da Engagements von weniger als drei Millionen Dollar keinen

wirklichen Einfluss auf unsere Gesamtperformance haben können, und dies schließt Unternehmen mit einem Marktwert von weniger als 100 Millionen Dollar praktisch aus.
(3) Das steigende Interesse an der Anlageperformance hat zu einem zunehmend kurzfristig orientierten und (meiner Meinung nach) spekulativeren Markt geführt."[75]

Selbst wenn Buffett Schnäppchen fand (vor allem Schnäppchen zum aktuellen Nettoinventarwert), handelte es sich oft um sehr kleine Unternehmen, in die er nicht investieren konnte, weil er einen unangemessen großen Anteil der umlaufenden Aktien hätte übernehmen müssen, damit sie einen nennenswerten Einfluss auf das Portfolio hätten.

Buffett hatte die Nase voll von der Mode der kurzfristigen Performancemessung im Vergleich zum Markt. Er wollte nicht versuchen, mit den kurzfristig Orientierten zu konkurrieren, wo er es doch vorzog, Unternehmen aufzubauen.

Die persönlichen Gründe

Mit einem Seufzer stellte Buffett fest, dass er schon früher die Notwendigkeit geäußert habe, seine 100-prozentige Konzentration auf seine Anlagegesellschaft zu reduzieren. Bei dem Versuch, dies zu tun, wurde jedoch sehr deutlich, dass er aufgrund seiner psychischen Veranlagung nicht in der Lage war, ein langsameres Tempo zu gehen – er konnte es nicht ertragen, Menschen zu enttäuschen, und er wollte in dem, was er tat, der Beste sein:

„Ich habe diese Prüfung in den letzten 18 Monaten komplett vermasselt. Solange ich ‚auf der Bühne stehe', regelmäßige Berichte veröffentliche und die Verantwortung für die Verwaltung von nahezu 100 Prozent des Vermögens vieler Partner übernehme, werde ich niemals in der Lage sein, mich nachhaltig um irgendeine Tätigkeit außerhalb von BPL zu bemühen … Ich weiß, dass ich nicht mein ganzes Leben lang damit beschäftigt sein will, einem Investitionskaninchen hinterherzulaufen. Die einzige Möglichkeit, langsamer zu machen, ist, aufzuhören.“[76]

Dann ließ er die Bombe platzen: „Deshalb beabsichtige ich, allen Gesellschaftern vor Jahresende die erforderliche formelle Mitteilung über meine Absicht zu machen, mich zurückzuziehen.“[77]

DEN GESELLSCHAFTERN WURDEN ALTERNATIVE ORTE FÜR IHR GELD ANGEBOTEN

Buffett wollte seine Partner 1969 nicht einfach im Stich lassen. Er hatte ein starkes Verantwortungsgefühl. Er erwog Empfehlungen, wo sie das Geld, das sie von ihm erhalten sollten, anlegen sollten, wenn sie es nicht selbst investieren wollten. Sein Denken wurde von diesen Zielen geleitet:

- **Einen alternativen Fondsmanager vorschlagen**. Diese Person muss sowohl integer als auch fähig sein. Sie „wird in Zukunft wahrscheinlich genauso gut oder besser abschneiden als ich (auch wenn sie nicht annähernd das erreicht, was sie oder ich in der Vergangenheit erreicht hat)“.[78] Dies war keine mangelnde Bescheidenheit – Buffett glaubte, dass er nie wieder das erreichen könnte, was er in der Vergangenheit erreicht hatte. Ein weiteres Kriterium war, dass der Manager auch kleine Beträge willkommen heißen und somit auch Partner mit begrenzten Mitteln akzeptieren würde.
- **Die Gesellschafter hätten die Möglichkeit, Bargeld und/oder börsengängige Wertpapiere der Unternehmen zu erhalten,**

„bei denen mir sowohl die Aussichten als auch der Preis gefallen, die die Gesellschafter aber auch in Bargeld umwandeln können, wenn sie dies wünschen“.[79]

- **Die Möglichkeit, anteilige Beteiligungen an Berkshire Hathaway und Diversified Retailing beizubehalten**. Die Gesellschafter wurden gewarnt, dass diese beiden Beteiligungen „nicht frei handelbar sind (für ‚Kontroll-Aktien‘ und nicht registrierte Aktien gelten diverse SEC-Beschränkungen) und dass sie wahrscheinlich für einen beträchtlichen Zeitraum weder übertragbar noch ertragreich sein werden“.[80]

Eine große Entscheidung

Grundsätzlich wollte Buffett, dass seine Gesellschafter die Wahl hatten, entweder Bargeld oder Anteile an einem oder beiden kleinen Unternehmen zu erwerben, die mit den Nachteilen schlechter oder gar keiner Liquidität und keiner Dividenden behaftet waren. Was hätten Sie getan?

Im Nachhinein würden wir natürlich alle in Berkshire Hathaway investieren und mit unseren anfänglichen tausend Dollar zu Millionären werden. Damals bestand BH jedoch aus einem maroden Textilunternehmen, einem kleinen Versicherungsunternehmen in Omaha, das eine Kapitalrendite von etwa 20 Prozent pro Jahr erzielte, einer kleinen Bank, die gute Renditen erzielte, einer winzigen Zeitung und einigen noch kleineren Unternehmen. Diversified Retailing war überhaupt nicht diversifiziert – es handelte sich um eine Kette von Einzelhandelsgeschäften, die vor allem in heruntergekommenen Stadtvierteln billige Waren verkauften. Damals war das keine klare Entscheidung.

Für viele Partner war der ausschlaggebende Faktor für ihre Entscheidung jedoch das Angebot Buffetts, sich weiterhin sowohl bei BH als auch bei Diversified Retailing (DR) zu engagieren. Sie unterstützten die Person, auch wenn der Erfolg von BH und DR bis dato nur begrenzt nachweisbar war. Buffett machte deutlich, was er von den Unternehmen hielt (man beachte die Betonung von Menschen und Beziehungen):

> „Ich mag alle Menschen, die unsere kontrollierten Unternehmen leiten (zu denen jetzt auch die Illinois National Bank and Trust Company in Rockford, Illinois, gehört, eine äußerst gut geführte Bank mit einem Volumen von über 100 Millionen Dollar, die Anfang des Jahres von Berkshire Hathaway gekauft wurde), sehr und möchte, dass die Beziehung ein Leben lang hält. Ich habe gewiss nicht den Wunsch, ein gut geführtes Unternehmen zu verkaufen, das von Menschen geleitet wird, die ich mag und bewundere, nur um einen hohen Preis zu erzielen. Allerdings können bestimmte Bedingungen den Verkauf einer Geschäftseinheit zu einem bestimmten Zeitpunkt erforderlich machen."[81]

Buffett wollte mit einem Paukenschlag abtreten

Buffett erklärte, er habe ein letztes Ziel für die Anlagegesellschaft, nämlich „mit einem Paukenschlag abzutreten". Er rechnete jedoch fest damit, dass dies nicht der Fall sein würde und dass 1969 ein schlechtes Jahr sein würde. Seine beste Schätzung war, dass „wir 1969 vor Abzug der monatlichen Zahlungen an die Gesellschafter ein ausgeglichenes Ergebnis erzielen werden".[82]

Buffett gab zu, dass er die Auflösung der Gesellschaft um ein oder zwei Jahre aufgeschoben hätte, wenn der Aktienmarkt die Suche nach Kleinoden begünstigt hätte: „Offen gesagt, trotz aller Faktoren, die auf den vorhergehenden Seiten beschrieben wurden: Ich würde die Partnerschaft 1970 oder sogar 1971 weiterführen, wenn ich wirklich erstklassige Ideen hätte. Nicht weil ich es will, sondern einfach weil ich lieber mit einem guten Jahr als mit einem schlechten aufhören möchte. Wie auch immer. Ich sehe einfach nichts, was mir begründete Hoffnung auf ein solch gutes Jahr machen könnte, und ich habe keine

Lust, mit dem Geld anderer Leute herumzuexperimentieren und zu hoffen, dass ich ‚Glück habe'. Ich bin nicht auf dieses Marktumfeld eingestellt und möchte keine anständige Bilanz verderben, indem ich versuche, ein Spiel zu spielen, das ich nicht verstehe, nur damit ich als Held aus der Sache hervorgehen kann. Deshalb werden wir im Laufe des Jahres Positionen liquidieren."[83]

BILL RUANE WURDE ALS FONDSMANAGER EMPFOHLEN

Buffett erzielte ziemlich beständige Renditen für seine Gesellschafter. Aber die Person, die er als erstklassigen Fondsmanager empfahl, Bill Ruane, hatte 1962 einen 50-prozentigen Rückgang der Gelder seiner Kunden zu verzeichnen. Im Jahr 1963 hatte er nur knapp die Gewinnzone erreicht. In den neun Monaten bis Oktober 1969, als Buffett Ruane in einem Brief an seine Partner empfahl, hatte er etwa 15 Prozent verloren. Ich finde diesen kleinen Ausschnitt aus der Geschichte der Kapitalanlage sehr ermutigend. Buffett betrachtete Ruane trotz seiner kurzfristigen Underperformance immer noch als den Besten.

Die entscheidende Frage lautet: Warum? Worauf achtete Buffett, als er Ruane als hervorragend beurteilte? Zunächst war da die Gesamtperformance. Von 1956 bis 1961 und von 1964 bis 1968 lag die Rendite der einzelnen Kundendepots von Ruane im Durchschnitt bei über 40 Prozent pro Jahr. Das war besser als das, was Buffett erreicht hatte. Noch wichtiger war die Solidität der Grundsätze, die Ruane verfolgte.

Der Investor Bill Ruane

Ruane schloss 1949 sein Studium an der Harvard Business School ab. Von dort aus folgte er dem ausgetretenen Pfad der Ivy-League-Absolventen zur Wall Street. Aber dann, wie Buffett es in seiner großen Rede

„The Superinvestors at Graham-and-Doddsville“ (1984 an der Columbia University gehalten[84]) formulierte, „erkannte er, dass er eine richtige betriebswirtschaftliche Ausbildung brauchte, und so kam er in Bens [Benjamin Graham] Kurs an der Columbia University“. Dort lernte der 21-jährige Buffett 1951 Ruane kennen. Buffett kannte also Ruanes intellektuelle Heimat.

Buffett hielt Ruane für einen echten Investor und erklärte, dass er „hinsichtlich der Kombination der Faktoren Integrität, Kompetenz und ständige Verfügbarkeit für alle Partner an erster Stelle steht“.[85] In dem Brief fuhr er fort, seine Persönlichkeit zu loben:

> „Seitdem hatte ich mehrfach Gelegenheit, die Qualitäten seines Charakters, seines Temperaments und seines Intellekts zu beobachten. Sollten Susie und ich sterben, während unsere Kinder noch minderjährig sind, ist er einer der drei Treuhänder, die einen *Freibrief* in Investitionsangelegenheiten haben.“[86]

Ein logischer Vorbehalt

Buffett ist so rational und ehrlich, dass er dieses Charakterzeugnis nicht stehen lassen würde, ohne es mit der – wenn auch geringen – Möglichkeit zu relativieren, dass er sich irrt:

> „Bei der Beurteilung von Menschen kann man die Möglichkeit von Fehlern unmöglich ausschließen, insbesondere im Hinblick auf zukünftiges Verhalten in einer unbekannten Umgebung. Dennoch müssen Entscheidungen getroffen werden – ob aktiv oder passiv – und ich halte Bill für eine Entscheidung mit hoher Wahrscheinlichkeit in Bezug auf seinen Charakter und eine mit hoher Wahrscheinlichkeit in Bezug auf seine Anlageergebnisse. Ich halte es auch für wahrscheinlich, dass Bill noch viele Jahre lang als Vermögensverwalter tätig sein wird.“[87]

Hatten die Investoren aus Graham- und Doddsville tendenziell die gleichen Aktien?

Buffett stellte fest, dass sich Ruanes Anlagestil trotz der gemeinsamen Graham-Dodd-Herkunft von dem seinen unterschied. Es gab nur sehr wenige Wertpapiere, die sie beide gleichzeitig hielten.

In der Tat hob Buffett in seinem Columbia-Vortrag die Leistungen von acht Value-Investoren hervor, die direkt von Graham gelernt hatten, die aber in der Regel völlig unterschiedliche Portfolios hielten. Darüber hinaus verfolgte jeder von ihnen einen anderen Stil des Value-Investings. So konzentrierte sich beispielsweise Walter Schloss (einer der vier *Bauern* bei Graham-Newman im Jahr 1954, das heißt, ein Analyst, der kein Partner war) auf quantitative Daten und investierte in ein breit gestreutes Portfolio (mehr als 100 Anlagen), während Charlie Munger in Kalifornien ein konzentriertes Portfolio mit Aktien exzellenter, wirtschaftlich herausragender Unternehmen hielt und wenig Wert auf die Bilanz legte.

Es gab jedoch viele Gemeinsamkeiten zwischen den Graham-und-Dodd-Investoren, zum Beispiel:

1. Das Unternehmen und nicht die Bewegungen an der Börse analysieren
2. Eine Sicherheitsmarge einbauen
3. Nur angemessene Renditen anstreben
4. Mr. Markets Stimmungen verstehen und nutzen, anstatt ihnen zu folgen

Bill Ruane hatte zuvor nur mit kleinen Beträgen gearbeitet

Bis zum Zeitpunkt von Buffetts Empfehlung hatte Ruane mit etwa fünf bis zehn Millionen Dollar gearbeitet, aber 1969 waren es bereits 20 bis 30 Millionen Dollar. Buffett befürchtete, dass Ruane Probleme bekommen könnte, wenn er eine viel größere Summe anlegen musste:

- Die schiere Größe „wird die Performance eher dämpfen".[88] Angesichts der höheren Minimal-Marktkapitalisierung stehen dann weniger Schnäppchen zur Auswahl.
- Er könnte sich in den Details der Geschäftsabläufe der Verwaltung eines Fonds verzetteln, anstatt seine ganze Zeit damit zu verbringen, über Investitionen nachzudenken.
- Wenn er gut war, war die Wahrscheinlichkeit groß, „dass selbst ein exzellentes Anlagemanagement im nächsten Jahrzehnt nur begrenzte Vorteile gegenüber einem passiven Management bringen wird"[89] – aufgrund der seltsamen Marktperiode, in der er agieren musste.

Es waren zwar negative Aspekte, aber Buffett erklärte, sie seien „nicht die Art von Nachteilen, die zu einer schrecklichen Performance führen, sondern eher die Art von Dingen, die zu einer durchschnittlichen Performance führen. Ich denke, das ist das Hauptrisiko, das man mit Bill eingeht – und eine durchschnittliche Performance ist einfach kein so schreckliches Risiko."[90] Ruane gründete den Sequoia Fund, um das Geld von Buffetts Gesellschaftern zu verwalten.

BUFFETTS AUFLÖSUNG DER KAPITALANLAGEGESELLSCHAFT

Ende November 1969 teilte Buffett offiziell mit einer Frist von 30 Tagen seine Absicht mit, sich aus der Partnerschaft zurückzuziehen. In einem früheren Schreiben hatte er die Erwartung geäußert, dass jeder Partner eine Barzahlung in Höhe von etwa 56 Prozent seines Anteils an der Gesellschaft zu Beginn des Jahres erhalten würde. Da er jedoch Wertpapiere zu einem höheren Preis als erwartet verkaufte, belief sich der Wert im Januar 1970 auf 64 Prozent.

Darüber hinaus würden sie anteilige Beteiligungen an Diversified Retailing und Berkshire Hathaway erhalten. Wenn sie sich jedoch dazu entschlössen, diese Aktien zu veräußern, würde dies weitere Barmittel in Höhe von 30 bis 35 Prozent ihres Kapitals vom 1. Januar 1969 bringen. Damit blieb immer noch ein Teil des Kapitals in Wertpapieren gebunden. Buffett rechnete damit, diese in der ersten Hälfte des Jahres 1970 zu verkaufen. Es waren also weitere Barausschüttungen zu erwarten. Aus rationalen Gründen wollte Buffett den Prozess nicht überstürzen und rechnete damit, dass auch nach Juni 1970 noch Wertpapiere liquidiert würden und eine letzte Ausschüttung vorgenommen werden könnte.

Die beiden Unternehmen

Ende 1969 besaß Buffett Partnership:

- 800.000 der 1.000.000 Aktien der Diversified Retailing Company. Diversified Retailing besaß 100 Prozent von Associated Retail Stores.
- 691.441 der 983.582 Aktien (70 Prozent) von Berkshire Hathaway

Buffett wollte die Attraktivität der Aktien dieser beiden Unternehmen nicht überbewerten, ließ seine Partner jedoch wissen, dass er den Großteil seines Vermögens in diese Unternehmen investieren würde und dass er ihre Aussichten für gut hielt.

Ein Ende der partnerschaftlichen Treuepflicht?

Buffett erklärte unverblümt, dass sich die technischen Beziehungen zwischen ihm und seinen Partnern ändern würden. Für diejenigen, die Aktien von DRC und BH hielten, wäre Buffett lediglich ein Mitgesellschafter und ein Direktor. Er würde nicht mehr die moralischen oder rechtlichen Verpflichtungen eines geschäftsführenden Gesellschafters haben. Es war schön und gut, dass Buffett dies sagte, aber wie wir bereits gesehen haben, lag es nicht in seinem Naturell, seinen Sinn für Verantwortung oder Paternalismus abzulegen.

Wenn Sie etwas über Warren Buffett wissen und ihn kennen, dann wissen Sie, dass er die Aktionäre wie Partner behandelt. Er heißt alle BH-Aktionäre in Omaha willkommen und tut sein Bestes, um sie über das Unternehmen auf dem Laufenden zu halten. Und er stellt seine Management- und Investitionsdienste praktisch umsonst zur Verfügung.

Damals versuchte er jedoch, die Last der Verantwortung von seinen Schultern zu nehmen. In seinem Schreiben vom 5. Dezember 1969 schrieb er, er wolle nicht die Verpflichtung haben, diese Aktien für immer zu halten und seine Zeit darauf zu verwenden:

> „Ich möchte betonen, dass ich in Bezug auf Ihre künftigen Beteiligungen an diesen Wertpapieren weder eine leitende Funktion noch eine Partnerschaft mit Ihnen eingehen werde. Ich halte die Wahrscheinlichkeit für sehr groß, dass ich meine Investitionen in DRC und BH für einen sehr langen Zeitraum beibehalten werde, aber ich möchte mich weder moralisch dazu verpflichten noch möchte ich andere über einen unbestimmten Zeitraum hinsichtlich ihrer Beteiligungen beraten. Die Unternehmen werden natürlich alle Aktionäre über ihre Aktivitäten auf dem Laufenden halten, und Sie werden die von ihnen herausgegebenen Berichte erhalten, wahrscheinlich halbjährlich. Sollte ich die Wertpapiere weiterhin halten, wovon ich durchaus ausgehe, kann der Grad meiner Beteiligung an ihren Aktivitäten je nach meinen anderen Interessen variieren. Die Chancen stehen gut, dass ich in unternehmenspolitischen Fragen eine wichtige Position einnehme, aber ich möchte keine moralische Verpflichtung eingehen, mehr als ein passiver Aktionär zu sein, falls sich meine Interessen anderweitig entwickeln sollten.“[91]

LEKTIONEN

1. **Marktstimmungen können für Value-Investoren unverständlich sein**. In solchen Zeiten ist Vorsicht geboten.
2. **Hohe Kassenbestände sind eine geeignete Strategie innerhalb eines Anlageportfolios, wenn nur wenige Anlagen mit einer guten Sicherheitsmarge verfügbar sind**.
3. **Verhalten Sie sich gegenüber Ihren Geschäftspartnern mit Integrität und Sorgfalt**.
4. **Kurzfristige (circa ein Jahr) Performance-Statistiken sind für die Beurteilung der Anlagekompetenz bedeutungslos**. Wenn solide Prinzipien angewandt werden, wird die Performance entsprechend sein.
5. **Kleinanleger sind im Vorteil**. Sie können in Unternehmen mit geringer Marktkapitalisierung investieren, wodurch sich das Spektrum der verfügbaren Investitionsobjekte vergrößert.

Investition 19

BLUE CHIP STAMPS

Eckpunkte des Geschäfts

Geschäft	**Blue Chip Stamps**
Zeitpunkt	1968 bis heute
Gezahlter Preis	3-4 Millionen Dollar (anfangs)
Menge	7,5 Prozent der Aktien des Unternehmens (anfangs)
Verkaufspreis	in Berkshire Hathaway aufgegangen
Gewinn	Hunderte Millionen Dollar

Ende 1969 hielt Buffett Partnership eine erhebliche Beteiligung an Blue Chip Stamps (BCS) im Wert von etwa sechs Prozent des Fonds. Diese Beteiligung war seit 1968 aufgebaut worden, als die Marktkapitalisierung von BCS bei etwa 40 Millionen Dollar lag. Auch Charlie Munger und sein Freund und Benjamin-Graham-Schüler Rick Guerin hatten die Chance bei Blue Chip Stamps erkannt und ebenfalls Aktien gekauft.

Neben anderen Beteiligungen versuchte Buffett, auch die 371.400 BCS-Aktien, die sich im Besitz seiner Gesellschaft befanden (7,5 Prozent der gesamten BCS-Aktien), zu verkaufen, um das Geld an seine

Partner weiterzureichen. Er dachte, er könnte etwa 24 Dollar pro Aktie bekommen. Dann fiel der Aktienmarkt, der Käufer wollte einen viel niedrigeren Preis und dann einen noch niedrigeren Preis.

Am Ende wurde ein kleiner Teil der Aktien anderweitig verkauft, aber der Großteil wurde behalten, bis Buffett eine „vorteilhaftere Veräußerung oder eventuelle Verteilung an unsere Partner“ finden könnte, „... selbst wenn es ein oder zwei Jahre dauert“.[92] Wie sich herausstellte, war diese Zwangsbeteiligung sehr profitabel.

Werfen wir einen Blick zurück, um herauszufinden, wie es dazu kam, dass Buffett Partnership in BCS investiert hatte.

DAS COUPONGESCHÄFT

In den späten 1960er- und frühen 1970er-Jahren war es in Mode, Coupons von Einzelhändlern zu sammeln. Wenn man etwas kaufte, bekam man zusammen mit dem Wechselgeld Dutzende von Wertmarken – insbesondere Tankstellen brachten viele davon unter die Leute. Man nahm die Marken mit nach Hause und klebte sie in ein viele Seiten dickes Heft. Die Couponhefte konnten gegen Toaster, Wasserkocher, Tische und so weiter eingetauscht werden. Das Schöne an diesem Geschäft war, dass BCS von den Einzelhändlern für die Coupons eine Gebühr erhielt – in bar und im Voraus. Das Geld wurde später für den Kauf der Toaster und so weiter verwendet.

Wichtig ist, dass zwischen dem Zeitpunkt, zu dem die Einzelhändler für die Marken bezahlten, und dem Zeitpunkt, zu dem die Marken von den Kunden eingelöst wurden, ein großer Haufen Bargeld – ein Float – bei BCS lag. An welches andere Buffett-Geschäft erinnert Sie das? Natürlich an eine Versicherung, bei der die Kunden ihr Bargeld lange vor der Auszahlung der Schäden hergeben. Zusätzlich zu dem Float bekam BCS Auftrieb, wenn die Menschen die Coupons nicht einlösten, wenn sie verloren gingen, wenn sie zum Einlösen nicht ausreichten oder wenn die Marken einfach vergessen wurden.

Jährlich wurden BCS-Coupons im Wert von etwa 120 Millionen Dollar an Einzelhändler verkauft und der Float belief sich auf etwa 60 bis 100 Millionen Dollar.

WARUM WAREN DIE AKTIEN VON BLUE CHIP STAMPS IN DEN SPÄTEN 1960ER-JAHREN SO BILLIG?

BCS wurde 1956 von neun großen Einzelhandelskonzernen gegründet. Diese Unternehmen, darunter auch Tankstellen, gaben die Coupons aus. Andere Einzelhandelsgeschäfte konnten die Marken ebenfalls anbieten, hatten aber keinen Einfluss auf die Geschäftsabläufe und waren auch nicht am Gewinn beteiligt. Die kleinen Einzelhändler wussten, dass BCS sie ausnutzen konnte, und wandten sich an die Kartellbehörden, die 1967 eine vollständige Umstrukturierung des Unternehmens erwirkten.

Infolgedessen mussten sehr viel mehr Aktien begeben werden, die 55 Prozent des Unternehmens ausmachten, und diese wurden den kleineren Einzelhändlern angeboten. Die Aktien, die nicht an Einzelhändler verkauft wurden, konnten an der Börse abgestoßen werden.

Tausende von kleinen Einzelhändlern saßen nun auf Aktien, die sie eigentlich gar nicht wollten, und so fiel der Kurs. Buffett, Munger und Guerin kauften zu dieser Zeit aggressiv.

In seinem BH-Brief 2006 reflektierte Buffett über das Blue-Chip-Geschäft:

> „Von Zeit zu Zeit entdecken Charlie und ich frühzeitig einen Trend, der vielversprechend ist … Wir beide stiegen 1970 in das Geschäft mit Prämienmarken ein, indem wir die Kontrolle über das Couponunternehmen Blue Chip Stamps übernahmen. In jenem Jahr erzielte Blue Chip einen Umsatz von 126 Millionen

> Dollar und seine Marken waren in ganz Kalifornien erhältlich. In der Tat wurden 1970 etwa 60 Milliarden unserer Coupons von Sparern angeleckt, in Hefte eingeklebt und zu Blue-Chip-Einlösungsgeschäften gebracht. Unser Prämienkatalog war 116 Seiten dick und voller verlockender Angebote ... Man erzählte mir, dass sogar manche Bordelle und Bestatter ihren Kunden Coupons schenkten."[93]

Buffett und Munger stiegen schließlich in den BCS-Vorstand auf und übernahmen den Investitionsausschuss. Damit verfügte Buffett über einen weiteren großen Geldtopf, mit dem er spielen konnte.

EIN BEISPIEL FÜR BUFFETTS VERWENDUNG DES GELDES VON BLUE CHIP STAMPS

Eines der Unternehmen, in die BCS 1973 investierte, war See's Candies. Das Unternehmen befindet sich noch heute im Besitz von BH. Es wurde 1973 für 25 Millionen Dollar gekauft und hat seitdem mehr als 1,9 Milliarden Dollar Gewinn vor Steuern erwirtschaftet, während nur 40 Millionen Dollar an zusätzlichem Investitionskapital eingesetzt wurden. Diese spannende Geschichte wird im nächsten Kapitel (Investition 20) erzählt.

LEKTIONEN

1. **Der Float ist eine sehr nützliche Möglichkeit, die Ressourcen eines erfahrenen Anlegers zu hebeln, um zusätzliche Renditen zu erzielen und zinslose Mittel bereitzustellen**. Einen Float (Geld, das in Reserve gehalten wird und für eine bestimmte Zeit für Investitionen zur Verfügung steht) gibt es in vielen Geschäftszweigen, nicht nur bei Versicherungen, zum Beispiel

beim Couponhandel, bei Weihnachtsgeschenk-Clubs und bei einigen Urlaubsunternehmen.

2. **Wenn es viele desinteressierte Aktieninhaber gibt, kann sich eine Kaufgelegenheit ergeben.** Der Kurs kann nach unten gedrückt werden, wenn sich viele Aktionäre nicht besonders für das Unternehmen engagieren.
3. **Ein betrieblich scheiterndes Unternehmen ist nicht zwangsläufig eine schlechte Investition**, wenn die Ressourcen so umgeschichtet werden können, dass eine höhere Rendite erzielt wird.
4. **Die Zusammenarbeit mit gleichgesinnten Investoren kann einen größeren Einfluss und damit ein besseres Ergebnis für alle Aktionäre ermöglichen.** Durch die Zusammenarbeit konnten Buffett, Munger und Guerin BCS beherrschen und so die Einkommensquellen des Unternehmens zum Besseren verändern.

Investition 20

SEE'S CANDIES

Eckpunkte des Geschäfts

Geschäft	**See's Candies**
Zeitpunkt	1972 bis heute
Gezahlter Preis	25 Millionen Dollar
Menge	Alle Aktien des Unternehmens
Verkaufspreis	immer noch Teil von Berkshire Hathaway
Gewinn	bislang 2 Milliarden Dollar

Der 39-jährige Buffett hatte mehr als 13 Jahre lang Anlagen für seine Gesellschafter verwaltet und diese Partner hatten eine durchschnittliche jährliche Rendite von 23,8 Prozent erhalten – nachdem Buffett seine Gebühren für die Verwaltung des Fonds einbehalten hatte. Vor Gebühren betrug die Rendite erstaunliche 29,5 Prozent pro Jahr, verglichen mit der Jahresrendite des Dow Jones von etwa acht Prozent pro Jahr im selben Zeitraum. Ein Anleger, der 1957 10.000 Dollar in Buffett Partnership investierte, konnte 1970 über 160.000 Dollar verfügen.

Im Jahr 1969, als die Auflösung der Gesellschaft bevorstand, gab es 99 Partner. Einige wollten ihr gesamtes Bargeld aus der Gesellschaft abziehen und verkauften ihre zugeteilten Berkshire-Hathaway- und Diversified-Retailing-Anteile. Sie erhielten 64 Prozent ihres Wertanteils an der Partnerschaft in bar und den Rest in Form von Anteilen an den beiden Unternehmen. Der Restfonds der Gesellschaft hielt 371.400 Aktien von Blue Chip Stamps (7,5 Prozent des Unternehmens). Buffett wollte sie in Kürze verkaufen und den Erlös an die Partner überweisen.

Viele Partner, die wussten, dass ihr Freund Buffett große Anteile an Berkshire Hathaway und Diversified Retailing übernehmen würde, beschlossen, dabeizubleiben und zumindest einen Teil ihrer Anteile an diesen beiden Unternehmen zu behalten. Dies taten sie, obwohl Buffett erklärt hatte, dass die Aktien nicht oder kaum liquide sein und keine Dividenden abwerfen würden. Die vorherrschende Einstellung war jedoch: Wenn sie gut genug für Buffett waren, dann waren sie auch gut genug für sie. Wenn Buffett kaufte, war das alles, was man wissen musste.

Buffetts Anteil von einem Viertel am Partnership-Vermögen bedeutete, dass er in der Tat sehr wohlhabend war; er hatte es weit gebracht seit dem Jungen, der sich für ein paar Cent abmühte. Eine Möglichkeit wäre gewesen, sich zur Ruhe zu setzen und ein Leben in Müßiggang und Luxus zu führen. Aber das reizte ihn nicht. Er liebte den Spaß am Geschäftsleben, die intellektuelle Herausforderung des Spiels, das fortwährende Bemalen einer großen Leinwand.

Er wandte sich zwar anderen Dingen zu, etwa der Leitung der Buffett Foundation, die jährlich 50 Stipendien für schwarze College-Studenten vergab, doch blieb er dem Geschäft treu. Der Schwerpunkt lag nun eindeutig auf den Unternehmen, die Buffett mit seinen großen prozentualen Beteiligungen kontrollierte.

DIE TÄGLICHE ROUTINE

Das Buffett-Imperium wurde von einem kleinen Büro im Kiewit Plaza aus gelenkt, das nur wenige Blocks von seinem Haus in Omaha entfernt lag. Normalerweise verbrachte er seinen Tag im Büro von 8:30 Uhr bis 17:00 Uhr hauptsächlich mit Telefonieren (einschließlich regelmäßiger Gespräche mit Charlie Munger) oder einfach mit Lesen. In dieser Zentrale hatte er nur vier oder fünf Assistenten, die alltägliche Aufgaben wie den Kontakt mit Börsenmaklern, die Buchführung und den Schriftverkehr erledigten.

ENGAGEMENT FÜR SEINE UNTERNEHMEN

Buffett beschloss, den größten Teil seines Vermögens in Berkshire Hathaway zu investieren. Er stockte den Bestand an Berkshire-Hathaway-Aktien, den er vom Partnerschaftsfonds erhalten hatte, rasch auf, sodass der von ihm und seiner Frau Susie kontrollierte Anteil bis zum späten Frühjahr 1970 auf rund 29 Prozent anstieg. Die Aktien wurden damals zu einem Kurs von etwa 43 Dollar gehandelt, sodass sein Anteil einen Marktwert von etwa zwölf Millionen Dollar hatte.

Außerdem baute er seinen Anteil an Diversified Retailing auf etwa 40 Prozent der einen Million Aktien aus. Diese waren in etwa zwölf Dollar pro Stück wert (auf der Grundlage des materiellen Nettovermögens), also hielt er hier etwa fünf Millionen Dollar.

Auf seinem Schreibtisch lag auch das Problem Blue Chip Stamps. Nachdem es 1969 nicht gelungen war, die Aktien zu verkaufen, warteten sie auf ein neues Zuhause. Er beschloss, einige davon für sich selbst zu behalten. Zunächst handelte es sich um einen kleinen einstelligen Prozentsatz der Aktien, doch gegen Ende des Jahres lag er bereits im zweistelligen Bereich.

Wenn er gewollt hätte, hätte Buffett die Hände in den Schoß legen, sich in seinem Stuhl zurücklehnen und zufrieden über die wunderbare Maschinerie nachdenken können, die ihm Gewinne einbrachte: Ken Chace leitete das Textilgeschäft, Eugene Abegg die Illinois National Bank, Jack Ringwalt National Indemnity, Ben Rosner Associated Retail Stores und er hatte Schlüsselpersonen, denen er vertrauen konnte, die einige kleinere Unternehmen leiteten. Buffett konnte die monatlichen Finanzberichte dieser hervorragenden Manager lesen und zusehen, wie das Geld floss.

Doch diese Unternehmen erwirtschafteten überschüssige Barmittel, die an anderer Stelle eingesetzt werden konnten. Das war sehr verlockend – ein Geldstrom zum Investieren! Und jedes dieser Unternehmen hatte die eine oder andere Art von Float. Buffett musste all dieses Geld gut verteilen und er wollte den Spaß auskosten, neue Perlen zu finden.

BUFFETTS DREI BETEILIGUNGEN MIT POTENZIAL IM JAHR 1970

1. Berkshire Hathaway

Mit 29 Prozent der Stimmrechte bei Berkshire Hathaway sowie der Loyalität anderer Aktionäre, von denen viele frühere Partner waren, konnte Buffett die Vorstandsetage und die Entscheidungen über die Kapitalzuweisung dominieren. BH hatte sich von einem reinen Textilunternehmen Mitte der 1960er-Jahre mit einem materiellen Nettovermögen von 22 Millionen Dollar zu einem Mini-Konglomerat mit einem materiellen Vermögen von etwa 50 Millionen Dollar entwickelt. Dieses Geld war ungefähr zu gleichen Teilen auf drei verschiedene Geschäftsbereiche verteilt:

1. Ein Textilbetrieb, der, wenn überhaupt, nur sehr wenig verdiente – 1969 war mit einer Kapitalrendite von fünf Prozent eines der besseren Jahre.
2. Die Illinois National Bank (Rockford Bank), die kürzlich aufgekauft worden war.
3. Ein Versicherungsunternehmen. Dieses hatte sich von der Autoversicherung auf Arbeiterunfallversicherungen und Rückversicherungen ausgedehnt. Am wichtigsten war für

> Buffett die Kombination aus Managern, die in der Lage waren, eine positive Rendite mit dem Versicherungsgeschäft zu erwirtschaften, und einem Float von 39 Millionen Dollar, den er investieren konnte.

Weitere zwei Millionen Dollar von Berkshire waren in verschiedene Vermögenswerte investiert. Die für den Kauf der Rockford Bank aufgenommenen Schulden in Höhe von sieben Millionen Dollar mussten abgezogen werden und so ergab sich ein Netto-Sachvermögen von 43 Millionen Dollar, was in etwa der Marktkapitalisierung von BH entsprach. Der Vollständigkeit halber sollte ich noch erwähnen, dass BH die *Omaha Sun* und die Blacker Printing Company besaß, die jedoch sehr klein waren und für die Zukunft der Holdinggesellschaft keine große Rolle spielten.

Insgesamt erwirtschaftete BH 1969 eine Rendite von mehr als zehn Prozent auf das durchschnittliche Eigenkapital, wobei das kombinierte Bank- und Versicherungsgeschäft Renditen im niedrigen zweistelligen Bereich erzielte.

Separat betrachtet – so hatte Buffett 1969 erklärt – erwirtschaftete National Indemnity etwa 20 Prozent auf das eingesetzte Kapital.

Buffett schätzte die Ertragskraft (vorausschauend, aber zum Teil auf der Grundlage von Erkenntnissen aus der Vergangenheit) von Bank und Versicherung zusammen auf etwa vier Millionen Dollar. Bei den 32 Millionen Dollar, die in diese Sachanlagen investiert wurden, bedeutete ein Mittelzufluss von vier Millionen Dollar eine Kapitalrendite von etwa 12,5 Prozent.

Hätten Sie 1970 in Berkshire Hathaway investiert?

Ich denke, Sie werden mir zustimmen, dass diese Zahlen in Ordnung sind, aber sie sind kaum verblüffend; sie deuten kaum darauf hin, dass Berkshire Hathaway eines Tages zu den vier größten Unternehmen in den USA gehören würde. Wenn man mich in die Zeit um 1970 zurückversetzen und mich bitten würde, Berkshire Hathaway zu analysieren, könnte ich zu dem Schluss kommen, dass das Unternehmen zwar einen großartigen Kapitän hatte, die Geschäftstätigkeit aber ziemlich banal war und es insgesamt nicht gelungen war, eine hohe Rendite auf das eingesetzte Kapital zu erwirtschaften. Es überrascht nicht, dass der Aktienkurs nicht höher als der Buchwert je Aktie gestiegen war.

Es wäre schwierig, einen anderen Eindruck zu gewinnen als den, dass das Unternehmen kein aufregendes zukünftiges Wachstum erwarten ließ.

Wenn ich einen wirklich außergewöhnlich geistesgegenwärtigen Tag gehabt hätte, dann wäre mir vielleicht aufgefallen, dass Berkshire über einen Gewinnstrom aus der Bank verfügte, der anderweitig investiert werden konnte, sowie über einen Versicherungs-Float von 39 Millionen Dollar und auch über ein paar kleinere Zuflüsse aus reduzierten Textilaktivitäten und den Gewinnen aus Versicherungsgeschäften. Somit hatte Buffett von Monat zu Monat etwas Bargeld zum Spielen. Und es konnte sogar noch besser werden, wenn er mehr Versicherungsgesellschaften mit zusätzlichem Float erwarb.

Zwar musste der überwiegende Teil des Versicherungsvermögens in sehr sicheren Anlagen gehalten werden, also in kurzfristigen und längerfristigen Staatsanleihen und nicht in Aktien, um die Versicherungsansprüche abzusichern. Es blieb aber immer noch ein Teil übrig, der in den Aktienmarkt investiert werden konnte, wo Buffett seine übliche Magie ins Spiel bringen konnte. Aber das war nicht so großartig, wie es klingt, zumindest nicht mit Blick auf die unmittelbare Zukunft, denn Buffett war 1970 nicht auf dem Aktienmarkt aktiv, da er keine Schnäppchen finden konnte.

Bei nüchterner Betrachtung des Unternehmens, in das Buffett einstieg, das nur aus einem armseligen Textilunternehmen, einer neu erworbenen Bank mit einem älteren Patriarchen, der sich zur Ruhe setzen wollte, und einem kleinen Versicherungsunternehmen bestand, wäre ich wahrscheinlich zu dem Schluss gekommen, dass dieses Boot, egal wie sehr Buffett auch rudern würde, nicht sehr weit kommen würde. Buffett selbst erklärte, er erwarte, dass der Eigentümergewinn in Höhe von vier Millionen Dollar nur um jährlich zehn Prozent wachsen würde. Das ist keine besonders hohe Rate, wenn man bedenkt, dass die Nettosachanlagen ohne Dividendenausschüttung in etwa dem gleichen Tempo steigen würden.

Die Feststellung, dass der geschäftliche Hintergrunds von Berkshire Hathaway im Jahr 1970 mittelmäßig war, unterstreicht, dass die Geschichte von Buffett nicht die eines unausweichlichen Fortschritts oder eines unabwendbaren glorreichen Schicksals ist. Zu vielen Zeiten seiner Karriere hatte Buffett stumpfe Werkzeuge und kaum vielversprechendes, unförmiges Material zur Verfügung. Es lag an ihm, dies in etwas Schönes zu verwandeln.

2. Diversified Retailing Company

Die zweite Beteiligung mit Potenzial war die Diversified Retailing Company. Buffett beteiligte sich Anfang 1970 mit 40 Prozent an einer Kette von 80 Bekleidungsgeschäften – Associated Cotton Shops, umbenannt in Associated Retail Stores –, die einen Gewinn nach Steuern von rund einer Million Dollar erzielte. Dies entsprach einer Rendite von rund 20 Prozent auf das eingesetzte Kapital.

Die DRC hatte kürzlich Hochschild-Kohn verkauft und dafür 5,045 Millionen Dollar in bar von Supermarkets General erhalten. Außerdem hielt DRC als zusätzliche Zahlungsquelle Schulden bei Supermarkets General, von denen zwei Millionen Dollar Anfang 1970 und 4,54 Millionen Dollar Anfang 1971 zur Rückzahlung fällig waren. Buffett konnte somit davon ausgehen, dass sich in den folgenden Monaten über elf Millionen Dollar an Barmitteln ansammeln würden. Hier war also ein weiterer Geldtopf, der für Investitionen genutzt werden konnte; wenn Unternehmen und Aktien wieder zu Schnäppchenpreisen verkauft wurden, war er bereit, zuzuschlagen.

3. Blue Chip Stamps

Die dritte Beteiligung mit Potenzial, Blue Chip Stamps, war ein einziges Ärgernis. Das Geschäft mit Rabattmarken lag im Sterben, sodass die operative Seite keinen Wert mehr besaß. Buffett hatte in seinem Brief an die Partner vom 31. Dezember 1969 seine Absicht erklärt: „Vorteilhafte Veräußerung oder eventuelle Verteilung an unsere Partner". Doch er schien es sich anders überlegt zu haben. Hier gab es noch einen weiteren Geldtopf, den er investieren konnte. Der Float von Blue Chip Stamps war sogar noch größer als der von Berkshire, er lag zwischen 60 und 100 Millionen Dollar, und Buffett und Munger leiteten den Investitionsausschuss.

Eine aufregende Zukunft lag vor ihm

Aus betriebswirtschaftlicher Sicht begann Buffetts neue Karriere als Beherrscher einer Gruppe von kleinen Unternehmen also eher unspektakulär. Die Art und Weise, wie er das ihm gegebene Blatt ausspielte, ist eine faszinierende Geschichte, die viele Lehren für die Kapitalallokation, die Motivation der Mitarbeiter und die Auswahl von Aktien bereithält.

Was würde Buffett in den nächsten zwei Jahren tun?

Zu Beginn dieser neuen Phase in Buffetts Leben wirkten zwei möglicherweise gegensätzliche Kräfte auf ihn ein. Erstens warfen die operativen Unternehmen im Allgemeinen Bargeld ab. Im Jahr 1970 waren dies etwa fünf Millionen Dollar nach Steuern, die sich auf etwa vier Millionen Dollar von BH und eine Million Dollar von DRC verteilten. Aber sehen Sie sich das Wachstum an: 1972 betrug das Betriebsergebnis allein von BH 11,1 Millionen Dollar. Der zweite Faktor war, dass Buffett einen Großteil des Geldes nicht in Aktien investieren konnte, weil er nicht viele Schnäppchen finden konnte.

Buffett hatte exzellente Leute, die sich um seine Unternehmen kümmerten und die seine Forderung verstanden, auf jeden zusätzlich investierten Dollar eine zufriedenstellende Rendite zu erzielen; wenn der nächste Dollar in diesem Unternehmen keine ausreichende Rendite erzielen konnte, sollte er Buffett ausgehändigt werden, um von ihm anderswo investiert zu werden. Hier noch einmal eine Übersicht über die hervorragenden Manager der Unternehmen:

Jack Ringwalt, 66, leistete bei National Indemnity hervorragende Arbeit, erwirtschaftete zweistellige prozentuale Renditen und baute das profitable Versicherungsgeschäft für BH aus. Die Rückversicherung hatte sich bis 1972 zu einem bedeutenden Geschäft entwickelt. Kleine Versicherungsgesellschaften wurden aufgekauft.

Eugene Abegg, 73, von der Illinois National Bank wusste wirklich, wie man eine Kapitalrendite für BH erzielt.

Ken Chace, 55, managte das Überleben des Berkshire-Hathaway-Textilgeschäfts und fuhr das eingesetzte Kapital zurück, sodass es auf weniger als ein Fünftel des Nettovermögens von Berkshire Hathaway schrumpfte.

Ben Rosner, 70, erzielte mit Associated Retail Stores unter dem Dach von Diversified Retailing eine Rendite von über 20 Prozent auf die Nettosachanlagen.

Neben dem Cash-Überschuss aus dem operativen Geschäft konnte Buffett auch auf die von ihm kontrollierten Floats zurückgreifen: Der Versicherungs-Float stieg 1972 auf 69,5 Millionen Dollar; Diversified Retailing verfügte Anfang 1971 über rund elf Millionen Dollar in bar und Blue Chip Stamps über 60 bis 100 Millionen Dollar.

Es gab also mindestens drei verschiedene Geldtöpfe, aus denen er für künftige Investitionsabenteuer schöpfen konnte. Bei jedem Topf gab es eine andere Gruppe von Minderheitsaktionären, die einen Anspruch auf den Wert in ihrem Topf hatten. Buffett betrachtete diese Aktionäre als loyale und vertrauensvolle Partner, die seine Werte teilten und mit absolutem Anstand und Fairness zu behandeln waren.

Schauen wir uns nun eine der Verwendungen an, für die Buffett das ihm zur Verfügung stehende Geld nutzte – seine Investition in See's Candies.

SEE'S CANDIES - VOR DEM DEAL

Mrs See

Mrs See ist eine Figur, die von See's in der Werbung verwendet wird – ein altes Foto, das auf den Schachteln abgebildet ist –, aber es gab wirklich eine Mrs See. Mary See war die verwitwete Mutter von Charles A. See. Mutter, Sohn und Schwiegertochter Florence begannen 1921 in ihrem Bungalow in Pasadena mit der Herstellung von Süßigkeiten für den Verkauf. Sie erwarben sich durch ihre qualitativ hochwertigen, altmodischen Süßigkeiten schnell einen guten Ruf. In den folgenden Jahren eröffneten sie in ganz Kalifornien Läden und wurden zu einer beliebten Institution; die Menschen wuchsen mit See's Candies als Naschwerk auf. 1949 übernahm Charles' Sohn Laurence ein Unternehmen mit 78 Filialen. Sein Bruder Charles B. „Harry" See arbeitete ebenfalls für das Unternehmen.

Chuck Huggins

Chuck Huggins wurde zu Buffetts wichtigstem Mann bei See's, der etwa zwei Milliarden Dollar an Bargeld für Buffett erwirtschaftete, die dieser in andere Unternehmen investierte. Daher ist ein kurzer Überblick über seinen Werdegang sinnvoll. Er wurde 1925 geboren, war im Zweiten Weltkrieg Fallschirmjäger und studierte später Anglistik. Nach einer Sackgasse als Verkäufer hatte er ein Vorstellungsgespräch bei Laurence See und wurde 1951 eingestellt. Zunächst arbeitete Huggins für den Generaldirektor und wurde mit den unterschiedlichsten Aufgaben betraut. Sein Talent führte zu einer baldigen Beförderung. 1969 starb Laurence See im Alter von 57 Jahren und sein Bruder Harry war nicht gewillt, die Firma weiterzuführen – es hieß, er wolle stattdessen „Wein und Mädchen" genießen. Chuck Huggins, inzwischen Vizepräsident des 150 Geschäfte umfassenden Unternehmens, wurde beauftragt, einen Käufer zu finden.

Blue Chip Stamps ist interessiert

Einem Anlageberater für Blue Chip Stamps, Robert Flaherty, fiel 1971 auf, dass See's Candies zum Verkauf stand. Er und William Ramsey, ein leitender Angestellter von Blue Chip Stamps, riefen Buffett an und bekundeten ihren Wunsch, das Unternehmen zu kaufen. Buffetts erste Reaktion war, dass er nicht in der Süßwarenbranche tätig sein wollte, da er die Unternehmen für teuer hielt. Dann war das Telefon tot.

Zu dem Zeitpunkt, als Flaherty und Ramsey wieder zusammenkamen, hatte sich Buffett die Bücher von See's angesehen und seine Position überdacht: Er sei bereit, das Unternehmen zu kaufen – zu einem bestimmten Preis. Ende November 1971 trafen sich Warren Buffett, Charlie Munger und Rick Guerin in einem Hotelzimmer in Los Angeles mit Harry See und Chuck Huggins, wobei die beiden Letzteren keine Ahnung hatten, wer diese Investoren waren, sie wussten nur, dass sie eine kleine Investmentorganisation leiteten.

Munger war als Kalifornier mit See's und seinem guten Ruf in Sachen Qualität in diesem Staat bestens vertraut. Die Marke war so stark, dass potenzielle Konkurrenten ein Vermögen ausgeben mussten, um ihr einen nennenswerten Marktanteil abzunehmen, falls sie es jemals versuchen sollten. Gegenüber See's herrschte eine starke Markentreue, die an Fanatismus grenzte.

Nach einiger Zeit erklärte Buffett, dass er an einem Kauf des Unternehmens interessiert sei, aber zunächst müsse er wissen, wer es danach leiten würde. Buffett machte deutlich, dass er niemanden an seiner Seite hatte, der diese Aufgabe übernehmen konnte. Harry See antwortete, dass Huggins die richtige Person für diese Aufgabe wäre. Die drei Vertreter von Blue Chip fragten, ob Huggins sich am nächsten Tag mit ihnen treffen würde, was er auch tat. Während der dreistündigen Befragung bei diesem zweiten Treffen war Huggins entwaffnend ehrlich, sowohl was die negativen Aspekte des Unternehmens als auch was seine Vorzüge betraf.

Huggins war der Meinung, dass derart clevere Menschen die negativen Aspekte ohnehin entdecken würden und es daher am besten war, sie von vornherein zuzugeben. Außerdem würde Huggins danach für sie arbeiten, wenn das Geschäft zustande käme, also war es am besten, die Beziehung auf der Basis von Ehrlichkeit aufzubauen. Seine Integrität, sein Realitätssinn und seine Rationalität beeindruckten Buffett, Munger und Guerin sehr.

Huggins war seinerseits ebenfalls beeindruckt. Buffett stellte kluge Fragen und konzentrierte sich auf die Kernaspekte des Geschäfts. Er hatte die Gewissheit, dass er mit bemerkenswert klugen und am Geschäft interessierten Chefs zusammenarbeiten würde, die ebenfalls großen Wert auf Anstand und Ehre legten. Sie wollten zum Beispiel, dass Huggins die hochstehende Ethik beibehielt, die die Familie See der Unternehmenskultur eingeflößt hatte, dass er den Ruf der Marke weiter stärkte und die höchsten Servicestandards bot.

Sie wollten, dass er das Unternehmen so weiterführte wie bisher – schließlich wusste er mehr über den Betrieb, die Mitarbeiter und die Kunden als sie. Ihre Aufgabe konnte darin bestehen, sich langfristig um das Unternehmen zu kümmern, dafür zu sorgen, dass es über eine angemessene Kapitalausstattung verfügte, seine Werte zu fördern und dazu beizutragen, den Horizont der leitenden Angestellten zu erweitern.

Huggins war von Buffett, Munger und Guerin so beeindruckt, dass er sich mit Begeisterung dafür einsetzen wollte, die Entwicklung des Unternehmens nach Kräften zu unterstützen, falls Blue Chip es übernehmen sollte. Es war allerdings alles andere als sicher, dass Blue Chip dies tun würde.

DAS GESCHÄFT

Buffett und Munger zögerten im November 1971 mit dem Kauf. Schließlich beliefen sich die Nettosachanlagen nur auf acht Millionen Dollar und der Gewinn nach Steuern auf etwa zwei Millionen Dollar. Der geforderte Preis von 30 Millionen Dollar erschien ihnen daher sowohl aus bilanzieller Sicht als auch aus Ertragssicht hoch. Ira Marshall (Mungers Partner beim Investmentfonds Wheeler, Munger and Co.) half dabei, sie davon zu überzeugen, dass es sich um ein besonderes Unternehmen handelte, für das es sich lohnte, mehr zu zahlen, wobei sich Munger einschaltete, um Buffett zu überzeugen. In den oben genannten Zahlen fand sich ein überaus positives Element: eine Rendite von 25 Prozent nach Steuern auf die Nettosachanlagen.

Außerdem verkaufte See's zu dieser Zeit Süßigkeiten zu etwa dem gleichen Preis wie der Hauptkonkurrent Russell Stover, aber das Team von Blue Chip Stamps war der Meinung, dass es über eine ungenutzte Preissetzungsmacht verfügte und im Laufe der Zeit einen steigenden Aufschlag gegenüber Russell Stover verlangen könnte. Sie rechneten aus, dass Blue Chip bei einem Kaufpreis von 25 Millionen Dollar und einem Gewinn von zwei Millionen Dollar nach Steuern eine Gewinnrendite von acht Prozent erzielen würde, selbst wenn die Preise nicht erhöht würden (der Zinssatz zehnjähriger Staatsanleihen betrug im November 1971 5,8 Prozent).

Wenn es jedoch gelänge, die Erträge durch die Nutzung dessen, wovon Buffett zunehmend überzeugt war, dass es sich um eine „ungedeckelte Preissetzungsmacht" handelte, in einen schnellen Aufwärtstrend zu versetzen, würde es nicht lange dauern, bis der Vorsteuergewinn von etwa vier Millionen Dollar auf 6,5 bis 7,0 Millionen Dollar steigen würde. Und das bei einem Preisanstieg von nur 15 Cent pro Pfund (gegenüber den damaligen 1,85 Dollar).

Da sich Buffett an die Grundsätze von Benjamin Graham hielt, war es für ihn eine große Sache, ein Unternehmen zu einem Preis zu kaufen, der mehr als das Dreifache des Nettoumlaufvermögens betrug, geschweige denn ein noch höheres Vielfaches des Nettoumlaufvermögens. Er ließ zu, dass Munger und andere seine Grenzen verschoben, sodass er Unternehmen mit ausgezeichneten Geschäftsmodellen einbezog, die er als in seinem Kompetenzbereich liegend betrachtete.

Trotz dieser Neuausrichtung setzten Buffett und Munger ein striktes Limit von 25 Millionen Dollar – sie hatten vor, von dem Geschäft Abstand zu nehmen, wenn mehr verlangt würde. Das war ziemlich weit weg von dem, was Harry See haben wollte. Schließlich stimmte Harry See den 25 Millionen Dollar zu, damit er sein Leben weiterführen konnte, und das Geschäft wurde schließlich am 3. Januar 1972 abgeschlossen, als Blue Chip Stamps 99 Prozent des Unternehmens erwarb. Das restliche eine Prozent wurde 1978 erworben.

NACH DEM KAUF

Sobald der Kauf vereinbart war, schnürten Huggins (der zum Präsidenten und CEO ernannt wurde) und Buffett ein sehr einfaches Vergütungspaket. Es wurde nur fünf Minuten lang besprochen, nie auf Papier festgehalten und war jahrzehntelang gültig.

Buffett begann, wie es seiner Natur entsprach, sich für einige der wichtigsten Aspekte des Unternehmens zu interessieren, insbesondere für Finanzielles wie Zucker- und Kakao-Futures. Huggins war nicht verpflichtet, sich regelmäßig mit Buffett oder einem anderen Mitarbeiter von Blue Chip oder Berkshire zu treffen. Buffett wollte jedoch gern Daten sehen und so bekam er häufig Umsatz- und andere Zahlen. Er brauchte die Daten jedoch nicht, um Huggins Anweisungen zu geben, wie er mehr Süßigkeiten verkaufen oder das Unternehmen verbessern konnte; er interessierte sich einfach für die Unternehmensleistung, insbesondere für die Kapitalrendite.

Buffett rief Huggins zwar nicht regelmäßig an und schaute ihm auch nicht über die Schulter, aber er stand zur Verfügung, wenn Huggins etwas zu besprechen hatte. Er konnte Buffett anrufen, wann immer er wollte, und Buffett nahm ab oder rief ihn, wenn er verhindert war, innerhalb einer Stunde zurück.

Beide Seiten empfanden die Beziehung eher als Verhältnis zwischen Freunden und Vertrauten, zwischen Partnern und Gleichberechtigten, als zwischen Chef und Angestelltem. Buffett wies Huggins nie an, etwas zu tun, sondern half ihm nur dabei, die Optionen zu durchdenken, wenn Entscheidungen getroffen werden mussten. Aufgrund seines umfassenden Wissens über Erfolg und Misserfolg in der Geschäftswelt standen Buffett vielleicht ein paar Optionen offen, die Huggins noch nicht gesehen hatte – aber er bestand nicht darauf, sondern fragte lediglich, ob Huggins als Entscheidungsträger dies oder jenes in Erwägung ziehen wolle.

DAS „FRANCHISE“

See's ist nie von dem eingeschlagenen Weg abgewichen, ein starkes Unternehmen rund um Qualitätssüßigkeiten aufzubauen. Es machte keinen Sinn, das Geschäft in irgendeiner Weise grundlegend zu verändern oder zu diversifizieren. Das Unternehmen kannte sich mit der Herstellung und dem Verkauf von Süßigkeiten aus und in diesen Bereichen hatte See's einen dauerhaften Wettbewerbsvorteil. Warum sollte man die Bemühungen des Managements durch andere Aktivitäten verwässern oder an Orte expandieren, an denen die zentrale Qualität des guten Rufs nicht in den Köpfen der Süßigkeitenkäufer verankert war?

Buffett und Huggins stimmten darin überein, dass es notwendig sei, die Stärken des Unternehmens weiter auszubauen, seinen Burggraben zu vertiefen und zu erweitern, indem man niemals Kompromisse bei der Qualität des Produkts machte, nur die besten Zutaten ohne Konservierungsstoffe verwendete und niemals Kompromisse beim Kundenservice einging, auch wenn dies kurzfristige Gewinneinbußen bedeute.

Buffett hat einmal gesagt, dass Investoren nie aufhören, zu lernen, und er selbst lernt immer noch, selbst nachdem er von Benjamin Graham unterrichtet wurde und jahrzehntelang Erfahrungen gesammelt hat. Das Geschäft von See's war ein großartiger Lehrmeister; es machte deutlich, wie wichtig die Zuneigung ist, mit der eine Marke in den Köpfen der Menschen verankert werden kann (Buffett spricht von *Geistesanteil*, nicht von *Marktanteil*). Dies kann die Grundlage für Preissteigerungen und außergewöhnliche Renditen auf das eingesetzte Kapital bilden.

Diese Idee führte später zu noch wertvolleren Entscheidungen. Buffett drückte es so aus: „Es ist die eine Sache, Aktien von Coca-Cola oder ähnlichen Unternehmen zu besitzen, aber wenn man tatsächlich in der Branche tätig ist und Entscheidungen über die Eröffnung von Geschäften und über die Preisgestaltung trifft, lernt man daraus. Wir haben durch See's viel mehr Geld verdient als nur die Gewinne von See's, allein durch die Tatsache, dass ich daraus etwas gelernt habe, und ich bin sicher, dass auch Charlie daraus gelernt hat."[94]

EXPANSIONSVERSUCHE

Im Jahr 1972 gab es 167 See's-Filialen. Hin und wieder fragte sich das Führungsteam sowie Buffett und Munger, ob ihnen potenziell gute Gewinne entgingen („gut" bedeutet hoch im Verhältnis zum eingesetzten Eigenkapital), weil sie nicht außerhalb der westlichen Bundesstaaten und insbesondere Kaliforniens expandierten.

Und so setzten sie sehr begrenzte Kapitalbeträge ein, um das See's-Modell andernorts zu testen. In den späten 1980er-Jahren eröffneten sie beispielsweise Geschäfte in Colorado, Missouri und Texas. Dieses Experiment scheiterte jedoch aufgrund der schlechten Vorbereitung in Bezug auf den Bekanntheitsgrad der Marke, sodass sich das Unternehmen wieder zurückzog. Die Menschen in den anderen Bundesstaaten waren nicht bereit, für eine unbekannte Süßwarenmarke einen

Aufpreis zu zahlen. So gab es in den 1980er-Jahren nur etwas mehr als 200 Läden, etwa so viele wie heute.

Ein Expansionsversuch war jedoch ein großer Erfolg. Buffett tut so, als wäre er ein alter Mann, der nichts von neuen Technologien versteht und der Computer sowie das Internet meidet. In Wirklichkeit hat er ein sehr gutes Gespür für das Potenzial neuer Technologien. So war er es, der 1998 auf eine Internet-Verkaufsstrategie drängte, die heute für See's eine bedeutende Einnahme- und Wachstumsquelle darstellt.

Wir haben schon früher gesehen, dass Buffett gern fähige und erfahrene Manager an sich bindet. Es gelang ihm, Huggins zu überreden, bis zum Alter von 81 Jahren zu arbeiten. Bei seiner Pensionierung konnte Huggins auf 54 Jahre im Unternehmen zurückblicken, davon 33 Jahre als CEO.

Im Jahr 2006 wurde Brad Kinstler, der jahrzehntelang mit Buffett in der Versicherungsbranche zusammengearbeitet hatte, gebeten, See's zu übernehmen. Die Grundlagen des Unternehmens haben sich unter Kinstler nicht wesentlich verändert. Selbst im Jahr 2012 befanden sich alle 211 Geschäfte westlich von Chicago, davon 110 in Kalifornien. See's ging dorthin, wo die Kunden eine Vorliebe für seine speziellen Süßigkeiten hatten und bereit waren, dafür einen Aufpreis zu bezahlen. See's eröffnete auch Kioske an Flughäfen. Seit 2012 werden neue Filialen in den östlichen Bundesstaaten eröffnet. Doch die Expansion findet gezielt statt. Zunächst setzte man auf saisonale Verkaufsstände in Einkaufszentren. In den wenigen Städten, in denen eine signifikante Nachfrage festgestellt wurde, konnte ein Geschäft eröffnet werden, aber selbst dann ist das Risiko begrenzt, da nur etwa 300.000 Dollar pro Einheit ausgegeben werden.

PREISSETZUNGSMACHT

Diskussionen über die Preisgestaltung

Buffett legte in Abstimmung mit Huggins alljährlich die Preise für die Süßigkeiten fest. Er hielt es für wichtig, dass eine Person mit einer breiteren Perspektive und einem größeren finanziellen Interesse in den Preisfindungsprozess einbezogen wird. Er war der Meinung, dass ein Manager Preiserhöhungen ablehnen könnte, denn:

„Der Manager hat nur ein Unternehmen. Seine Gleichung sagt ihm, dass es nicht so schlimm ist, wenn er die Preise zu niedrig ansetzt. Aber wenn er die Preise zu hoch ansetzt, sieht er sich die einzige Sache in seinem Leben ruinieren. Und niemand weiß, wie sich eine Preiserhöhung auswirken wird. Für den Manager ist das russisches Roulette. Für den Geschäftsführer, der mehr als eine Sache macht, ist es das nicht wirklich. Ich würde also dafür plädieren, dass in bestimmten Fällen jemand mit viel Erfahrung und Abstand zur Szene die Preise festlegt."[95]

Buffett scherzte über die Preissetzungsmacht von See's: „Wenn Sie See's Candies besitzen, in den Spiegel schauen und sagen ‚Spieglein, Spieglein an der Wand, wie viel soll ich in diesem Herbst für Süßigkeiten verlangen?' und der Spiegel sagt ‚Mehr', dann ist das ein gutes Geschäft."[96]

Ein Beispiel für Preissetzungsmacht

Dass Buffetts und Mungers früherer Glaube an die Fähigkeit von See's, die Preise zu erhöhen, berechtigt war, lässt sich ganz einfach feststellen, indem man sich die Menge der 1972 und zehn Jahre später, 1982, verkauften Süßigkeiten ansieht und dabei auch Umsatz und Gewinn betrachtet.

Tabelle 20.1 zeigt, dass der Preis für ein Pfund Süßigkeiten in einer Zeit mit allgemeiner Inflation von 137 Prozent um 176 Prozent gestiegen ist. Die Verkaufserlöse vervierfachten sich, was hauptsächlich auf den gestiegenen Preis für Süßigkeiten zurückzuführen ist, aber auch auf die um 21 Prozent gestiegene Zahl der Läden und die um 18 Prozent gestiegene Menge der in einem durchschnittlichen Laden verkauften Süßigkeiten.

Tabelle 20.1: Die Preise, Erlöse und Gewinne von See's 1972 und 1982

	1972	**1982**	**Zunahme in %**
Mange der verkauften Süßigkeiten in Millionen Pfund	17,0	24,2	42
Umsatzerlös	31,3 Mio. $	123,7 Mio. $	295
Nachsteuergewinn	2,3 Mio. $	12,7 Mio. $	452
Anzahl der Geschäfte	167	202	21
Umsatzerlös pro Pfund Süßigkeiten	1,85 $	5,11 $	176
Inflation über 11 Jahre			137
Pfund Süßigkeiten pro Geschäft in Tausend	101,8	119,8	18
Umsatzerlös pro Geschäft in Tausend Dollar	187	612	227

Quelle: Charles T. Munger und Donald A, Koeppel, Jahresbericht von Blue Chip Stamps 1982, S. 34. Inflationsdaten: inflationdata.com

Der Umsatz pro Ladengeschäft verdreifachte sich in etwa, aber der Gewinn stieg auf mehr als das Fünffache. Dies ist zum Teil auf die höheren Verkaufspreise zurückzuführen, aber auch auf den unglaublichen Abwärtsdruck auf die Betriebskosten. Neben einem hervorragenden Management in jeder Phase des Produktions-, Vertriebs- und Verkaufsprozesses profitierte See's auch von lokalen Größenvorteilen, insbesondere in diesen Bereichen:

- **Werbung** – Eine Zeitungsanzeige oder ein Fernsehwerbespot erreichte beispielsweise einen großen Teil der Kunden in San Francisco, wo es eine Häufung von Geschäften gab, oder in Los Angeles, dem zweiten großen Ballungsgebiet.
- **Vertrieb** – Die Süßigkeiten wurden von zwei Fabriken in Los Angeles und San Francisco aus vertrieben und überwiegend im Umkreis von etwa 100 Meilen um die Fabriken ausgeliefert.

Munger (Vorsitzender) und Koeppel (Präsident) schrieben im Jahresbericht 1982 von Blue Chip Stamps eine euphorische Würdigung:

> „See's ist das bei Weitem beste Unternehmen, das wir je gekauft haben, und es übertrifft unsere Erwartungen, die recht konservativ waren. Wir können die Zukunft oft schlecht voraussagen, selbst bei Unternehmen, die wir seit vielen Jahren besitzen, und wir haben die Zukunft von See's so sehr unterschätzt, dass wir von Glück sagen können, es überhaupt erworben zu haben.
> Wir glauben, dass die außergewöhnlichen Gewinne von See's vor allem deshalb zustande kommen, weil sowohl neue als auch alte Kunden den Geschmack und die Textur der Süßigkeiten von See's sowie das extrem hohe Niveau des Einzelhandelsservices schätzen, das den Vertrieb kennzeichnet. Diese Kundenbegeisterung fußt auf dem geradezu fanatischen Beharren von See's auf teuren natürlichen Zutaten sowie teuren Herstellungs- und Vertriebsmethoden, die eine strenge Qualitätskontrolle und einen zuvorkommenden Einzelhandelsservice gewährleisten. Diese Qualitäten werden durch außergewöhnliche Umsätze pro Ladenfläche belohnt, die häufig zwei- bis dreimal so hoch sind wie die der Konkurrenten, und durch eine ausgeprägte Vorliebe Beschenkter für Süßigkeiten von See's-Schokoladenprodukten, sogar im Vergleich zu viel teureren Marken."

Anfang der 1990er-Jahre verfügte See's über 218 Filialen, doch anstatt die Zahl der Filialen zu erhöhen, wurde das Gegenteil getan und ein Dutzend geschlossen – jede Filiale muss eine zufriedenstellende Rendite auf das eingesetzte Kapital erzielen. Nach 20 Jahren im Besitz von Berkshire wirtschaftete See's sehr effizient und verfügte 1991 über Nettosachanlagen von nur 25 Millionen Dollar. Zu dem anfänglichen Vermögen von acht Millionen Dollar kamen nur 18 Millionen Dollar an reinvestierten Gewinnen hinzu. Die Gewinne hatten sich jedoch von 1971 bis 1991 verzehnfacht und betrugen 42,4 Millionen Dollar vor Steuern, also mehr als 20 Millionen Dollar nach Steuern. In diesen 20 Jahren schüttete See's erstaunliche 410 Millionen Dollar an die Aktionäre aus.

Diese Zahlen geben Aufschluss über die Qualität des Managements von See's: Um den Gewinn zu verzehnfachen, musste das gebundene Kapital nur um etwas mehr als das Dreifache erhöht werden. Der Rest des Gewinns stand Blue Chip/Berkshire Hathaway zur Verfügung, um ihn in andere Unternehmen zu investieren, die bessere Aussichten auf eine zufriedenstellende prozentuale Rendite hatten, als wenn das Geld dazu verwendet worden wäre, mehr See's-Läden an Orten zu eröffnen, an denen die Kunden keinen Aufpreis bezahlen würden. In seinem Brief an die Aktionäre aus dem Jahr 2014 betonte Buffett die strikte Objektivität, die für eine effiziente Zuweisung des Kapitals erforderlich ist. Er schrieb:

> „Wir hätten diese Mittel natürlich gern intelligent für die Erweiterung unseres Süßwarengeschäfts eingesetzt. Aber unsere vielen Versuche, dies zu tun, waren weitgehend vergeblich. Deshalb haben wir die überschüssigen Mittel, die See's erwirtschaftet hat, ohne steuerliche Ineffizienzen oder Reibungsverluste zu verursachen für den Kauf anderer Unternehmen verwendet."[97]

Im Jahr 1999 erzielte See's Candies eine operative Ertragsmarge von 24 Prozent. Für einen Lebensmittelhersteller ist das enorm. Von 1972 bis Ende 1999 verdiente das Unternehmen insgesamt 857 Millionen Dollar vor Steuern. Buffett verwies auf das Wachstum des Unternehmens in seiner üblichen scherzhaften und doch weisen Art:

> „Chuck wird von Jahr zu Jahr besser. Als er mit 46 Jahren die Leitung von See's übernahm, betrug der prozentuale Vorsteuergewinn der Firma etwa zehn Prozent seines Alters. Heute ist er 74 und das Verhältnis hat sich auf 100 Prozent erhöht. Nachdem wir dieses mathematische Verhältnis entdeckt haben – nennen wir es Huggins' Gesetz –, wird Charlie und mir schon bei dem bloßen Gedanken an Chucks Geburtstag schwindelig."[98]

Nun, Huggins hat danach noch größere Erfolge erzielt. Bis Ende 2014 belief sich der Gesamtgewinn von See's vor Steuern auf 1,9 Milliarden Dollar. Somit hatten Buffett und Munger durch den Kauf für 25 Millionen Dollar fast eine Milliarde Dollar nach Steuern für die Investition in andere Unternehmen zur Verfügung. Diese anderen Unternehmen erwirtschafteten ihrerseits große ausschüttungsfähige Gewinne. Buffett bezeichnete dies als eine Art „Kaninchenzucht".[99]

BUFFETTS VORSTELLUNGEN DAVON, WAS EIN GUTES UNTERNEHMEN AUSMACHT

Hier ist ein Quiz für Sie: Welches Unternehmen ist das bessere?

Unternehmen A hat im vergangenen Jahr einen Gewinn nach Steuern von zwei Millionen Dollar erzielt. Unternehmen B ebenfalls.

Unternehmen A hat nur acht Millionen Dollar an Nettosachanlagen, während Unternehmen B fünfmal so viel, nämlich 40 Millionen Dollar, an Nettosachanlagen hat.

Für beide Unternehmen wird das gleiche Gewinnwachstum erwartet – in 20 Jahren werden beide Unternehmen einen Gewinn nach Steuern von 20 Millionen Dollar erwirtschaften (was einer Verzehnfachung des heutigen Gewinns entspricht). Auch in den Jahren dazwischen werden sie die gleichen Gewinne ausweisen.

Entscheiden Sie sich jetzt für eine Antwort, bevor Sie weiterlesen.

Buffetts Logik

Unternehmen A ist ein Hersteller und Einzelhändler von Süßigkeiten, während Unternehmen B ein Stahlhersteller ist – es ist ein rentabler Stahlproduzent mit einer guten Marktnische und kann daher hinsichtlich der im Jahresbericht ausgewiesenen Gewinne mit Unternehmen A mithalten.

Um die Produktion und den Gewinn nach Steuern zu verzehnfachen, müsste Unternehmen A die ursprünglichen Nettosachanlagen um 9 x 8 Millionen Dollar = 72 Millionen Dollar erhöhen (Annahme zur Veranschaulichung). Nach 20 Jahren hat es also 80 Millionen Dollar an Kapital eingesetzt.

Um eine Verzehnfachung der Produktion und der Gewinne von Unternehmen B zu erreichen, müsste es 9 x 40 Millionen Dollar = 360 Millionen Dollar an Nettosachanlagen hinzufügen, zum Beispiel neun weitere Stahlwerke. In 20 Jahren würde das Unternehmen also 400 Millionen Dollar an Kapital einsetzen.

Unternehmen A kann in diesen 20 Jahren 288 Millionen Dollar (360 Millionen Dollar – 72 Millionen Dollar) mehr an die Aktionäre ausschütten als Unternehmen B und im letzten Jahr den gleichen Gewinn erzielen.

Trotz seines niedrigeren Bilanzwerts ist also Unternehmen A wertvoller. Der Grund dafür ist, dass es mehr von dem tun kann, was die Investoren wollen: Es gibt die erwirtschafteten Barmittel an sie weiter. Der Stahlkonzern hingegen muss einen hohen Anteil des erwirtschafteten Buchgewinns verwenden, um das Geschäft aufrechtzuerhalten und zu wachsen. Bei Unternehmen B ist der *Eigentümergewinn* (die Gewinne, die an die Aktionäre ausgezahlt werden können, ohne das Produktionsvolumen zu verringern, das Geschäftsmodell zu schädigen oder auf wertsteigernde Investitionsprojekte innerhalb des Unternehmens zu verzichten) geringer als der *ausgewiesene Buchgewinn* (der von den Buchhaltern jedes Jahr für die Veröffentlichung im Jahresbericht berechnet wird), weil es so viel Bargeld investieren muss.

SEE'S CANDIES ALS BEISPIEL FÜR WIRTSCHAFTLICHEN GOODWILL

Wenn es darum geht, die Realität darzustellen, die der Lage eines Unternehmens zugrunde liegt, sorgen die Zahlen der Rechnungslegung oft mehr für Verwirrung als Erhellung. Es ist wichtig, dass wir uns auf die wirtschaftliche Realität konzentrieren und nicht auf Statistiken, die sich aus den Rechnungslegungsvorschriften ergeben.

Die Rechnungslegungsvorschriften schreiben in der Regel vor, dass ein erworbenes Unternehmen geprüft wird, indem der faire Wert seiner Vermögenswerte nach Abzug aller Verbindlichkeiten ermittelt wird. In den meisten Fällen ist diese Summe viel geringer als der Betrag, der für die Übernahme des Unternehmens gezahlt wurde. Das stellt den Buchhalter vor ein Problem: Es wurde Bargeld (oder Aktien) aus der Bilanz der Holdinggesellschaft bezahlt, aber der faire Wert des dafür erhaltenen Nettovermögens ist geringer. Es scheint, als wäre Wert einfach verschwunden.

Natürlich ist er nicht verschwunden; es kann sehr gute Gründe dafür geben, einen Preis zu zahlen, der viel höher ist als der faire Wert laut Bilanz, zum Beispiel weil das Unternehmen über eine ausgezeichnete Marke, über lukrative Patente oder über gute Kundenbeziehungen verfügt. Daher sagt man, dass der über den fairen Wert hinaus gezahlte Betrag eine Zahlung für den *Geschäftswert* oder *Goodwill* ist.

Der Buchhalter muss sich jedoch mit der technischen Form des Geschäfts- oder Firmenwerts befassen – der Differenz zwischen dem gezahlten Betrag und dem beizulegenden Zeitwert. Dieser wird in der Bilanz als Vermögensgegenstand ausgewiesen. In der Regel verlangen die Rechnungslegungsvorschriften, dass der buchhalterische Goodwill als von Jahr zu Jahr abnehmend betrachtet wird, sodass eine schrittweise Abschreibung erfolgt. Im Fall von See's Candies sahen die damaligen Vorschriften vor, dass der Geschäfts- oder Firmenwert über 40 Jahre in gleichen Jahresbeträgen abgeschrieben wird. Dadurch verringern sich 40 Jahre lang jedes Jahr die Gewinne und auch die Aktiva in der Bilanz.

Dies entspricht jedoch nicht der wirtschaftlichen Realität. BCS zahlte 25 Millionen Dollar für See's, das nur über acht Millionen Dollar an Nettosachanlagen verfügte. Die Firma erwirtschaftete etwa zwei Millionen Dollar. Wie viele andere Unternehmen erwirtschaftete See's Candies eine Rendite auf die Nettosachanlagen (zum Marktwert), die weit über den Marktrenditen lag – im Fall von See's betrug die Rendite auf die Nettosachanlagen 25 Prozent nach Steuern (zwei Millionen Dollar Rendite auf acht Millionen Dollar Vermögenswerte).

Wie hat See's das geschafft?

Die Beantwortung dieser Frage bringt uns zu der anderen Art von Geschäftswert: dem *wirtschaftlichen Goodwill*. Die Kombination aus bilanziellen Vermögenswerten (Vorräte, Maschinen und so weiter) und immateriellen Vermögenswerten (zum Beispiel ein hohes Ansehen bei den Verbrauchern) führt zu einem wirtschaftlichen Geschäftswert, da sie es ermöglicht, Spitzenpreise zu verlangen. So kann ein guter Ruf ein Kundenfranchise schaffen und ein Kundenfranchise kann wirtschaftlichen Geschäftswert schaffen.

Aus buchhalterischer Sicht bezahlte Blue Chip 17 Millionen Dollar mehr als der Wert der Nettosachanlagen. Dieser Betrag musste über einen Zeitraum von 40 Jahren in jedem Jahr mit 425.000 Dollar abgeschrieben werden. Die in den Büchern ausgewiesenen Gewinne wurden also um diesen Betrag gekürzt.

Aus der Sicht einer Person, die das Unternehmen bewertet (zum Beispiel eines Investors), müssen wir wissen, ob die wirtschaftlich starke Ausgangsposition im Verfall begriffen ist. Im Fall von See's stiegen und stiegen die Gewinne. Im Jahr 1983 wurden zum Beispiel 13 Millionen Dollar nach Steuern erwirtschaftet. Erstaunlicherweise wurde dies mit Nettosachanlagen von nur 20 Millionen Dollar erreicht. Wir können also sagen, dass der wirtschaftliche Geschäftswert von See's *nicht abnahm*, auch wenn die Buchhalter ihre Art des Geschäftswerts herabsetzten (auf etwa 12,5 Millionen Dollar im Jahr 1983). Die Kunden kauften immer noch gern Süßigkeiten von See's und der wirtschaftliche Geschäftswert wuchs weiterhin, sodass man deutlich sehen kann, dass die Zahlen in den Büchern von der realen Situation des Unternehmens abwichen.

Sowohl Manager als auch Investoren müssen bei der Betrachtung des Geschäfts- oder Firmenwerts einige Regeln beachten, und zwar sowohl aus der Sicht der Rechnungslegung als auch aus der Sicht des wirtschaftlichen Wertes:

- Bei der Betrachtung des Gewinns einer Geschäftseinheit sind Abschreibungen auf den Firmenwert und Amortisationskosten (jährliche Abzüge für den Wertverlust immaterieller Anlagegüter wie Patente oder für den Abbau natürlicher Ressourcen) zu ignorieren, sodass der Schwerpunkt auf der Rendite der nicht fremdfinanzierten (keine Darlehen) Nettosachanlagen liegt. Auf diese Weise lassen sich die wirtschaftliche Attraktivität des Vorhabens und der aktuelle Wert des wirtschaftlichen Geschäfts- oder Firmenwerts des Vorhabens beurteilen, ohne dass die buchhalterischen Abzüge für den Geschäfts- oder Firmenwert und so weiter verzerrend wirken.

- Wenn man versucht, eine Entscheidung über den Erwerb eines Unternehmens zu treffen, sollte man die Abschreibungskosten nicht berücksichtigen. Sie sollten nicht vom Gewinn abgezogen werden. Das bedeutet, dass der Geschäfts- oder Firmenwert als zu seinen vollen Kosten fortbestehend betrachtet wird.
- Die Kosten einer Übernahme sollten als der gesamte innere Geschäftswert aller geleisteten Zahlungen angesehen werden – unabhängig davon, ob sie in Form von Bargeld oder Aktien des Erwerbers erfolgen – und nicht nur als der verbuchte Buchwert. Dem Erwerber erwächst kein Wert, wenn trotz eines sehr guten Unternehmens ein überhöhter Preis für den wirtschaftlichen Geschäftswert gezahlt wird.

LEKTIONEN

1. **Seien Sie in der Lage, auf einem wettbewerbsintensiven Markt mit vielen Anbietern einzukaufen, aber verkaufen Sie dort, wo Sie Preissetzungsmacht haben**. Buffett erklärte, wenn man auf einem Markt einkaufen könne, der zu einem Massenmarkt geworden ist (mit vielen Anbietern, die ähnliche Produkte anbieten), und an Käufer verkaufen könne, die die Marke mögen und bereit sind, einen Aufschlag dafür zu bezahlen, dann sei das „seit Langem eine Formel für geschäftlichen Erfolg … wir fahren mit diesem Ansatz bei See's Candies sehr gut, seit wir es vor 40 Jahren gekauft haben“.[100]
2. **Loben Sie immer Ihre wichtigsten Manager**. Buffett hob regelmäßig die Leistung von Chuck Huggins hervor „und sein fanatisches Beharren auf Produktqualität und freundlichen Service kam Kunden, Mitarbeitern und Eigentümern zugute“.[101]

3. **Schätzen Sie ein, was in den Köpfen der Kunden vorgeht.** See's war in der Psyche der Westküstenbewohner verankert. Das Unternehmen „verfügte über einen enormen Vorteil, der nicht in seiner Bilanz auftauchte: einen umfassenden und dauerhaften Wettbewerbsvorteil, der ihm eine erhebliche Preissetzungsmacht verlieh".[102]
4. **Streben Sie hohe Renditen auf kleine Kapitalbeträge an.** Die geringen Kapitalinvestitionen, die bei See's erforderlich waren, um große Ertragssteigerungen zu erzielen, waren eine phänomenale Kombination.
5. **Für „Franchises" mehr bezahlen.** Zunächst zögerten Buffett und Munger, für See's einen Preis zu zahlen, der derart weit über dem Wert der Nettosachanlagen lag. Im Nachhinein betrachtet bedeuteten die hohen Kapitalrenditen, dass See's für 25 Millionen Dollar billig war.
6. **Lernen Sie hinzu.** Buffetts Erfahrung mit dem außergewöhnlichen Wachstum von See's befeuerte seine wachsende Bewunderung für starke Marken. Dies führte zu vielen weiteren rentablen Investitionen.

Investition 21

WASHINGTON POST

Eckpunkte des Geschäfts

Geschäft	**Washington Post**
Zeitpunkt	1974 bis heute
Gezahlter Preis	10,6 Millionen Dollar (anfangs)
Menge	9,7 Prozent der Aktien des Unternehmens (anfangs)
Verkaufspreis	gegen eine Sammlung von Unternehmen eingetauscht
Gewinn	Hunderte Millionen Dollar

Seit Ende der 1960er-Jahre war Buffett von der Suche nach Aktien zu vernünftigen Preisen frustriert; er verglich sich selbst mit einem sexhungrigen Mann auf einer einsamen Insel.

In den Jahren von 1970 bis 1973 gelang es ihm zwar, einige Unternehmen für Berkshire Hathaway zu kaufen, die sich unmittelbar einstellenden Ergebnisse waren jedoch nicht besonders ermutigend, da er mitansehen musste, wie der Marktwert des Portfolios abnahm: „Wir hatten am Ende des Jahres einen erheblichen nicht realisierten

Wertverlust – über zwölf Millionen Dollar – in unseren Stammaktienbeständen."[103]

Das mag Buffett damals entmutigt haben, aber es wird für immer eine Ermutigung für diejenigen unter uns sein, die lange Zeiträume erleben, in denen Mr. Market etwas, das wir für unterbewertet halten, nicht neu bewertet. Unabhängig davon sollten wir an unseren Prinzipien festhalten; der Wert wird sich am Ende durchsetzen.

Anfang 1974 teilte Buffett seinen BH-Aktionären Folgendes mit, nachdem er sein Portfolio auf einen Wert deutlich unter dem von ihm gezahlten Preis heruntergesetzt hatte: „Dennoch sind wir der Meinung, dass unser Stammaktienportfolio zu den Anschaffungskosten einen guten Wert in Bezug auf den inneren Unternehmenswert darstellt. Trotz des hohen nicht realisierten Verlustes zum Jahresende erwarten wir längerfristig zufriedenstellende Ergebnisse aus dem Portfolio."[104] Es ist klar, dass er den Kurs von Mr. Market nicht als Maßstab für den Wert ansah.

Er muss das Gefühl gehabt haben, dass die Dinge ein wenig schleppend liefen. Die Zeitungen machten sich nicht einmal die Mühe, den Aktienkurs von Berkshire anzugeben, obwohl er Mitte 1973 bei über 80 Dollar lag, verglichen mit 40 Dollar im Jahr 1970. Auch wenn das Aktienportfolio noch nicht in die Höhe schoss, war Buffett zufrieden, denn er konnte einige gute Geschäftsergebnisse vorweisen. Sowohl 1972 als auch 1973 lag der operative Gewinn bei über elf Millionen Dollar. Das Versicherungs- und Rückversicherungsgeschäft verzeichnete „außergewöhnlich gute" Jahre, die nicht nur einen Null-Kosten-Float, sondern auch Gewinne in Hülle und Fülle brachten. Die Illinois National Bank reihte Rekordjahr an Rekordjahr. Sogar die Textilsparte erwirtschaftete Gewinne, „die unseren Kapitalinvestitionen angemessen waren".[105]

Darüber hinaus erbrachte das gesamte Anlageportfolio, das hauptsächlich aus Anleihen bestand, allein im Jahr 1972 Erträge in Höhe von 6,8 Millionen Dollar. Der Buchwert der BH-Aktie stieg von 19,46 Dollar pro Aktie Ende 1964 auf mehr als 70 Dollar im Jahr 1973.

Trotz des geschäftlichen Erfolgs erschien kaum jemand zur Jahreshauptversammlung des Unternehmens. Zwei, die sich auf den Weg machten, waren die Brüder Conrad und Edwin Taff. Conrad war mit Buffett in Grahams Kurs gewesen. Wenigstens konnten diese drei das Gespräch in Gang halten; sie diskutierten stundenlang über Anlagethemen und begründeten damit eine Tradition von ganztägigen Frage- und Antwortrunden, die bis heute anhält – mit dem großen Unterschied, dass inzwischen 40.000 Menschen an der Hauptversammlung teilnehmen.

DIE NIFTY-FIFTY

Buffett hatte Schwierigkeiten, zu investieren, da der Markt Anfang der 1970er-Jahre von einer Modeerscheinung heimgesucht wurde, die die Aktien auf ein außerordentliches Niveau ansteigen ließ. Das Vernünftigste, was man tun konnte, war, Aktien einer Gruppe von 50 beliebten Unternehmen mit hoher Marktkapitalisierung zu kaufen. So hatte man eine Reihe solider Buy-and-Hold-Wachstumsinvestitionen im Portfolio und konnte ruhig schlafen. Aufgrund ihrer Stabilität und des nachgewiesenen schnellen Gewinnwachstums hieß es, bei diesen Aktien brauche man sich nur ein einziges Mal zu entscheiden. Eigentlich sollte man nie verkaufen.

Doch viele verkauften zu Kurs-Gewinn-Verhältnissen von 50 oder mehr (im Durchschnitt 42) – wie konnte es da sinnvoll sein, bei einer Gewinnrendite von zwei Prozent zu kaufen? Das Wort *Wachstum* war der Schlüssel. Diese Unternehmen waren dazu bestimmt, ihre Gewinne pro Aktie in einem fantastischen Tempo zu steigern, sodass die hohen Aktienkurse völlig gerechtfertigt waren. Sie konnten einen auf keinen Fall im Stich lassen. Diese Stimmung breitete sich auf dem Markt aus, bis Buffett die meisten börsennotierten Aktien zu teuer erschienen.

Zu den Nifty-Fifty-Aktien gehörten Avon, Polaroid und Xerox. Es handelte sich zwar um gute Unternehmen, aber waren sie auch gute Investitionen? Die Kurs-Gewinn-Verhältnisse dieser Unternehmen lagen Ende 1972 bei 61, 95 und 46. Dann, Anfang 1973, kam es zu einem kleinen Vertrauenseinbruch und der Dow fiel von etwa 1.000 auf 900. Einige Aktien fielen noch viel stärker, um 50 Prozent oder mehr.

Dann, 1974, kam der eigentliche Abschwung: Die Börse brach in nur zwei Jahren um fast 50 Prozent ein. Als Avon 1974 seinen Tiefststand erreichte, waren die Aktien um 86 Prozent gefallen. Polaroid fiel von seinem Höchststand um 91 Prozent und Xerox um 71 Prozent. Abbildung 21.1 veranschaulicht diesen Zeitraum für den Dow Jones.

Abbildung 21.1: Dow Jones Industrial Average (1968-1975)

BUFFETT BLIEB IN ZEITEN DES IRRATIONALEN ÜBERSCHWANGS NICHT UNTÄTIG

Anfang 1973 beauftragte Buffett Salomon Brothers mit der Aufnahme von vorrangigen Schuldverschreibungen (Anleihen) in Höhe von 20

Millionen Dollar für BH, obwohl er das Geld nicht für das operative Geschäft benötigte. Damit sollte zum Teil eine ältere Schuld in Höhe von neun Millionen Dollar getilgt werden, während der Rest dazu dienen sollte, das Aktienportfolio zu gegebener Zeit auszubauen. Das Geld stammte von 20 institutionellen Anlegern und war 1993 zur Rückzahlung fällig.

Er hatte sich auch mit der Analyse von Unternehmen beschäftigt, obwohl er in den späten 1960er- und frühen 1970er-Jahren nicht viele Kaufentscheidungen treffen konnte. Als die Aktien in den Jahren 1973 und 1974 fielen, konnten Anteile an hervorragenden Unternehmen zu Schnäppchenpreisen erworben werden. Buffett war bereit; er hatte in den mageren Jahren Vorbereitungen getroffen und kannte die Qualität dessen, was er jetzt kaufte. Er konnte viele Aktien zu Kurs-Gewinn-Verhältnissen im einstelligen Bereich erwerben.

Mitte 1974 hatte sich unter den Aktienkäufern tiefer Pessimismus breitgemacht, denn die Menschen hatten Angst vor einer Rezession und einer gleichzeitigen Inflation von zwölf Prozent (*Stagflation*). Buffett war aber in einer ganz anderen Stimmung, er hatte eine tolle Zeit. Er war begeistert, weil er „aufheben" konnte, was andere wegwarfen. Wie er wiederholt gesagt hat: „Sei ängstlich, wenn andere gierig sind, und sei gierig, wenn andere ängstlich sind."

In einem von Anthony Simpson geführten Interview mit dem Titel „Look At All Those Beautiful, Scantily Clad Girls Out There!" wurde Buffett gefragt: „Wie betrachten Sie den aktuellen Aktienmarkt?"[106]

„Wie ein sexuell überreizter Kerl in einem Harem", platzte es aus ihm heraus. „Das ist der richtige Zeitpunkt, um zu investieren."

Die Situation im Jahr 1974 erinnerte Buffett an die frühen 1950er-Jahre, als es viele Möglichkeiten für Value-Investoren gab. Unter den amerikanischen Anlegern erwarb sich Buffett den Ruf, über ein besonderes Maß an Wissen zu verfügen. Dies wurde noch dadurch verstärkt, dass er bereits Ende der 1960er-Jahre, als alle anderen begeistert waren, öffentlich erklärt hatte, dass der Markt irrationale Dinge tue. Darüber hinaus hatte er mit der Liquidierung des Portfolios der Anlagegesellschaft dramatische Maßnahmen ergriffen. Und das, nachdem er jahrelang spektakulär besser abgeschnitten hatte als der Markt.

Man muss nicht zuschlagen

Forbes schrieb: „Buffett ist wie der legendäre Mann, der 1928 seine Aktien verkaufte und bis 1933 angeln ging … Er ging von 1969 bis 1974 ‚angeln'. ‚Ich nenne die Geldanlage das großartigste Geschäft der Welt', sagt er, ‚weil man nie schlagen muss. Man steht auf dem Schlagmal, der Pitcher wirft einem General Motors zu 47 Dollar oder U.S. Steel zu 39 Dollar zu. Und niemand verlangt, dass man schlägt. Es gibt keine Strafe außer der verpassten Gelegenheit. Den ganzen Tag wartet man auf den Wurf, der einem gefällt, und wenn die Feldspieler schlafen, tritt man vor und schlägt.'"[107]

Buffett versuchte anderen Anlegern zu helfen, indem er die wichtigste psychologische Einstellung darlegte, die für gute Käufe erforderlich ist. Er riet, sachlich zu bleiben und geduldig zu sein – dies gelte sowohl für das Warten auf eine Beruhigung eines überreizten Marktes als auch für den Kauf von Qualitätsunternehmen. Irgendwann in der Zukunft wird der Marktpreis diese hohe Qualität widerspiegeln, also hält man durch und wartet.

DIE WASHINGTON POST

Die Zeitungsrouten der *Washington Post*, für die der 13-jährige Buffett in den 1940er-Jahren früh aufstand, waren für einen großen Teil der 9.800 Dollar verantwortlich, die er in seinen Teenagerjahren gespart hatte. Wer hätte gedacht, dass dieser kleine Betrag an Gründungskapital schließlich dazu führen würde, dass Buffett den größten Anteil an *Washington Post*-Aktien neben der dominierenden Familie kontrollierte?

Im Frühjahr und Sommer 1973 verwendete Buffett einen Teil des Geldes, das er für Berkshire Hathaway durch die 20-jährigen Anleihen beschafft hatte, um Aktien der Washington Post Company zu kaufen. Die Beteiligung kostete 10,6 Millionen Dollar und entsprach 9,7 Prozent des gesamten Aktienkapitals des Unternehmens. Neben der führenden Zeitung *Washington Post* gehörten dem Unternehmen auch *Newsweek*, vier Fernsehsender, zwei Radiosender, Druckereien und Papierfabriken. Insgesamt schätzte Buffett den Wert des Unternehmens auf 400 bis 500 Millionen Dollar, während Mr. Market es mit 100 Millionen Dollar bewertete.

Vor dem Geschäft

Katharine Graham wurde im Alter von 46 Jahren unerwartet in die Rolle der Chefin der Washington Post Company gedrängt, was ihr nicht gefiel. Schüchtern und zurückhaltend, mit wenig Selbstvertrauen, war sie zuvor vor allem Hausfrau und Mutter. Sie hatte keine Ahnung von Management oder einer Redaktion, sah es aber als ihre Pflicht an, ihr Erbe für die nächste Generation ihrer Familie zu erhalten.

Ihr Vater hatte die *Washington Post* 1933 aus dem Konkurs herausgekauft und führte sie als privates Familienunternehmen. Später übernahm Katharines Ehemann Philip Kay die Leitung. Erst als Kay 1963 Selbstmord beging, wurde Frau Graham President. Die Zeitung war damals nur das drittplatzierte Washingtoner Massenblatt.

Erst 1971 ging das Unternehmen an die New York Stock Exchange (NYSE). Die Familie behielt jedoch die Stimmrechtskontrolle, indem sie an ihren A-Aktien festhielt, während sie Geld durch die Ausgabe von B-Aktien beschaffte, die ein viel geringeres Stimmrecht pro Aktie besaßen (die B-Aktionäre waren berechtigt, maximal 30 Prozent der Mitglieder des Verwaltungsrats zu wählen).

Brillanter Journalismus und furchtlose redaktionelle Führung machten die *Washington Post* groß. Zum Beispiel hatte die Nixon-Regierung die amerikanische Öffentlichkeit über die Auslöser des Vietnamkriegs getäuscht. Zu ihrem Unglück waren die Beweise für die Entscheidungsfindung der Regierung in den sogenannten Pentagon Papers zu finden, die die *Post* trotz akuter politischer Verärgerung und eines Gerichtsverfahrens veröffentlichte.

Es folgte ein weiteres Jahr des journalistischen Triumphs, als ihre investigativen Reporter Artikel über den Watergate-Skandal schrieben und dabei verklausulierten Gewaltandrohungen von Personen mit Verbindungen zum Weißen Haus trotzten. Die *Washington Post* genoss hohes Ansehen, was sich in Pulitzer-Preisen (47 bei der letzten Zählung) niederschlug, und entwickelte sich zu einer Zeitung von nationalem und internationalem Ruf.

Obwohl die Zeitung weltweit für ihre Integrität und Exzellenz bekannt war, wurden die Geschäftsaussichten im Jahr 1973 als sich eintrübend empfunden. Dieses Gefühl an der Wall Street wurde durch die intensive Feindseligkeit hervorgerufen, die vom Weißen Haus ausging. Es war die Rede davon, zwei Fernsehlizenzen in Florida zu streichen, die zusammen etwa ein Drittel der Einnahmen des Unternehmens ausmachten. Die Aktien des Unternehmens fielen.

BUFFETTS URTEIL ÜBER DEN WERT DER WASHINGTON POST

Im Jahr 1985 erklärte Buffett: „Die meisten Wertpapieranalysten, Medienmakler und Medienmanager hätten den inneren Unternehmenswert von WPC auf 400 bis 500 Millionen Dollar geschätzt, so wie wir es taten. Und der Börsenwert von 100 Millionen Dollar wurde täglich für alle sichtbar veröffentlicht.“[108]

Ich möchte Buffett hinsichtlich dieser Aussage, die zwölf Jahre nach dem Kauf erfolgte, ein wenig hinterfragen – ich frage mich, ob er nicht einen kleinen Rückschaufehler beging. Die Investition hatte sich gut entwickelt und wenn Buffett auf das Jahr 1973 zurückblickte, war für alle offensichtlich, dass sie viel mehr wert war als das, was er bezahlt hatte. Doch möglicherweise war es zu jener Zeit nicht so offensichtlich gewesen.

Stellen Sie sich vor, Sie bewerten dieses Unternehmen anhand der Fakten, die Ihnen im Geschäftsbericht 1972 vorgelegt wurden, wie in Tabelle 21.1 dargestellt.

Tabelle 21.1: Bilanz der Washington Post (Dezember 1972, in Millionen Dollar)

Bargeld	10,2
Kurzfristige Finanzanlagen	19,6
Kundenforderungen	25,2
Vorräte	3,8
Vorauszahlungen	2,9
SUMME UMLAUFVERMÖGEN	61,8
Alle Verbindlichkeiten	-81,9
NETTOUMLAUFVERMÖGEN	-20,1

Quelle: Jahresbericht der Washington Post Company 1972

Das Nettoumlaufvermögen war negativ, sodass diese Investitionsentscheidung eindeutig nicht durch den Ansatz des Nettoumlaufvermögens (Net Current Asset Value, NCAV) von Benjamin Graham motiviert war. Wie sieht es mit der Entwicklung der Umsätze und Gewinne aus? Sie ist in Tabelle 21.2 dargestellt.

Tabelle 21.2: Erlös und Nachsteuergewinn der Washington Post (1965-1972, in Millionen Dollar)

	Erlös	Nachsteuergewinn
1965	108	7,7
1966	123	8,6
1967	131	7,1
1968	147	7,7
1969	169	8,5
1970	178	5,1
1971	193	7,2
1972	218	9,7

Quelle: Jahresbericht der Washington Post Company 1972

Sehen Sie eine Bewertung, die in der Nähe der 400 bis 500 Millionen Dollar liegt, die Buffett 1985 behauptete? Ich auch nicht.

Die Gewinne wuchsen zwar etwas, aber nicht sehr stark, und außerdem lagen sie alle unter zehn Millionen Dollar, sodass wir von einem Kurs-Gewinn-Verhältnis von 40 bis 50 sprechen würden. Bei einem solchen KGV bekommen die meisten Value-Investoren Nasenbluten.

Versuchen wir nun in Tabelle 21.3, das Jahr 1972 genauer zu betrachten.

Tabelle 21.3: Vorsteuergewinn der Washington Post aus laufender Geschäftstätigkeit (1971-1972, in Millionen Dollar)

	1972	1971	Wachstum
Zeitungen	10,2	8,7	17 %
Zeitschriften und Bücher	5,7	2,7	107 %
Rundfunk und Fernsehen	5,9	3,8	58 %

Wenn ich mir diese Wachstumszahlen ansehe, komme ich der Sache schon etwas näher. In diesem Unternehmen könnte etwas Außergewöhnliches geschehen sein. Wie konnte es seine Einnahmen so sehr steigern? Hat es Firmen aufgekauft? (Hat es nicht.)

Wenn nicht, wie ist es organisch gewachsen und sind diese fundamentalen Geschäftszahlen über Jahrzehnte hinweg nachhaltig? Wenn ja, hätte ich vielleicht ein viel höheres Kurs-Gewinn-Verhältnis als 10 akzeptiert.

Bevor ich mich den Ereignissen des Jahres und den qualitativen Faktoren zuwende, möchte ich in Tabelle 21.4 einen weiteren wichtigen Datensatz darstellen.

Tabelle 21.4: Erlös der Washington Post nach Kundentyp (1971-1972 in Millionen Dollar)

	1972	**1971**
Werbung	166	148
Auflage (bezahlt von Lesern oder Zuschauern)	47	42
Sonstige	4	3

Mehr als drei Viertel der Einnahmen stammten aus der Werbung. Versetzen Sie sich einmal in die Lage eines Möbelhändlers oder eines Whiskyproduzenten. Wo würden Sie am liebsten inserieren: in der Zeitung mit über 60 Prozent der Auflage in der Stadt oder in der Zeitung mit einem Bruchteil dieses Marktanteils?

Natürlich wären Sie bereit, viel mehr zu bezahlen, um Ihre Anzeige in der dominierenden Zeitung zu schalten. Auf diese Weise kann die marktbeherrschende Zeitung im Laufe der Jahre erheblich höhere Einnahmen erzielen, ohne viel mehr für Redaktion oder Management auszugeben. Die gleiche Logik gilt für die Fernsehwerbung und für den Marktführer bei den wöchentlichen Nachrichtenmagazinen, *Newsweek.*

Aber wie stark sind diese „Franchises" wirklich? Betrachten wir die einzelnen Sparten der Reihe nach.

Washington Post

Im Juli 1972 veränderte sich der Zeitungsmarkt in Washington dramatisch. *The Washington Daily News* stellte ihr Erscheinen ein. Das bedeutete, dass diese wichtige Stadt – laut dem Jahresbericht 1972 der Washington Post Company „die am schnellsten wachsende, wohlhabendste, gebildetste und nachrichtenhungrigste Stadt der Nation" – nur noch zwei Tageszeitungen hatte: die *Washington Post* (*WP*) und die *Washington Star-News*.

Von diesen beiden Zeitungen dominierte die *WP* mit 63 Prozent aller Anzeigen und drei von fünf Erwachsenen, die sie täglich lasen. Was die Sonntagsausgabe betrifft, so lasen zwei Drittel der erwachsenen Bevölkerung die *Post*. Die tägliche Auflage der *Post* war in den letzten 15 Jahren um ein Drittel gestiegen, die Sonntagsauflage sogar um zwei Drittel.

Damit haben wir eine dominierende Zeitung in der einflussreichsten Stadt der USA mit einem wachsenden Appetit auf Qualitätsjournalismus. Wie es im Jahresbericht heißt, „versprechen die Zuwächse bei Werbung und Auflage eine Fortsetzung". Bei einem derartigen Grad der Verankerung und solchen Wachstumsaussichten wäre ich bereit, ein viel höheres Vielfaches des letztjährigen Gewinns zu zahlen als den Wert von 10, den Mr. Market seinerzeit anbot.

Stellen Sie sich die Frage: Würden Sie lieber mit Grizzlys ringen, als zu versuchen, mit der *Washington Post* auf ihrem Heimatmarkt im Jahr 1973 zu konkurrieren? Wenn Sie diese Frage bejahen, können Sie erkennen, dass diese Zeitung ein starkes wirtschaftliches Alleinstellungsmerkmal hatte. Wohin sollten die Anzeigenkunden sonst gehen?

Newsweek

Im Segment der wöchentlichen Nachrichten war *Newsweek* neben *Time* die dominierende Publikation. *Newsweek* hatte bei den Anzeigenseiten die Nase vorn. Die Werbeeinnahmen erreichten 1972 einen neuen Höchststand und betrugen 72,5 Millionen Dollar. Auf dem US-Markt wurden in einer durchschnittlichen Woche 2.725.000 Exemplare verkauft. Außerdem wurden 375.000 Exemplare in 150 anderen Ländern verkauft. Das Unternehmen hatte sich in *Newsweek Books* verzweigt, das 1973 „ein ansehnliches und profitables Geschäft“ war.[109] Die Gewinne der Newsweek-Abteilung hatten sich innerhalb eines Jahres mehr als verdoppelt.

Noch einmal die Frage: Würden Sie einen Konkurrenten gründen wollen, um zu versuchen, mit dem Grad an Anerkennung und Respekt zu konkurrieren, den *Newsweek* über Generationen hinweg aufgebaut hatte?

Rundfunk und Fernsehen

Damals, in den 1970er-Jahren, waren Fernsehsender Lizenzen zum Gelddrucken, da sie über eine lokale Monopol-/Oligopolstellung verfügten. Zum Jahresende 1972 besaß die Washington Post Company vier Sender, stand aber kurz vor dem Kauf des fünften. Außerdem besaß sie zwei Radiosender. Im Jahresbericht 1972 wurde die Bedeutung der Konzessionen heruntergespielt (vielleicht, um die Behörden nicht auf potenzielle Kapitalrenditen aufgrund der hohen Werbetarife aufmerksam zu machen): „Unsere drei Fernseh- und zwei Radiosender haben auf ihren jeweiligen Märkten eine gesunde Wettbewerbsposition erreicht. Für das erste Quartal 1973 bin ich äußerst optimistisch ... wir haben einen Startpunkt erreicht, der zu neuen Erfolgen sowohl in der journalistischen und programmgestalterischen Leistung als auch bei unseren finanziellen Ergebnissen führen sollte.“

Selbst wenn Sie versuchen wollten, mit diesen Sendern zu konkurrieren, könnten Sie das nicht, weil Sie keine Lizenz erhalten würden.

Der Wandel der Philosophie ist abgeschlossen

Diese Fallstudie veranschaulicht, dass Buffett 1973 der Stärke des wirtschaftlichen Geschäfts und der Qualität des Managements einen enormen Stellenwert einräumte, was zur Erwartung eines hohen künftigen Gewinnwachstums führte. In diesem Fall spielte die Bilanz bei der Kaufentscheidung so gut wie keine Rolle, abgesehen von der Tatsache, dass es keinen Verschuldungsgrad und kein Liquiditätsrisiko gab.

Während sich Buffett im Fall von See's Candies von der Bilanz beeinflussen ließ, fand er im Fall der Washington Post Company die Geschäftsaussichten so verlockend, dass er nur wissen musste, dass von der Bilanz keine Gefahr drohte. Er konzentrierte sich zu 95 Prozent auf qualitative Aspekte: Dinge wie die hohe Wertschätzung der Leser für *Newsweek* und die *Washington Post* und ihre emotionale Bindung an ihre lokalen Fernseh- und Radiosender. Außerdem hatte sich die Dividende kürzlich verdoppelt und die Direktoren sprachen von gesunden Wachstumsaussichten.

War Buffett unvernünftig optimistisch?

Letzten Endes spielt es keine Rolle, ob Buffett mit seiner Bewertung von 400 bis 500 Millionen Dollar richtig- oder falschlag.

Als er bei einer Marktkapitalisierung von 100 Millionen Dollar kaufte, hatte er eine sehr große Sicherheitsmarge, unabhängig davon, ob der wahre Wert 200 oder 500 Millionen Dollar betrug. Ich denke, wir sind uns alle einig, dass das Unternehmen mindestens 200 Millionen Dollar wert war (vorausgesetzt, das Weiße Haus machte die *Post* nicht dicht), sodass es bei einer Marktkapitalisierung von 100 Millionen Dollar zum halben Preis oder weniger zu haben war.

Die Qualität des Unternehmens und des Managements machten es zu einer bemerkenswert sicheren Investition mit 10,6 Millionen Dollar für zehn Prozent der künftigen Gewinne und Dividenden.

DAS GESCHÄFT

Nachdem er im späten Frühjahr 1973 etwas mehr als fünf Prozent der Aktien der *Washington Post* erworben hatte, schrieb Buffett an Katharine Graham, dass er gern mehr kaufen würde. Sie hatte Angst, dass ein Plünderer das Unternehmen aus den Händen der Familie reißen oder es für politische Zwecke beeinflussen würde, und so nahm sie diesen Brief aus Omaha nicht gerade wohlwollend auf.

Die Herzlichkeit, mit der Buffett in seinem Brief den Qualitätsjournalismus lobte und seine langjährige Bewunderung für die *Washington Post* seit seiner Kindheit zum Ausdruck brachte, trug zwar dazu bei, sie ein wenig zu beruhigen, aber sie hatte immer noch Angst. Graham wurde von Freunden und Beratern darauf hingewiesen, dass es logischerweise keine Möglichkeit gebe, die Kontrolle über das Unternehmen zu verlieren, ganz gleich, wie viele Aktien Berkshire Hathaway kaufen würde, da die an der Börse gehandelten B-Aktien so wenig Stimmrecht hätten. Selbst wenn ein Käufer die Mehrheit der B-Aktien erwarb, konnte er bestenfalls darauf hoffen, einen einzigen Sitz im Vorstand zu erhalten. Sie kontrollierte immer noch alle A-Aktien.

Buffett bekam Katharine Graham herum

Graham willigte ein, Buffett zu treffen. Es dauerte nicht lange, bis seine Intelligenz, sein Anstand und sein Humor sie überzeugten. Bei einem zweiten Treffen im Herbst stellte Buffett klar, dass eine Übernahme nicht infrage kam. Er verzauberte sie und sie wurden Freunde fürs Leben.

Berkshire Hathaway kaufte 467.150 Washington-Post-B-Aktien für 10,6 Millionen Dollar. Die Aktien wurden kurz darauf auf 934.300 Aktien gesplittet. Im Jahr 1979 wurden sie erneut gesplittet und auf 1.868.000 Aktien erhöht, anschließend durch Rückkäufe leicht reduziert. Insgesamt befanden sich im Jahr 1973 4,8 Millionen Aktien (A und B) im Umlauf.

Um Graham zu beruhigen, erklärte sich Buffett schriftlich bereit, ohne ihre Zustimmung keine weiteren Anteile zu erwerben. Man beachte seine Bereitschaft, sich in ein Unternehmen einzukaufen, obwohl er nur wenig Stimmrecht hatte. Wenn er den Schlüsselpersonen vertraute, machte er sich keine Sorgen mehr um die Kontrolle. Später arrangierte Buffett, dass Grahams Sohn Don als BHs Bevollmächtigter für seine Anteile an WP stimmte – er hielt Don für sehr klug und vertrauenswürdig.

WAS GESCHAH NACH DEM KAUF?

Prompt wurde das Unternehmen, das Buffett für 400 bis 500 Millionen Dollar wert hielt, Zeuge der schlechten Laune von Mr. Market. Der Marktwert dieses niedrig verschuldeten, qualitativ hochwertigen „Franchise"-Unternehmens *fiel* von rund 100 Millionen Dollar auf nur noch 80 Millionen Dollar – ein Fünftel seines geschätzten inneren Wertes. Ein lähmender Streik war nicht gerade hilfreich, zusätzlich zu den Auswirkungen der Watergate-Affäre und der drohenden Gefahr für den Fortbestand der TV-Lizenzen. Während des Streiks arbeiteten Graham und Buffett Seite an Seite, wickelten Zeitungsbündel ein und klebten Etiketten von Hand auf, oft bis 3 Uhr morgens. Sie gingen schmutzig und erschöpft nach Hause.

Schließlich wurde alles geklärt, der Streik wurde beigelegt und die Regierung Nixon stürzte. Aber erst drei Jahre nach dem Kauf kletterten die Anteile von Berkshire Hathaway an der Washington Post Company wieder auf das Niveau, auf dem Buffett sie gekauft hatte.

Graham verlies sich sehr auf ihren neuen Freund aus Omaha, von dem sie schnell erkannte, dass er viel Weisheit in Sachen Wirtschaft und Investitionen mitbrachte. Buffett war mehr als bereit, sie an seinem Erfahrungsschatz und seiner Rationalität teilhaben zu lassen. Er stärkte auch ihr Selbstvertrauen, indem er ihr erklärte, wie klug sie sei, was er auch wirklich glaubte. Die Beziehung war so eng, dass sie Buffett sogar bat, ihr beim Verfassen von Reden vor Gruppen wie den Fachleuten der Wall Street zu helfen. Buffett gab Graham auch Unterricht in Buchhaltung.

Einmal mehr werden wir Zeugen, dass Buffett die Schlüsselperson für eines seiner Unternehmen klar identifiziert und diese Person dann als Freund und Führungskraft fördert. Er stellte Grahams operative Entscheidungen nicht infrage, sondern unterstützte sie mit Ratschlägen, wenn er darum gebeten wurde, lobte gute Arbeit und hatte ein offenes Ohr, wenn schwierige Entscheidungen getroffen werden mussten.

In diesem Fall hatte Buffett als Aktionär keine wirkliche Macht, aber er hatte Einfluss, weil Graham ihm als Vertrautem und gewieftem Geschäftsmann vertraute. Als sein Einfluss wuchs, wandelte sich sein Status: Er gewann an Macht hinzu, nachdem er im Herbst 1974 in den Vorstand berufen wurde, eine Position, die er sehr genoss. Die Erinnerung daran, dass er als Zeitungsausträger angefangen hatte und nun eine Führungsrolle innehatte, versüßte ihm das Ganze noch mehr. Er war fasziniert vom Journalismus und ging sogar so weit, zu sagen, dass er wahrscheinlich Journalist geworden wäre, wenn er nicht eine Karriere im Investmentbereich eingeschlagen hätte.

Als einer ihrer besten Freunde übernachtete Buffett einmal im Monat vor den Vorstandssitzungen in Grahams Haus und wurde so zu einer vertrauten Person für ihre vier Kinder, die ihn wie einen Onkel behandelten.

Buffett trat 1986 aus dem Vorstand von WP zurück, weil er einen Direktorenposten bei Capital Cities anstrebte, einem sehr erfolgreichen Medienkonzern, den Berkshire gekauft hatte. Die Medienaufsichtsbehörde gestattete es nicht, dass eine Person Direktor in zwei Unternehmen ist, von denen das eine Fernsehsender und das andere Kabelfernsehsender betreibt. Buffett dachte sich, dass er seinen Einfluss bei der Washington Post Company behalten könnte, ohne im Vorstand zu sitzen. Als Capital Cities 1996 an Disney verkauft wurde, kehrte Buffett in den WP-Vorstand zurück.

SICH AN SEIDENE GELDBÖRSEN HALTEN

1987 wurden fast alle Aktien des Berkshire-Portfolios verkauft, mit Ausnahme von dreien. Eine dieser drei Aktien war die Washington Post Company. In seinem Brief an die Aktionäre aus dem Jahr 1987 erläuterte Buffett, warum er an diesen drei Unternehmen festhielt, selbst als der Markt die Aktienkurse auf ein teures Niveau trieb: „Wir betrachten diese Investitionen genauso wie unsere erfolgreichen, von uns kontrollierten Unternehmen als einen dauerhaften Teil von Berkshire und nicht als Ware, die veräußert wird, sobald der Markt uns einen ausreichend hohen Preis bietet." Er erklärte, dieser Ansatz passe zu den Persönlichkeiten von Charlie Munger und ihm selbst und dazu, wie sie ihr Leben führen wollten. Er wolle mit Menschen zusammenarbeiten, die er sehr mochte und bewunderte, auch wenn das bedeutete, dass er auf finanzielle Erträge verzichten musste.

Bei den drei Unternehmen handelte es sich um Capital Cities/ABC, Inc, in das etwas mehr als 0,5 Milliarden Dollar investiert worden waren (1987 war es eine Milliarde Dollar wert), GEICO, das 45,7 Millionen Dollar gekostet hatte, 1987 aber 757 Millionen Dollar wert war, und Washington Post, 1987 323 Millionen Dollar wert.

Die Logik war die gleiche, ob man nun ein Unternehmen kaufte, das man vollständig kontrollieren konnte, oder eine Minderheitsbeteiligung an einem börsengehandelten Unternehmen: „In jedem Fall versuchen wir, uns in Unternehmen mit vielversprechender langfristiger Wirtschaftlichkeit einzukaufen. Unser Ziel ist es, ein hervorragendes Unternehmen zu einem vernünftigen Preis zu finden, kein mittelmäßiges Unternehmen zu einem Schnäppchenpreis. Charlie und ich haben festgestellt, dass die Herstellung von Geldbörsen aus Seide das Beste ist, was wir tun können; mit Schweinsohren scheitern wir."[110]

DER BEITRAG DER WASHINGTON POST ZU BERKSHIRE HATHAWAY

Aus einer Investition von 10,6 Millionen Dollar wurde bis 2005 ein Marktwert von über 1.300 Millionen Dollar, ohne Berücksichtigung der erhaltenen Dividenden. Man beachte jedoch, wie geduldig Buffett mit Mr. Market sein musste: Erst 1981 bewertete der Markt das Unternehmen mit den 400 bis 500 Millionen Dollar, auf die Buffett 1973 das Unternehmen gesetzt hatte. Abbildung 21.2 zeigt die Gewinne, die BH im Zeitraum von 1973 bis 2008 mit der *Post* erzielte.

Abbildung 21.2: Die Gewinne der Washington Post Company für BH

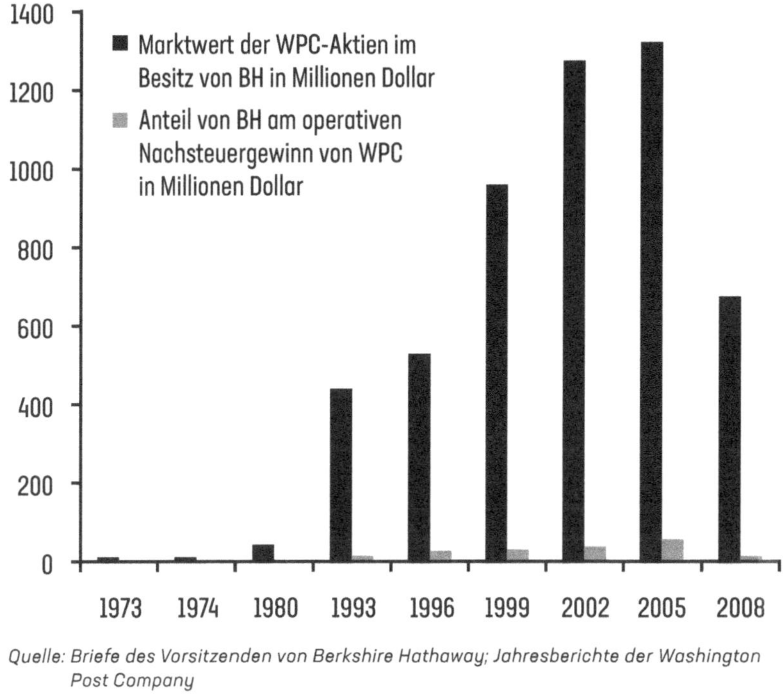

Quelle: Briefe des Vorsitzenden von Berkshire Hathaway; Jahresberichte der Washington Post Company

Wie wir alle wissen, haben die Zeitungen in den letzten zehn Jahren eine schwere Zeit durchgemacht, und so ist der Aktienkurs von WP in diesem Zeitraum gesunken. Selbst wenn man den jüngsten Abschwung berücksichtigt, hat diese Investition ein Vielfaches des von Buffett investierten Betrags eingebracht. So entsprach die jährliche Dividende zur Jahrtausendwende dem Betrag, den Berkshire für jede Aktie gezahlt hatte. Und noch heute profitiert Berkshire Hathaway von den Einnahmen der Fernsehsender. Abbildung 21.3 zeigt den Aktienkurs der Washington Post Company (jetzt Graham Holdings Company, GHC) von 1990 bis 2016. Berkshire Hathaway bezahlte etwa fünf Dollar pro Aktie (unter Berücksichtigung von Aktiensplits).

BUFFETTS MANAGEMENTTHEMEN BEI DER WASHINGTON POST COMPANY

Als Direktor der Washington Post Company konnte Buffett seine Erkenntnisse über gute Managementpraktiken weitergeben. Hier betrachten wir einige seiner Beiträge zur Gestaltung des Unternehmens.

Aktienrückkäufe

Eine Sache, auf die Buffett drängte, waren Aktienrückkäufe. Er überzeugte den Vorstand davon, dass es für ein Unternehmen sehr sinnvoll ist, seine eigenen Aktien am Markt zu kaufen, wenn der Kurs niedrig genug ist. Auf diese Weise kann der Gewinn pro Aktie steigen, was den Wert jeder verbleibenden Aktie erhöht: Die abgezinsten künftigen Jahresgewinne des Eigentümers werden auf weniger Aktien aufgeteilt, was den Barwert erhöht.

Dies ist möglich, wenn die Aktien unter dem konservativ berechneten inneren Wert verkauft werden. Dem Unternehmen müssen die Mittel, die sonst nicht für Investitionen innerhalb des Unternehmens in wertschöpfende Projekte benötigt werden, entweder in bar oder durch kluge Kreditaufnahme zur Verfügung stehen.

Im Laufe der Jahre wurde etwa die Hälfte der Aktien der Washington Post zurückgekauft. Infolgedessen stieg der Anteil von Berkshire Hathaway von zehn Prozent im Jahr 1973 auf über 18 Prozent im Jahr 1999, ohne dass das Unternehmen weitere Aktien kaufte.

Abbildung 21.3: Aktienkurs von Graham Company Holdings (1990-2016)

Quelle: Yahoo Finance

Übernahmen und Neugründungen

Buffett hielt den Vorstand auch davon ab, in Bieterkriegen um heiße Medienwerte hohe Preise zu zahlen – es war einfach nicht notwendig, mit anderen zu konkurrieren, wenn deren Begeisterung für Zeitungstitel, Fernseh- oder Kabel-Platzhirsche etwas Fieberhaftes hatte. Es war besser, auf dem Geld zu sitzen.

Dieser „Geiz" und Buffetts Einfluss auf Katharine Graham frustrierten viele der expansiver denkenden leitenden Angestellten und Direktoren. Neue Ideen und Start-ups waren in Buffetts Augen jedoch nicht das, was die Washington Post Company ausmachte. Er sah das Unternehmen als risikoarmen Erzeuger eines Stroms von Eigentümergewinnen auf der Grundlage solider und beständiger Geschäftsbereiche, nicht als Vehikel für Spekulationen mit einer neumodischen Idee, die vielleicht funktionieren könnte ... oder vielleicht auch nicht.

Selbst wenn die Medien und die Tech-Jünger etwas für sehr vielversprechend hielten, zum Beispiel einen 24-Stunden-Nachrichtenkanal, war Buffett vorsichtig, wenn er das Gefühl hatte, dass es außerhalb seines Kompetenzbereichs lag, und noch vorsichtiger, wenn er dachte, dass es außerhalb des Kompetenzbereichs des Managements lag.

Zweifellos wurden Chancen verpasst, aber dennoch waren die Kapitalrenditen der verschiedenen Geschäftsbereiche der Washington Post Company hoch und das bedeutete, dass die Renditen der Aktien ausgezeichnet waren. Diese Renditen konnten erzielt werden, ohne dass man befürchten musste, auf das falsche Pferd zu setzen und mit der Spekulation auf die Zukunft alles zu verlieren.

Buffett legt großen Wert darauf, dass sich die Unternehmen auf die Geschäftsbereiche beschränken, in denen sie einen eindeutigen Wettbewerbsvorteil haben, der ihnen Preissetzungsmacht und hohe Kapitalrenditen verschafft. Überschüssiges Kapital, das ein Unternehmen erwirtschaftet, sollte nur dann für Investitionen in neue Vorhaben zurückbehalten werden, wenn eine hinreichende Sicherheit besteht, dass es auf jeden investierten Dollar eine zufriedenstellende Rendite erwirtschaften kann; der Rest sollte an die Aktionäre fließen, um ihn anderweitig zu investieren. Größenwachstum, gemessen an Umsatz, Marktkapitalisierung oder Gewinn, ist nicht das Ziel, sondern eine hohe Kapitalrendite.

Diese Einstellung führte dazu, dass die Washington Post Company in den nächsten Jahrzehnten nur wenig von der Form und Struktur abwich, die Buffett vorfand, als er begann, ihre Aktien zu kaufen. Es wurden zwar einige Ideen ausprobiert, zum Beispiel ein Sportmagazin, aber all das fiel im Vergleich zu den ursprünglichen Kernaktivitäten der *Washington Post, Newsweek* und der Sammlung von Fernsehsendern, die weiterhin den Großteil der Gewinne ausmachten, nicht ins Gewicht.

UNUMGÄNGLICH

Buffett bezeichnete die *Washington Post* als „unumgänglich". Das ist eine Eigenschaft der besten Unternehmen, die man besitzen kann (allerdings nur, wenn man sie zum richtigen Preis kaufen kann), weil sie ihre Branchen oder Segmente ihrer Branchen dominieren. Noch wichtiger ist, dass man davon ausgehen kann, dass sie aufgrund ihrer außerordentlichen Wettbewerbsstärke auch in Jahrzehnten noch dominieren werden.

Eine Möglichkeit, sich darüber klar zu werden, ob ein Unternehmen, das man unter die Lupe nimmt, unumgänglich ist, besteht darin, sich vorzustellen, zehn Jahre lang auf einer einsamen Insel zu leben; wird dieses Unternehmen seine Branche immer noch beherrschen, wenn man zurückkommt? Kellogg's wird wahrscheinlich auch in zehn Jahren noch ein dominanter Akteur bei Cerealien sein, Coca-Cola bei Getränken, Gillette bei Rasierern und Cadbury bei Schokolade. Ihre Macht beruht auf dem, was in den Köpfen der Verbraucher verankert ist, und diese Zuneigung kann Generationen überdauern.

Doch werden Apple bei Smartphones, BMW bei Autos und Walmart im Einzelhandel dominant sein? Die Wahrscheinlichkeit, dass diese Marken weiterhin stark bleiben, ist relativ hoch, aber nicht hoch genug, um sie als unumgänglich zu betrachten, denn es gibt zu viele Möglichkeiten für die Verbraucher, auf Alternativen auszuweichen.

Der Smartphone-Markt ist anfällig für weitere Disruption. Auf dem Markt für Premiumautos gibt es viele Anbieter, unter denen die Käufer wählen können, und BMW muss sich Jahr für Jahr aufs Neue beweisen. Walmart schließlich wird von Amazon angegriffen, ganz zu schweigen von anderen traditionellen Einzelhändlern.

DONALD GRAHAM: DIE ZWEITE SCHLÜSSELPERSON

Katharines Sohn Donald, Harvard-Absolvent, Vietnam-Veteran und ehemaliger Polizist, trat erst 1971 im Alter von 26 Jahren als einfacher Reporter in das Familienunternehmen ein. Er arbeitete sich hoch und wurde zunächst stellvertretender Geschäftsführer, dann Verleger der Zeitung. Die ganze Zeit über behielt seine Mutter ihre Positionen als Vorstandsvorsitzende und CEO bei. Erst 1991 wurde Donald zum CEO der Holdinggesellschaft ernannt, 1993 folgte der Vorsitz. Trotz seines bescheidenen Auftretens und seines sanftmütigen Führungsstils verfügt Don Graham über einen ausgezeichneten Geschäftssinn und ein phänomenales Gedächtnis.

Er bewundert seinen Freund Buffett sehr und wird von dessen Ideen stark beeinflusst. Buffett steht Don immer mit Rat zur Seite, wenn er wichtige Geschäftsentscheidungen treffen muss. Die Themen seines Führungsansatzes sind uns vertraut:

- Konzentration auf langfristige Renditen für die Aktionäre und nicht auf kurzfristige Belange.
- Stetige Kostensenkung und Verzicht auf Kinkerlitzchen (zum Beispiel keine Firmenwagen und billige Industrieteppiche).
- Manager finden, denen man vertraut, und delegieren.
- Eigene leitende Mitarbeiter aufbauen, indem man sie über einen langen Zeitraum fördert und befördert.

- Wenn man Unternehmen kauft, zahle man für Qualität, aber niemals zu viel, und man erwarte, dass man sie sehr langfristig hält.
- Das Unternehmen dazu bringen, seine eigenen Aktien zurückzukaufen, wenn es über überschüssige Barmittel verfügt und die Aktien billig sind.

DER VERLUST DES „FRANCHISE"-STATUS

Auch unumgängliche Unternehmen können irgendwann ihren dominanten Status einbüßen. Die *Washington Post* ist ein typisches Beispiel dafür. Die alternativen Werbemedien des Internets und der 24-Stunden-Nachrichtenkanäle haben die Stärke des Unternehmens spürbar untergraben.

Jahrzehntelang war alles in Ordnung. Nachdem Berkshire Hathaway seine Aktien 14 Jahre lang gehalten hatte, meldete die Washington Post Company 1988 einen erstaunlichen Nettogewinn (nach Steuern) von 269 Millionen Dollar. Man bedenke, dass dieses Unternehmen 14 Jahre zuvor eine Marktkapitalisierung von nur 80 Millionen Dollar hatte. Im Jahr 1998 erreichte der Nettogewinn einen Höchststand von 417 Millionen Dollar.

Doch wie bei Tausenden von Zeitungen auf der ganzen Welt wurde auch dieses hervorragende Geschäftsmodell durch eine bahnbrechende neue Technologie zerstört. Die Zeitungs- und Zeitschriftenverlagssparten der Washington Post Company wurden unrentabel. Zunächst ging es nur langsam bergab, aber im 21. Jahrhundert sanken die Einnahmen der Zeitungen und es wurden trotz aller Bemühungen, Kosten einzusparen, Verluste gemacht.

Im Jahr 2010 wurde *Newsweek* für einen Dollar verkauft, wobei der Käufer, Sidney Harman, die Renten- und sonstigen Verbindlichkeiten übernahm. Im Jahr 2013 kaufte Jeff Bezos, der Gründer von Amazon, die Zeitung *Washington Post*. Die Familie Graham war zu dem Schluss gekommen, dass die Zeitung unter ihrer Kontrolle zwar überleben würde, dass sie aber mit Bezos' technischem und marketingtechnischem Know-how viel besser dastehen würde. Bezos bezahlte 250 Millionen Dollar für die Zeitung und versprach, die Tradition des unabhängigen Journalismus fortzuführen.

Was war noch übrig?

Der überwiegende Teil des Unternehmenswerts blieb nach dem Verkauf von *Newsweek* und der *Washington Post* erhalten. Die Zeitung und *Newsweek* waren lange Zeit unbedeutende Ertragsbringer und Erzeuger von Shareholder Value gewesen. Unter der kontinuierlichen Führung von Don Graham besaß die Washington Post Company Kabelfernsehsysteme, Fernsehsender, Online-Unternehmen, Druckereien und lokale Fernsehnachrichtensender. Das bedeutendste Unternehmen war jedoch das Bildungs- und Schulungsunternehmen Kaplan. Es war 1984 für 40 Millionen Dollar gekauft worden, aber 2007 steuerte Kaplan etwa 50 Prozent der Einnahmen eines Unternehmens bei, das an der Börse inzwischen mit drei Milliarden Dollar bewertet wurde. Es wurde als sinnvoll erachtet, den Namen des Unternehmens nach dem Verkauf der Zeitung zu ändern, und so wurde es als Graham Holdings bekannt.

Buffetts Schachzug

Im März 2014 einigte sich Berkshire Hathaway mit Graham Holdings auf einen Deal, durch den Berkshire schließlich Eigentümer von *WPLG*, einem Fernsehsender in Miami, wurde (Buffett hatte 2011 den Vorstand von WPC verlassen). Im Rahmen des Deals erhielt Berkshire auch Anteile an sich selbst (BH), die Graham Holdings Jahre zuvor gekauft hatte, sowie Bargeld.

Dies geschah im Austausch gegen etwa 1,6 Millionen Graham-Holdings-Aktien der Klasse B, die sich im Besitz von Berkshire Hathaway befanden. Zu diesem Zeitpunkt machten die 1,6 Millionen Aktien etwa 28 Prozent der im Umlauf befindlichen Aktien aus, sodass Graham Holdings effektiv einen Aktienrückkauf durchführte, aber anstatt alles in bar zu bezahlen, übertrug es BH auch eine seiner wertvollen Konzessionen. Auch Berkshire tätigte einen Aktienrückkauf, indem es von Graham Holdings eigene Aktien erhielt. Nach der Transaktion hielt Berkshire noch etwa 127.000 Graham-Holdings-Aktien.

Das gesamte Geschäft legte den Aktien, die Buffett an Graham Holdings zurückverkaufte, einen Wert von etwa 1,1 Milliarden Dollar bei. Berkshire hatte bereits ein Vielfaches der 10,6 Millionen Dollar erhalten, die es vier Jahrzehnte zuvor für die Washington Post Company bezahlt hatte. Nun besaß es den dominierenden Fernsehsender, der den sechzehntgrößten Markt der USA mit 1,66 Millionen Fernsehhaushalten abdeckt. *WPLG* ist eine Tochtergesellschaft von Walt Disneys *ABC*.

BUFFETTS ÜBERLEGUNGEN ZU EINER SEINER GRÖSSTEN INVESTITIONEN – UND EIN SEITENHIEB GEGEN AKADEMIKER UND IHRE GEFOLGSLEUTE

In Buffetts Brief an die Aktionäre von Berkshire Hathaway aus dem Jahr 1985 wies er darauf hin, wie töricht Mr. Market sein kann, wie wichtig starke Marken in der Medienbranche sind und dass er bereit ist, an beliebten Unternehmen festzuhalten, selbst wenn die künftigen Erträge geringer ausfallen sollten als in der Vergangenheit.

Er verwies erneut auf seine Beobachtung, dass Mitte 1973 die Washington Post Company 400 bis 500 Millionen Dollar wert war, aber für 100 Millionen Dollar verkauft wurde. „Unser Vorteil ... war die Einstellung: Wir hatten von Ben Graham gelernt, dass der Schlüssel zu erfolgreichem Investieren der Kauf von Aktien guter Unternehmen ist, wenn die Marktpreise einen großen Abschlag gegenüber den zugrunde liegenden Unternehmenswerten aufweisen."[111]

Andere Analysten konzentrierten sich nicht auf die Analyse des Unternehmens; sie standen „im Bann von Akademikern von angesehenen Business Schools, die eine neumodische Theorie predigten: Der Aktienmarkt sei vollkommen effizient und daher seien Berechnungen des Unternehmenswerts – und sogar dieser Gedanke an sich – bei der Anlagetätigkeit nicht von Bedeutung."[112, 113]

Buffett lobte Katharine Graham für ihre Intelligenz und ihren Mut, sowohl das Unternehmen aufzubauen als auch große Mengen an Aktien zu den 1974 angebotenen Schnäppchenpreisen zurückzukaufen – 25 Prozent unter dem, was Berkshire bezahlt hatte.

Allmählich, ganz allmählich erkannten andere Investoren, dass dieses Geschäft außergewöhnlich lukrativ war, und der Aktienkurs stieg: „So genossen wir einen dreifachen Erfolg: Der Unternehmenswert stieg, der Unternehmenswert pro Aktie stieg aufgrund der Aktienrückkäufe deutlich schneller und durch die Verringerung des Abschlags übertraf der Aktienkurs den Anstieg des Unternehmenswerts pro Aktie."

DIE UMSCHLAGRATE EINES PORTFOLIOS

Wie wir gesehen haben, hielt Buffett seine Beteiligung an der Washington Post Company viele Jahre lang. In seinem Brief an die Berkshire-Aktionäre aus dem Jahr 1986 wies er auf die Vorzüge einer längeren Haltedauer von mehreren Jahren oder sogar Jahrzehnten hin. Er argumentierte, dass eine solche Haltung die folgenden Vorteile hat:

- Ein Bollwerk gegen die aktuelle Wall-Street-Mode, die einen dazu drängt, Aktien abzustoßen.
- Mentale Stärke bei vorübergehenden operativen Problemen, Vermeidung irrationaler Ängste und Festhalten an der langfristigen Perspektive.

- Immunisierung gegen eine zu starke Verliebtheit in ein neues Geschäftsmodell, etwa Computer und Software im Jahr 1986, dann Dotcoms und heute soziale Medien.
- Zeit, ein echter Investor zu sein, also das zugrunde liegende Geschäft zu analysieren. Hektische Händler können dies nicht leisten.
- Ein stabiles und vertrauensvolles Umfeld für operative Manager, die ihre Unternehmen so ausrichten können, dass sie langfristig Werte schaffen, weil sie wissen, dass ein an ihnen interessierter und sie unterstützender Großaktionär nicht einfach aussteigen wird. Die psychologische Wirkung sollte nicht unterschätzt werden; die Folgen sind Loyalität, langfristige Ausrichtung, sachkundige wechselseitige Interaktion und Ehrlichkeit.

In dem Brief schrieb Buffett:

> „Wir sollten anmerken, dass wir davon ausgehen, unsere drei Hauptbeteiligungen Capital Cities/ABC, Inc., GEICO Corporation und The Washington Post dauerhaft zu halten. Selbst wenn diese Wertpapiere deutlich überbewertet wirken sollten, werden wir sie nicht verkaufen, so wie wir auch See's oder die Buffalo Evening News nicht verkaufen würden, wenn uns jemand einen Preis bieten würde, der weit über dem liegt, was diese Unternehmen unserer Meinung nach wert sind.
> … wir werden an unserem Motto ‚bis dass der Tod uns scheidet' festhalten. Es ist das einzige, mit dem Charlie und ich uns wohlfühlen, es bringt anständige Ergebnisse und es ermöglicht es unseren Managern und den Managern unserer Beteiligungsunternehmen, ihre Geschäfte ungestört zu führen."[114]

LEKTIONEN

1. **Achten Sie bei der Schätzung des inneren Wertes nicht nur auf vorübergehende Probleme, sondern auch auf die übergeordneten Qualitäten des Unternehmens.**
2. **Lassen Sie sich nicht entmutigen, wenn die Aktie nach dem Kauf fällt.** Der innere Wert wird wahrscheinlich gleich bleiben – und vielleicht ist er sogar gestiegen!
3. **Bleiben Sie dabei, wenn hohe Renditen auf das eingesetzte Kapital zu erwarten sind.** Verkaufen Sie nicht zu früh, nur weil Sie einen Buchgewinn erzielt haben.
4. **Aktienrückkäufe sind gut für die Aktionäre, wenn der Preis niedrig genug ist.** Der Gewinn pro Aktie kann steigen, was den Wert jeder verbleibenden Aktie erhöht.
5. **Zahlen Sie keine hohen Preise in Bieterkriegen um heiße Unternehmen.** Wenn alle anderen begeistert sind, müssen Sie es nicht sein.
6. **Unumgängliche Unternehmen sind die beste Art von Unternehmen, die man besitzen kann** (wenn man sie zum richtigen Preis kauft), weil sie ihre Branchen oder Segmente ihrer Branchen dominieren und aufgrund ihrer außergewöhnlichen Wettbewerbsstärke wahrscheinlich auch noch Jahre später dominieren werden.
7. **Qualitativ hochwertige Burggraben-Unternehmen können untergehen** (zum Beispiel Zeitungen). Seien Sie also darauf vorbereitet, Kapital in neue Bereiche mit weiterhin starken Marken umzuschichten (zum Beispiel im Fall der Washington Post Fernsehsender oder Bildung).
8. **Schichten Sie Ihr Portfolio nicht ständig um.** Hohe Umschlagraten bei den Portfoliobestandteilen werden Ihren Broker und das Finanzamt freuen, aber Ihrem Vermögen schaden.

Investition 22

WESCO FINANCIAL

Eckpunkte des Geschäfts

Geschäft	**Wesco Financial**
Zeitpunkt	1974 bis heute
Gezahlter Preis	circa 17 Dollar pro Aktie
Menge	anfangs 64 Prozent der Aktien des Unternehmens für rund 30 Millionen Dollar
Verkaufspreis	wird immer noch gehalten
Gewinn	über 2 Milliarden Dollar

Die Geschichte von Wesco Financial ist nicht so sehr wegen des späteren Erfolgs des ursprünglichen Unternehmens interessant, sondern wegen der klugen Dinge, die Buffett und Munger in den 30 Jahren nach dem Kauf des Unternehmens mit den Ressourcen des Unternehmens angestellt haben. Anstatt den größten Teil des Geldes einer Spar- und Bausparkasse zu überlassen, die Hypotheken vergibt, folgten sie dem von Berkshire Hathaway eingeschlagenen Weg, indem sie andere bedeutende Unternehmen, zum Beispiel im Versicherungsbereich, kauften und aufbauten und in ein Portfolio aus Aktien,

Anleihen und Vorzugsaktien investierten, das von RJ Reynolds bis Wells Fargo reichte.

In der Tat bezeichneten viele Buffett-Anhänger Wesco als Mini-Berkshire, da es eine Mischung aus vollständig in seinem Besitz befindlichen Geschäftsbereichen – insbesondere Versicherungen – und handelbaren Wertpapieren umfasste, von denen viele sowohl in den Portfolios von Berkshire als auch von Wesco enthalten waren. Ein großer Anreiz für Kleinanleger, die im Kielwasser von Buffett und Munger segeln wollten, bestand darin, dass Wesco-Aktien für ein paar Hundert Dollar pro Stück zu haben waren, während Berkshire-Aktien in die Zehntausende gingen. Es war ein günstigerer Einstieg.

Ein Bonus war, dass die Wesco-Aktionäre zur Jahreshauptversammlung eingeladen wurden, die von Charlie Munger geleitet wurde. Die Teilnehmer verließen die Versammlungen, die in der Cafeteria von Wesco im kalifornischen Pasadena stattfanden, garantiert mit inspirierenden Perlen der Weisheit.

DAS UNTERNEHMEN

Wesco Financial war die Holdinggesellschaft für die Mutual Savings and Loans Association of Pasadena. Diese wurde in den 1920er-Jahren von Rudolph W. Caspers gegründet. Das Unternehmen profitierte vom Bauboom nach dem Zweiten Weltkrieg und brachte seine Aktien 1959 an die American Stock Exchange.

Von da an bis 1972 galt das Unternehmen zwar als gut geführt, mit einer peniblen Kostenkontrolle und anständigen Gewinnen, aber es wurde als schläfrig und nicht für ein schnelles Wachstum bestimmt angesehen. Die Aktien des Unternehmens sanken in den Bereich knapp über zehn Dollar.

Zu diesem Zeitpunkt waren die Hauptanteilseigner verschiedene Nachkommen von Rudolph W. Casper, aber selbst gemeinsam hielten sie nicht die Mehrheit. Diese Gruppe wurde von Elizabeth „Betty“

Caspers Peters angeführt. Sie gehörte dem Vorstand an, aber ansonsten kümmerte sich die 47-Jährige um ihre schulpflichtigen Kinder und ihr Ackerland im fruchtbaren Napa Valley. Heute ist sie immer noch im Vorstand, inzwischen 90-jährig. Eine weitere Schlüsselperson in dieser Geschichte, Louis R. Vincenti, kam 1955 zu Wesco. Er arbeitete sich schnell nach oben und wurde 1961 Präsident.

MUNGER UND BUFFETT BEGANNEN SICH ZU INTERESSIEREN

Buffett hatte sich schon seit einiger Zeit sehr für Sparkassen interessiert. Er hatte Hunderte von Berichten und Abschlüssen solcher Unternehmen gelesen. Im Sommer 1972 hatte Wesco Financial eine Marktkapitalisierung von weniger als 30 Millionen Dollar, was etwa der Hälfte des Reinvermögens entsprach. Buffett und Munger beauftragten Blue Chip Stamps, acht Prozent der Aktien für etwa zwei Millionen Dollar zu kaufen.

In der zweiten Hälfte des Jahres 1972 ermutigte Betty Caspers Peters den Vorstand, dynamischer zu werden und das Unternehmen zu vergrößern. Die anderen Direktoren lehnten ihren Rat ab, durchaus auf herablassende Weise. In ihrer Frustration zeigte sie sich offen für die Idee, das Unternehmen mit einem anderen zu fusionieren, das über mehr Führungsstärke verfügte. Die Financial Corporation of Santa Barbara schien dafür geeignet zu sein, da sie die Eröffnung von Filialen vorantriebund generell das tat, was Betty bei Wesco für richtig hielt, nämlich Schritte zu unternehmen, um größer zu werden.

EIN SCHLECHTES ANGEBOT

Im Januar 1973 kündigte Wesco an, dass es mit Santa Barbara Savings and Loan fusionieren wolle. Elizabeth Caspers Peters war sich bewusst, dass das Angebot nicht gerade großartig war, aber sie war der Meinung, dass etwas getan werden musste.

Die zu acht Prozent beteiligten Aktionäre in der kalifornischen Zentrale von Blue Chip und in Omaha waren verärgert darüber, dass die Wesco-Führungskräfte so viel verschenkten, indem sie zu viele Wesco-Aktien für Santa-Barbara-Aktien anboten. Es wurde ein Plan ausgeheckt, um die Fusion zu verhindern.

DIE ÜBERNAHME VON WESCO FINANCIAL DURCH WARREN BUFFETT

Buffett und Munger schlugen eine zweigleisige Strategie vor. Zunächst musste Blue Chip seine Stimmrechte erhöhen. Es kaufte Aktien nach und zahlte dafür bis zu 17 Dollar, bis es 17 Prozent waren (die Aufsichtsbehörden verhinderten einen nicht genehmigten Anteilsbesitz von mehr als 20 Prozent an S&L-Unternehmen).

Zweitens mussten sie die Mitglieder des Vorstands davon überzeugen, dass diese Fusion nicht im besten Interesse der Aktionäre war. Munger bat um ein Treffen mit dem Wesco-CEO Louis Vincenti, wurde aber höflich darauf hingewiesen, dass das Geschäft zustande kommen würde, wenn die Aktionäre auf Empfehlung des Vorstands zustimmen würden. Der abgewiesene Munger wandte sich daraufhin an Betty Caspers Peters. Zunächst sprach Don Koeppel, der Präsident von Blue Chip, mit Peters, aber er wurde hinauskomplimentiert. Dann rief Buffett an. Glücklicherweise hatte sie gerade das Buch „Supermoney“[115] über Buffett und seine auf Graham basierende Philosophie gelesen, in dem er als klarer Denker und mit großer Geschäftsweisheit ausgestattet beschrieben wird. Entsprechend beeindruckt erklärte sich Peters zu einem Treffen mit Buffett nur 24 Stunden später bereit.

Sie trafen sich in einer Lounge am Flughafen von San Francisco und verstanden sich auf Anhieb, aber Peters machte deutlich, dass sie bei

Wesco etwas bewegen wollte. Buffett fragte, ob er anstelle der Fusion einen Versuch wagen dürfe. Er war davon überzeugt, dass er mehr Wert für die Aktionäre schaffen könnte.

Was aber, wenn Buffett Invalide würde oder von einem Bus überfahren und getötet würde? Was wäre dann mit ihren Aktien und denen ihres Bruders? Nun, sagte Buffett, Charlie Munger wäre eine gute Person, um das Unternehmen zu übernehmen. Schließlich vertraute Buffett so sehr auf Mungers Intelligenz und Integrität, dass er ihm bereits die Leitung von Berkshire Hathaway und den Aktienbesitz seiner Familie übertragen hatte, falls Buffett dazu nicht mehr in der Lage sein sollte. Nach drei Stunden war man sich einig, dass sich Peters beim Vorstand für ein Ende der Fusionspläne einsetzen würde.

Nach einem zweiten Treffen, dieses Mal sowohl mit Munger als auch mit Buffett, war Peters bereit, den Vorstand zu drängen, ein Treffen mit den beiden zu arrangieren. Als sie dies versuchte, stieß sie auf die Entschlossenheit, die Fusion voranzutreiben, anstatt weiter darüber zu diskutieren. Verärgert bat sie ihre Familie, gegen die Fusion zu stimmen.

Buffett und Munger legen los

Der Fusionsplan wurde durch eine Aktionärsabstimmung verworfen und die Direktoren waren verärgert. Der Aktienkurs fiel von etwa 17 Dollar auf elf Dollar.

Buffett und Munger schritten schnell zur Tat. Zunächst überwanden sie diverse behördliche Hürden, um mehr als 20 Prozent der Wesco-Aktien kaufen zu können. Dann unterbreiteten sie anderen Aktionären mehrere Kaufangebote und erhöhten den Anteil von Blue Chip auf ein Viertel der Aktien.

Sie boten mehr als den Marktpreis, nämlich 17 Dollar. Vor allem in Anbetracht des allgemeinen Börsenrückgangs war dies ein außergewöhnliches Vorgehen. Sie waren großzügig beim Preis, damit es nicht so aussah, als hätten sie das Scheitern der Fusion nur deshalb herbeigeführt, um im Anschluss daran Aktien zu fallenden Preisen aufkaufen zu können.

Abgesehen vom allgemeinen Anstand und dem Ehrenkodex, nach dem die beiden agierten, mussten Buffett und Munger sich den Respekt, das Vertrauen und das Engagement von Louis Vincenti sichern, den sie bereits als Schlüsselperson bei Wesco identifiziert hatten.

Sie hatten genau die Fusion vereitelt, die er empfohlen hatte; das Mindeste, was sie tun konnten, war, den anderen Aktionären einen Ausstieg zum Preis vor dem Kurseinbruch anzubieten. Auf diese Weise konnte Vincenti sicherstellen, dass die Aktionäre, denen er viele Jahre lang gedient hatte und von denen viele seine Freunde waren, fair behandelt wurden. Buffett und Munger schätzten Vincenti als geradlinig, scharfsinnig, unabhängig und ehrenhaft, wenn auch verschroben ein, und sie wollten ihn als langfristigen *Partner*. Da ist es wieder, das Konzept der Partnerschaft, das Eigenschaften wie Vertrauen, Respekt, Integrität und gegenseitige Bereicherung einschließt.

Im ersten Halbjahr 1974 kaufte Blue Chip so viele Aktien, dass es die Mehrheit der Anteile für sich beanspruchen konnte. Betty Caspers Peters blieb Minderheitsaktionärin, eine Entscheidung, die sie später als eine der glücklichsten betrachtete, die sie je getroffen hatte, als Wesco sich wandelte.

DER ANFÄNGLICHE KAMPF MIT WESCO

Buffett und Munger traten 1974 in den Vorstand von Wesco ein, während Blue Chip weiterhin Aktien kaufte – Ende 1974 hielt es 64 Prozent an Wesco. Erst 1977 hielt es 80 Prozent, die mit Betty Caspers Peters vereinbarte Grenze.

Wesco lieferte eine gute Performance. So beliefen sich beispielsweise die 80 Prozent der Gewinne nach Steuern, die Blue Chip zuzurechnen waren, 1977 auf 5,715 Millionen Dollar, was eine ziemlich gute Rendite für den gezahlten Betrag von 30 bis 40 Millionen Dollar darstellte.[116]

Interessanterweise war es nicht nur die verbesserte Performance im Sparkassengeschäft, die das Ergebnis in die Höhe trieb, sondern auch die Kapitalgewinne, die sich aus einer starken Bilanz ergaben, die „beträchtliche Vermögenswerte außerhalb der Tochtergesellschaft Savings and Loan Association auswies, die für anderweitige Engagements zur Verfügung standen."[117] Im folgenden Jahr, 1978, wuchsen die 80 Prozent des Nettogewinns von Wesco, die Blue Chip zuzurechnen waren, sprunghaft auf 7.417.000 Dollar an. Es war ein sehr gutes Jahr für Sparkassen, aber das sollte nicht so bleiben.

Es sei darauf hingewiesen, dass Berkshire Hathaway nicht in vollem Umfang von den Gewinnen von Wesco in Höhe von 7,417 Millionen Dollar profitierte, da BH zu diesem Zeitpunkt nur 58 Prozent von Blue Chip hielt, das wiederum 80 Prozent der Wesco Financial Corporation besaß. Somit betrug Berkshires Anteil an den Gewinnen von Wesco etwa 46 Prozent. Erst 1983 besaß Berkshire Hathaway 100 Prozent von Blue Chip Stamps.

Ein stahlharter Schritt

Wir haben bereits gesehen, dass ein Teil der im Unternehmen gehaltenen Mittel für Investitionen in Wertpapiere verwendet wurde, aber bis Februar 1979 hatte Wesco nur eine einzige operative Sparte. Dann kam ein Stahlservice-Unternehmen im Mittleren Westen mit Namen Precision Steel Warehouse Inc. in den Außenbezirken von Chicago hinzu, das für rund 15 Millionen Dollar erworben wurde. Precision Steel verkaufte nicht nur Metallteile, sondern fertigte und vertrieb auch Zubehör für den Werkzeugbau und andere Produkte, die unter eigenen Markennamen verkauft wurden.

Precision Steel meldete für 1978 einen Gewinn nach Steuern von 1.918.000 Dollar, sodass der Preis von nur 15 Millionen Dollar ziemlich gut erschien. Stahlanbieter sind jedoch auf hart umkämpften Märkten tätig und unterliegen mehr als die meisten anderen dem Auf und Ab der Konjunktur. In den nächsten Jahren sanken die Gewinne. Zunächst war der Rückgang gering, doch im letzten Quartal 1981 begann eine schwere Rezession in der Stahlindustrie und die Gewinne brachen ein. Im Jahr 1982 wurden nur noch 0,3 Millionen Dollar nach Steuern erwirtschaftet. Der rezessionsbedingte Rückgang wurde durch etwas verschlimmert, das Munger und Koeppel in ihrem Blue-Chip-Brief von 1982 als „unternehmerischen Fehler" bezeichneten. Sie sagten, sie hätten nie in das Geschäft mit kleinen Messwerkzeugen einsteigen sollen. Die entsprechende Tochtergesellschaft von Precision Steel wurde 1982 „zu erheblichen Kosten" geschlossen. Offen gesagt war dies ein wenig verheißungsvoller Start für ein Mini-Konglomerat.

Doch es überstand die Stürme und Precision Steel gehört heute immer noch zu Wesco. Das Unternehmen litt jedoch viele Jahre lang unter Durststrecken und hatte nur wenige gute Jahre. Ende der 1990er gab es beispielsweise eine Reihe von Jahren, in denen die Gewinne nach Steuern schwindelerregende Höhen von über drei Millionen Dollar erreichten. Darauf folgte eine vierjährige Periode, in der das Unternehmen ungefähr den Break-even erreichte. Alles in allem müssen wir die Investition in Precision Steel als eine der am wenigsten rentablen Kapitalverwendungen unter dem Kommando von Buffett und Munger verbuchen.

Die Sparkassen-Katastrophe

In den frühen 1980er-Jahren verfügte Wesco also über ein angeschlagenes Stahlgeschäft und das ursprüngliche Sparkassengeschäft sowie ein Wertpapierportfolio. Doch das Sparkassengeschäft begann Buffett und Munger vor Management-Herausforderungen zu stellen. Bereits im Frühjahr 1980 warnten die Chefs von Blue Chip und damit auch von Wesco – Charlie Munger und Donald Koeppel – vor den schlechten Aussichten für die gesamte Sparkassenbranche. Ein sehr ernstes Problem war entstanden, weil die Sparkassen den Kreditnehmern im Allgemeinen Hypotheken mit festen Zinssätzen anboten, die sich über Jahrzehnte erstreckten. Dieses Geld stammte von Einlegern, denen variable Zinssätze angeboten wurden. Außerdem konnten die Einleger ihr Geld kurzfristig abheben.

Als die Inflation und die allgemeinen Zinsen in den frühen 1980er-Jahren stiegen, waren die Sparkassen gezwungen, immer höhere Zinssätze anzubieten, um Einlagen anzulocken. Sie konnten jedoch die Hypothekenzinsen nicht erhöhen, um dies auszugleichen, da sie sich auf feste Zinssätze eingelassen hatten. So mussten sie den Kreditnehmern am Ende weniger berechnen, als sie den Einlegern zahlten. Viele wurden zahlungsunfähig.

Hier führten die breitere Perspektive von Buffett, Munger und Koeppel bei wirtschaftlichen Fragen und ihre umfassende Kenntnis einer Reihe von Geschäftsbereichen zu einer klugen Positionierung von Wesco – nicht nur, um die Krise zu überleben, sondern auch, um zu florieren. Sie erkannten früh, dass die Gewinne von Mutual Savings einbrechen könnten. Im März 1980 verkauften sie daher alle Mutual-Büros mit Ausnahme des Hauptgebäudes und „einer Filiale, die auf der anderen Straßenseite eröffnet werden sollte", an die Brentwood Savings and Loan Association.

Vor dem Verkauf verfügte Mutual über 480 Millionen Dollar an Einlagen. Etwa 300 Millionen Dollar davon wurden an Brentwood übertragen, zusammen mit ausgleichenden Hypothekendarlehen in gleicher Höhe. Ein kluger Schachzug:

- Verringerung des Sparkassenengagements um fast zwei Drittel zu einem Zeitpunkt, als sich ein Sturm anbahnte
- Kapitalbeschaffung durch Verkauf physischer Niederlassungen
- Senkung der laufenden Kosten für die Betreuung der Kunden bezüglich der verbleibenden Hypotheken in Höhe von etwa 150

Millionen Dollar und der Einlagen in Höhe von etwa 170 Millionen Dollar, da das Zweigstellennetz weggefallen war

- Bewahrung eines Geldtopfs (etwa 104 Millionen Dollar) in Form von Bargeld, Wertpapieren und zinstragenden Einlagen für Wesco. Dies war ein weiteres beträchtliches Vermögen, das Buffett und Munger zusätzlich zu den Konten der Versicherungstöchter von Berkshire und Blue Chip Stamps zugewiesen bekamen.

Bei dem Verkauf des Großteils des Unternehmens wurde klargestellt, dass dadurch keine Aussage darüber getroffen wurde, dass es definitiv zu einem verheerenden Zinsanstieg kommen würde, sondern nur, dass es klug sei, sich für den Fall eines Zinsanstiegs abzusichern. Munger und Koeppel schrieben im März 1980 an die Blue-Chip-Aktionäre Folgendes:

„Wenn in den nächsten Jahren die Inflation und die Zinsen deutlich und mehr oder weniger dauerhaft ansteigen, wird der Verkauf der Filialen die zukünftigen Gesamteinnahmen erheblich verbessern. Mutual Savings hat also Maßnahmen ergriffen, um sich vor den nachteiligen Auswirkungen einer hohen Inflation zu schützen, und nicht, um sich für maximalen Gewinn bei niedriger Inflation zu positionieren. Die Maßnahmen basierten nicht auf der Überzeugung, dass eine hohe Inflation und hohe Zinsen in der Zukunft unvermeidlich wären und nicht einmal dass sie wahrscheinlicher wären. Vielmehr spiegelt die Maßnahme den Wunsch wider, die Sparkasse so umzustrukturieren, dass eine Art ‚Erdbebenrisiko' reduziert wird, und zwar aus Sicherheitsüberlegungen heraus, wie sie dem Ingenieurwesen innewohnen und unserer Meinung nach auch bei Finanzinstituten angebracht sind."

Ich halte ihre Fähigkeit, eine große Sparkassenkrise vorauszuahnen, und ihre Entschlossenheit, Maßnahmen zu ergreifen, um deren Auswirkungen auf Mutual zu begrenzen, für brillant. Sie hatten das Unternehmen für eine blühende Zukunft gerüstet.

DIE TRANSFORMATION BEGINNT

Ein Teil des freigesetzten Geldes wurde in der Kette der Eigentümer weitergereicht. Anfang 1982 war fast so viel Geld von Wesco in Form von Dividenden geflossen, wie Blue Chip für seine 80-prozentige Beteiligung bezahlt hatte. Dies ist in Tabelle 22.1 dargestellt. Dieser Betrag wurde für den Erwerb von Mehrheitsbeteiligungen und nicht beherrschenden Anteilen an einigen Großunternehmen verwendet.

Tabelle 22.1: Der durchschnittliche Eigenkapitalanteil von Blue Chip und sein Anteil an den Bardividenden von Mutual Savings (1975-81)

Jahr	Blue Chips durchschnittlicher Eigenkapitalanteil an Mutual Savings laut der konsolidierten Bilanz von Blue Chip in Millionen Dollar	Blue Chips Anteil an der im betreffenden Jahr von Mutual Savings ausgeschütteten Bardividende in Millionen Dollar	Jährliche Eigenkapitalrendite auf Blue Chips Eigenkapital aus der Dividende von Mutual Savings in Prozent
1975	12,0	1,9	16,1
1976	20,6	3,2	15,7
1977	23,9	3,8	16,1
1978	25,3	5,3	20,9
1979	25,6	6,7	26,3
1980	22,4	9,9	44,0
1981	18,8	1,9	10,2

Quelle: Charles T. Munger und Donald A. Koeppel, Brief des Vorsitzenden und des Präsidenten von Blue Chip Stamps 1981

Mit dem bei Wesco verbliebenen Geld leistete Louis Vincenti großartige Arbeit bei der Führung des Rumpfgeschäfts von Mutual Savings.

Munger und Buffett überschütteten ihn mit Lob. Er erzielte mit der effizienten, kostengünstigen Sparkasse nicht nur gute Renditen, sondern tat auch etwas, was vielen auf ihr Imperium fokussierten Managern fremd ist: Er schrumpfte sein Unternehmen schrittweise. All dies geschah im Interesse einer höheren Rendite für die Aktionäre. Bis zu dem Zeitpunkt, als Vincenti 1983 in den Ruhestand ging, erwirtschaftete Mutual jährliche Gewinne von mehr als drei Millionen Dollar, und das zu einer Zeit, als die meisten anderen Sparkassen Verluste machten.

Das Sparkassengeschäft wurde jedoch allmählich heruntergefahren, da man anderswo bessere Möglichkeiten zur Kapitalverwendung sah. In den späten 1990er-Jahren wurde die Sparkassensparte im Wesco-Brief von Charlie Munger unter der schmachvollen Überschrift „Die letzten Tage der Sparkasse" erwähnt.

Sehr große letzte Tage

Während die ursprüngliche Sparkasse, die Hypothekendarlehen vergab, zu einem Schatten ihrer selbst wurde, gab es einen Teilbereich dieses Geschäfts, der Hunderte Millionen Dollar wert wurde. Mutual hatte 72 Millionen Dollar in 28,8 Millionen Aktien der Federal Home Loan Mortgage Corporation (Freddie Mac) investiert. Diese wurden im Jahr 2000 veräußert, wodurch „der größte Teil der 852,4 Millionen Dollar an Wertpapiergewinnen nach Steuern zustande kam, die Wesco im Jahr 2000 realisiert hat".[118]

Wenn man bedenkt, dass Wesco Mitte der 1970er-Jahre mit weniger als 40 Millionen Dollar bewertet wurde, und wenn die etwa 800 Millionen Dollar, die mit Freddie-Mac-Aktien eingenommen wurden, alles gewesen wären, was das Unternehmen im Jahr 2000 ausmachte, dann hätte man allein mit dieser Rendite zufrieden sein können. Aber zu diesem Zeitpunkt war Wesco bereits viel, viel mehr.

DAS VERSICHERUNGSGESCHÄFT VON WESCO

Die wichtigste Veränderung in der Kapitalallokation von Wesco fand 1985 statt. Es begann mit einem Deai mit Fireman's Fund. Diese ehemalige Tochtergesellschaft von American Express ging 1985 unter der Leitung des Versicherungsveteranen Jack Byrne an die Börse. Byrne hatte sich Buffetts unsterbliche Bewunderung und Dankbarkeit für die Sanierung von GEICO verdient, das am Rande des Konkurses stand, als Berkshire Hathaway in den frühen 1970er-Jahren eine große Beteiligung übernahm (siehe Investition 2).

Buffett schätzte Byrne so sehr, dass er National Indemnity für vier Jahre sieben Prozent des gesamten Versicherungsgeschäfts von Fireman's Fund (mit einigen wenigen Ausnahmen) im Rahmen einer Quotenrückversicherung übertrug. Das bedeutet, dass die Verluste und Kosten von Berkshire Hathaway bei den Versicherungsgesellschaften während der gesamten Vertragslaufzeit proportional zu denen von Fireman's Fund verliefen.

Im Gegenzug überwies der Fireman's Fund die Prämien mehr oder weniger sofort nach ihrem Eingang an National Indemnity. Die Prämieneinnahmen, die durch die Übernahme von sieben Prozent der Risiken generiert wurden, verblieben also bei BH. Dieses Geld kam zu dem Float von BH hinzu und konnte investiert werden. Zu dieser Zeit brachte Fireman's Fund etwa drei Milliarden Dollar pro Jahr ein (mit steigender Tendenz im Laufe der Jahre). Somit flossen etwa sieben Prozent von drei Milliarden Dollar, also 210 Millionen Dollar, an BH. Natürlich floss im Falle von Versicherungsansprüchen Geld in die andere Richtung, aber angesichts der oft langen Zeitspanne zwischen der Zahlung einer Prämie durch den Versicherungsnehmer und der Geltendmachung von Ansprüchen im Schadensfall blieb immer noch ein beträchtlicher Betrag übrig, den Buffett investieren konnte. In seinem Brief von 1985 gab Buffett die Anfangssummen an: „Die Prämienrückstellung des Unternehmens [Fireman's Fund] belief sich zum 1. September 1985 auf 1,324 Milliarden Dollar, wovon es uns bei Vertragsbeginn sieben Prozent, also 92,7 Millionen Dollar, überwies. Gleichzeitig zahlten wir ihm 29,4 Millionen Dollar für die versicherungstechnischen Kosten, die ihm auf die übertragenen Prämien entstanden waren."[119]

Wie fügte sich da Wesco ein?

Während alle Versicherungen von Fireman's Fund von National Indemnity gedeckt wurden, reichte das Unternehmen zwei Siebtel davon an die Wesco-Financial Insurance Company (Wes-FIC) weiter, eine neu gegründete Tochtergesellschaft, die Versicherungen und Rückversicherungen (Versicherung von Versicherungen) abwickelte.

Die Vereinbarung mit Fireman's Fund über die Übernahme der Prämien durch Wesco endete im August 1989, aber der Nutzen für Wesco blieb bestehen. Dutzende Millionen Dollar wurden als Reserve in Wes-FIC belassen, um künftige Ansprüche auf die im Zeitraum 1985 bis 1989 gezahlten Prämien zu decken. Selbst 1997 wurden noch 27,5 Millionen Dollar als Reserve in Wes-FIC einbehalten.

Charlie Munger wusste sehr wohl, welchen Nutzen das in Reserve gehaltene Geld hatte. In seinem Brief an die Wesco-Aktionäre aus dem Jahr 1997 schrieb er: „Es wird lange dauern, bis alle Forderungen beglichen sind, und in der Zwischenzeit wird Wes-FIC über viele Jahre hinweg von den Erträgen aus der Anlage des ‚Floats' unterstützt."

Wes-FIC nahm weiterhin andere Rückversicherungsgeschäfte an, darunter große und kleine Quotenrückversicherungs-Verträge, die dem mit Fireman's Fund Group ähnlich und auch unähnlich waren. Es dauerte nicht lange, bis sich der Hauptsitz von Wes-FIC in Omaha befand, dem Epizentrum der Versicherungsgeschäfte von BH, obwohl es eine Tochtergesellschaft von Wesco blieb. Nach 1994 dehnte Wes-FIC seine Aktivitäten auf eine besondere Art der Rückversicherung aus, die Katastrophenversicherung, auch *Super-Cat* genannt (Erdbeben, Wirbelstürme und so weiter). Dieses Geschäft erforderte ein hohes Eigenkapital im Verhältnis zu den jährlichen Prämieneinnahmen, da es enorme Schäden zu verkraften hatte. Charlie Munger drückte den Grund für sein Engagement in diesem Geschäft wie folgt aus:

> „... Super-Cat-Rückversicherung ist nichts für schwache Nerven. Enorme Schwankungen der jährlichen Ergebnisse und einige für Wes-FIC sehr unangenehme künftige Jahre sind unvermeidlich. Doch gerade wegen dessen, was naturgemäß mit diesen schlechten Aussichten und ihren enormen sowie ärgerlichen negativen Folgen in manchen Jahren einhergehen muss, mag Wes-FIC es so sehr, im Super-Cat-Geschäft tätig zu sein. Käufer (insbesondere kluge Käufer) von Super-Cat-Rückversicherungen wollen oft lieber mit Berkshire-Hathaway-Töchtern (die über die höchstmöglichen Bonitätseinstufungen und eine verlässliche Unternehmenspersönlichkeit verfügen) als mit anderen Rückversicherern Geschäfte machen, die weniger vorsichtig, weniger geradlinig und weniger gut ausgestattet sind ... Daher kann man vernünftigerweise davon ausgehen, dass die vorhandenen Kräfte für gut finanzierte, disziplinierte Entscheidungsträger langfristig akzeptable Ergebnisse hervorbringen, trotz schrecklicher Verluste in manchen Jahren und der in anderen Jahren eingeschränkten Möglichkeiten, Geschäfte abzuschließen ... Wes-FIC hat durch die Vereinbarungen mit ... Berkshire Hathaway einen besonderen Vorteil bei der Geschäftsakquisition, indem es die allgemeine Reputation von Berkshire Hathaway nutzt."[120]

Standard and Poor's war von Wesco derart beeindruckt, dass es dem Unternehmen die höchstmögliche Einstufung für die Zahlungsfähigkeit zuerkannte: AAA. Wesco verfügte zu diesem Zeitpunkt über sehr große Geldbeträge, die in Wertpapieren (wie Freddie Mac) angelegt waren, die aus dem Sparkassengeschäft übrig geblieben waren. Außerdem genoss das Unternehmen durch seine Verbindung mit Berkshire Hathaway einen Reputationsvorteil.

Aufgrund der auf gegenseitigem Vertrauen beruhenden Beziehung zwischen Wesco und BH sowie der außerordentlichen Sachkenntnis der Versicherungsvertreter von BH genehmigte der Vorstand von Wesco die automatische Übernahme von Rückversicherungsrisiken, die von einer oder mehreren hundertprozentigen Tochtergesellschaften von Berkshire Hathaway angeboten wurden. Das Schöne an dieser Vereinbarung war, dass Wes-FIC nur sehr wenig Personal benötigte und daher sehr geringe Kosten hatte – es fielen praktisch keine Kosten für den Versicherungsabschluss oder die Versicherungsverwaltung an.

Leider warf das Super-Cat-Geschäft nur geringe versicherungstechnische Gewinne ab. Tatsächlich wurden alle anfänglichen Gewinne in diesem Bereich durch den Verlust von mindestens zehn Millionen Dollar beim Anschlag auf die Zwillingstürme des World Trade Centers im Jahr 2001 mehr als zunichtegemacht. Aber zumindest konnte Wes-FIC mit dem durch das Super-Cat-Geschäft geschaffenen Float den viel größeren Float aus den bedeutenderen Rückversicherungsgeschäften aufstocken; dieser konzentrierte sich hauptsächlich auf Luftfahrt-, Schiffskasko-, Haftpflicht- und Arbeiterunfallrisiken.

Die Nettoerträge von Wes-FIC in diesen Jahren (in denen diese Erträge von den Zahlen von BH getrennt erfasst wurden) sind in Tabelle 22.2 aufgeführt. Dabei handelt es sich größtenteils um Kapitalerträge und nicht um versicherungstechnische Erträge, da die versicherungstechnischen Verluste von Wes-FIC durch Rückversicherungen in schlechten Jahren tendenziell die versicherungstechnischen Gewinne in guten Jahren ausglichen.

Man beachte, dass zur Erzielung dieser Zins- und Dividendenerträge (Kapitalgewinne aus realisierten Vermögenswerten wie der Freddie-Mac-Investition wurden gesondert verbucht) Hunderte von Millionen Dollar an Schuldverschreibungen, Vorzugs- und Stammaktien erforderlich waren – es ist offensichtlich, dass Wesco in den 1990er-Jahren sehr groß geworden war.

Tabelle 22.2: Nettoerlöse von Wes-FIC (Zinsen und Dividenden aus Wertpapieren plus versicherungstechnischer Gewinn oder Verlust)

Jahr	Millionen Dollar
1996	25,0
1997	27,5
1998	29,5
1999	37,2
2000	38,6
2001	35,9
2002	42,0
2003	40,1
2004	35,7
2005	42,8
2006	55,4
2007	61,3
2008	62,8

DAS MINI-KONGLOMERAT

Im Jahr 1996 stieg Wesco mit dem Kauf von Kansas Bankers Surety (KBS) für rund 80 Millionen Dollar in bar tiefer in das Versicherungsgeschäft ein. Im folgenden Jahr trug KBS sechs Millionen Dollar zum Nettobetriebsergebnis der Versicherungsgeschäfte bei. Das mag für die 80 Millionen Dollar keine große Rendite sein, aber Buffett und Munger waren der Meinung, dass KBS aufgrund seiner guten wirtschaftlichen Lage, seiner ausgezeichneten versicherungstechnischen Ergebnisse und eines hervorragenden Managers bald noch viel mehr beitragen würde.

Das Unternehmen Kansas Bankers Surety

KBS wurde 1909 als Einlagenversicherung der Banken in Kansas gegründet. Das bedeutet, dass es das bei einer Bank eingezahlte Geld versicherte und garantierte, dass es dem Einleger auch im Falle einer Bankschließung zurückerstattet würde (den Betrag, der über den von der Bundesregierung gedeckten hinausgeht). Im Laufe der Jahre dehnte sich die Versicherung auf kleine und mittelgroße lokale Banken aus, die in 22 Bundesstaaten, hauptsächlich im Mittleren Westen, vertreten waren. Sie bot auch Policen an, die ausbezahlt wurden, wenn die Direktoren und Manager der Banken wegen Fehlverhaltens oder Ähnlichem öffentlich haftbar gemacht wurden. Prämien wurden auch für Versicherungspolicen für die Einstellungspraxis von Bankmitarbeitern, für Bankrenten und Investmentfonds sowie für Fehler und Unterlassungen von Mitarbeitern erhoben. Die Tatsache, dass sich KBS ausschließlich auf eine Teilgruppe von Banken konzentrierte und in diesem Bereich so anerkannt und kompetent war, verschaffte ihm einen Wettbewerbsvorteil.

Die Schlüsselperson, die Buffett und Munger bei KBS identifizierten, war Donald Towle, der Präsident. Er kannte sich in diesem Nischenmarkt bestens aus und führte ein straff organisiertes Unternehmen mit nur 13 Managern und Mitarbeitern. In seinem BH-Brief von 1996 nannte Buffett Towle „einen außergewöhnlichen Manager. Don hat aus erster Hand Beziehungen zu Hunderten von Bankern aufgebaut und kennt jedes Detail seines Unternehmens. Er denkt von sich selbst, dass er ein Unternehmen leitet, das ‚seines' ist, eine Einstellung, die wir bei Berkshire sehr schätzen."

Im BH-Brief von 1996 machte sich Buffett über die vermeintlich willkürliche Auswahl dieses Unternehmens lustig:

> „Vielleicht interessieren Sie sich für die sorgfältig ausgearbeitete und ausgeklügelte Akquisitionsstrategie, die es Berkshire ermöglicht hat, dieses Geschäft abzuschließen. Anfang 1996 war ich zur 40. Geburtstagsfeier der Frau meines Neffen, Jane Rogers, eingeladen. Da ich keine Lust auf gesellschaftliche Veranstaltungen habe, erfand ich sofort und in meiner üblichen liebenswürdigen Art Gründe, um die Veranstaltung zu schwänzen. Die Partyplaner konterten dann brillant, indem sie mir einen Platz neben einem

> Mann anboten, dessen Gesellschaft ich immer genieße, Janes Vater Roy Dinsdale – also ging ich hin.
> Die Party fand am 26. Januar statt. Obwohl die Musik laut war – warum müssen Bands so spielen, als würden sie nach Dezibel bezahlt? –, schaffte ich es gerade noch, Roy sagen zu hören, er komme von einer Vorstandssitzung bei Kansas Bankers Surety, einem Unternehmen, das ich immer bewundert hatte. Ich rief ihm zu, er solle mir Bescheid geben, wenn es jemals zum Verkauf stünde.
> Am 12. Februar erhielt ich den folgenden Brief von Roy: ‚Lieber Warren, anbei die jährlichen Finanzinformationen über Kansas Bankers Surety. Das ist das Unternehmen, über das wir auf Janies Party gesprochen haben. Wenn ich dir weiterhelfen kann, lass es mich bitte wissen.' Am 13. Februar eröffnete ich Roy, dass wir 75 Millionen Dollar für das Unternehmen zahlen würden – und schon bald waren wir im Geschäft. Jetzt schmiede ich Ränke, um zu Janes nächster Party eingeladen zu werden."[121]

Die bereits starke Marktposition von KBS wurde durch die Verbindung mit BH noch verstärkt. Don Towle sagte, die Zugehörigkeit zu Berkshire bedeute, dass niemand die Fähigkeit von KBS zur Auszahlung von Schadenssummen infrage stellen würde. Er sagte auch, dass Buffett sehr gut darin war, Unternehmen einfach wachsen zu lassen, ohne sich einzumischen. Heute wird KBS immer noch von einem sehr kleinen Team geleitet, das sich nach wie vor auf die Versicherung von Banken konzentriert und seinen Hauptsitz in Kansas hat.

CORT Business Services

Mit dem Kauf von CORT Business Services im Februar 2000 für 384 Millionen Dollar in bar stieg Wesco in das Geschäft der Vermietung von Möbeln für Büros und Wohnungen ein. Die Hauptzutaten vieler

Käufe von Buffett und Munger waren vorhanden: ein gutes Unternehmen in einem unglamourösen, übersehenen Sektor und daher nicht überbewertet – und ein hervorragender Manager, Paul Arnold.

CORT war in seinem Geschäftsbereich mit 117 Ausstellungsräumen landesweit führend und befand sich nach einer gescheiterten fremdfinanzierten Übernahme im Aufschwung. Im Jahr 1999 betrugen die Gesamteinnahmen 354 Millionen Dollar. Davon entfielen 295 Millionen Dollar auf die Vermietung von Möbeln und 59 Millionen Dollar auf den Verkauf von Möbeln. Der Gewinn vor Steuern 1999 betrug 46 Millionen Dollar. Die meisten großen US-Unternehmen mieteten bei CORT, wenn sie vorübergehend Mobiliar benötigten. Wenn die Möbel dreimal vermietet worden waren, wurden sie in der Regel in den CORT-Ausverkaufszentren verkauft.

Von Anfang an wurde Paul Arnold garantiert, „dass sich die Wesco-Zentrale nicht einmischt. Wir wären verrückt, einen Mann mit seiner Erfolgsbilanz zu hinterfragen."[122] Munger drückte auch seine Erwartung aus, dass es zu einer „beträchtlichen Expansion" dieses Geschäfts kommen würde.

Eine sehr langfristige Ausrichtung

Trotz ihres anfänglichen Optimismus mussten Buffett und Munger mit diesem Unternehmen sehr geduldig sein – tatsächlich warten sie noch heute auf eine gute Rendite. Nach der Dotcom-Pleite im Jahr 2000 und den Ereignissen des 11. September 2001 brach die Nachfrage nach Büromöbeln ein. Hatte das Betriebsergebnis in den zehn Monaten von März bis Dezember 2000 noch 29 Millionen Dollar betragen, so sank es 2001 auf weniger als die Hälfte, nämlich 13,1 Millionen Dollar, und 2003 fiel ein Verlust an.

In seinem Brief aus dem Jahr 2001 reflektierte Munger reumütig, wie schwierig es selbst für die fähigsten und erfahrensten Investoren ist, wirtschaftliche und andere Ereignisse vorherzusagen: „Als wir

CORT kauften, konnten wir die kurzfristigen branchenweiten Aussichten für den ‚Rent to Rent'-Sektor der Möbelbranche natürlich schlecht vorhersagen." Trotz der schwierigen Zeiten vergrößerte CORT seine geografische Reichweite, indem es während der Rezession einige kleine US-amerikanische Unternehmen aus der Branche kaufte. Außerdem baute es seine Abteilung für die Wohnungssuche aus, die Unternehmen bei der Umsiedlung von Mitarbeitern hilft.

Nach etwa drei Jahren begann sich die Lage allmählich zu bessern und 2006 war der Gewinn nach Steuern mit 26,9 Millionen Dollar fast wieder auf dem Niveau des Jahres 2000. Doch dann kam der Einbruch der Finanzkrise 2009, der CORT wieder rote Zahlen bescherte. Seitdem hat sich der Gewinn (in Form des Ergebnisses vor Steuern) allmählich verbessert:

- 2011: 29 Millionen Dollar
- 2012: 42 Millionen Dollar
- 2013: 42 Millionen Dollar
- 2014: 49 Millionen Dollar
- 2015: 55 Millionen Dollar

Trotz des jüngsten Gewinnanstiegs muss man sich fragen, ob der Preis von 384 Millionen Dollar für den Kauf dieses Unternehmens eine ausreichende Sicherheitsmarge enthielt. Vielleicht wird es von jetzt an besser.

Die Fusion wird nach 35 Jahren abgeschlossen

Im Jahr 2011 wurden endlich die 19,9 Prozent der Wesco-Aktien, die sich nicht im Besitz von Berkshire Hathaway befanden, den anderen Aktionären abgekauft. Die Kosten betrugen 550 Millionen Dollar. Multipliziert mit fünf ergibt sich eine Bewertung von Wesco zu diesem Zeitpunkt von 2,75 Milliarden Dollar. Keine schlechte Rendite auf die

30 bis 40 Millionen Dollar, die Blue Chip Stamps für 80 Prozent von Wesco bezahlt hatte.

Worauf beruht dieser Wert? Schließlich hat Precision Steel nicht viel dazu beigetragen, ebenso wenig wie CORT. Das Geheimnis liegt in der Verwendung des ursprünglich im Sparkassengeschäft gebundenen Kapitals. Dieses wurde nach und nach innerhalb des ursprünglichen Unternehmens Wesco in Anleihen, Vorzugsaktien und Stammaktien umgeschichtet, was zu einigen hervorragenden Investitionen wie etwa die in Freddie Mac führte, die von 72 Millionen Dollar auf über 800 Millionen Dollar stieg.

Dann entwickelte Wesco seine Rückversicherungs- und seine Bankversicherungssparte, die beide auf Berkshire Hathaways Versicherungs-Know-how aufbauten, aber einen eigenen Geldberg als Versicherungsfloat für Investitionen in Wertpapiere zur Verfügung hatten. Viele dieser Geschäfte liefen sehr gut. Hier drei Beispiele:

- **Salomon und Travelers Group**: 1997 stimmte Wesco zu, die Vorzugs- und Stammaktien von Salomon Inc., die zehn Jahre zuvor 80 Millionen Dollar gekostet hatten, gegen Vorzugs- und Stammaktien der Travelers Group einzutauschen. Diese Travelers-Aktien waren etwa 112,1 Millionen Dollar mehr wert, als Wesco für seine Salomon-Beteiligung bezahlt hatte, was einer Rendite von 140 Prozent entsprach.
- **Gillette und Procter & Gamble:** Die Wandelanleihen von Gillette, die 1989 40 Millionen Dollar kosteten, wurden 1991 in Stammaktien umgewandelt. Diese wurden 2005 in 216,1 Millionen Dollar Aktien von Procter & Gamble umgetauscht, was einer Rendite von 440 Prozent entsprach.
- **Wells Fargo**: Diese Investition im Jahr 2008 war nicht zum besten Zeitpunkt getätigt worden, aber ungeachtet der Großen Rezession stiegen die Aktien von Wells Fargo von 26 US-Dollar im Januar 2008 auf heute 44 US-Dollar.

LEKTIONEN

1. **Behandeln Sie Ihren Ruf als äußerst wichtiges Gut.** Wenn Betty Peters nicht von Buffetts Ruf beeindruckt gewesen wäre, bevor sie einwilligte, sich mit ihm zu treffen, wäre das Geschäft nicht zustande gekommen.
2. **Fehler bei der Kapitalallokation kommen vor, wie zum Beispiel bei Precision Steel-** Gute Investoren/Manager können solche Fehler verkraften und machen trotzdem mit soliden Prinzipien weiter.
3. **Achten Sie auf das Abwärtsrisiko.** Wenn die Branchenführer auf eine Klippe zusteuern, die durch kollektiven Leichtsinn verursacht wurde, so wie die Sparkassen in den 1980er-Jahren mit festen Hypothekenzinsen in Kombination mit variablen Einlagenzinsen oder die Banken im Jahr 2007, die verbriefte Anleihen gekauft hatten, dann müssen sich Anleger so positionieren, dass sie die Verluste reduzieren können, wenn/falls alles zusammenbricht.
4. **Vertrauen zieht große Einsparungen nach sich.** Wesco konnte sich beispielsweise darauf verlassen, dass die Versicherungsvertreter von Berkshire vernünftige Versicherungspolicen abschlossen, und brauchte somit kein eigenes teures Versicherungsteam zu bezahlen.

Konsolidierung

ALLES IN BERKSHIRE HATHAWAY

Wir kommen jetzt zu einem sehr wichtigen Wendepunkt in Warren Buffetts Karriere. Mitte der 1970er-Jahre war er etwa 100 Millionen Dollar schwer, aber sein Vermögen war auf verschiedene Anlageformen verteilt. Ein Teil befand sich in einem persönlichen Portfolio, ein Teil in Berkshire Hathaway, ein Teil in der Diversified Retailing Company und ein Teil in Blue Chip Stamps. Noch verwirrender wurde es dadurch, dass diese Organisationen jeweils Anteile aneinander hielten. Und jedes Unternehmen hatte seine eigene Gruppe von außenstehenden Aktionären mit ihren individuellen Interessen.

Nach mehr als 30 Jahren des Investierens wurde Buffett gedrängt, für Klarheit bei der Eigentümerstruktur zu sorgen. In diesem Kapitel wird die Geschichte der Konsolidierung erzählt.

DER WIRRWARR

Mitte der 1970er-Jahre änderten sich Buffetts direkte Beteiligungen und die Kreuzbeteiligungen der verschiedenen Unternehmen von Zeit zu Zeit, aber das Gesamtbild blieb weitgehend unverändert, bis es zur großen Konsolidierung kam. Die Angabe von exakten Prozentsätzen würde nur ein verwirrendes Bild ergeben, weil über drei bis vier Jahres alles im Fluss war. Deshalb habe ich die Situation stark vereinfacht und gebe nur sehr grobe Anteile an, die jeder Partei gehören. Dies wird in dem nachstehenden Diagramm veranschaulicht.

Ungefährer Anteilsbesitz Mitte der 1970er Jahre

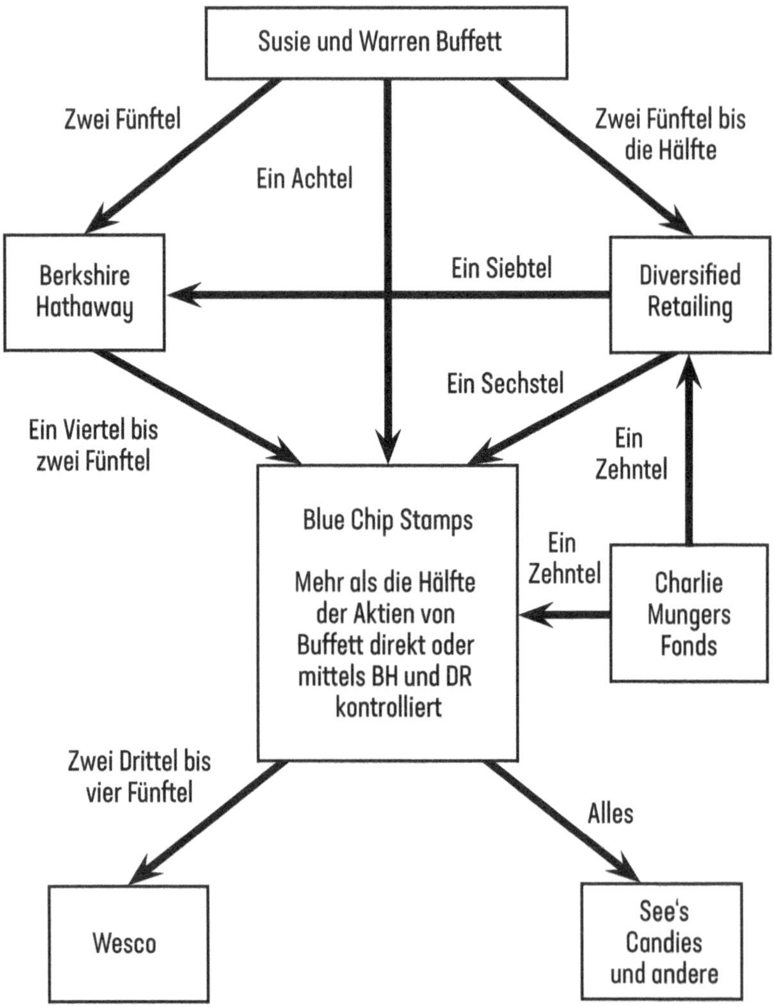

Die Behörden werden hellhörig

Im Jahr 1974 wurde die Börsenaufsicht Securities and Exchange Commission (SEC) auf Wescos Geschäfte aufmerksam. Sie war besorgt darüber, dass Buffett und Munger Aktien von Blue Chip besaßen, sowohl direkt als auch über Diversified Retailing. Außerdem nahm Buffett über Berkshire Hathaway Einfluss auf Blue Chip. (Zu diesem Zeitpunkt hatte Munger weder eine Beteiligung an BH noch eine leitende Position inne.) Außerdem konnte Buffett entweder über seine persönliche Beteiligung oder über die von Diversified gehaltenen BH-Aktien etwa die Hälfte von Berkshire kontrollieren.

Auf den ersten Blick gab es ein erhebliches Potenzial für Interessenkonflikte. Schließlich hatte jedes dieser Unternehmen noch andere Aktionäre. In skrupellosen Händen konnte diese Macht gegen diese Aktionäre eingesetzt werden. Eine der Fragen, die die SEC zwangsläufig stellen musste, war, ob sich Munger und Buffett dazu verschworen hatten, die Aktienkurse der Zielunternehmen zu manipulieren. Besonderes Augenmerk galt dabei der Beziehung zu Mungers Fonds und der Kontrolle von Blue Chip sowie der Kontrolle von Unternehmen wie Wesco.

Wo standen die Minderheitsaktionäre diesbezüglich?

Die Rechtfertigung ihrer Handlungen

Buffett war sich bereits bewusst, dass die Struktur seines Aktienbesitzes unnötig kompliziert war und dass ein Außenstehender den Verdacht hegen konnte, die Interessen von Minderheitsaktionären könnten beeinträchtigt werden. Daher kündigte er einen Plan an, Diversified Retail mit Berkshire Hathaway zu fusionieren.

Die stets misstrauische SEC wollte wissen, was vor sich ging – sie hatte eine Menge Fragen. Munger und Buffett erläuterten im Herbst 1974 die Beweggründe und viele Details. Dann kündigte die SEC zu Buffetts großer Verärgerung eine formelle Untersuchung an: „In the

Matter of Blue Chip Stamps, Berkshire Hathaway Incorporated, Warren Buffet [sic] HO-784." Die SEC wollte untersuchen, ob Buffett allein oder in Absprache mit anderen einen Betrugsplan ausgearbeitet und umgesetzt hatte und ob er gelogen oder eine wesentliche Tatsache verschwiegen hatte. Hatte Blue Chip den Aktienkurs von Wesco manipuliert? Welche anderen Spielchen hatten Buffett und Munger ausgeheckt?

Unmengen von Dokumenten über Berkshire, See's und alle anderen Unternehmen wurden an die SEC geschickt. Im März 1975 wurden Munger und Buffett zu einer zweitägigen Zeugenaussage vorgeladen.

F: Hatte Munger die Aktien von Santa Barbara Savings and Loan geshortet?

Antwort: Nein.

F: Hatte Blue Chip darauf hingewirkt, den Zusammenschluss von Wesco und Santa Barbara zu verhindern, um das Unternehmen selbst zu kaufen, ohne seine Absicht zum Zusammenschluss zu erklären?

Antwort: Eine Fusion war nicht detailliert geplant, sondern es war nur eine entfernte Möglichkeit.

F: Warum sollten Sie für die Wesco-Aktien zu viel bezahlen, nachdem der Fusionsdeal gescheitert war; schließlich verlieren die Blue-Chip-Aktionäre auf diese Weise, oder?

Antwort: Langfristig werden die Blue-Chip-Aktionäre besser dastehen, wenn sich die Direktoren gegenüber den Wesco-Aktionären fair verhalten und den guten Willen von Louis Vincenti, Betty Peters und anderen bei Wesco bewahren. Die Beziehungen sind nach der Übernahme von großer Bedeutung.

BUFFETTS GROSSE KONSOLIDIERUNG

Die Ermittlungen der SEC im Zusammenhang mit Buffetts Beteiligungen und seinem und Mungers Vorgehen bei Blue Chip und Wesco zogen sich bis 1975 hin. Offensichtlich hatte die Komplexität von Buffetts Investitionsstruktur die Situation verschärft, indem sie den Verdacht aufkommen ließ, dass etwas Ruchloses im Gange war. Buffett wurde immer entschlossener, seine Unternehmen zu vereinfachen.

Zwei Jahre nach Beginn der Untersuchung wurde ein Urteil gefällt: Blue Chip habe versucht, die Fusion zu vereiteln, und den Aktienkurs von Wesco künstlich in die Höhe getrieben. Trotzdem wurden keine Maßnahmen gegen Buffett ergriffen. Er gab das Versprechen ab, so etwas nicht wieder zu tun. Ohne ein Schuldeingeständnis oder ein Leugnen der Schuld zahlte Blue Chip 115.000 Dollar an einige Wesco-Aktionäre, die angeblich durch die Maßnahmen geschädigt worden waren. Alles in allem war das nicht viel mehr als ein Klaps auf die Finger.

Die Fusion

Schließlich wurde 1978 Diversified Retailing, das zu diesem Zeitpunkt sowohl ein Einzelhandelsunternehmen als auch eine Feuer-, Unfall- und Arbeiterunfallversicherung war, mit Berkshire fusioniert. Im Gegenzug für Mungers Diversified-Anteile erhielt er einen Anteil von zwei Prozent an Berkshire und wurde zum stellvertretenden Vorsitzenden ernannt (seine Investmentgesellschaft hatte er bereits geschlossen).

Sandy Gottesman, einer der Anteilseigner von Diversified, hatte am Ende einen etwas geringeren Anteil an Berkshire als Munger.

Nun kontrollierte Berkshire Blue Chip durch eine Mehrheitsbeteiligung (circa 58 Prozent) und Buffett hatte praktisch kein Aktienportfolio außerhalb von Berkshire mehr, abgesehen von einer 13-prozentigen Beteiligung an Blue Chip. Er hielt 43 Prozent und Susie Buffett drei Prozent von Berkshire Hathaway. Im Jahr 1983 kaufte Berkshire alle verbleibenden Aktien von Blue Chip, um die Bereinigung abzuschließen.

ZEIT FÜR EINE RÜCKSCHAU

Im Alter von 48 Jahren, als er die Fusion von Diversified mit Berkshire abgeschlossen hatte, konnte Buffett mit großer Genugtuung auf sein Werk blicken. Die Aktien stiegen schnell auf mehr 200 Dollar, was bedeutete, dass Buffett und seine Frau über 100 Millionen Dollar besaßen.

Buffett hatte sich von einem 11-Jährigen, der mit nur 229,50 Dollar in sechs Vorzugsaktien von Capital Cities für seine Schwester Doris und sich selbst investierte, zum Chef eines Unternehmensimperiums entwickelt, das von prachtvollen Vermögenswerten wie See's Candies profitierte, die ihm Millionen Dollar einbrachten, die er anderweitig investieren konnte.

Außerdem verfügte er über Hunderte von Millionen Dollar an Versicherungsfloats, die er Jahr für Jahr investieren konnte, und er konnte sich in den meisten Jahren auf versicherungstechnische Gewinne verlassen. Noch besser war, dass er Anteile an wunderbaren Unternehmen besaß, die von wunderbaren Menschen geführt wurden, deren Kameradschaft er genoss, zum Beispiel Kay Graham bei der *Washington Post* und Gene Abegg bei der Illinois National Bank. Kein Wunder, dass er jeden Tag sehr gern zur Arbeit kam.

Buffett hatte keine Angst mehr vor Armut; er hatte sich ein beträchtliches Polster aufgebaut. Was trieb ihn also an, weiterzumachen? Wie so viele Multimillionäre, die weiterhin außerordentlich hart arbeiten, liebte er den Nervenkitzel des Spiels, das Bemalen der unvollendeten Leinwand. Er war kreativ und wollte sein Gehirn weiterhin einsetzen, um etwas Größeres, Besseres, Größartigeres zu schaffen. Auf dem soliden Fundament von Berkshire Hathaway konnte er wirklich etwas Großartiges aufbauen. Im Laufe der nächsten vier Jahrzehnte verwandelte er den einst maroden Textilfabrikanten in eines der fünf größten börsennotierten Unternehmen der Welt mit einem Wert von über 400 Milliarden Dollar. Heute kontrolliert er einflussreiche Anteile an Coca-Cola, Wells Fargo, Burlington Northern Santa Fe, American Express, IBM und vielen anderen.

Mehr noch, Buffett baut sein Imperium weiter aus. Wenn ihm noch ein paar Jahre vergönnt sind, sehe ich keinen Grund, warum er nicht an der Spitze des größten nicht staatlich kontrollierten Unternehmens der Welt stehen sollte. Nicht schlecht für einen bescheidenen Jungen aus Omaha, der immer dem Diktum folgte, nichts zu tun, von dem er nicht möchte, dass es von einem objektiven Reporter auf der Titelseite der Lokalzeitung veröffentlicht wird, sodass Ehepartner, Verwandte und Freunde es am nächsten Tag lesen können.

Anhang

ÜBERSICHT ÜBER DIE GESCHÄFTE

Dieser Anhang enthält eine tabellarische Übersicht über die in Band 1 beschriebenen Investitionen. Die Angaben in der Tabelle stammen größtenteils aus den Übersichtstabellen zu Beginn der einzelnen Kapitel.

Geschäft	**Datum**		**Wert in Dollar**		**Gewinn in Dollar**
	Gekauft	**Verkauft**	**Gekauft**	**Verkauft**	
Cities Services	1941	1941	114,75	120	5,25
GEICO	1951	1952	10.282	15.259	4.977
Rockwood & Co.	1954	1955	verschiedene	verschiedene	13.000
Dempster Mill	1956	1963	999.600	3,3 Mio.	2,3 Mio.
Sanborn Maps	1958	1960	ca. 1 Mio.	gegen Aktionportfolio eingetauscht	ca. 50 Prozent
Berkshire Hathaway (BH)	1962	k.A.	14,86 je Aktie	heutiger Aktienkurs 245.000 Dollar	Milliarden
American Express	1964	1968	13 Mio.	33 Mio.	20 Mio.
Disney	1966	1967	4,0 Mio.	6,2 Mio.	2,2 Mio.

Hochschild-Kohn	1966	1969	4,8 Mio.	4,0 Mio.	-0,8 Mio.
National Indemnity Insurance	1967	k.A.	8,6 Mio.	k.A.	Mrd.
Associated Cotton Shops	1967	k.A.	6 Mio.	in den 1970er-Jahren mit BH fusioniert	unbekannt
Blue Chip Stamps	1968	k.A.	3-4 Mio.	heute Teil von BH	Hunderte Mio.
Illinois National Bank and Trust	1969	1980	15,5 Mio.	17,5 Mio.	>32 Mio. (einschließlich Dividenden)
Omaha Sun Newspapers	1969	1980	1,25 Mio.	unbekannt	unbekannter Verlust
See's Candies	1972	k.A.	25 Mio.	heute Teil von BH	>2 Mrd.
Washington Post	1974	k.A.	10,6 Mio.	gegen ein Unternehmensportfolio eingetauscht	Hunderte Mio.
Wesco Financial	1974	k.A.	30-40 Mio.	heute Teil von BH	>2 Mrd.

Anmerkungen zur Tabelle

- Die Zahlen in der Tabelle sind die genauesten verfügbaren. In einigen Fällen mussten Schätzungen vorgenommen werden, die auf Informationen aus verschiedenen Quellen beruhen.
- Wenn als Verkaufsdatum „k.A." angegeben ist, bedeutet dies in den meisten Fällen, dass Buffett das Unternehmen nie verkauft hat und es noch heute zu Berkshire Hathaway gehört.
- Die Dollarbeträge in der Spalte „Wert in Dollar" sind die absoluten Beträge, die bei jeder Transaktion beim Kauf und Verkauf flossen.

ENDNOTEN

1. Benjamin Graham und David Dodd, Security Analysis (Whittlesey House, McGraw-Hill, 1934).
2. Ebd., Kapitel 2.
3. Warren Buffett, Rede vor der New York Society of Security Analysts (6. Dezember 1994).
4. Warren Buffett, BPL-Brief an die Gesellschafter (1959).
5. Warren Buffett, BPL-Brief an die Gesellschafter (1958).
6. Warren Buffett, BPL-Brief an die Gesellschafter (1961).
7. Warren Buffett, BPL-Brief an die Gesellschafter (1963).
8. Andrew Kilpatrick, Of Permanent Value: The Story of Warren Buffett (Southern Publishers Group, 1996), S. 139.
9. Ebd., S. 139.
10. Warren Buffett, BPL-Brief an die Gesellschafter (1964).
11. Warren Buffett, BPL-Brief an die Gesellschafter (1963).
12. Ich habe Fisher sowohl in The Financial Times to Value Investing als auch in The Great Investors ein Kapitel gewidmet. Sie sollten auch Fishers Buch Common Stocks and Uncommon Profits lesen.
13. Eine genauere Erläuterung des KGV würde den Rahmen dieses Buches sprengen, aber wenn Sie mehr erfahren möchten, gibt es viele nützliche Ressourcen im Internet. Geben Sie einfach „Kurs-Gewinn-Verhältnis“ in eine Suchmaschine ein.
14. Warren Buffett, Brief an die Aktionäre von BH (1995).
15. Warren Buffett, Vortrag an der University of Notre Dame, www.tilsonfunds.com/BuffettNotreDame.pdf (1991).
16. Warren Buffett, Brief an die Aktionäre von BH (1995).
17. Warren Buffett, Brief an die Aktionäre von BH (1989).
18. Warren Buffett, Brief an die Aktionäre von BH (2014).
19. Ebd.
20. Warren Buffett, Brief an die Aktionäre von BH (1966).
21. Warren Buffett, Brief an die Aktionäre von BH (2014).
22. Roger Lowenstein, Buffett: The Making of an American Capitalist (Broadway Books, New York, 1995). Auch auf Deutsch erschienen: Buffett: Die Geschichte eines amerikanischen Kapitalisten (Börsenbuchverlag, Kulmbach, 2009).

23. Jack Ringwalts Memoiren, Tales of National Indemnity and Its Founder Jack D. Ringwalt.
24. Ebd.
25. Ebd.
26. Ebd.
27. Warren Buffett, Brief an die Aktionäre von BH (2014).
28. Warren Buffett, BPL-Brief an die Gesellschafter (1968).
29. Zitiert nach Alice Schroeder, The Snowball: Warren Buffett and the Business of Life (Bloomsbury, 2009). S. 252-253.
30. Warren Buffett, Brief an die Aktionäre von BH (1989).
31. Warren Buffett, BPL-Brief an die Gesellschafter (Januar 1969).
32. Warren Buffett, BPL-Brief an die Gesellschafter (Dezember 1969)
33. Warren Buffett, BPL-Brief an die Gesellschafter (Januar 1966).
34. Warren Buffett, BPL-Brief an die Gesellschafter (Juli 1966).
35. Warren Buffett, BPL-Brief an die Gesellschafter (Januar 1967).
36. Ebd.
37. Ebd.
38. Ebd.
39. Ebd.
40. Ebd.
41. Ebd.
42. Ebd.
43. Warren Buffett, BPL-Brief an die Gesellschafter (Oktober 1967).
44. Ebd.
45. Ebd.
46. Ebd.
47. Ebd.
48. Ebd.
49. Ebd.
50. Ebd.
51. Warren Buffett, BPL-Brief an die Gesellschafter (Januar 1968).
52. Ebd.
53. Ebd.
54. Ken Chace, Brief an die Aktionäre von BH (1967).
55. Warren Buffett, Brief an die Aktionäre von BH (2001).
56. Warren Buffett, Brief an die Aktionäre von BH (1978).
57. Warren Buffett, Brief an die Aktionäre von BH (1975).
58. Warren Buffett, Brief an die Aktionäre von BH (1979).

59. Ebd.
60. Warren Buffett, Brief an die Aktionäre von BH (1980).
61. Warren Buffett, Brief an die Aktionäre von BH (1982).
62. Warren Buffett, BPL-Brief an die Gesellschafter (Juli 1968).
63. Ebd.
64. Ebd.
65. *Buffalo News*, 21. Dezember 2012.
66. Ken Chace, Brief des Präsidenten an die Aktionäre von BH (April 1970).
67. Ebd.
68. Ebd.
69. Warren Buffett, BPL-Brief an die Gesellschafter (Dezember 1969).
70. Ebd.
71. Zitiert nach Warren Buffett, BPL-Brief an die Gesellschafter (Januar 1969).
72. Ebd.
73. Ebd.
74. Ebd.
75. Warren Buffett, BPL-Brief an die Gesellschafter (Mai 1969).
76. Ebd.
77. Ebd.
78. Ebd.
79. Ebd.
80. Ebd.
81. Ebd.
82. Ebd.
83. Ebd.
84. Nachzulesen in Benjamin Graham, Intelligent Investieren (FinanzBuch Verlag, 2020).
85. Warren Buffett, BPL-Brief an die Gesellschafter (Oktober 1969).
86. Ebd.
87. Ebd.
88. Ebd.
89. Ebd.
90. Ebd.
91. Ebd.
92. Warren Buffett, BPL-Brief an die Gesellschafter (Dezember 1969).
93. Warren Buffett, Brief an die Aktionäre von BH (2006).
94. Daniel Roberts, „The Secrets of See's Candies", *Fortune* (3. September 2012).

95. Zitiert nach Carol Loomis, „The Inside Story of Warren Buffett", *Fortune* (11. April 1988).
96. Warren Buffett, „Warren Buffett Talks Business", Vortrag vor Studenten an der University of North Carolina, Center for Public Television, Chapel Hill (1995).
97. Warren Buffett, Brief an die Aktionäre von BH (2014)
98. Warren Buffett, Brief an die Aktionäre von BH (1999).
99. Warren Buffett, Brief an die Aktionäre von BH (2014).
100. Warren Buffett, Brief an die Aktionäre von BH (2011).
101. Warren Buffett, Brief an die Aktionäre von BH (1999).
102. Warren Buffett, Brief an die Aktionäre von BH (2014).
103. Warren Buffett, Brief an die Aktionäre von BH (1973).
104. Ebd.
105. Ebd.
106. Anthony Simpson, „Look At All Those Beautiful, Scantily Clad Girls Out There!", *Forbes* (1. November 1974).
107. Ebd.
108. Warren Buffett, Brief an die Aktionäre von BH (1985).
109. *Newsweek*, Jahresbericht 1972.
110. Warren Buffett, Brief an die Aktionäre von BH (1987).
111. Warren Buffett, Brief an die Aktionäre von BH (1985).
112. Ebd.
113. Als Verfasser des meistverkauften britischen Universitätslehrbuchs über Unternehmensfinanzierung muss ich einen Teil der Schuld auf mich nehmen. Aber zumindest erkläre ich, dass die Theorien zwar interessant sind und ihren Nutzen haben, es aber in der realen Welt viele Komplikationen gibt, die dazu führen, dass wir bei der Anwendung vorsichtig vorgehen müssen.
114. Warren Buffett, Brief an die Aktionäre von BH (1986).
115. Jerry Goodman („Adam Smith"), Supermoney (1972).
116. Die Aktien wurden über einen langen Zeitraum zu unterschiedlichen Preisen gekauft.
117. Charles Munger und Donald Koeppel, Blue Chip Stamps, Brief an die Aktionäre (1977).
118. Charles Munger, Brief an die Wesco-Aktionäre (2000).
119. Warren Buffett, Brief an die Aktionäre von BH (1985).
120. Charles Munger, Brief des Vorsitzenden an die Wesco-Aktionäre (1997).
121. Warren Buffett, Brief an die Aktionäre von BH (1996).
122. Charles Munger, Brief an die Wesco-Aktionäre (1999).

Jürgen-Thomas Ernst

Geheimnisse des Waldes

Von Mandarinenduft, Zaubermitteln gegen Kopfschmerzen, natürlichen Lichtquellen und dem wohl gesündesten Ort der Welt

braumüller

NASA

Einleitung

Wie das so ist mit den Geheimnissen

Man kann nur das schätzen und beschützen, was man kennt. So verhält es sich auch mit den Geheimnissen des Waldes. Und von diesen möchte ich Ihnen in diesem Buch erzählen.

Bevor ich beginne, erzähle ich Ihnen eine kleine Geschichte. Auch die hat im weitesten Sinne mit dem Wald zu tun. Denn diese Geschichte handelt von verarbeitetem Papier. Und ein wesentlicher Bestandteil von Papier ist Holz aus dem Wald.

Ich kenne einen Mann, der alte Ansichtskarten sammelt. Ja, das gibt es noch. Menschen, die Ansichtskarten sammeln. Man nennt diese Sammelleidenschaft Kartophilie. Die ersten Ansichtskarten wurden nach dem Jahr 1850 gedruckt. Einige von ihnen sind sehr selten und deshalb auch sehr kostbar. Und es gibt Ansichtskarten, von denen nur einige Hundert Stück gedruckt wurden. Dabei gibt es Ansichtskartenmotive aus dem 19. und frühen 20. Jahrhundert, die ihrer damaligen Zeit so weit voraus waren, dass man sie damals verschmähte und sie dadurch schwer oder sogar unverkäuflich wurden. Heute sind einige dieser Ansichtskarten sehr begehrt. Aber nur bei jenen, die sie kennen. Es gibt Karten, die auf Auktionen sogar für mehrere Tausend Euro versteigert werden.

Ansichtskarte der Wiener Werkstätte mit Waldmotiv: Vor über 100 Jahren von vielen verschmäht – heute ein Vermögen wert

Einmal wurde der leidenschaftliche Ansichtskartensammler von einem Mann gefragt, ob er auch Briefmarken sammle. Und ja, das tat er auch. „Dann habe ich vielleicht etwas sehr Interessantes für Sie“, entgegnete ihm der Mann. „Denn ich habe am Dachboden meiner Großmutter einige Marken gefunden, die Sie vielleicht interessieren könnten.“ Einige Tage später trafen sie sich in einem Kaffeehaus. Der Mann hatte die Briefmarken mitgebracht und sie sorgfältig in ein kleines Briefmarkenalbum gesteckt. „Ich habe sie nicht abgelöst, sondern nur vom Papier abgerissen“, teilte der Mann dem Ansichtskartensammler mit. „Aber die Briefmarken sind alle ganz. Darauf habe ich besonders geachtet.“ Als der leidenschaftliche Ansichtskartensammler sah, worauf die Briefmarken aufgeklebt waren, erschrak er. „Was haben Sie?“, fragte der Mann. „Sind die Briefmarken etwas wert?“ Der Ansichtskartensammler schüttelte immer wieder den Kopf. Er zählte die Marken. Es waren über hundert Stück. Gewöhnliche 5-Heller-Marken, die während der Zeit der österreichisch-ungarischen Monarchie zu Millionen auf Ansichtskarten oder Briefe geklebt worden waren. Dann seufzte der Ansichtskartensammler. Er hatte schon anhand der kleinen Fragmente, auf denen die Marken aufgeklebt waren, erkannt, worum es sich bei den Ansichtskarten gehandelt hatte, von denen sie abgetrennt worden waren. „Die Briefmarken“, erklärte er, „haben für Sammler so gut wie keinen Wert. Aber die Ansichtskarten, von denen Sie die Briefmarken heruntergerissen haben, wären ein Vermögen wert gewesen. Jetzt sind sie allerdings wertlos.“ Es handelte sich um kostbare Ansichtskarten der Wiener Werkstätte. Einige dieser Karten haben einen Marktwert von bis zu 10.000 Euro. Aber nur, wenn sie keine Beschädigungen wie Risse, Knicke oder Fehlstellen aufweisen …

So geht es mit vielen Geheimnissen. Wir wissen nichts von ihnen, oder wir wissen nichts mehr von ihnen. Und aus diesem Grund beachten wir sie nicht, gehen achtlos an ihnen vorüber, werfen sie weg oder zerstören sie, weil wir kein Gefühl für ihren Wert haben. Eigentlich sind sie für unsere Achtsamkeit gar nicht vorhanden. So ist es auch mit vielen Geheimnissen, die sich im Wald befinden. Ich möchte Ihnen in diesem Buch Geheimnisse aus dem Wald verraten und Ihren Blick für sie schärfen. Geheimnisse, die bis vor einigen Jahrzehnten noch gar keine waren, da sie zum Allgemeinwissen zählten, das von Generation zu Generation weitergegeben wurde. Aber irgendwann einmal schlich sich etwas in uns ein, das diese Kenntnisse verdrängte und sie uns

vergessen ließ. Das ist schade. Aber das Wissen um diese Waldgeheimnisse, die früher die meisten kannten, ist nicht verloren gegangen. Es ist höchstens verschüttet. Es ist da und man muss es lediglich wieder wachküssen.
Wenn wir durch einen Wald spazieren, gehen wir an seinen Geheimnissen leicht vorüber, wenn unser Blick und unsere Achtsamkeit nicht dafür geschärft sind. Wissen Sie, dass es Orte in einem Nadelwald gibt, die nach Mandarinen duften? Oder haben Sie schon einmal davon gehört, dass es Pflanzen und Bestandteile von Bäumen gibt, die gegen Kopfschmerzen helfen? Oder wissen Sie, dass die Wundheilung vieler Bäume ähnlich funktioniert wie bei uns Menschen, und dass sich unsere Vorfahren das zunutze gemacht haben? Kennen Sie die Bestandteile von Bäumen, die sich hervorragend eignen, um einen Schlafplatz damit zu errichten, in dem man selbst bei Minusgraden noch kuschelig warm nächtigen kann? Haben Sie schon einmal darüber nachgedacht, dass der Wald mit seinen Bäumen, die oft Jahrhunderte alt sind, zu den unberührtesten Orten der Welt zählt? Und wussten Sie, dass es in unseren Wäldern Pflanzen gibt, die wahre Vitaminbomben sind? Pflanzen, die einigen Tieren, die keinen Winterschlaf halten, auch in den Frostmonaten zur Verfügung stehen, die auch während dieser kalten Zeit noch immer grün sind und es bis in den folgenden Frühling bleiben? Über solche und ähnliche Geheimnisse möchte ich Ihnen erzählen. Begleiten Sie mich doch ein wenig auf den stillen Pfaden, die durch unsere Wälder führen. Vielleicht kommen Sie auch so ins Staunen, wie ich dereinst ins Staunen gekommen war, was man dort entdecken kann.

Das Geheimnis des Baumsamens

Manche sieht man mit freiem Auge schon aus der Ferne. Bei manchen muss man sich jedoch schon niederknien und genauer hinsehen. Manchmal schweben sie, eingepackt in zarten weichen Wolken, durch die Luft. Samen von Bäumen können manchmal winzig klein sein. Einige von diesen Samen sind nicht größer als wenige Millimeter. Ein bisschen sind sie mit einem Mikrochip vergleichbar, in dem viele Informationen abgespeichert sind. Aber der Samen eines Baumes ist um ein Vielfaches komplexer aufgebaut als ein Mikrochip. Im Samen befinden sich sämtliche Informationen, die der spätere Baum für sein weiteres Dasein benötigt. Für sämtliche Eventualitäten, die die Natur für die Pflanze bereithalten kann, sind die erforderlichen Informationen in diesem Samen gespeichert. Etwa wann er zu keimen beginnen darf, ohne schon nach kurzer Zeit wegen Wassermangels auszutrocknen oder während eines späten Frostes im Frühling zu erfrieren. Wann er schließlich keimen soll. Ist der Zeitpunkt in einem Frühjahr nicht ideal, ist das für einige Baumsamen noch keine Tragödie. Dann keimen sie eben im nächsten Jahr. Einige Samen sind sogar mehrere Jahre keimfähig. In ihnen sind auch noch andere überlebenswichtige Eigenschaften enthalten. Wie er auf den Boden reagieren soll, auf dem er keimt. Wie er reagieren soll, wenn er später einmal beschädigt werden sollte. Wie er auf Umwelteinflüsse, frühe Fröste, späte Fröste reagieren soll. Wie sich die Wurzeln im jeweiligen Untergrund verhalten sollen. Wie sie einen Felsen überwinden können, an dem es kein Wasser gibt. Zu welchem Zeitpunkt der Baum in einem Jahr aufhören muss in die Höhe zu wachsen, damit das Gleichgewicht des Baumsystems nicht aus den Fugen gerät. Wie er reagieren muss, wenn er in einem steilen Hang gedeiht und die Erdanziehungskraft bergseitig und talseitig ungleichmäßig auf ihn einwirkt. Es ist wie ein Wunder, dass all diese Informationen in so einem Samen enthalten sind. Aber das ist nur ein kleines Geheimnis, das wir zwangsläufig übersehen, wenn unser Blick nicht dafür geschärft ist.

Fichtensamen mit Flügel – ein geniales Flugobjekt

Das Geheimnis der Hoffnung

Ein Wald und seine Pflanzen sind voll von Geheimnissen. Die Überlebensstrategien von Bäumen sind manchmal so unbeirrbar und raffiniert, man möchte schon beinahe sagen so durchdacht, dass sie sogar uns Menschen als Gleichnis dienen können. Bäume haben eine sehr lange Entwicklungs-

Angeknabberte Fichte mit Ersatzleittrieb – oder Ersatzspitze

geschichte hinter sich. Sie mussten sich im Laufe der Jahrtausende mit den sich immer wieder ändernden klimatischen Bedingungen auseinandersetzen und sich an sie anpassen, wenn sie nicht untergehen wollten. War eine direkte Anpassung nicht möglich, mussten sie in wärmere oder kühlere Regionen ausweichen. Bäume sind von ihrem Wesen her voller Hoffnung. Sie lassen sich im wahrsten Sinne des Wortes nicht kleinkriegen. Sie kämpfen gegen Niederlagen an, die ihnen die Umwelt unter Umständen zufügt und geben nicht auf. In Wäldern kann man junge Bäume sehen, die noch keinen Meter hoch sind. Manchmal werden diese Bäume an den Spitzen vom Wild angeknabbert. Das Wild nimmt ihnen also jenen Trieb, der den Baum groß und stark machen soll. Aber die Natur hat es so intelligent eingerichtet, dass dieser Verlust noch nicht das Ende des Baumes bedeuten muss. Wenn die Spitze eines kleinen Bäumchens von einem Reh abgeknabbert wird, verzweifelt der Baum nicht. Sein Innerstes reagiert und antwortet, indem es einen Ersatz für diese verlorene Baumspitze wachsen lässt, die diese Funktion übernimmt. Der Ersatz ist meistens ein Seitenast, der kurzerhand zur zukünftigen Baumspitze umfunktioniert wird. Wird auch dieser Ersatz abgeknabbert, bildet der Baum später abermals eine Spitze aus, in der Hoffnung, dass der Baum eines Tages so groß sein wird, dass kein Äser eines Wildes seine Triebspitze mehr erreichen kann. Ein Baum lässt sich nicht aus dem Gleichgewicht bringen, wenn sein Lebenslauf einmal ein bisschen aus dem Ruder läuft. Er setzt seinen Weg, den ihm die Natur vorgegeben hat, unbeirrt und beharrlich fort und ist so ein Gleichnis für unbeirrbare Hoffnung.

Der geheime Duft des Waldes

Man spürt und riecht es sofort, wenn man den Wald betritt, vor allem an heißen Sommertagen. Kaum hat man den Waldrand hinter sich gelassen, stellt man fest, dass es hier wesentlich kühler ist als außerhalb des Waldes. Und es duftet nach Wald. Durch die schattenspendenden Baumkronen wird die Temperatur gesenkt und gleichzeitig ein angenehmes Klima geschaffen. Aber Wälder verströmen auch einen ganz besonderen Duft, der die Umgebungsluft mit feinen, reinigenden Stoffen versorgt, die wiederum die Bäume selbst schützen. Wenn wir diese Stoffe einatmen, tun wir auch unserem Körper etwas Gutes. Es hilft ihm sogar, widerstandsfähiger zu werden. Es gibt Untersuchungen, die belegen, dass das Immunsystem des Menschen durch mehrmalige und wiederholte Aufenthalte in Waldgebieten eindeutig verbessert wird. Die heilsame Aura des Waldes bietet uns auch die Gelegenheit, an diesem Ort zur Ruhe zu kommen, zu sich selbst zu finden. In Japan wurde die Kunst des Waldbadens erfunden. Waldbaden bedeutet achtsam zu sein, mit sich selbst, mit seiner Umgebung, mit dem, was uns umgibt. Es gibt wunderbare Achtsamkeitsübungen, die man im Wald erleben kann. Etliche von ihnen habe ich in diesem Buch beschrieben.

Das verblüffende Geheimnis des Waldbodens

In diesen Tagen, in denen vieles nach maximaler Effizienz und Hochleistung ausgerichtet ist und viele beinahe alles tun, um diese Ziele zu erreichen, verliert man manchmal den Blick auf das komplexe Ganze. In der Gier nach immer mehr Profit nimmt man wenig Rücksicht auf Menschen, Tiere und auf jene Flächen, die unsere Basis sind. Den Boden, in dem alles keimt und aus dem alles wächst. In den letzten Jahrzehnten sind leider viele dieser Böden der Profitmaximierung einiger Konzerne und Menschen zum Opfer gefallen.

Wo, habe ich mich gefragt, wo gibt es noch Orte auf dieser Welt, die bis zum heutigen Tag von dieser hemmungslosen Gier verschont geblieben sind? Orte, die die Jahrhunderte und Jahrtausende unversehrt oder beinahe unversehrt überdauert haben? Und die Frage, die man sich in weiterer Folge zwangsläufig stellt: Gibt es solche Flächen überhaupt noch? Ja, es gibt sie. Systeme, die noch nicht von Wachstumsförderern, Düngern, gentechnischen Manipulationen oder Pestiziden verseucht wurden. Systeme, die der Mensch – noch – nicht beschleunigt hat, weil sie sich schlichtweg nicht beschleunigen lassen. Der Wald. Die meisten Waldböden sind über die Jahr-

hunderte von Misshandlungen verschont geblieben. Ihr Geheimnis besteht darin, dass sie sich noch beinahe vollkommen im Gleichgewicht befinden. Über viele Geheimnisse, die es in unseren Wäldern zu entdecken gibt, erzählt dieses Buch. Über Glücksorte, Meditationsorte, Achtsamkeitsorte, über wunderbare Spielorte, über wirklich hundert Prozent biologisch gewachsene Pflanzen, über Mineral- und Vitaminbomben, über Heil- und Gebrauchsmittel, aber auch über Notnahrung, die sich in unseren unberührten Wäldern finden lässt. Bei den Pflanzen habe ich mich besonders auf jene beschränkt, die die meisten von uns kennen, ohne ein Bestimmungsbuch zur Hand nehmen zu müssen.

Das Geheimnis der offenen Waldflächen

Es verblüffte mich immer wieder, wenn ich ein, zwei Wochen nach einer größeren Holznutzung, meistens waren es Seilbahnnutzungen in abgelegenen Revierteilen, diese Wälder wieder aufsuchte. Denn diese Areale waren dann bereits intensiv vom Wild besetzt. Ich konnte an mehreren Plätzen flache Kuhlen auf dem Waldboden feststellen, was darauf hindeutet, dass an diesen Plätzen Rehe gelagert hatten. Man kann diesen Vorgang in etwa so verstehen: Irgendwo eröffnet ein Fünf-Sterne-all-inclusive-Hotel zu günstigen Nächtigungspreisen, und jeder möchte unbedingt in diesem Hotel übernachten, zumal das Essen dort exzellent sein soll. Im Wald verhält es sich ähnlich. Das Wild spürt auf seinen Streifzügen durch den Wald instinktiv und sehr rasch, wenn plötzlich neue und ideale Rahmenbedingungen für sie geschaffen wurden. Und sie reagie-

Lager eines Rehwildes

ren instinktiv, wenn in einem Waldgebiet Bäume fehlen und so mehr Licht den Boden erreicht. Das bedeutet nämlich zwangsläufig, dass in naher Zukunft neben den Bäumen auch mehr Gräser und Sträucher wachsen werden. Und Gräser und Blätter von Sträuchern sind für das Wild im Wald die erste Wahl. Ein dunkler Wald ist für das Wild kein erstrebenswerter Ort, um Nahrung zu suchen und zu finden. Denn dort wachsen keine Kräuter, Gräser und Stauden. Bleiben solche Wälder zu lange dunkel und bieten in der Folge keine guten Nahrungsquellen mehr, wandert das Wild ab und zieht weiter. Diesen Umstand sollten Sie unbedingt beachten, wenn Sie auf Ihren Streifzügen durch den Wald Wildkräuter oder ähnliches sammeln wollen. Wo im Wald viel Licht ist, gibt es auch viel Nahrung. Mehr dazu aber später.
Sind nach einer solchen Holznutzung die Rahmenbedingungen für den Wald und das Wild geschaffen, errichten auch die Jäger in kürzester Zeit einen Ansitz. Die Bejagung ist auf den offenen Flächen, die geschaffen wurden, ideal. Das Wild findet so viel Nahrung, dass es oft gar kein großes Bedürfnis mehr verspürt, die jungen Tannen, Buchen oder Fichten abzuäsen. Die Bäume können gedeihen und das Wild ebenfalls. Verblüffend ist für mich in diesen Arealen immer das Reproduktionsverhalten des Wildes.
Denn hervorragende Nahrungsbedingungen spürt das Wild umgehend. So kann es sein, dass ein weibliches Wild im nächsten Jahr statt einem Kitz zwei oder sogar drei Kitze zur Welt bringt, da das Äsungssangebot so groß ist, dass es sogar für mehrere Tiere reicht.

Achtsamkeit zwischen Menschen ist etwas Wichtiges. Auch das sollten Sie bedenken, wenn Sie einen Wald aufsuchen. In Waldgebieten, die oft von Menschen aufgesucht werden, ist das

Rehgeiß mit Rehkitzen

Bejagen manchmal sehr schwierig, da sich das Wild verkriecht. Jäger suchen ihre Ansitze meist am frühen Morgen oder am Abend auf. Wenn Sie für diese Umstände bei Ihren Waldausflügen sensibilisiert sind und achtsam mit diesem Wissen umgehen, ist im Interesse aller Beteiligten schon sehr viel getan.

Der Wald ist für viele ein geheimnisvoller und besonderer Ort – auch für Jäger*innen

Das Jagen von wilden Tieren ist für einige eine umstrittene Beschäftigung. Für etliche repräsentiert die Jagd herrschaftliches und unter Umständen auch hochmütiges Verhalten, das vor allem der oberen Gesellschaftsschicht vorbehalten ist. In einigen Jagdgebieten mag das auch zutreffen. Aber nicht überall. Denn wenn es in einigen Gebieten keine Jäger gäbe, würden die Schäden an den jungen Waldpflanzen schlimmstenfalls so groß werden, dass man von öffentlicher Stelle Jäger anstellen müsste, um das Wald-Wild-Problem in den Griff zu bekommen. Denn das heimische Wild hat schon seit langer Zeit keine natürlichen Feinde mehr. Die wurden vor langer Zeit ausgerottet und so kann es sich ungehemmt vermehren. Deshalb sollte man in einigen Jagdrevieren dankbar sein, dass es Jäger*innen gibt, die diese Aufgabe – sogar mit Leidenschaft – erfüllen.

Ich gebe es offen zu: Obwohl ich im Rahmen meiner Försterausbildung auch eine Jagdausbildung absolviert habe, konnte ich mich selbst nie für die Jagd begeistern. Aber ich kann Menschen verstehen, die von der Jagdleidenschaft durchdrungen sind. Das Jagen ist menschheitsgeschichtlich sehr tief in uns verwurzelt. Und Menschen, die eine Aufregung dabei empfinden, wenn sie einem Wild nachstellen, es erlegen und die ausgeweidete Beute danach mit Stolz nach Hause bringen, verstehe ich auch.

Jäger und Förster haben oft kein wirklich gutes Verhältnis zueinander. Meistens entstehen Interessenskonflikte. Der Förster will, dass viele Bäume im Wald gedeihen und nicht vom Wild angeknabbert oder ruiniert werden, und manche Jäger*innen gehen in ihrer Hege so weit, dass sie dem Wild möglichst ideale Rahmenbedingungen schaffen wollen. Und leider ist es für

einige sehr wichtig, dass es so viel Wild wie möglich in ihrem Revier gibt. Das führt zwangsläufig zu Meinungsverschiedenheiten, denn zu viel Wild in einem Wald bedeutet in der Regel auch zu viel Verbiss an den Bäumen. In den Waldgebieten, die ich betreute, gab es solche Sorgen Gott sei Dank nicht. Vielleicht auch deswegen, weil ich mit den Jäger*innen sehr achtsam umgegangen bin und sie mit mir ebenfalls. Plante ich Baumfällungen in meinem Forstrevier, begleiteten mich die zuständigen Jäger*innen immer auf diesen Begehungen. Ich bezog sie in meine Überlegungen zu den bevorstehenden Holznutzungen mit ein. Und das wussten sie immer sehr zu schätzen. Ich erklärte ihnen, wo ein Bedarf bestehe, Bäume zu fällen, damit die jungen Bäume, die im Schatten der alten standen, wachsen konnten und die Jäger*innen schlugen mir ihrerseits vor, in welchem Gebiet sie in Zukunft gerne intensiver jagen würden. Das hat immer sehr gut funktioniert. Und wenn man sich diese Wälder heute ansieht, weiß man, dass dieses kooperative Miteinander Früchte trägt. In den Revieren, die ich betreute, gedeihen sämtliche Baumarten, die von Natur aus dort vorkommen können. Selbst die Weißtannen, die vom Wild bevorzugt angeknabbert werden, wachsen und entwickeln sich prächtig.

Das Geheimnis um das Feuer

In diesem Buch wird einige Male das Element Feuer thematisiert. Feuer ist etwas sehr Archaisches und für viele besonders faszinierend. Feuer kann jedoch unter bestimmten Voraussetzungen sehr gefährlich und unkontrollierbar werden. Waldbrände drohen besonders nach längeren Trocken- oder Hitzephasen, und hier vor allem an Südhängen. Manchmal genügt bereits ein Streichholz oder ein achtlos weggeworfener Zigarettenstummel, um einen Waldbrand auszulösen. Denn trockenes Gras oder trockene Nadelstreu brennt tatsächlich wie Zunder. Das sollten Sie unbedingt berücksichtigen. Machen Sie außerdem nur dort Feuer, wo dies ausdrücklich erlaubt ist. Feuermachen im Wald ist grundsätzlich verboten. Es sei denn, es gibt eigens dafür vorgesehene Feuerstellen. Wenn Sie ein Feuer entfachen, achten Sie unbedingt darauf, dass Sie in der Nähe über geeignetes Löschmaterial verfügen. Um ein Feuer wirksam zu löschen, muss man ihm den Sauerstoff entziehen. Dazu gibt es verschiedene Möglichkeiten: Wasser, Sand, Erde oder eine Löschdecke. Haben Sie schließlich einen Ort gefunden, an dem das Feuermachen erlaubt ist, und alle Vorkehrungsmaßnahmen getroffen, ist ein brennendes, knisterndes Feuer wirklich ein ganz besonderes Erlebnis.

Öffentliche Feuerstelle

Der nachhaltigste Spielplatz der Welt

Nature-deficit disorder. Naturdefizit-Syndrom. So nennt der amerikanische Autor Richard Louv eine Gefahr, die auf uns zurollen könnte. Seine Befürchtung, die von vielen geteilt wird: Wir und unsere Kinder verlieren allmählich den Kontakt zur Natur. Diese Problematik führt zu einem weiteren Problem, denn wie sollen wir unsere Natur, unsere Wälder schützen, wenn wir sie gar nicht (mehr) kennen, wenn wir gar nicht (mehr) mit ihr vertraut sind und sie uns gar nicht mehr richtig bewusst ist? Viele Kinder haben ihren Lebensmittelpunkt vor den Bildschirm ihrer Tablets oder Computer verlegt. Es gibt Kinder, die in ihrem gesamten Leben noch niemals einen Wald betreten haben. Das klingt beinahe unglaublich. Aber aus eigener Erfahrung weiß ich, dass es solche Kinder gibt. Die Natur erleben sie oft nur noch über Sendungen im Fernsehen oder indirekt über Computerspiele. Eigene Naturerfahrungen und Naturerlebnisse werden bei ihnen immer weniger. Spielende Kinder im Wald sind schon beinahe eine Seltenheit geworden. Und dabei gibt es im Wald so viele wunderbare Spielmöglichkeiten. Ganz abgesehen von der Umgebung zwischen Bäumen und dem Zwitschern von Vögeln. Die Materialien, die man für das Spielen im Wald braucht, sind alle schon da. Und nach dem Spielen kann man all die Äste, Blätter und anderen Dinge, die man verwendet hat, an ihrem Ort belassen. Die Natur wird sie früher oder später wieder in sich aufnehmen. Und nach einiger Zeit wird es im Wald wieder so aussehen, als ob nie jemand etwas verändert hätte. Ist das nicht wunderbar? Der Wald ist also ganz zu Recht der nachhaltigste Spielplatz der Welt. Ein Abschnitt des Buches wird sich genauer mit diesen Spielmöglichkeiten im Wald auseinandersetzen und erklären, wie solche Spiele aussehen.

Bevor man die Geheimnisse des Waldes entdecken möchte

… sollte man einige Dinge beachten. Wälder sind besondere Orte. Sie sind ein Teil der Natur und die Natur birgt unter Umständen auch Gefahren. Wenn Sie öffentliche und ausgeschilderte Waldwege und Pfade verlassen, um kreuz und quer durch den Wald zu gehen, begeben sie sich auf ein Terrain, in dem es abgestorbene Bäume gibt, die ohne Windeinwirkung einfach so umstürzen können. Ja, in Österreich, Deutschland, der Schweiz und zahlreichen anderen europäischen Ländern dürfen Sie kreuz und quer durch den Wald spazieren. Keiner schreibt Ihnen vor, strikt auf Wanderwegen zu bleiben. Es sei denn, bestimmte Waldgebiete sind ausdrücklich als Wildruhezonen ausgewiesen oder es handelt sich um Flächen, die gerade mit jungen Baumpflanzen aufgeforstet worden sind und nicht betreten werden sollten. Aber es gibt auch Situationen, in denen von einem Besuch im Wald abzuraten ist. Unbedingt davon Abstand nehmen sollte man, wenn der Wind stärker bläst oder wenn es stürmt. Dann sollte der Wald eine Tabuzone sein. Bei stärkeren Windstößen oder Stürmen können sich abgestorbene Äste aus den Baumkronen lösen und herabstürzen. Bereits ein kleiner Ast genügt, um lebensbedrohlich für uns zu werden. Ein Ast mit einem oder zwei Kilogramm Gewicht reicht vollkommen aus. Wenn so ein Ast aus 20, 30 Metern Höhe herunterstürzt, beschleunigt er ungemein und kann Schlimmes anrichten. Gefährlich sind auch Tage, an denen sich der Schnee schwer auf die Äste von Bäumen legt. Unter dem Gewicht des Schnees können Äste, vor allem dann, wenn sich der Schnee früh einstellt und der Baum noch belaubt ist, zu ächzen beginnen und in Bruchteilen von Sekunden abbrechen und herabstürzen.

Ich habe das einmal als Förster erlebt. An mehreren Tagen im Februar war viel Schnee gefallen. Dann begann es zu tauen und zu regnen. Der Regen machte den Schnee nass und noch schwerer. Und dann kam plötzlich wieder der Frost. Ergibt sich so eine Witterungssituation, beginnen die Äste an den Bäumen unter der extremen Schneelast förmlich zu knallen. Innerlich reißen an sehr gewichtsbelasteten Stellen die ersten Holzfasern. Instinktiv habe ich damals sofort gespürt, dass ich jetzt lieber umkehren und den Wald verlassen sollte. In so einem Fall verschieben Sie den Besuch im Wald lieber auf ein anderes Mal.

Eines muss man außerdem unbedingt noch beachten, wenn man sich in der Natur aufhält, nicht nur in einem Wald, sondern auch auf einer Wiese: Es gibt Zecken. Eine Zeckenschutzimpfung sollte für Menschen, die sich regelmäßig im Wald bewegen, unerlässlich sein. Die Gefahren, die durch einen Zeckenbiss drohen, sind einfach zu groß. In meiner Tätigkeit als Förster habe

ich beinahe täglich viele Stunden im Wald verbracht. Es konnte vorkommen, dass sich an einem einzigen Tag gleich mehrere Zecken an meinem Körper festhakten. Aber im Laufe der Jahre entwickelt der Körper ein Sensorium für diese unliebsamen Zeitgenossen. Oft spüre ich schon nach kurzer Zeit, dass sich irgendetwas Fremdes an meinem Körper angedockt hat. Meistens stellt sich an diesem Bereich auch schon ein leichter Juckreiz ein. Zudem untersucht man sich vermutlich schon vegetativ auf Zecken, nachdem man im Wald gewesen ist. Etwas muss man jedoch auf alle Fälle dringend beachten: Die Zeckenschutzimpfung schützt vor FSME (Frühsommer-Meningoenzephalitis), nicht aber vor einer Borreliose, die manchmal im Schlepptau von Zeckenbissen auftreten kann. Ich kenne Menschen, die eine Borreliose wochenlang nicht bemerkten. An der Bissstelle kann sich nach einigen Tagen ein rötlicher Fleck bilden, der unter Umständen sogar wandert. Spätestens wenn man diesen rötlichen Fleck bemerkt, sollte man sich umgehend in ärztliche Behandlung oder ins Krankenhaus begeben. Denn eine verschleppte Borreliose kann chronische oder sogar lebensbedrohliche Folgen haben.

Aber ich kenne auch noch zusätzlich ein Mittel gegen Zecken, das ich selbst schon unzählige Male sehr erfolgreich ausprobiert habe. Es gibt einen Geruch, den diese Tiere nicht ausstehen können: Den Geruch von Kokosfett. Ich reibe meistens meinen Nacken damit ein, die Hand- und Fußgelenke und vielleicht noch den Bauch. Ich stelle danach immer wieder fest, dass dieser Geruch die Zecken in der Regel vertreibt. Bei Ausflügen in den Wald cremen sich meist alle Teilnehmer*innen mit Kokosfett ein. Wir wandeln dann wie eine lebende Kokosfettwolke durch den Wald.

Kokosfett schreckt übrigens nicht nur Zecken ab. Es ist auch ein sehr wirksames Mittel gegen lästige Stechmücken, die einen im Wald heimsuchen können. Probieren Sie es einfach einmal aus.

Zecken sollte man nicht unterschätzen und sich deshalb nach jedem Waldspaziergang gründlich absuchen.

Die Welt des Waldes

Geheimnisvolle Waldnacht

Es gibt Momente, die man im Wald erlebt haben sollte. Davon bin ich überzeugt. Manchmal sind es scheinbar ganz banale Dinge, die selbst mir anfangs gar nicht so bewusst waren und trotzdem eine fast unglaubliche Faszination ausüben. Wenn man, wie ich, nachts schon sehr oft Glühwürmchen gesehen hat, ist das zwar trotzdem immer noch schön und bezaubernd. Aber für Menschen, die so etwas noch nie erlebt haben, ist so eine Nachtwanderung etwas ganz Besonderes. Und die wenigsten haben so etwas schon erlebt. Denn wer begibt sich nachts schon freiwillig in einen dunklen Wald? Wohl die wenigsten. Denn der Wald ist von alters her als gefährlicher Ort verschrien. Im Wald hausten Räuber und lichtscheue Gestalten. Nachts durch den Wald zu streifen ist unheimlich, denn da knackt es manchmal irgendwo in der Nähe, es raschelt, man sieht Schatten in der Dunkelheit, die unheilvoll erscheinen. Das macht alles ziemlich Angst. Und dann flattern nachts auch noch Tiere durch die Luft. Fledermäuse zum Beispiel. Die sollen ja gefährlich sein und sich in den Haaren verheddern, wenn man nicht aufpasst. Was natürlich nicht stimmt, denn Fledermäuse haben eine beinahe unglaubliche Sensorik. Einmal hat man eine Fledermaus in einem abgedunkelten Raum fliegen lassen. Davor waren kreuz und quer Seile gespannt und an jedes Seil ein Glöckchen montiert worden, damit man sofort wusste, wenn die Flügel der Fledermaus daran streiften. Aber die Flügel der Fledermaus berührten kein einziges Seil. Denn durch ihre hochfrequenten Schreie, die Fledermäuse pausenlos ausstoßen, und das hochsensible Gehör orten sie jedes Hindernis in der Luft in Sekundenbruchteilen. Die Fledermaus sieht mit ihren Ohren.

Der Wald ist aber auch aufgrund der Märchen, die wir als Kinder zu hören oder vorgelesen bekamen, zu einem düsteren Ort geworden. Der Wald ist im Märchen meistens gefährlich. Es ist der Ort, an dem man sich hoffnungslos verirren kann, der Ort der Veränderung, der Herausforderung und eine Zwischenwelt auf dem Weg zur Läuterung. Gedanken an den Wald sind für die meisten von uns angstbesetzt und deshalb scheuen wir ihn vor allem in der Nacht.

Denkt man jedoch rational über den Wald nach, verliert er bald all seine Schrecken. Ich vergleiche seine Gefährlichkeit oft mit einer Autofahrt auf einer frequentierten Autobahn. Was ist letztlich bedrohlicher? Wie viele Menschen sterben jährlich im Wald und wie viele auf unseren Straßen? Aber wie oft denken wir, dass wir uns in äußerste Gefahr begeben, wenn wir in ein Auto steigen und auf einer Straße fahren? Müsste uns, wenn wir es überdenken, nicht Himmelangst werden, wenn wir mit dem Auto unterwegs sind? Dennoch ist meistens das Gegenteil der Fall. In einem Auto fühlen wir uns eher sicher, geborgen und gut aufgehoben. Dieser Gedanke ist sehr trügerisch und deckt sich keinesfalls mit der Wirklichkeit. Auf der Straße unterwegs zu sein, kann eine ziemlich gefährliche Sache sein. Dagegen ist der Wald ein wahrer Schutzort.

Die Faszination einer Glühwürmchenwanderung

Glühwürmchen sind interessante Wesen. Eigentlich sind sie gar keine Würmchen. Es sind in Wirklichkeit Käfer, und zwar Leuchtkäfer. Gut, wenn man sie unter dem Vergrößerungsglas sieht, würden sie vermutlich keinen Schönheitswettbewerb gewinnen, denn ansehnlich sind sie bei genauer Betrachtung nicht wirklich. Fliegen können bei den Glühwürmchen nur die Männchen. Die ebenfalls leuchtenden Weibchen sitzen am Boden und warten. Ein Glühwürmchen lebt beinahe drei Jahre lang als Larve. Es ernährt sich während dieser Zeit vor allem von Schnecken, denen es mit einem Giftbiss zu Leibe rückt. Bevor das Insekt als Leuchtkäfer startet, verbringt es noch einige Wochen im Puppenstadium. Das leuchtende Dasein des Glühwürmchens dauert nur wenige Wochen. Denn schon kurz nach der Paarung erlischt dieses wunderschön grün schimmernde Licht für immer. Aber ihre Nachkommenschaft ruht schon gut versorgt im Boden und macht sich bald auf eine lange Reise, die ihr Dasein am Ende wieder mit ihrem zauberhaften grünen Licht in der Nacht krönt, das uns so fasziniert.

Wann und wo kann man die Glühwürmchen am besten erleben? Aus meiner Erfahrung ist die Aktivität der Glühwürmchen sehr von den Witterungsbedingungen abhängig. Man sieht sie nicht, wenn es kühl oder kalt ist. Man sieht sie auch nicht, wenn es regnet. Am liebsten haben sie nächtliche Temperaturen zwischen 15 und 20 Grad. Dann kriechen sie aus ihren Verstecken und schweben durch die Nacht. Ich habe schon etliche Glühwürmchenwanderungen durchgeführt. Die Erfahrung hat mich jedoch gelehrt, dass man eine Glühwürmchenwanderung vorsichtshalber vielleicht einfach nur als Nachtwanderung ankündigen sollte. Denn trotz idealer Rahmenbedingungen, trotz wolkenloser, warmer Sommernächte kam es vor, dass wir bei einer solchen Wanderung nur ein einziges oder manchmal auch gar kein Glühwürmchen entdecken konnten. Unabhängig davon sind Wanderungen in der Nacht aber immer ein Erlebnis.

Die beste Gelegenheit, von Glühwürmchen verzauberte Wälder zu bestaunen, ergibt sich in unseren Breitengraden zwischen Mitte Juni und Mitte Juli. Die meisten Glühwürmchen habe ich bisher in Auwäldern gesehen, an die ungedüngte Wiesen grenzen. Hunderte, Tausende von Glühwürmchen konnten wir einmal in einem solchen Auwald bestaunen. Sieht man diese grünen, in leichten Wellenbewegungen durch die Nacht gleitenden Punkte, macht einen das wirklich ehrfürchtig und sprachlos.
Grundsätzlich findet man Glühwürmchen bei günstiger Witterung jedoch auch in den meisten anderen Wäldern. Ich veranstalte meine Glühwürmchenwanderungen meistens in einem Fichten-, Tannen- oder Buchenmischwald. In solchen Wäldern scheinen sich die Leuchtkäfer sehr wohl zu fühlen.
Eine Glühwürmchenwanderung ist wirklich etwas Unvergessliches. Einmal hörte ich in einem Supermarkt einen Teenager zu seiner Mutter sagen: „Den kenne ich.“ Als ich ihn fragte, woher er mich kenne, erzählte er mir, dass ich ihn und seine Kindergartengruppe einmal nachts bei einem Waldausflug begleitet habe. Dort seien in der Dunkelheit des Waldes grünleuchtende Würmchen durch die Luft geschwebt. Das habe ihn damals sehr beeindruckt. Mit 18 Jahren konnte er sich noch lebhaft an diese Glühwürmchenwanderung erinnern. Er war zu dieser Zeit noch keine sechs Jahre alt gewesen. Ich glaube, daran erkennt man, welche Bilder und Eindrücke so ein Ereignis in einem Menschen auslösen kann und wie sehr sie haften bleiben.
Ich erinnere mich noch sehr gut an diese Nachtwanderung mit den Kindergartenkindern. Als wir damals auf dem Weg zum nächtlichen Wald waren, spürte man bei den Kindern schon die Aufregung und Angst. Als dann im Dämmerlicht die ersten Fledermäuse über uns hin und her flatterten, konnten einige Kinder ihre Angst kaum noch ertragen. Kinder sehnen sich nach Sicherheit und Vertrauen. Ich hoffte, ihnen dieses Vertrauen zu geben, indem ich aus meinem Rucksack ein langes Seil auspackte, an dem sich sämtliche Kinder festhalten konnten. So ein Seil wirkt Wunder. Kurz bevor wir den Waldrand erreicht hatten, schalteten wir auch alle Taschenlampen aus. Wir hielten sie nur für Notfälle in den Jacken oder Rucksäcken bereit. Das Auge des Menschen hat sich über die Jahrtausende auch an die Dunkelheit bestens angepasst. Nach einigen Schritten erkennen wir selbst im Finsteren schemenhaft den Weg, die Wurzeln, die Bäume und auch Hindernisse. Die Rund-

strecke einer Glühwürmchenwanderung bereite ich aber trotzdem immer gut vor. Schon bevor es dunkel wird, platziere ich am Wegesrand kleine Gläschen mit Teelichtern. Auf jedes Kind der Gruppe wartet später im Dunkeln ein Licht, das es dann auch mitnehmen darf. Mit dem Licht in der Hand reiht sich das Kind hinten am Seil wieder ein und macht dadurch Platz für das nächste, das sein Licht suchen darf, das bald hinter einer Wegbiegung, an einer Wurzel oder hinter einem Stein die Nacht erhellt. So spazieren wir durch den Wald. Vorne leuchtet irgendwo ein Teelichtchen im Glas und links und rechts und über uns gleiten die Glühwürmchen in unseren Blick. Ja, diese Nachtwanderungen sind jedes Mal ein Erlebnis.
Und man muss die Kinderaugen sehen, nachdem die Glühwürmchenwanderung zu Ende ist und die kleinen Mädchen und Buben wieder in der sicheren Umgebung des Kindergartens angekommen sind. Dieses Strahlen, dieses Wissen, dass all die Ängste, die sie noch vor einigen Stunden geplagt und womöglich auch gequält haben, überwunden sind. Dass sie die Angst vor den Fledermäusen, vor denen man eigentlich gar keine Angst haben müsste, überwunden haben, dass sie die Angst vor der Dunkelheit in einem unheimlichen Wald überwunden haben. Dass sie gestärkt und mutiger aus diesem Erlebnis hervorgegangen sind. Das ist schön und unglaublich prägend und stärkend für unsere Kinder. Aber vielleicht kommen selbst wir als Erwachsene gestärkt, mutiger und stolzer von einer solchen nächtlichen Glühwürmchenwanderung zurück …

Das Geheimnis der magischen Lichter im Wald

Wenn Sie jemandem ein ganz besonderes, magisches Geschenk machen wollen, ist Folgendes vielleicht das Goldrichtige für Sie.
Sie treffen sich mit ihrer Gruppe am Waldrand. Am besten zur Zeit der Glühwürmchen, das verschafft eine noch intensivere, romantischere und zauberhaftere Stimmung. Sie haben vorher schon alles vorbereitet. Das war aufwändig, zugegeben, aber es wird unvergesslich sein, das kann ich Ihnen jetzt schon versichern. Sie begeben sich – am besten ohne Licht, ohne Fackeln oder Kerzen – auf einem gut begehbaren Forstweg immer tiefer in den Wald

hinein. Sie sollten das ein gutes Wegstück lang tun, denn der Ort, den Sie vorher ausgesucht haben, ist abgelegen und ruhig. Der Platz, den Sie als Ziel ausgewählt haben, sollte unbedingt eben sein. Im Idealfall ist er erst spät zu sehen, liegt hinter einem Felsen, hinter einem Hügel oder hinter einer uneinsehbaren Wegbiegung. Vielleicht sind Sie mehrere, die dieses nächtliche Ereignis organisiert haben, und führen ihre Gäste die letzten Meter vollkommen blind an diesen Ort, indem sie die Augen der Gäste mit einer Schlafmaske bedecken. Die Gäste spüren, dass man sie auf Holzbänke setzen lässt. Ihre Unterarme ruhen auf einem Tisch. Nachdem sämtliche Personen Platz genommen haben, bitten Sie Ihre Gäste, die Augenbinden abzunehmen. Ich garantiere Ihnen, dass Ihre

Gäste staunen werden. Es ist wie eine Reise zurück ins 19. Jahrhundert. Denn zwischen den Bäumen hängen – wie vor zweihundert Jahren oder mehr – kerzenlichterhellte Lampions. In allen Farben, in allen Formen, längliche, runde, blaue, gelbe, grüne, rote. 20, 30 Stück von solchen Lampions erhellen die Nacht. Dazwischen schweben vielleicht die grünlichen Lichter von Glühwürmchen durch die Luft. Sie haben Ihre Gäste an einen ganz besonderen Ort gebracht. Genießen sie diese Augenblicke, diese Feier an einem verzauberten Ort. Einiges sollten Sie bei diesem Erlebnis jedoch bedenken. Vergewissern Sie sich vorher beim Eigentümer des Waldes, dass Sie dort Lampions an den Bäumen aufhängen dürfen. Und gehen Sie stets achtsam und vorsichtig mit Feuerquellen um.

Ein Naturbett unter Bäumen

Früher läuteten an einem vorher vereinbarten Vormittag im Oktober oder November in vielen Ortschaften unserer Gegend die Kirchenglocken. All jene, die es betraf, wussten sofort weshalb, und setzten sich umgehend mit riesigen Stoff- oder Jutesäcken in Bewegung. Meistens traf man sich vor der Kirche des jeweiligen Ortes. Die Menschen verschwanden daraufhin in den nahen Buchenwäldern der einzelnen Gemeinden, den sogenannten Allmendwäldern. Das sind Wälder, die einer herrschaftlichen Besitzung oder einer Gemeinde gehören und unter bestimmten Bedingungen von der Bevölkerung der jeweiligen Herrschaft oder Gemeinde genutzt werden dürfen.
In diesen Wäldern begannen die Menschen nun trockenes Buchenlaub zu sammeln. Das Sammeln von Buchenlaub war an allen anderen Tagen des Jahres strengstens verboten, denn nach dem damaligen Verständnis raubte man dem Wald einen Teil seiner überlebenswichtigen Nährstoffe, wenn man das Laub uferlos entfernte. Aus manchen Wäldern wurde das Laub eingesammelt, um es als Einstreu in den Ställen zu verwenden. Wurde das Laub exzessiv entfernt, sah man das den Bäumen nach einigen Jahrzehnten an. Das Laub entwickelte sich nicht recht, wurde nicht mehr grün,

Buchenlaub

sondern gelb, weil die Nährstoffe fehlten. Wer vom Waldhirten beim Laubdiebstahl angetroffen wurde, musste mit einer Anzeige und empfindlichen Strafen rechnen. Nur die wenigsten wagten eine solche Übertretung.

An diesem einen Tag im Jahr war das alles jedoch erlaubt. Die Menschen kamen meist mit ihren Kindern, die ihnen dabei halfen, das trockene Buchenlaub in die riesigen Stoffsäcke zu füllen. Waren die Säcke vollgestopft, zogen die Menschen mit ihren Gehilfen nach Hause, kletterten auf den Dachboden, der bereits sauber gefegt war, leerten das trockene Buchenlaub aus und verteilten es gleichmäßig, damit sich auch die letzten Insekten aus dem Laub davonmachten. Danach ging es wieder zurück in den Wald und wieder wurden die Säcke dicht mit Buchenlaub gefüllt. So ging das den gesamten Tag. Wenn der Abend dämmerte, war das Laubsammeln wieder Geschichte und für ein weiteres Jahr verboten. In diesen Stunden mussten die Menschen so viel Laubvorrat zusammengerafft haben, dass sie, ohne Not daran zu leiden, durch das Jahr kamen.

Aber weshalb taten die Menschen das? Vor hundert Jahren waren die Zeiten noch anders. Geld war Mangelware und Annehmlichkeiten, wie wir sie heute kennen und als selbstverständlich erachten, für die meisten Menschen der damaligen Zeit nur in ihren Träumen vorstellbar. Rosshaarmatratzen und Daunendecken waren vor allem dem wohlhabenden Teil der Bevölkerung vorbehalten. Der Rest der Menschen musste sich mit dem zufriedengeben, was kostenlos oder günstig zur Verfügung stand. Um eine angenehme Nachtruhe zu genießen, war Buchenlaub für viele von ihnen ein kostbares und hochgeschätztes Gut. Aus dem trockenen und von kleinen Ästchen und Steinchen befreiten Laub wurden damals in vielen Haushalten Bettmatratzen gefertigt. Man legte dazu eine dichte Schicht trockener Buchenblätter auf das Bettgestell. Das Buchenlaub wurde aber auch als Füllmaterial von Kissen und Zudecken verwendet. Nun war man auch für kälteste Winternächte bestens vorbereitet.

Das Buchenlaub verlor nach einiger Zeit seine Luftigkeit, es wurde brüchig, sackte zusammen und musste deshalb mehrmals im Jahr ausgetauscht werden. In einigen Bergtälern wurde diese Art des Bettmachens bis in die Mitte des 20. Jahrhunderts gelebt. Sogar meine Großmutter, die im Jahr 1900 in einem ländlichen Gebiet in der Oststeiermark zur Welt kam und ihr Leben lang Bäuerin war, hatte ihr Ehebett mit Naturmaterialien ausgestattet. Als Matratze diente meiner Großmutter eine dichte Auflage aus trockenem Maislaub. Trotzdem genoss meine Großmutter ihr nächtliches Ruhen auf dieser Unterlage immer wieder ganz besonders. Jeden Abend freute sie sich auf die Nachtruhe und erklärte uns Enkelkindern mit einem Lächeln im Gesicht: „Schlafen ist das Schönste auf der Welt."

In der Schweiz gibt es einen findigen Landwirt, der mitten in den Bergen und unter freiem Himmel ein Doppelbett mit zwei Nachtkästchen in die Landschaft gestellt hat. Er nennt seinen Beherbergungsbetrieb ein sogenanntes Null-Sterne-Hotel. Angeblich werden die Nächtigungen in dieser besonderen Umgebung unter dem Sternenhimmel rege angenommen und sind meistens über Monate hinweg ausgebucht, obwohl sie ihren Preis haben.

Eine Nacht unter freiem Himmel, mitten im Wald, vielleicht noch mit einem Blick auf den nächtlichen Sternenhimmel, der durch die Baumkronen glitzert. Das sollte man unbedingt erlebt haben!
Am besten sucht man sich an einem trockenen Oktober- oder Novembertag einen mit Buchen bestandenen Hang, der nach Süden blickt. Hier kann man mit großer Wahrscheinlichkeit davon ausgehen, dass das herabgefallene Laub, das in dieser Zeit manchmal kniehoch liegt, schon gut abgetrocknet ist. Feuchtes oder gar nasses Laub ist leider vollkommen ungeeignet für dieses Projekt.
Zuerst sucht man einen ebenen, trockenen Platz. Darauf legt man die Liegematten oder eine Plane. Auf dieser Unterlage breitet man ein hohes, dichtes Bett aus Buchenlaub aus. Man kann danach auch ein Leintuch über das Laub legen. Anschließend begibt man sich auf die Suche nach weiterem trockenen Buchenlaub. Das Laub füllt man am besten gleich an Ort und Stelle in die Kissen- und Bettüberzüge. Man sollte jedoch darauf achten, dass das Laub nicht allzu sehr mit spitzen Ästchen oder Steinchen durchsetzt ist, damit man später, ohne gepikst oder gedrückt zu werden, eine friedliche Nachtruhe verbringen kann. Man breitet das Kissen und die Zudecke nun über die Matratze und hat sein Waldbett geschaffen. Wer es gerne noch ein bisschen kuscheliger haben möchte, kann über das Bettzeug noch einmal eine lockere Lage Buchenlaub breiten. Danach steht einer Nacht in einem Naturwaldhotel nichts mehr im Wege. Sie werden erstaunt sein, wie warm es sich unter dieser dichten Schicht aus Laub anfühlt. Es ist ein wahrlich wohliger Genuss.

Nächtlicher Zauber im Sommer – Staunen über die Laurentiustränen

Die Perseiden, das gehäufte Erscheinen von Sternschnuppen am Himmel, findet zwischen Anfang August und dem 12. August eines jeden Jahres statt. Da in diesen Tagen, am 10. August, das Fest des Märtyrers Laurentius begangen wird, nennt man die Sternschnuppen auch Laurentiustränen.
Dieses Erlebnis beginnt wieder mit dem Aufziehen der Nacht. Suchen Sie schon vorher einen offenen, ebenen Platz im Wald. Einen, von dem Sie einen guten Blick auf den Himmel haben. Nehmen Sie eine Liegematte und, da die Nächte im August manchmal auch schon etwas frisch sein können, eine leichte Decke oder einen Schlafsack mit. Kriechen Sie nun unter Ihre Decke, versinken Sie im Anblick des nächtlichen Himmels und staunen Sie über die Sternschnuppen, die in sanften Bögen niedergehen.

Die geheimnisvolle Aura des Waldes – Waldbaden und Achtsamkeitsübungen

Ich glaube, instinktiv spürt jeder Mensch, dass der Wald ein Ort ist, der ihm gut tut. Unterbewusst fühlt er, dass hier ein Gleichgewicht herrscht, das in einer belebten Stadt mit wenig Grün wie verschwunden scheint.
Ich erinnere mich noch sehr gut an den März des Jahres 2020. Etwas bisher nicht Dagewesenes spielte sich in den Wäldern ab. Ich staunte wirklich und die Holzarbeiter ebenfalls. Der Wald war in diesen Wochen im Frühling wie ein Magnet für die Bevölkerung aus den umliegenden Ortschaften – was die Holznutzungen manchmal wirklich erheblich erschwerte, da sich viele Menschen, die durch den Wald streiften, der Gefahr, die das Fällen von Bäumen mit sich bringt, nicht immer bewusst waren. Ich schätze, dass in diesen Wochen, in

denen die Corona-Pandemie ihren Anfang nahm, zehn Mal so viele Menschen den Wald aufsuchten wie in den Zeiten zuvor. Sie schienen förmlich in den Wald zu flüchten. Später wurde mir bewusst, dass diese Flucht der Angst entsprungen war, einer unbekannten Krankheit zum Opfer zu fallen. Diese Angst schien so groß zu sein, dass sie einen Ort suchten und fanden, der sie beschützte und in dem sie neue Kräfte sammeln konnten: den Wald. Ich glaube jedoch, dass die wenigsten der Waldspaziergänger wussten, dass die Waldluft, die sie einatmeten, dem Körper so gut tut. Vermutlich hatte noch niemand von ihnen etwas von Phytonziden gehört, von diesen antibiotischen Substanzen, die Bäume an die Umgebungsluft absondern, um selbst besser vor Schädlingen geschützt zu sein. Der Hauptbestandteil der Phytonzide im Wald sind Terpene. Atmet der Mensch solche Stoffe ein – und das tut er im Wald zwangsläufig – helfen ihm diese ebenfalls bei biotischen oder viralen Angriffen.
Aber die Phytonzide und der Aufenthalt im Wald bewirken noch mehr im Menschen. Der Blutdruck sinkt nachweislich, der Puls kommt zur Ruhe und die Konzentration des Stresshormons Kortisol nimmt deutlich ab. Zudem sinkt die Blutaktivität im präfrontalen Cortex, dem Teil des Gehirns, der besonders aktiv ist, wenn wir konzentriert arbeiten. Das bedeutet, im Wald kann der präfrontale Cortex besser zur Ruhe kommen als in einer belebten Stadt. Dr. Qing Li, Professor an der Nippon Medical School in Tokio, hat in seinen Studien nachgewiesen, dass der Aufenthalt im Wald sogar hilft, das Immunsystem des Menschen zu verbessern. Bei Menschen, die sich einen Tag lang im Wald aufhielten, stieg die Anzahl der Killerzellen unserer Immunabwehr laut seinen Studien um 40 Prozent. Dieser Wert steigt sogar dann noch, wenn die Aufenthalte mehrere Tage dauern oder regelmäßig wiederholt werden.

Was zudem noch von großer Bedeutung ist: Der Wald ist in der Lage, bis zu 90 Prozent der Schadstoffe zu filtern, die sich in der Luft befinden. Das macht ihn zu einem ganz besonderen Ort. Die Flucht in den Wald war für viele Menschen im Frühjahr 2020 unbewusst die Flucht in die rettende Gesundheit. Ich glaube auch, dass die wenigsten von ihnen etwas über die aus Japan stammende Kunst des Shinrin Yoku wussten. Trotzdem haben diese Menschen sie praktiziert. Das Baden in der Waldluft, das Stärken des eigenen Immunsystems, das Loslassen der Ängste, indem sie sich im Wald aufhielten und Teil von ihm wurden.

Wälder sind besondere Orte. Sich in ihnen aufzuhalten ist etwas anderes, als durch Einkaufszentren oder belebte Städte zu schlendern. Etwas, das an diesen Orten zur Normalität gehört, fehlt in den Wäldern. Etwas, das uns sonst meistens begleitet: Geschwindigkeit, Tempo, Hektik. Dem Wald sind Eigenschaften wie Eile grundsätzlich fremd. Es gibt in der Regel keine Hektik, alles befindet sich in einem ruhigen Fluss. Und dieses Fließen vollzieht sich meist sehr langsam. Wald ist ein Sehnsuchtsort. Aber es scheint, dass man uns für all seine Qualitäten erst wieder sensibilisieren muss. Vielen von uns ist der Wald fremd geworden. Diese Gleichmäßigkeit, diese Ruhe, diese Langsamkeit. Aber halten wir uns einige Zeit in einem Wald auf, spüren wir es unterbewusst. Die wohltuende Langsamkeit, den frischen Atem, den er verströmt. Den gleichmäßigen und ruhigen Rhythmus der Natur. All das tut uns gut, wir spüren es und werden davon durchdrungen, wenn wir wieder in ihm angekommen sind.

Waldbaden klingt vielleicht etwas seltsam. Ein Laie würde möglicherweise vermuten, dass man dabei im Wald eine Pfütze oder einen Teich aufsucht und darin badet. Das kann zwar auch der Fall sein, ist in der Regel aber nur selten so. Waldbaden bedeutet viel mehr, dass sich der erholungssuchende Mensch in den Wald begibt und darin ausspannt. Ausspannt von der Hektik, dem Stress und der Unruhe. Es ist ein Baden in der frischen Waldluft. Eigentlich bedeutet Waldbaden aber auch, zu sich selbst zurückzukommen, sich treiben zu lassen, ohne Ziel, ohne Leistungsdruck oder Zwang. Ich lasse mein Mobiltelefon bei solchen Ausgängen meistens zu Hause. Ich verzichte auch darauf, eine Uhr zu tragen. Zeit soll in diesen Waldstunden keine Wichtigkeit mehr haben. Wenn Sie sich in den Wald begeben, gehen Sie langsam und machen bereits eine Pause, noch bevor die Ahnung in ihnen heraufdämmert, dass Sie müde werden könnten. Ruhen Sie sich aus, setzen Sie sich hin. Machen Sie es sich bequem und erheben Sie sich erst wieder, wenn Sie sich frisch und ausgeruht fühlen. Werden Sie langsam. Dann gehen Sie gemächlich weiter. Achten Sie wirklich auf ein behutsames und gemütliches Tempo. Mir fällt in diesem Zusammenhang immer ein weises chinesisches Sprichwort ein: „Schnecken können mehr über den Weg erzählen als Hasen." Ja, Sie werden mehr erleben, wenn Sie entschleunigen, und Sie werden Ihre Umgebung auch intensiver wahrnehmen, wenn Sie Ihre Bewegungsgeschwindigkeit bewusst gemächlich halten.

Es ist vielleicht der größte Unterschied zum Wandern: Beim Wandern setzt man sich ein Ziel, einen Gipfel, eine Route, die man bezwingen will. Dieses konkrete Ziel fehlt beim Waldbaden. Dort gibt es kein Ziel. Der Fokus liegt auf dem bewussten Eintauchen in die Atmosphäre des Waldes. Waldbaden im Konkreten heißt vor allem achtsam sein. Aber man benötigt etwas sehr Kostbares dazu, etwas, was vielen Menschen abhandengekommen zu sein scheint. Zeit. Zeit, um wieder zu sich selbst zu finden und anzukommen in seiner eigenen persönlichen Mitte.

Wenn ich mich zum Waldbaden in das Reich eines Waldes begebe, mache ich das immer sehr bewusst. Und zwar schon dann, wenn ich den Rand eines Waldes erreiche. Mit dem ersten Schritt, den ich in den Wald setze, sage ich mir: Hier beginnt das Paradies. Das ist vielleicht die erste Achtsamkeitsübung. Mit diesem ersten Schritt in den Wald erfüllt sich die Vorfreude. Einige Sätze begleiten mich dabei immer wieder: „Im Hier und Jetzt sein. Hier und jetzt, alles andere ist egal. Die folgende Zeit gehört mir und meiner Erholung. Ich werde in den nächsten Stunden nichts von alledem, was mich gedanklich beschäftigt, ärgert, frustriert, in den Wald mitnehmen. Ich lasse all das draußen." Und dann sage ich mir: „Du wirst in den nächsten Stunden keines deiner Probleme ändern können, und weil du sie nicht ändern kannst, lässt du sie

draußen aus dem Wald.“ Am besten legen Sie Ihre Waldausgänge so, dass Sie danach keine Termine mehr wahrnehmen müssen und Sie zeitlich frei sind, um Ihren Aufenthalt im Wald vollkommen unbeschwert genießen zu können.

Ruhe und Abgeschiedenheit sind grundsätzliche Voraussetzungen für das Waldbaden. Die Anzahl der Terpene ist in einem Nadelwald höher als in einem reinen Laubwald. Wenn Sie also die Möglichkeit haben, besuchen Sie einen naturnahen Nadelwald, in dem aber auch einige Laubbäume wachsen. Vielleicht sollten Sie sich keine Fichtenmonokultur als Zielort aussuchen. Ich glaube, dass wir auch das spüren. Künstlich errichtete Forste, Bäume, die in einem Abstand von drei auf drei Meter in Reih und Glied gepflanzt wurden und letztlich zu Baumfabriken in der Natur vergewaltigt wurden, erzeugen in uns nicht wirklich ein harmonisches Wohlgefühl. Nehmen Sie keine breiten Wanderwege oder Forststraßen, um an diesen stillen Ort zu gelangen. Suchen Sie lieber Wildwechsel von Rehen. Diese Pfade sind meist sehr schmal, aber vom Wild oft so gut ausgetreten, dass Sie bequem darauf entlangschlendern können. In Wäldern mit hohen Bäumen lässt es sich ebenfalls gut flanieren. Kratzende Brombeeren oder Unterholz, das man nur schwer überwinden kann, findet man dort eher selten. Suchen Sie zuerst einen ebenen Platz, an dem Sie nach Möglichkeit keine störenden Geräusche mehr wahrnehmen.
Sie könnten auch eine Wanderkarte zur Hand nehmen und zuerst Ihren ganz persönlichen Weg durch den Wald suchen. Lassen Sie sich Zeit. Zeichnen Sie Ihre Route auf der Wanderkarte ein:
Der Weg, den ich in einem naturnahen Fichten-, Tannen- oder Buchenwald gesucht und gefunden habe, weist mehrere Unterschiede auf. Gemein haben sämtliche Abschnitte, dass sie abgelegen und ruhig sind. Auf meinem Rundweg, der jedoch mehrere Abzweigungen, Abkürzungen und Umwege aufweist, die ich schon vorher gesucht und gefunden habe, gibt es sehr alte Bäume und Abschnitte, die bemoost und frei von stechenden Brombeerpflanzen sind, sodass man sie auch sehr gut barfuß begehen kann. An einer Stelle liegt ein umgestürzter Baum, auf dem es sich sehr gut balancieren lässt. Es gibt einen kleinen Bach, der leise gurgelt und beruhigend plätschert, es gibt Flächen, auf denen ich durch die lockeren Baumkronen einen guten Blick auf den Himmel habe, es gibt den stillsten, abgeschiedensten Ort des Rundweges. Und der

Rundweg weist keine körperlich anstrengenden Wegabschnitte auf. Den Weg des Tages nehme ich nach Gespür. Manchmal ist er länger, manchmal ist er kürzer, manchmal nehme ich die eine Abzweigung, manchmal die andere. Ich lasse mich einfach vom Gefühl leiten.

Ich gebe zu, dass solche Rahmenbedingungen nicht immer leicht zu finden sind. Aber nehmen Sie sich Zeit, begeben Sie sich auf die Suche nach Ihrem ganz persönlichen Erholungs- und Ruhewald. Ich glaube, dass sich diese Suche lohnt. Denn haben Sie ihn einmal gefunden, wissen Sie, dass es ein Wohlfühlort für Ihren Körper und Ihre Seele ist, der immer für Sie da ist, wenn Sie ihn brauchen oder wenn Sie Sehnsucht nach ihm haben.

Balancierbaum

Einsamer Bachlauf

Waldbaden heißt, sich den eigenen Sinnen hinzugeben: sehen, hören, riechen, tasten, schmecken.
Unsere Augen haben eine wichtige Funktion für uns. Mit unserem Sehen treten wir mit dem Außen, also mit der Welt in Kontakt. Das Gehör dient dazu, die Welt in uns hineinzulassen. In ähnlicher Weise funktionieren das Riechen, Schmecken und Tasten. Beim Waldbaden geht es vor allem darum, unsere Sinne bewusst zu erleben. Einzutauchen und zu sein. Lassen Sie sich dabei von den Geschehnissen im Wald und vom Wetter, das gerade herrscht, leiten. Vom

Wind, der Sonne, den Wolken. Nehmen Sie an, was Ihnen der Wald an diesem Tag an Eindrücken bietet.
Nachfolgend habe ich eine Vielzahl von Achtsamkeitsübungen aufgelistet, die Sie im Wald ausprobieren können. Alles, was sie dafür brauchen, ist meist nur eine Liegematte oder eine Decke.

Die Atemübung

Nachdem Sie den Wald betreten haben, beginnen Sie am besten mit einer Atemübung. Es ist wie ein Ankommen. Ein Langsamwerden und Zur-Ruhe-Kommen. Sie breiten Ihre Liegematte auf dem Boden aus, legen sich bequem auf die Matte und konzentrieren sich ausschließlich auf Ihre Atmung. Diese bewusste Übung pendelt Sie zurück in die Mitte. Gleichzeitig atmen Sie die wohltuenden Stoffe ein, die die Bäume verströmen. Baden Sie mit Ihrer Atmung in der wohltuenden und heilsamen Waldluft. Setzen Sie sich bei dieser Übung kein Zeitlimit. Sie spüren, wann Sie sich wieder erheben wollen, um weiterzuschlendern.

Der geheimnisvolle Blick in die Baumkronen und den Himmel

Suchen Sie einen geeigneten Platz unter der Krone eines Baumes, legen Sie sich auf Ihre Liegematte. Wenn Sie eine Jacke dabei haben, falten Sie sie zusammen oder nehmen Sie ein Kissen mit und betten Sie Ihren Kopf darauf. Vielleicht weht gerade ein leichter Wind. Versinken Sie im Anblick der Blätter, die sich möglicherweise leicht bewegen. Genießen Sie das leise Rauschen des Laubes. Lassen Sie Ihre Blicke von Ast zu Ast wandern.

Suchen Sie alternativ einen Platz, der etwas lockerer mit Bäumen bestanden ist. Der Himmel sollte noch gut sichtbar sein. Sie liegen auf dem Rücken und blicken an den Bäumen vorbei, hinauf in den Himmel. Vielleicht ziehen über den Baumkronen gerade Wolken dahin. Folgen Sie mit Ihren Blicken dem Ziehen dieser Wolken. Beobachten Sie, wie sich die Wolkenbilder verändern, neue Wolkenformationen am Himmel entstehen und in Ihr Fenster gleiten, das von Baumkronen eingerahmt ist.

Das Blütengeheimnis – Frühlingserwachen

Suchen Sie einen Baum, der gerade blüht. Am ehesten eignet sich vielleicht ein Kirschbaum oder ein Weißdornstrauch. Das Weiß der Blüten ist nur von sehr kurzer Dauer. In ein, zwei Wochen ist die Blütenpracht wieder erloschen. Nehmen Sie einen Platz ein, der Ihnen einen guten Blick auf den blühenden Baum oder Strauch verschafft. Betrachten Sie ihn und versinken Sie im Weiß seiner Blüten.

Blühender Kirschbaum

Der Zauber der Geruchswelten im Wald

Mit dem Frühling kehren die intensiven Gerüche in den Wald zurück. Die feuchte Walderde duftet, die Bäume strömen vermehrt heilsame Terpene aus, wenn die Tage wärmer werden. Um ein Geruchserlebnis ganz intensiv zu spüren, habe ich einen interessanten Vorschlag. Man benötigt dazu zwei 15 bis 20 Zentimeter lange Abschnitte eines sehr kleinen – am besten abgestorbenen – Baumes. Der Durchmesser dieser Abschnitte muss nicht größer als 20 Zentimeter sein. Diese beiden Hölzer stellen Sie am Kopfende links und rechts neben Ihre Liegefläche. Die Rundlinge befinden sich nun neben Ihrem Kopf auf Nasenhöhe. Auf diese legen Sie nun Materialien aus dem Wald, die intensiv duften. Zum Beispiel

Zwei Holzpflöckchen mit Bärlauch

Bärlauch, Fichtenzapfen, frisches Reisig von Nadelbäumen, feuchtes Moos, feuchte Erde, Rindenteile oder Ähnliches. Nun strömen die Düfte wie bei einer Stereoanlage von beiden Seiten zu Ihren Nasenflügeln und das Dufterlebnis kann beginnen. Sind Sie zu zweit im Wald, können Sie auch Folgendes probieren: Eine Person trägt eine Augenbinde und bekommt von der anderen Person einen duftenden Gegenstand aus dem Wald unter die Nase gehalten. Lassen Sie den Geruch auf sich wirken, während Sie langsam ein- und ausatmen.

Das Gleichgewicht finden

Wenn Sie durch den Wald schlendern, kommen Sie vielleicht an einem umgestürzten Baum vorbei, der auf dem Waldboden liegt. Nehmen Sie die Gelegenheit wahr. Balancieren Sie über diesen Baum, um Ihr Gleichgewicht zu finden und Ihre Achtsamkeit zu üben. Vielleicht befreien Sie sich auch von Ihren Schuhen und Socken und balancieren barfuß über den Baum. Strecken Sie Ihre Arme aus und gehen Sie über den Baumstamm. Verinnerlichen Sie dabei den Gedanken, dass Sie gerade in Ihrem inneren Gleichgewicht ankommen. Vielleicht balancieren Sie auch mehrere Male auf dem Baumstamm hin und her. Diese Übung dient übrigens auch der Sturzprophylaxe.

Das Geheimnis der Waldsonne

Begeben Sie sich an einen Waldplatz, der von der Sonne beschienen wird. Legen Sie sich auf eine Matte und betten Sie Ihren Kopf auf ein mitgebrachtes Kissen. Schließen Sie die Augen und konzentrieren Sie sich auf die Stellen des Körpers, die gerade von den Sonnenstrahlen berührt werden. Spüren Sie die Wärme der Sonnenstrahlen und nehmen Sie die Energie der Sonne in sich auf. Von großer Bedeutung ist in diesem Zusammenhang der Umstand, dass Vitamin D erst mithilfe der UV-B-Strahlen der Sonne gebildet werden kann. Grob umrissen funktioniert die Aktivierung von Vitamin D so: Damit Vitamin D überhaupt in unserem Körper hergestellt werden kann, benötigt der Körper Sonnenlicht, insbesondere die ultraviolette B-Strahlung. Diese Sonnenstrahlen dringen durch die obersten Hautschichten. Durch verschiedene Stoffwechselprodukte im Körper wird danach Vitamin D gebildet. Produziert wird es vor allem vom Frühjahr bis in den Herbst. Im Winter sinkt der Vitamin-D-Spiegel. Die UV-B-Strahlung ist auch für die Bräunung der Haut zuständig und verursacht bei zu langem Sonnenbaden auch Sonnenbrand. Der Genuss an der Sonne sollte sich deshalb je nach Jahreszeit auf 15 bis 30 Minuten beschränken.

Das Geheimnis des Waldkonzerts – Ein Ereignis für Frühaufsteher

Suchen Sie sich am Tag zuvor schon einen Weg aus, auf dem Sie sich auch im Dunklen zurechtfinden. Am nächsten Tag begeben Sie sich, ausgestattet mit einer Stirnlampe, einer Liegematte, einem Kissen und einer Decke, rechtzeitig schon vor dem Morgengrauen an diesen Ort und legen sich hin. Wenig später geht es los: Ein Konzert der Vögel, das jeden Morgen ungefähr eine Stunde vor Sonnenaufgang beginnt und dessen große Intensität in der Regel mit den ersten Sonnenstrahlen endet. Ein unbeschreibliches Gefühl.

Man kann das Erlebnis des Vogelgezwitschers in abgeschwächter Form aber den ganzen Tag erleben. Mit der Abenddämmerung beginnen sich die Vögel der Nacht zu melden. Die Waldkäuze, die Uhus und Eulen. Auch das ist etwas ganz Besonderes.

Sommergoldhähnchen

Die geheimnisvolle Musik eines Baches

Sich an einem heißen Sommertag in den Wald zurückzuziehen ist eine sehr gute Entscheidung. Je höher die Temperaturen steigen, desto mehr Phytonzide – und hier vor allem Terpene – produziert der Wald. Die höchste Ausschüttung dieser Phytonzide erfolgt bei Temperaturen um die 30 Grad. Man kann den intensiven Duft, den der Wald verströmt, dann auch am besten wahrnehmen. An solchen Tagen bietet es sich an, im Wald einen kleinen

Bach aufzusuchen, an dem Sie sich bequem auf Ihrem Sitzkissen niederlassen können. Ziehen Sie Ihre Schuhe aus und lassen Sie die Füße vom Wasser umspülen. Lassen Sie sich dabei in die Geräusche versinken, die der Bach von sich gibt. Horchen Sie dem Gurgeln des Wassers nach, dem Glucksen und feinen Rauschen.

Geheimnis- und Vertrauensbaum – ein Zufluchts- oder Heimatort

Auf Ihren langsamen Streifzügen durch den Wald kommen Sie vermutlich früher oder später an dem einen oder anderen Baum vorbei, der Sie beeindruckt. Vielleicht ist es eine mächtige Buche oder eine riesige Fichte oder eine Weißtanne mit einem Kronendach, das beinahe bis zum Boden reicht. Einer dieser Bäume könnte Ihr geheimer Vertrauensbaum sein oder Ihr Zufluchts-

oder Heimatbaum. Legen Sie Ihre Sitzunterlage zwischen zwei Wurzelarme und setzen Sie sich nieder, lehnen Sie sich an den Stamm des Baumes, der Ihnen Halt und Sicherheit gibt. Machen Sie diesen Baum zu Ihrem Vertrauten und den Platz, an dem er steht, zu Ihrem ganz persönlichen Rückzugs-, Zufluchts- oder Heimatort.

Herbstlicher Zauber oder das große Farbenspiel

Diese Übung ist eine ganz besondere. Begeben Sie sich an einem Herbsttag in den Wald und suchen Sie einen Laubbaum, der gerade seine Blätter verliert. Legen Sie Ihre Liegematte auf den Boden, schlüpfen Sie unter Ihre Decke oder in Ihren Schlafsack, betten Sie den Kopf auf das Kissen und betrachten Sie das verfärbte Laub des Baumes. Am faszinierendsten ist diese Übung, wenn ein leichter Wind weht. Die Blätter trudeln langsam aus der Krone und segeln zu Boden. Wenn man aufmerksam ist, kann man sogar hören, wie die einzelnen Blätter auf ihrem Weg durch die Krone leise gegen Äste stoßen und dann weiter Richtung Boden sinken.

Das Sammeln von Waldfrüchten und Erinnerungen

Als kleines Kind begleitete ich an den Sommer- und Herbsttagen meine Großmutter des Öfteren in den Wald. Meine Großmutter sprach manchmal über Stunden kein Wort, während wir so dahinstreiften und Heidel- oder Brombeeren sammelten und hin und wieder auf Pfifferlinge stießen, die sie in einen eigenen Korb legte. Manchmal sammelten wir unter Buchen auch kleine Buchecker. Schweigend vergingen diese Tage. Ich fühlte mich immer sehr geborgen in der Nähe meiner Großmutter. Das Sammeln von Wildfrüchten ist ein meditativer Akt. Man versinkt und vergisst sich im Pflücken dieser Früchte. Im Blau der Heidel- oder Brombeeren, von denen ich in der folgenden Nacht oft träumte, im Orange der Pfifferlinge. Am Ende solcher Tage kehrten wir zwar immer etwas müde, aber gleichzeitig zufrieden und glücklich nach Hause zurück. Die Behältnisse und Körbe zogen schwer an unseren Armen und Händen und diese Schwere löste etwas Besonderes in uns aus. Wir hatten Schätze des Waldes gehoben, die wir später zu Marmeladen und Kompotten verarbeiteten. Die Pfifferlinge gab es am selben Abend, vermengt mit Bröseln und Ei. Aus einem Teil der Heidelbeeren zauberte meine Großmutter eine Köstlichkeit, die sie Schwarzbeernigel nannte. Es war ein flacher Kuchen, übervoll belegt mit einem Meer aus Heidelbeeren. Nachdem sie den Kuchen aus dem Backrohr genommen hatte, bestreute sie ihn mit Staubzucker. Ach, was waren das für wunderbare Tage bei meiner Großmutter auf dem Bauernhof und in den umliegenden Wäldern.

Preiselbeeren – eine absolute Köstlichkeit als Marmelade

Waldfrüchte ernten ist etwas sehr Beruhigendes und Meditatives. Begeben Sie sich an einem Sommer- oder Herbsttag in den Wald und tauchen Sie ein in die Fülle aus Früchten, die Ihnen der Wald schenkt. Nach einigen Stunden erwachen Sie wieder wie aus einer Trance. Inzwischen sind Ihre Körbe und Behälter voll mit Früchten. Was für ein ganz besonderes Glücksgefühl!

Das Geheimnis des Regenbadens

Wenn es tröpfelt oder regnet, werden Sie in der Natur vermutlich nur sehr wenigen Menschen begegnen. Im Wald hört man es leise auf den Baumkronen knistern. Manchmal lässt ein großer Tropfen von einem Ast los. Die meisten Menschen haben sich in ihre Häuser oder Wohnungen zurückgezogen. Die Wälder scheinen nun beinahe verwaist und wie unberührt. In diesen Stunden im Wald zu sein, kann zu einem großen Genuss werden, wenn man dem Wetter entsprechend gekleidet ist. Und in der heutigen Zeit sind regensichere Kleider und wasserdichtes Schuhwerk, das Regen mehrere Stunden lang widersteht, beinahe schon zum Standard geworden. Spazieren Sie langsam auf den Pfaden oder Wegen durch den Wald. Atmen Sie die frische Luft. Der Regen tropft auf die Baumkronen, Blätter und Nadeln. Alles glänzt frisch vor Nässe. Horchen Sie den Geräuschen nach, die sich ausgedünnt haben. Vielleicht zwitschert hier oder da noch ein Vogel. Wenn Sie einsame Spaziergänge in der Natur lieben, ist ein Regentag der ideale Zeitpunkt für Sie. Genießen Sie diese ruhigen, stillen Stunden in der Natur und im Wald.

Der Zauber des Herbstnebels

Es ist bei dieser Übung besonders wichtig, dass Sie den Weg, den Sie durch den Wald nehmen, sehr gut kennen. Nebel und Wald kann eine sehr gefährliche Kombination sein. Wenn Sie sich nicht genau orientieren können, ist es leicht möglich, dass Sie sich verirren und das kann eine sehr unangenehme Erfahrung werden. Dichter Nebel ist unter Umständen sehr gefährlich. Denn dann besteht die Gefahr, irgendwo abzustürzen. Wenn Sie die Umgebung und den Weg durch den Wald jedoch sehr gut kennen, ist ein Waldbaden im Nebel ein ganz besonderes Erlebnis. Wichtig ist auch eine Kleidung, die dem Nebel angepasst ist.

Legen Sie sich gut eingepackt auf Ihre Liegematte, kriechen Sie unter Ihre Decke oder in den Schlafsack und blicken in den Nebel. Vielleicht erkennen Sie die Bäume in der Nähe nur noch schemenhaft. Irgendwo habe ich einmal gelesen: „Ich mag den Nebel. Ich mag es, wenn man nur noch zwei, drei Meter weit sieht. Dann ist die Welt so klein geworden, dass sogar ich sie verstehe.“ Das ist doch auch ein tröstlicher Gedanke. Die Welt wird kleiner und überschaubarer wie ein Nest aus Nebel.

Winterzauber

Der Winter ist eine besondere Zeit im Wald. Vieles ist jetzt zur Ruhe gekommen. Die Laubbäume haben schon vor Wochen ihre Blätter verloren und die Lärchen ihre Nadeln. Wenn frischer Schnee liegt, ist ein Waldbad ein exklusiver Genuss. Zwischen den einzelnen Schneekristallen befindet sich nun viel Luft. Der Schall wird dadurch erheblich gedämpft, alles ist leiser geworden. Es ist so, als wären die Welt und die Zeit zum Stillstand gekommen. Wenn der Schnee liegen bleibt, reflektiert er nachts immer noch eine Spur Restlicht. Die Konturen der Bäume und Sträucher sind gut erkennbar. Ein besonderes Abenteuer kann ein Waldbad in einer Winternacht bei Vollmond sein. Dann werfen die Bäume scharfumrissene Schatten auf den Schnee. Die Schuhe knirschen über dem winterlichen Untergrund. Sind Sie mit einer Liegematte und einem

Thermoschlafsack ausgestattet, der auch noch bei minus 25 Grad einen angenehmen Komfort bietet, können Sie sich in einer solchen Nacht auf einem ebenen Waldfleck auf den Boden legen und den winterlichen Nachthimmel und den Mond bestaunen. Ziehen Sie sich bei diesem Abenteuer jedoch unbedingt warm an. Vergessen Sie nicht auf Thermounterwäsche, Handschuhe, einen Gesichtsschutz und auf eine Mütze.

Das Geheimnis des Spurenlesens im Winter

Wenn an Wintertagen Schnee liegt, befinden sich darin oft Spuren von Tieren. Lassen Sie sich treiben. Folgen Sie ganz langsam einer solchen Tierspur im Schnee. Wohin führt sie? Wo endet sie? Vielleicht finden Sie auch ein Lager, das ein Tier im Wald hinterlassen hat. Man erkennt ein solches sehr gut an der Mulde, die das Wild in den Waldboden gescharrt hat. Um sich nicht zu verirren, folgen Sie danach am besten wieder Ihren eigenen Schritten, die sie durch den verschneiten Wald gezogen haben, zurück zum Anfang Ihrer Spurensuche. Beachten Sie jedoch, diese Achtsamkeitsübung ausschließlich in sicherem Gelände durchzuführen.

Tierspuren im Schnee

Am Ende eines jeden Waldbadens

Kurz bevor Sie am Ende einer Waldrunde angekommen sind, suchen Sie am besten noch einmal einen ruhigen Platz und beenden das Waldbaden in der gleichen Weise, wie Sie es begonnen haben: Sie breiten auf einer ebenen Fläche Ihre Liegematte aus, legen sich hin und konzentrieren sich auf Ihren Atem. Dieser Abschied soll die Vorfreude auf das nächste Waldbaden sein. Wenn Sie das Gefühl haben, im Gleichgewicht zu sein, erheben Sie sich und verlassen den Wald im Wissen, dass Sie diesen Genuss bald wieder erleben dürfen. Und zwar, weil Sie Ihrem Körper und Ihrer Seele immer wieder einmal etwas Gutes tun wollen.

Noch ein kleiner Tipp zum Schluss

All diese Übungen können Sie auch noch ein bisschen variieren. Finden Sie gerade keine Möglichkeit ein Waldstück aufzusuchen, an dem es ruhig ist, können Sie der Stille auch ein bisschen nachhelfen. Ich habe immer eine Packung Ohrenstöpsel dabei. Wenn die Geräuschkulisse in meiner Nähe etwas zu laut ist, stopfe ich mir einfach diese Pfropfen in die Ohren und lasse die störenden Nebengeräusche nicht mehr an mich heran. Sie können Ohrenpfropfen aber auch dann verwenden, wenn Sie Ihre Achtsamkeit an diesem Tag gerne auf das Visuelle lenken wollen. Andersrum ist es auch möglich, eine Augenbinde aufzusetzen, wenn Sie intensiver und bewusster dem Rauschen des Waldes oder dem Zwitschern der Vögel nachhören wollen.

Das Geheimnis von Feuer und Holz

Feuer ist ein archaisches Element. Vor Jahrtausenden prägte das Feuer das Leben und den Tagesablauf unserer Vorfahren ganz entscheidend. Ohne Feuer und die Wärme, die es abgibt, wurde das Überleben sehr schwierig. Mit knisterndem und wärmendem Feuer verbinden wir Gefühle von Geborgenheit und Sicherheit. Aber bevor Sie Feuer entfachen, müssen Sie einige Dinge unbedingt beachten. Entfachen Sie es ausschließlich an Plätzen, an denen es erlaubt ist, eine Feuerstelle zu errichten. Verzichten Sie nach längeren Trockenperioden und nach langen regenfreien Phasen unbedingt darauf. Machen Sie nie Feuer an südseitig ausgerichteten Bergflanken, an denen über viele Stunden des Tages die Sonnenstrahlen den Waldboden extrem austrocknen können. Auf solchen Flächen genügt schon eine Glasscherbe oder eine unachtsam weggeworfene Zigarettenkippe, um einen schrecklichen Waldbrand auszulösen.

Wald und Feuer. Das gehört seit undenklichen Zeiten zusammen. Unsere Vorfahren waren bis weit in das 19. Jahrhundert vor allem vom Brennholz abhängig, das in unseren Wäldern gewonnen wurde. Es gab kein Öl, kein Gas, keinen Strom und vor dem Eisenbahnzeitalter auch an den wenigsten Orten Kohle, die man von weither herantransportieren musste, um sie als Energiequelle nutzen zu können. Seit Jahrtausenden ist der Mensch also sehr eng mit dem Rohstoff Holz verbunden. Die Gerüche von verbrennendem Holz und Rauch sind tief in unserem genetischen Gedächtnis verankert. Meine Großmutter verbrachte einen Großteil ihres Lebens vor dem Kochherd ihrer Küche. Holz war für sie, wie für viele andere in dieser Zeit, etwas Tagtägliches, etwas, das ihr Leben sehr geprägt hat. Ich kann mich noch sehr gut an den Tagesablauf meiner Großmutter erinnern. Das Erste, womit sie sich jeden Morgen beschäftigte, war im Kochherd ein Feuer zu

entfachen. Jahrzehntelang. Als das Feuer im Ofen zu knistern begann, setzte sie einen kleinen Topf mit Milch auf und erwärmte sie, bis sie lauwarm war. Danach salzte sie die Milch etwas und tunkte mit einem Löffel Brot in die Milch. Das war ihr tägliches Frühstück und Ritual.
Wenn wir heute ein Feuer entfachen oder ein Feuer sehen, werden tief in uns, meist ganz unbewusst, Erinnerungen an frühere Generationen wach. Feuer hat etwas Magisches an sich, etwas Geheimnisvolles, etwas, das uns ins Staunen versetzt und meistens auch sehr friedlich stimmt. Feuer ist ein Element, das das Überleben unserer Vorfahren über Jahrtausende entscheidend geprägt und gesichert hat.

Das Geheimnis des Feuermachens

Feuermachen ist eigentlich ziemlich einfach. Aber nur, wenn man genügend Hilfsmittel zur Verfügung hat. Ist man in der Natur lediglich mit einer Streichholzschachtel und einigen Streichhölzern ausgestattet, wird die Sache schon ein wenig schwieriger, um nicht zu sagen sehr schwierig. Wenn ich an kalten Tagen eine Waldführung starte, frage ich zu Beginn manchmal, wer schon einmal ein Feuer gemacht habe oder wer in der Lage sei, mit einigen Streichhölzern und einer Zündholzschachtel ein Feuer zu entfachen. Selten ist jemand dabei, der sich das nicht zutraut. Denn Feuermachen ist scheinbar so etwas Einfaches und Gewöhnliches wie das Anknipsen des Lichtschalters in einem Zimmer.
Ich lasse dann Gruppen zu je vier bis fünf Personen bilden und gebe jeder dieselbe Aufgabe, oder vielleicht sollte ich besser sagen: Wir starten einen Versuch. „Stellt euch Folgendes vor“, erkläre ich. „Ihr geht wandern, jede Gruppe für sich. Ihr habt kein Mobiltelefon dabei und keine Wanderkarte. Ihr verirrt euch. Das einzige, was ihr dabeihabt, ist eine Streichholzschachtel und fünf Streichhölzer. Es beginnt zu dämmern, es wird kalt. Was macht ihr?“ Die Antwort erfolgt meistens schon nach wenigen Augenblicken: „Wir machen ein Feuer!“

Bevor man jedoch ein Feuer entfachen kann, benötigt man Holz. – Und natürlich eine entsprechende Stelle, an der man ein Feuer entzünden darf. Denn einfach so ein Feuer im Wald zu machen ist erstens nicht erlaubt und zweitens unter Umständen auch sehr gefährlich, wenn sich die potenzielle Feuerstelle an einem Südhang befindet und der Boden trocken ist.
Jede Gruppe errichtet nun eine kleine Feuerstelle. Manchmal ist sie von größeren Steinen eingefasst. Manchmal türmen sich Hölzer bis zu einem halben Meter auf. Am häufigsten versuchen die Kinder, die trockenen Äste im Kreis so aufzustellen, dass ihre Enden in der Mitte des Kreises spitz zusammenlaufen und sich so gegenseitig stützen und das Gebilde in etwa eine Kegelform ergibt. Man sieht solche spitz zusammenlaufenden Feuerstellen oft in Comicheften und Zeichentrickfilmen.
An diesen Feuerstellen erkennt man oft, wie Kinder in Sachen Feuer bislang geschult worden sind. Es sind Bilder, die sie irgendwo gesehen haben, und nun in die Wirklichkeit umzusetzen versuchen. Hier zeigt sich ganz augenfällig, dass die virtuelle Welt mit der realen Welt oft nicht das Geringste zu tun hat.

Fünf Streichhölzer bekommt jede Gruppe. Für fünf Versuche. Der Versuch gilt dann als geglückt, wenn das Feuer mindestens 60 Sekunden, nachdem das Streichholz verbrannt oder erloschen ist, noch am Leben ist. Ich habe dieses Experiment schon sehr oft durchführen lassen. Ich schätze, dass es im Gesamten über 2.000 waren. Was glauben Sie? Wie oft hat das Feuer mehr als 60 Sekunden lang eigenständig gebrannt? Ganze fünf Mal.
Als Quelle solcher Feuer dienen manchmal nasses Laub, Moos, frisches Gras oder ganz dicke Äste. Gelegentlich ist auch einmal trockenes Gras dabei, das sehr gut, aber leider nur sehr kurz brennt, oder trockene Blätter. Meistens erlöschen die Feuerstellen schon nach wenigen Sekunden wieder.

Aber ich will die Teilnehmer*innen meiner Waldausgänge nicht frustriert zurücklassen. Ich will ihnen zeigen, wie sie selbst bei Regen ein Feuer zustande bringen, wenn sie einige kleine Dinge beachten und sich auf die Suche nach Geheimstoffen des Waldes begeben, die immer brennen.
Zuerst machen wir uns auf die Suche nach einem Behältnis aus der Natur. Dieses muss gar nicht so groß sein. Der Rauminhalt von drei bis vier Würfeln, die man beim „Mensch ärgere dich nicht" verwendet, reicht vollkommen aus. Am besten eignet sich ein Fichtenzapfen. Den breche ich in der Mitte einfach auseinander und schon habe ich im unteren Teil des Zapfens eine kleine Mulde (1). Man kann jedoch auch eine halbe Walnussschale (2) verwenden oder ein leeres Schneckenhaus. Wenn man Glück hat, findet man sogar einen flachen Stein mit einer kleinen Kuhle. Das Gefäß ist sehr wichtig. Denn hätten wir keines, würde unser Brennstoff, den wir bald sammeln werden, davonfließen, versickern, und das Feuer rasch wieder erlöschen. Nun suchen wir das Harz eines Nadelbaumes. Bäume, vor allem in der Nähe von Wegen, werden des Öfteren von vorbeischrammenden

Fahrzeugen oder Ähnlichem verletzt. Erleidet ein Nadelbaum eine solche Verletzung, wird unter der Rinde ein feines Gitternetz aktiviert, in dem Harz gespeichert ist. Das Harz sammelt sich später genau dort, wo sich die Wunde des Baumes geöffnet hat. Mit dem Harz versucht der Baum, die Wunde wieder zu verschließen, um sich vor Pilzen und anderen Schädlingen zu schützen. In der Regel lässt der Baum so viel Harz in die Wunde fließen, dass ein Großteil davon den gesunden Stamm hinabrinnt. Wir wollen den Baum nicht verletzen und auch keine alten Wunden wieder öffnen. Wir nehmen vorsichtig jenes Harz, das im Überfluss aus der Wunde geronnen ist (3). Mit einem abgebrochenen Ästchen schaben wir das Harz in unser Behältnis, bis es voll ist. Reicht das Harz eines Baumes nicht aus, suchen wir einen weiteren Baum, der eine alte Verletzung aufweist. Danach knicken wir von jungen Fichten, die im Schatten anderer Bäume vor sich hin kümmern, abgestorbene Äste ab, die sich noch am Baum befinden. Wenn wir Glück haben, haftet an diesen sogar noch braunes, trockenes Reisig. Einige Ästchen dürfen auch etwas stärker sein.

Nun suchen wir einen windstillen Platz. Ich stecke in das Harz noch gerne einige angebrannte Streichhölzer oder abgebrochene Zahnstocher hinein. Die Hölzchen, die aus dem Behältnis und aus dem Harz blicken, sehen danach aus wie die Stacheln eines kleinen Igels (4). Nun zünde ich die abgebrochenen Streichholzenden oder Zahnstocher an. Schon nach kurzer Zeit wird das Harz warm und beginnt zu blubbern. Wenig später wird es flüssig und brennt wie Erdöl. In dieses kleine Feuer geben wir nun nach und nach unsere feinen Ästchen und legen immer größere Ästchen nach. Nach fünf bis zehn Minuten haben wir ein wunderbares Feuer. Nun brennen sogar die nassen Äste, nachdem die Feuchte aus dem Holz verdampft ist.

In einer späteren Führung erhalten die Kinder denselben Arbeitsauftrag noch einmal. Es ist immer schön zu sehen, wie eine Gruppe nach der anderen ihr Feuer zu entfachen vermag.

Eine weitere Anzündhilfe stellt die Birkenrinde dar. Man kann die obersten Schichten von Birken leicht mit den Fingerspitzen vom Baumstamm lösen. Die Birkenrinde ist aus mehreren feinen Lagen aufgebaut. Zwischen den einzelnen Lagen befinden sich kleine Tröpfchen – ätherische Öle. Diese ätherischen Öltröpfchen brennen auch dann noch, wenn man die Rindenteile kurz zuvor durch ein Wasserbad gezogen hat.

Aber Achtung: Man sollte wirklich nur mit den Fingerspitzen Rindenteile von den Birken entfernen. Werkzeuge sollten dabei tabu sein.

Das Geheimnis des Kienspans

Wir waren einen halben Tag lang im Wald. Wir haben geschuftet, gebuddelt, gegraben, gesägt, gehackt. Stundenlang. Wir haben geschwitzt. Am Ende begann die abgestorbene Wurzel allmählich wie ein lockerer Zahn zu wackeln. Wir zerrten und zogen und schließlich löste sich alles aus dem Waldboden. Wir haben ihn gehoben, den Schatz, der jahrelang verborgen in der Erde vor sich hin geschlummert hat. Zufrieden und glücklich gingen wir nach Hause. Wir haben Gewinn gemacht. Erlebnisgewinn, Wissensgewinn, wir waren rundum glücklich.

Ich mache das öfters. Ich streife mit Kindern durch den Wald und wir begeben uns auf die Suche nach Schätzen, die im Waldboden verborgen sind. Und manchmal, wenn wir Glück haben, heben wir einen dieser Schätze.

Kienspan ist ein kostbares Gut. Früher war er heiß begehrt, denn wer Kienspan besaß, musste nachts nicht im Dunklen hocken. Bevor es Strom,

Kiefer

Glühbirnen, Petroleum und Kerzen gab, war er die einzige Lichtquelle, die unsere Vorfahren kannten. Gingen die Knappen früher in den Stollen eines Bergwerks, steckten sie sich einen brennenden zwanzig, dreißig Zentimeter langen Kienspan in den Mund. So brachten sie Licht in die dunklen Stollen und wenn irgendwo schädliche Gase austraten und der brennende Kienspan zügig erlosch, wusste jeder Bergknappe: Jetzt ist es Zeit umzudrehen und den Stollen schleunigst zu verlassen.

Auf der Suche nach Kienspan benötigen wir einen ganz bestimmten Nadelbaum: eine Kiefer. Aber keine lebende, die würde uns nichts bringen. Wir brauchen eine abgestorbene Kiefer und davon vor allem ihren Wurzelstock. Wenn eine Kiefer stirbt oder abbricht, der Wurzelstock aber noch immer im Boden verankert ist, wandert das Harz, das sich im Inneren des Baumes befindet, wurzelwärts. Dort sammelt es sich und durchtränkt Teile des Holzes. Der Baum kann oberirdisch schon längst vermorscht sein, aber dort, wo sich das Harz gesammelt hat, nähern sich kein Pilz und keine Insekten. Es ist für jedes Lebewesen ein unbesiedelbares Areal.

Manchmal wackelt der Wurzelstock schon, wenn man ihn mit der Hand berührt und ein bisschen hin- und herbewegt. Manche Wurzelstöcke lassen sich dann einfach aus dem Boden ziehen. Doch oft muss man ein bisschen nachhelfen, da der eine oder andere Wurzelarm noch fest mit dem Rest des Stammes verbunden ist. Dann gilt es zu graben, zu sägen und zu

Brennender Kienspan im Kienhalter

hacken. Das ist manchmal eine schweißtreibende Arbeit. Ist das Wurzelstück gehoben, werden die schon weichen und morschen Holzteile so lange mit der Axt entfernt, bis das helle, harte Kiefernholz beginnt, rötlich orange zu werden. Dann weiß man, dass dieser Teil der Wurzel schon sehr mit Harz durchtränkt ist. Das Rotorange wird noch intensiver. Das Gold des Waldes ist gefunden. Es ist jedes Mal ein ganz besonderer Moment, wenn man den Geruch des Kiefernharzes einatmet. Es duftet wunderbar. Wenn man den Kienspan gespalten hat und einen einzelnen rötlichen Span gegen das Sonnenlicht hält, scheint er beinahe durchsichtig. Aus dem Stück Kienspan kann man nun zwanzig bis dreißig Zentimeter lange Späne herstellen. Für das Abbrennen dieser Späne gibt es eigene Vorrichtungen, sogenannte Kienhalter. Man steckt den Span nun zwischen die Metallgabel. Je nachdem, wie steil der Span gestellt wird, verändert man auch die Leuchtkraft des Kiens. Je nach Stärke des Spans hat man nun für circa eine Stunde Licht. Einen kleinen Nachteil gibt es bei dieser Lichtquelle jedoch: Man sollte sie nicht in einem Zimmer entfachen. Vor allem nicht, wenn die Wände und die Zimmerdecke weiß gestrichen sind, denn das verbrennende Harz verursacht viel Ruß, der die Decke schwärzen könnte.

Es gibt aber noch eine weitere Möglichkeit, Kienspan zu finden, ohne gleich einen Wurzelstock ausgraben zu müssen. Diese Variante ist zudem viel einfacher: Sterben Teile einer Kiefer ab, sei es ein Ast, sei es der Wipfel selbst, findet man in den abgestorbenen Astansätzen dieser Kiefer oft genau denselben Kienspan. Denn bricht ein Ast ab oder erhält zu wenig Sonnenlicht und stirbt ab, fließt das Harz zurück an den Ansatz des Astes und sammelt sich dort. Dadurch verhindert der Baum, dass Schädlinge in das Innere eindringen können. Das Harz wirkt wieder wie ein Schutzwall. Man muss den Aststummel direkt am Stamm absägen. Ob man fündig geworden ist, spürt man schon beim Sägen. Wenn rötliche Flocken aus der Schnittstelle rieseln, ist man richtig. Oft sind es nur wenige Zentimeter, die mit Kienspan durchtränkt sind. Hält man so ein Teil in der Hand, spürt man auch, dass das eine Ende des Aststückes dicht mit Harz durchsetzt ist, denn es ist viel schwerer als das andere. Obwohl diese Teile manchmal sehr kurz sind, brennen sie hervorragend. Um ein Feuer zu entfachen, schabe ich oft kleine Flocken aus den Kienspanstücken und mache ein kleines Häufchen. Da sich der Kien im Inneren des Astes befunden hat, ist er trocken und brennt sofort.

Das Geheimnis des Schwedenfeuers

Das Schwedenfeuer entstammt einer kriegerischen Zeit, genauer gesagt aus dem Dreißigjährigen Krieg im 17. Jahrhundert. Für die kämpfenden Truppen war es damals schwer möglich, Fuhrwerksladungen mit Brennholz auf ihren Kriegszügen mitzuschleppen. Deshalb behalf man sich mit einer anderen Lösung. Man gewann das Brennholz einfach vor Ort. Durch die spezielle Technik des Schwedenfeuers ist es sogar möglich, frisches Holz dafür zu verwenden, obwohl sich das trockene Holz einer abgestorbenen Fichte natürlich wesentlich besser dafür eignet. Ein Schwedenfeuer herzustellen ist keine große Hexerei.

1
2
3
4
5
6

7

8

9

10

11

12

Man benötigt einen Stammabschnitt, der zwischen 30 und 80 Zentimeter lang ist und einen Durchmesser von 20 bis 50 Zentimeter aufweist. Zuerst sägt man im unteren Viertel des Stocks, parallel zur Schnittfläche, das Holz auf ungefähr zwei Drittel des Durchmessers ein (1, 2). Danach stellt man den Stock aufrecht auf den Boden. Die eingesägte Stelle befindet sich unten. Nun setzt man am Kopfende in der Mitte der Stirnseite des Stammes die Axt an. Dabei ist zu beachten, dass in weiterer Folge jener Teil des Stocks entfernt wird, den man zuvor zu zwei Drittel eingesägt hat. Man schlägt vorsichtig mit dem Hammer auf die Axt und spaltet das halbe Stück Holz aus dem Stock (3). Das Ergebnis sieht danach aus wie ein Stuhl mit Sitzfläche und hoher Lehne (4). Der herausgespaltene Teil des Stocks wird nun aufgestellt und exakt in der Mitte halbiert (5). Das Ergebnis sieht dieses Mal aus wie zwei sehr hohe Tortenstücke. Nun kappt man von der Spitze ungefähr zehn Prozent des jeweiligen Tortenstückes ab (6). Stellt man die drei Teile anschließend wieder zusammen, erkennt man in der Mitte einen Schacht, der sich hinabzieht (7). Nun werden die beiden Tortenstücke im unteren Bereich bearbeitet. Ungefähr fünf bis zehn Zentimeter von unten sägt man von außen beide Tortenstücke ein (8) und spaltet, an der Unterseite beginnend, die eingesägte Stelle aus dem Holz (9). Stellt man die drei Teile nun wieder zusammen, sieht man unten die Öffnung des „Ofens“, der in den Schacht übergeht. Wir haben nun einen sogenannten Kamin geschaffen. Damit das Schwedenfeuer nicht auseinanderfällt, wird es im unteren und im oberen Drittel mit Draht fixiert (10). Zum Anzünden des Feuers gibt man in die untere Öffnung etwas Birkenrinde, Fichtenharz und kleine trockene Fichtenäste oder Reisig (11, 12). Wie man ein Feuer am besten anzündet, habe ich auf S. 64 ff. beschrieben. Das Feuer brennt, je nach Stärke des Stammes, bis zu fünf Stunden. Wer auf dem Schwedenfeuer mit einer Pfanne kochen will, versenkt am oberen Ende des Schachtes einige Nägel im Holz. Um die Pfanne zu stabilisieren, kann noch zusätzlich ein erhöhter Kranz aus Nägeln in das Holz getrieben werden.

Wir haben ein Schwedenfeuer einmal anlässlich eines Vatertag-Projektes hergestellt. Die Kinder waren zehn Jahre alt. Das Geschenk, das die Väter später bekommen haben, war ganz gewiss etwas Besonderes.

Das Geheimnis des Bäumefällens und des Holzhackens

Einmal erhielt ich einen Anruf von der Direktorin einer Volksschule. Sie plane ein mehrtägiges Projekt für die 10-jährigen Kinder der Schule. Das Motto dieses Projektes solle lauten: Herausforderung und Verantwortung. Und vielleicht wäre es dabei auch möglich, Aspekte des Klimawandels zu integrieren. Ich mag solche Anrufe. Sie zwingen mich, unkonventionelle Lösungen zu suchen. Um solche Lösungen zu finden, ziehe ich mich meistens in die Wälder zurück. Ich spaziere und denke nach. Wenn ich Glück habe, fällt mir auch etwas ein.
Nach einigen Tagen rief ich die Direktorin zurück und teilte ihr mit, dass wir Bäume fällen würden. Die Direktorin stutzte. „Bäume fällen? Ist das nicht zu gefährlich? Und was haben Baumfäll-Aktionen mit den Aspekten des Klimawandels zu tun?" „Jede Menge", antwortete ich.

Lange Zeit war Holz das einzige Heiz- und Kochmaterial unserer Vorfahren. Wer über kein Holz verfügte, war schwer überlebensfähig. Noch Mitte des 20. Jahrhunderts streiften oft Kinder und alte Frauen und Männer durch die Wälder, bepackt mit einem weidengeflochtenen Buckelkorb, mit dem sie abgestorbene oder herabgefallene Äste und Fichtenzapfen sammelten. Viele Menschen gingen dieser Tätigkeit nach. Die Wälder sahen früher sehr aufgeräumt aus. Irgendwann wurde dieses Herumstreifen in den Wäldern immer weniger und irgendwann hörte es ganz auf. Andere Energiequellen wurden erschlossen. Kohle, Öl, Gas und Strom.
Wenn ein Baumsamen keimt, geschehen wundersame Dinge. Mit dem Augenblick seiner Geburt beginnt ein Baum mithilfe des Blattgrüns, des sogenannten Chlorophylls, Kohlendioxid aus der Umgebungsluft aufzunehmen. Durch komplexe chemische Prozesse wird das Kohlendioxid später unter anderem in Kohlenstoff und Sauerstoff umgewandelt. Der Kohlenstoff wird im Inneren des Baumes eingelagert. Er dient ihm nun als Material, das ihn in die Lage versetzt, in die Höhe und in die Breite zu wachsen. Jedes Jahr wird der Stamm des

Baumes durch einen hauchdünnen Kegel, der bis zur Spitze des Baumes hinaufreicht, ergänzt. Man kann diesen Kegel auch mit einer Eistüte vergleichen, die auf dem Kopf steht. Jahr für Jahr kommt eine hauchdünne Kegelschicht über die vorige hinzu. Später erkennt man die Schichten dieser Kegel als Jahresringe. Deshalb befinden sich im oberen Bereich eines Baumes zwangsläufig auch viel weniger Jahresringe, als in jenem Bereich, der sich knapp über dem Boden befindet.

Während der vielen Jahre seines Lebens produziert der Baum Tonnen von Sauerstoff und er lagert zugleich Tonnen von Kohlenstoff in seine lebende Masse ein. Der Ausgangsstoff dieses Vorgangs ist immer wieder das CO_2, das Kohlendioxid. Der Baum konsumiert die meiste Zeit seines Daseins über so lange Kohlendioxid aus der Umgebungsluft, bis er stirbt. Danach geschieht abermals Wundersames. All die Prozesse, die bisher abgelaufen sind, kehren sich nun um. Alles fließt zurück zu seinem Anfang. Das heißt, dass der Baum verrottet und dabei nach und nach den Kohlenstoff wieder an die Umgebungsluft zurückgibt. Langsam, aber stetig verbinden sich die Kohlenstoffmoleküle wieder mit den Sauerstoffmolekülen und am Ende entsteht wieder Kohlendioxid. Ist der gesamte Baum wieder in seine Bestandteile zerfallen und aufgelöst, beträgt seine Sauerstoffbilanz exakt Null.

Das war mein Ansatz. Wir entfernen abgestorbene Bäume aus dem System und führen sie einer sinnvollen Verwendung zu. Mein Plan war folgender: Wir fällen Bäume, die vor einiger Zeit von Borkenkäfern befallen worden waren, zersägen sie an Ort und Stelle in ofengerechte Teile, spalten sie und stellen sie einem nahegelegenen Waldkindergarten zu, dessen Tipi an kühlen Tagen mit einem Holzofen befeuert und geheizt wird.

Aber das Bäumefällen selbst? Ist das nicht sehr gefährlich? Ja, Bäumefällen ist gefährlich. Manchmal sogar sehr gefährlich. Ich habe allerdings eine Methode, die sicher ist. Wir haben im Zuge dieses Projektes Bäume gefällt, die bis zu 20 Meter hoch waren. Dabei habe ich stets sämtliche Vorsichtsmaßnahmen getroffen, um jedes Risiko auszuschließen.

Natürlich beschränkten wir uns bei den Fäll-Aktionen auf Bäume, die in Bodennähe keinen größeren Durchmesser aufweisen als 25 bis 30 Zentimeter. Das ist eine Stärke, bei der man auch noch mit Handsägen arbeiten kann. Bevor

Abgestorbene Fichte

wir jedoch zu sägen begannen, verknotete ich am abgestorbenen Baum, so hoch oben wie möglich, das Ende meines 20 Meter langen Seiles. Danach entfernte ich mich mit dem Seil in die geplante Fallrichtung des Baumes und suchte auf dieser Linie einen stabilen Baum. Am Stamm dieses Baumes lenkte ich das Seil etwa im rechten Winkel entweder nach links oder nach rechts. Nach einigen Metern suchte ich einen weiteren Baum und lenkte das Seil noch einmal um 20 bis 30 Grad um. Am Ende des Seiles würden später die Kinder stehen und dieses stets straff gespannt halten. Durch diese Methode kann der Baum nur in eine Richtung fallen und zwar in die, die man ihm durch das Seil vorgegeben hat.
Immer wenn ich bei Waldführungen Bäume fälle, gehe ich wie folgt vor: Ich säge in Bodennähe einen Kerb aus dem abgestorbenen Baum. Der Keil wird an jener Seite aus dem Baum gesägt, in die er später fallen soll. Er soll circa ein Viertel bis ein Drittel des Baumdurchmessers betragen. Nachdem der Keil aus dem Baum gelöst wurde, säge ich zwischen dem oberen und unteren Ende der Keileinschnittstelle auf der gegenüberliegenden Seite, also von hinten, den Baum an. Die Kinder halten währenddessen das Seil stets unter Spannung. Das erleichtert zudem das Sägen, da der Baum immer ein wenig in Richtung Fallrichtung

Keileinschnittstelle

Sägerichtung

gezogen und die Schnittstelle dadurch ein bisschen geöffnet wird. Nachdem ich mich mit dem Sägeschnitt bis auf 10 bis 20 Prozent des Durchmessers an den herausgesägten Keil genähert habe – es sind bei einem Baumdurchmesser von 30 Zentimetern also noch circa drei bis sechs Zentimeter übrig – rufe ich: „Baum fällt!" Das bedeutet spätestens jetzt für alle, die in der Nähe sind, sich auf über eine Baumlänge vom Baum zu entfernen. Nun ziehen die Kinder kräftig am Seil. Manchmal muss noch ein bisschen nachjustiert und etwas nachgesägt werden. Doch irgendwann wird der Baum zu ächzen beginnen, die Kinder ziehen etwas kräftiger und der Baum fällt rauschend in die vorgegebene Richtung.

Liegt der Baum auf dem Waldboden, werden mit den Handsägen zuerst die Äste entfernt. Wichtig dabei ist, dass die Kinder Schnittschutzhandschuhe tragen. Den entasteten Baum unterlegen wir circa einen Meter vom Fußende entfernt mit einem circa 30 Zentimeter dicken Ast, sodass das Ende des Baumes den Boden nicht mehr berührt und das nachfolgende Arbeiten am Stamm einfacher wird. Nun sägen wir 30 Zentimeter lange Stücke vom Baum ab, bis er aufgearbeitet ist.

So fällt man sicher Bäume

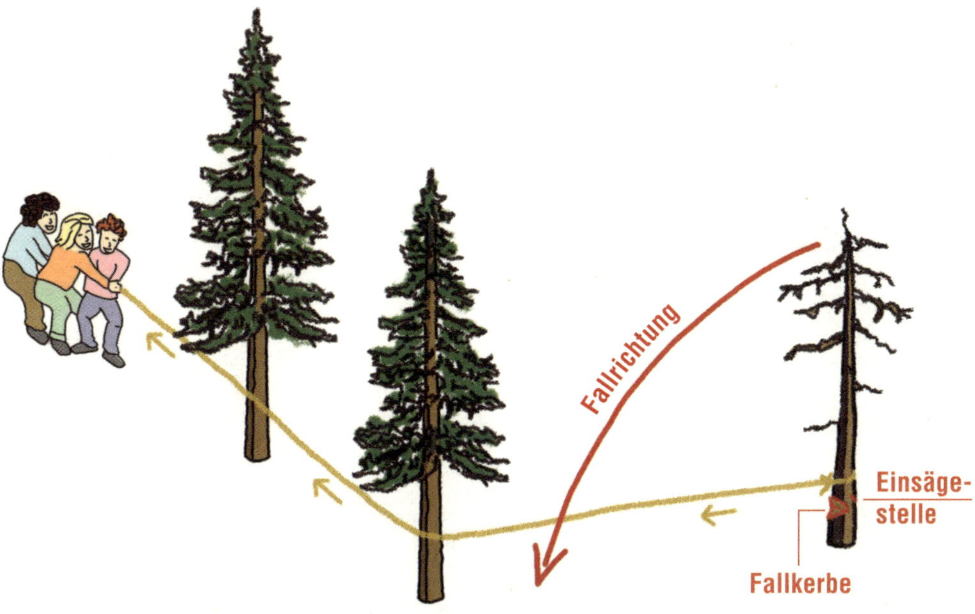

TREADY

Den zurückgebliebenen Stammfuß des Baumes verwenden wir danach meistens als Hackstock. Ich habe für das Holzhacken eine effiziente und sichere Methode entwickelt. Zuerst setzen alle Kinder, die sich im Arbeitsbereich aufhalten, Arbeitsschutzbrillen auf. Denn es besteht immer die Gefahr, dass Splitterteile des Holzes, der Axt oder des Hammers durch die Luft fliegen. Das Holzhacken funktioniert so: Zwei Kinder stehen einander vor dem Hackstock gegenüber. Ein Kind setzt die Klinge der Axt auf das Holzstück, das gespaltet werden soll. Das Kind mit der Axt gibt das Startkommando. Nun schlägt das Gegenüber mit der Rückseite des Hammers auf den sogenannten Nacken der Axt und spaltet so das Holz. Die Gefahr, dass die Kinder mit den Werkzeugen einander auf die Finger schlagen, ist so gut wie ausgeschlossen, da der Abstand zwischen dem Griff der Axt und dem Griff des Hammers zu groß für ein Verletzungsrisiko ist. Nachdem wir das Holz gespalten hatten, luden wir es auf einen Bollerwagen und stellten es dem Waldkindergarten zu. Das Gute an stehendem, abgestorbenem Holz ist, dass man es sofort verheizen kann. Denn diese Bäume hatten schon lange Zeit, um im Stehen zu trocknen.
Ich weiß, dass diese arbeitsreichen Tage, die unter dem Motto Verantwortung und Herausforderung standen, den Kindern einiges abforderten. Aber am Ende des Projektes spürte man, dass sie zwar erschöpft, aber zugleich zufrieden und glücklich waren. Denn sie wussten, dass sie etwas geleistet und aktiv gegen die Klimaerwärmung unseres Planeten getan hatten. Denn hätten wir dem Waldkindergarten das Brennholz nicht zugestellt, hätten andere Energiequellen herangezogen werden müssen, um die Wärme im Inneren des Tipis zu gewährleisten, und hätten wir die abgestorbenen Bäume nicht gefällt, wären sie eines Tages umgefallen und verrottet, und die Sauerstoffbilanz dieses Baumes wäre nach einiger Zeit wieder bei Null angelangt.

Wer so ein Projekt nachmachen will, muss zuerst den Waldeigentümer fragen, ob man den einen oder anderen abgestorbenen Baum fällen darf. Wir haben bei unseren Aktionen den Waldeigentümern immer vorgeschlagen, vor allem jene Bäume zu fällen, die sich im Bereich von Wegen befinden. Da der Waldeigentümer für Schäden, die von seinem Wald ausgehen können, haftbar ist, wenn sich ein Baum im Bereich von öffentlichen Wegen oder Straßen befindet, kann es gut sein, dass der Eigentümer sogar dankbar ist, wenn der abgestorbene Baum entfernt wird.

NASA
National Aeronautics and
Space Administration
FISKARS

Das Geheimnis der Waldpflanzen

Worin besteht eigentlich der große Unterschied zwischen einem Wald und dem freien Gelände? Welche besonderen Merkmale gibt es? Auf den ersten Blick würde man vielleicht sagen, dass es keine großen Unterschiede gibt. Im Wald stehen lediglich mehr Bäume. Und doch: Wenn man es genauer betrachtet, gibt es sogar riesige Unterschiede. Ein Getreidefeld, ein Baumgarten, eine Wiese, kurzum landwirtschaftliche Flächen unterscheiden sich in der Regel sehr von Wäldern. Und zwar schon seit Langem.

Es fing damit an, dass man auf landwirtschaftlichen Flächen die Zusammensetzung einzelner Bestandteile des Bodens durch das Ausbringen von Kunstdüngern zu verändern begann. Auf diesen mit Kunstdüngern behandelten Böden wurden Pflanzen angeregt, besser zu wachsen. Da aber andere Mineralstoffe und Spurenelemente im Boden auf demselben Stand blieben, ergab sich zwangsläufig ein Ungleichgewicht. Das musste sich in der Folge natürlich auch in den Früchten bemerkbar machen, die ihre Nährstoffe aus diesem Boden gewannen. Später kamen zu den meist mineralischen Düngern Mittel hinzu, die verhindern sollten, dass die landwirtschaftlichen Pflanzen von Unkräutern

und Schädlingen jeglicher Art befallen werden. Befürworter solcher Methoden nennen diese – etwas verharmlosend – „Pflanzenschutzmittel". Das Zeitalter der Herbizide, Fungizide und Insektizide hat begonnen und dauert an vielen Orten immer noch an. Diese Pestizide sickern zwangsläufig auch in den Boden und verändern ihn. Natürlich verschwinden sie auch nicht einfach wieder. Sie wandern immer tiefer in das Erdreich hinab und erreichen schließlich das Grundwasser, das wir später vielleicht trinken. Das Bodensystem kann durch diese künstlichen Einwirkungen massiv gestört und im schlimmsten Fall sogar zerstört werden, da nicht nur Pflanzenschädlinge bekämpft werden, sondern auch Lebewesen, die für das Gleichgewicht des Ökosystems wichtig sind. Es gibt tragische Luftbilder von landwirtschaftlichen Flächen, die jahrelang von Pestiziden vergewaltigt und manchmal für lange Zeit ruiniert wurden. Die Pflanzen dieser Böden sehen aus der Luft vergilbt und kraftlos aus und unterscheiden sich gravierend vom benachbarten Grün noch nicht zerstörter Flächen. Pflanzen und Früchte, die mit Pestiziden in Berührung kommen, befinden sich nicht im Gleichgewicht und müssen in weiterer Folge auch minderwertig sein.

Ein natürlicher Mischwald

Selbst wenn man von heute auf morgen darauf verzichtet, Pestizide auf solchen Flächen auszubringen, ist der Boden, in dem die folgenden Pflanzengenerationen gedeihen sollen, noch immer beeinträchtigt und wird es in der folgenden Zeit auch noch bleiben.

In unseren Wäldern ist das in der Regel anders. Kaum einmal werden dort Mineraldünger oder Pestizide ausgebracht. Wälder sind grundsätzlich die letzten Gebiete, die frei von Schädlingsbekämpfungsmitteln sind. Es gibt – noch – keine marktfähigen Mittel, die dazu beitragen könnten, dass das Wachstum der Bäume beschleunigt wird. Und das ist beruhigend. Bäume benötigen für gewöhnlich mindestens 70 bis 100 Jahre, ehe sie gefällt werden. An dieser Zeitspanne führt kein Weg vorbei.

Natürlich gibt es auch Ansätze, Pestizide in Wäldern auszubringen. Hierbei handelt es sich aber beinahe ausschließlich um Maßnahmen in Monokulturen, die von Menschenhand gepflanzt wurden, und in der Art und Weise, wie sie beschaffen sind, mit natürlichen Wäldern fast nichts mehr gemein haben. Das Risiko, dass Schädlinge in solche Wälder eindringen, ist natürlich sehr groß. Aber letztlich ist das Auftreten von sogenannten Schädlingen das Natürlichste der Welt. Denn die Aufgabe, die sie in der Natur erfüllen, ist letztlich keine andere, als das natürliche Gleichgewicht wiederherzustellen und eine Monokultur wieder in einen Mischwald umzuwandeln. Wenn deshalb angedacht werden muss, Pestizide in Wäldern auszubringen, ist dieses Waldsystem längst nicht mehr im ökologischen Gleichgewicht und deshalb auch nicht mehr natürlich.

Der Boden eines naturnahen Waldes ist ein System, das hinsichtlich der Zusammensetzung von Mineralstoffen und Spurenelementen über Jahrhunderte keine Veränderungen erfahren hat. Alles ist seit jeher im Gleichgewicht. Das ist ein Umstand, der von vielen noch nicht wirklich wahrgenommen wurde. Das bedeutet folglich, dass sich Pflanzen, die in solchen Wäldern wachsen, ebenfalls in einem biologischen Gleichgewicht befinden. Und was uns vielleicht auch nicht wirklich bewusst ist: Es gibt in unseren Wäldern zahlreiche Lebensmittel, die wir nutzen können und von denen wir wirklich zu 100 Prozent davon ausgehen können, dass sie biologisch gewachsen sind.

Ein Augenmerk sollte man allerdings grundsätzlich auch auf die Schwermetallbelastungen in Böden legen. Waldböden in der Nähe von stark befahrenen

Eine Fichtenmonokultur

Straßen oder Autobahnen weisen oft sehr hohe Belastungen auf. Vor allem im Umkreis von bis zu 400 Metern können die Werte deutlich erhöht sein. In Waldgebieten, die sich in unmittelbarer Nähe von Eisenbahnlinien befinden, sollte man ebenfalls keine Pflanzen sammeln, die man später verzehren möchte. Denn im Bereich der Bahnböschungen werden oft Pestizide ausgebracht, um die Trassen und Gleise von unerwünschten Pflanzen freizuhalten. Das Schwermetallmonitoring vieler europäischer Regierungen beweist jedoch eindeutig die Erfolge der Luftreinhaltepolitik der 1980er- und 1990er-Jahre. Seither haben die Einträge von Schwermetallen in Böden drastisch abgenommen und sind auch in Waldgebieten auf einem sehr niedrigen Niveau angelangt.

Es gibt zahlreiche essbare Pflanzen, die in Wäldern, an Waldrändern und Waldlichtungen gedeihen. Unter diesen gibt es auch solche, die zusätzlich eine besondere Heilkraft für uns Menschen aufweisen können. Ich lege bei Waldführungen das Augenmerk meiner Teilnehmer*innen auf Pflanzen, die die meisten Menschen kennen oder ohne Schwierigkeiten erkennen können. Oft ist man sich gar nicht bewusst, welche Kraft und welche positiven Wirkungen sie auf uns haben können. Einige Pflanzen, auf die ich hinweise, werden im Volksmund manchmal sogar als Unkräuter bezeichnet. Viele staunen, wenn ich darüber erzähle, welche wundersamen Stoffe in diesen scheinbaren Unkräutern verborgen sind. Aber bevor ich über die Pflanzen, die auf dem Waldboden wachsen, eingehe, möchte ich den Blick für jene Bäume und Sträucher sensibilisieren, die einen Wald erst zu einem Wald machen. An diesen Bäumen und Sträuchern spazieren wir oft vorüber und ahnen dabei oftmals nicht im Entferntesten, was sie uns alles schenken können.

Noch ein wichtiger Tipp vorweg: Aus eigener Erfahrung habe ich festgestellt, dass der Geschmack und vermutlich auch die Inhaltsstoffe von wildwachsenden Pflanzen intensiver werden, je höher sie über dem Meeresspiegel wachsen. Vermutlich hängt das damit zusammen, dass die Umgebung von Pflanzen in höheren Regionen mehr Energie erfordert und sie deshalb qualitativ auch besser und robuster sein müssen, um überleben zu können.

Das Sammeln von Wildfrüchten und Wildkräutern kann ein meditatives Erlebnis sein. Wenn man es unter diesem Aspekt betrachtet, ist diese Tätigkeit mehr als nur das Sammeln von Lebensmitteln. Es ist ein In-sich-Gehen, ein Versinken und Loslassen. Man gibt sich einer Tätigkeit hin, die uns mit der Natur erdet und durch die wir gesunde Geschenke aus der Natur erhalten. Mir geht es jedenfalls immer so. Sammeln ist für mich ein archaisches Erlebnis und bringt mich als Mensch in diesen Stunden in der Natur zurück in ein ganz ursprüngliches Sein, das für unsere Vorfahren über Jahrtausende hinweg ein wichtiger Bestandteil ihres Lebens war.

Im folgenden Abschnitt weise ich auf die Lebensmittelgeheimnisse der Wälder hin. Manchmal kommt es mir so vor, als wäre der Wald eine riesige Speisekammer oder ein riesiger Apothekerschrank mit zahllosen Schubladen. In jeder dieser Schubladen befindet sich ein kleines Geheimnis des Waldes. Aber was nützen uns diese Speisekammer und dieser Apothekerschrank, wenn wir sie nicht kennen und bemerken? Wir gehen gedanken- und achtlos an ihnen vorüber. Ist das nicht schade? Ich möchte nun versuchen, Ihre Augen für einige dieser Geheimnisse zu öffnen. Um Ihnen den Zugang so leicht wie möglich zu machen, habe ich sämtliche Bäume, Sträucher und Waldkräuter beschrieben und mit Fotografien vervollständigt. Im Anschluss an die Beschreibung folgt ein ausführlicher Abschnitt mit Rezepten und Verwendungsmöglichkeiten.

Das Geheimnis der Nadelbäume

Wenn meine Geschwister und ich als Kinder an Husten und Erkältungen litten, griff unsere Großmutter immer zu einem kleinen Fläschchen, in dem sich eine helle, fast durchsichtige Flüssigkeit befand. Der Saft schmeckte zuckrig und nach Fichte. Der Fichtenwipfelsaft war eines von Großmutters Heilmitteln, den sie jedes Jahr selbst herstellte. Die frisch getriebenen Fichtenwipfel, die sie für diesen Saft benötigte, sammelte sie stets im Mai. Man nennt den Saft deshalb auch Maiwipfelhonig. Die Großmutter kannte aber noch viele weitere Heilmittel, die sie im Wald sammelte und weiterverarbeitete.

Bei der Gewinnung von frischen Nadelbaumtrieben muss besonders beachtet werden, dass es einen Nadelbaum gibt, der unglaublich giftig ist. Die Eibe. Ich erzähle bei meinen Waldführungen gerne eine Geschichte, die mir meine Schwester einmal berichtet hat.

Am Rande einer Vorarlberger Stadt hielt ein Landwirt in einem Gehege mehrere Lamas. Einer seiner Nachbarn stutzte in diesen Tagen einmal seine immergrüne Hecke und wollte das Schnittgut nicht nutzlos entsorgen. Da er die Lamas hinter dem hohen Zaun im Grundstück seines Nachbarn sah, dachte er sich, dass er ihnen eine Freude bereiten wolle. Und so warf er den Lamas das grüne Nadelzeug über den Zaun und beobachtete, wie die Lamas eifrig daran zu knabbern begannen. Einige Stunden später lagen sämtliche Lamas reglos auf der Wiese. Sie waren alle tot. Sie hatten alle dieselben Nadeln gefressen. Nadeln von hochgiftigen Eiben (Taxus baccata).

Trügerisch: Die rote Hülle der Eibenfrucht ist genießbar. Der Rest hochgiftig.

Die Früchte von Eiben sehen vollkommen anders aus als jene von Fichten oder Tannen. Die Eibe trägt keine Zapfen, sondern kleine, runde Samenkugeln mit einem Durchmesser von fünf bis sieben Millimetern. Lediglich die Samenhülle, die aus rötlichem Fruchtfleisch besteht, ist auch für uns Menschen genießbar. Dieses Fruchtfleisch schmeckt angenehm süß. Einige Mutige verarbeiten es sogar zu Marmelade. Wenn man beabsichtigt, das Fruchtfleisch zu verzehren, sollte man allerdings sehr vorsichtig sein und keinesfalls versehentlich den Samen mit den Zähnen zerknacken. Unerfahrenen rate ich daher strengstens davon ab, einen solchen Versuch zu unternehmen, da der Verzehr der falschen Teile der Eibe tragische Folgen haben kann. Es gibt meines Wissens nur ein Wild, das die Eibennadeln ohne negative Folgen verzehren kann: das Rehwild.

Wenn man einmal seinen Blick dafür geschärft hat, sind Eibennadeln sehr eindeutig von anderen Nadeln zu unterscheiden. Sie sind weich und sowohl auf der Ober- als auch auf der Unterseite grün. Zudem sind die Nadeln flach und stechen nicht. Was auch noch auffällig ist: Der frische Trieb des letzten Jahres ist auch noch im folgenden Jahr grün. Das Grün kann man sehr gut auf der Unterseite des Astes feststellen.

Die Nadeln der Fichte (Picea abies) piksen im Gegensatz zur Eibe unangenehm und wenn man eine einzelne ältere Nadel zwischen Daumen und Zeigefinger hin- und herrollt, spürt man deutlich ihre Kanten. Denn die Fichtennadel hat im Querschnitt die Form einer Raute, sie ist viereckig. Außerdem sind sie durchgängig grün. Das Ästchen, auf dem sie wachsen, ist hingegen braun. Die Weißtanne (Abies alba) hat flache und eher weichere Nadeln. Wenn man versucht, sie zwischen Daumen und Zeigefinger hin- und herzurollen, wird das nicht gelingen. Sie wird höchstens hin- und herrutschen, da die Nadel flach ist wie Papier. Die Oberseite ist grün und auf der Unterseite jeder einzelnen Nadel befinden sich der Länge nach zwei feine weiße Streifen, das sind sogenannte Wachsstreifen. Deshalb auch der Name Weißtanne. Aber es gibt noch ein weiteres Erkennungsmerkmal der Weißtanne: Das Ästchen, auf dem die Nadeln wachsen, ist wie bei der Fichte braun. Manchmal verbinde ich auf meinen Waldausgängen einem der Anwesenden die Augen. Dann erzähle ich vom Nikolaus und frage, was er den Menschen an einem 6. Dezember so alles bringt. Nüsse, zum Beispiel, vielleicht einen Schokoladennikolaus, einen Lebkuchenkrampus, Erdnüsse und Mandarinen. Dann nehme ich ein Ästchen der Weißtanne, zerknülle es zwischen meinen Fingern und halte dem Probanden das zerknitterte Ästchen unter die Nase. Die meisten werden mir nun versichern, dass es sich dabei eindeutig um den Geruch von Mandarinenschalen handelt. Und sie staunen, nachdem ich ihnen die Augenmaske vom Gesicht nehme und sie auf das Grün eines etwas ramponierten Weißtannenästchens blicken. Denn brechen die Strukturen der Weißtannennadeln auf, entweichen ätherische Öle, die dem Geruch von Mandarinenschalen wirklich verblüffend ähnlich sind.

Auf den Bildern ist der Unterschied zwischen den einzelnen Nadelbäumen eindeutig erkennbar. Also Hände weg vor Eibennadeln! Die anderen Nadeln können sorglos gesammelt und verwendet werden.

Fichte Vorderseite

Fichte Rückseite

Tanne Vorderseite

Beim Sammeln von Nadeln und Blättern gilt es, einige wesentlichen Kleinigkeiten zu beachten, die für das Wachstum eines Baumes sehr wichtig sind: Entfernen Sie niemals den obersten Trieb eines Bäumchens. Das ist der sogenannte Terminaltrieb und diesen benötigt ein junges Bäumchen, um in die Höhe wachsen zu können. Ich habe in der Einleitung zwar schon erwähnt, dass jeder Baum umgehend einen Ersatz für einen verlorenen Terminaltrieb ausbildet, aber diese Zeitverzögerung kann für ihn beim Wettrennen um das Licht, das er für sein Wachstum dringend benötigt, früher oder später das Ende auf dieser Welt bedeuten. Sammeln Sie die Triebe am besten von den Seitenästen. Je tiefer, desto besser. Früher oder später werden diese Seitenäste in der Regel ohnehin dem Lichtmangel zum Opfer fallen und absterben. Es spielt also keine allzu große Rolle, wenn man diese Seitentriebe für Lebens- oder Heilmittel sammelt. Verteilen Sie das Sammeln jedoch auf mehrere Bäume, um zu verhindern, dass ein Baum nach dem Ernten der frischen Triebe aussieht wie eine gerupfte Gans.

Tanne Rückseite

Eibe Vorderseite

Eibe Rückseite

FICHTE

WEISSTANNE

EIBE

KIEFER

Nadelbäume

Interessant ist, dass die Nadeln der Nadelbäume botanisch gesehen nichts anderes als Blätter sind. Man spricht in der Biologie auch weniger von Nadeln, als vielmehr von Nadelblättern. Wie auch bei den Laubbäumen verfügt jede Nadelbaumart über ganz eigene, charakteristische Nadeln, die wir auch mit bloßem Auge anhand der äußeren Merkmale unterscheiden können.

LÄRCHE

BUCHE

SOMMERLINDE

SILBERWEIDE

BIRKE

Die Blätter der Bäume

Jede Baum- und Strauchart verfügt über ihre ganz eigenen, individuellen Blätter. Hier habe ich die Blätter der einzelnen Bäume nochmals gesammelt und rechts davon ihre Blüten (Birke, Linde, Silberweide) beziehungsweise Früchte oder Samen aufgelistet. Sammeln Sie doch bei Ihrem nächsten Waldspaziergang ein paar Blätter und versuchen Sie anschließen, die Bäume zu bestimmen.

BERGULME

BERGAHORN

SPITZAHORN

FELDAHORN

STIELEICHE

ESCHE

HASELNUSS

Das Geheimnis der Laubbäume

Wenn ich im Frühjahr durch die Wälder streife und von den Seitenästen eines Laubbaumes junge Blätter sammle, bleiben manchmal Spaziergänger oder Wanderer stehen und fragen mich verwundert und neugierig, was ich da tue. Die meisten staunen, wenn ich ihnen erzähle, dass man vor allem die frisch getriebenen Blätter von vielen Laubbäumen essen kann. Und sie staunen noch mehr, wenn ich ihnen erkläre, dass diese Blätter zahlreiche Vitamine, Mineralstoffe und Spurenelemente beinhalten. Dass man Blätter von vielen Laubbäumen verzehren und sie auch für andere Zwecke verwenden kann, wissen in unserer Zeit nicht mehr viele. Vor Jahrhunderten gehörte dieses Wissen zum Alltag. Manchmal sicherte es den Menschen in Notzeiten das Überleben und bewahrte sie davor zu verhungern.

Am besten sammelt man die genießbaren Blätter von Laubbäumen im Frühjahr, kurz nachdem sie ausgetrieben sind, oder wenn sie gerade dabei sind, sich aus den Knospen zu schälen. Jeder Baum entwickelte im Laufe der Jahrtausende Strategien, die ihm das Überleben erleichterten und ihn vor Fressfeinden oder anderen Schädlingen besser schützten. Laubbäume lagern in ihren Blättern nach und nach oft Bitter- oder Gerbstoffe ein, die den Verzehr durch Tiere einbremsen oder verhindern sollen. Wenn Laubbäume jedoch frisch austrei-

Frisch getriebenes Buchenblatt

ben und ihre Blätter noch zart grün und weich sind, fehlen diese Bitterstoffe meistens noch. Dadurch ist das Frühjahr die ideale Zeit, um essbare Blätter von Laubbäumen zu ernten. Beachten Sie beim Sammeln jedoch wie bei den Nadelbäumen, dass Sie keine Triebspitzen ernten, die das Höhenwachstum des Baumes beeinträchtigen könnten. Sammeln Sie ausschließlich Blätter von Bäumen, die Sie kennen und von denen Sie wissen, dass sie genießbar sind. Nachfolgend findet sich eine Auflistung der häufigsten essbaren Laubbaumblätter, die in unseren Breiten wachsen.

Die Buche, die Mutter des Waldes (Fagus sylvatica)

Die Buche ist die häufigste Laubbaumart in Europa. Oft wird ihr natürliches Vorkommen jedoch aus forstökonomischen Interessen zurückgedrängt. Eine Buche und vor allem ihre Krone benötigen grundsätzlich viel Platz. Und wenn in einem Wald eine Buche mit einer ausladenden Krone wächst, könnten auf demselben Platz vier bis fünf Fichten oder Tannen stehen. Das heißt in weiterer Folge, dass ein vier- bis fünffach höherer Erlös auf derselben Fläche möglich wäre. Aus diesem Grund ist der Anteil an Buchen in unseren Wäldern in den letzten Jahrhunderten an einigen Orten drastisch zurückgegangen.

Buchenblätter sammelt man am besten im zeitigen Frühjahr, kurz nach dem Austrieb der neuen Blätter.

Buchenblatt

Die vielseitige Sommerlinde (Tilia platyphyllos) und Winterlinde (Tilia cordata)

Linden sind Malvengewächse und sehr gut zu erkennen. Die Blätter weisen eine Herzform auf, wobei jene der Sommerlinde größer sind als die der Winterlinde. Allerdings gibt es sehr viele Lindenarten und manchmal ist die genaue Zuordnung etwas schwierig, da es häufig zu natürlichen Kreuzungen zwischen den einzelnen Arten kommt.

Man sammelt die Blätter am besten kurz nachdem sie aus den Knospen gewachsen sind. Die Blätter sind dann noch sehr weich. Aber selbst ältere Blätter können verwendet werden, nachdem man sie getrocknet und fein gemahlen hat. Dazu später mehr.

Lindenblatt

Die geheimnisvolle Kraft der Weiden – Silberweide (Salix alba) und Purpurweide (Salix purpurea)

Ein Biber, so erkläre ich auf meinen Waldführungen, leidet nie unter Kopfschmerzen. Ich kann das natürlich nicht beweisen, aber aufgrund indirekter Hinweise müsste es dringend so sein. Biber bauen ihre Burg immer in der

Nähe von Gewässern. Der Eingang einer Biberburg befindet sich unter Wasser. Über einen Gang erreichen die Tiere das Innere der Burg, die sich oft in einem Damm oder in einer Erhöhung im Trockenen befindet. Biber ernähren sich gerne von Weiden, die sich häufig in der Nähe von Gewässern befinden. Da sie die dünnen Weidenäste, die sie bevorzugt verzehren, oft nicht erreichen, fällen sie mit ihren scharfen, eisenhaltigen Zähnen einfach den Baum, um an diese Nahrung zu gelangen. Um auch im Winter gut mit frischen Weidenästen versorgt zu sein, fällen sie Weiden vornehmlich an ruhigen Gewässern. Das Wasser ist im Winter so kalt wie in einem Kühlschrank und manchmal bildet sich auf der Wasseroberfläche Eis. Es herrschen also optimale Lagerbedingungen für die Weiden, die so über den gesamten Winter hinweg frisch gehalten werden können.

Weidenblatt

Vom Biber angenagte Weidenbäume

Die Blätter der Silberweide besitzen eine gräulich grün schimmernde Unterseite. Wenn ein heftiger Wind weht, wird die Unterseite der Blätter oft nach oben gewendet. Von der Ferne sehen die Weiden dann aus, als wären sie silbern – deshalb

ihr Name. Der Name der Purpurweide stammt von ihrer rötlichen Rinde. Aber weshalb leidet der Biber nun vermutlich nie an Kopfschmerzen?
Schon in der Antike wurden Teile der Weide medizinisch verwendet. Der griechische Arzt Hippokrates von Kos empfahl bereits im 5. Jahrhundert vor Christus die Verwendung von Weidenrinde als fiebersenkendes Mittel und als Medizin gegen Kopfschmerzen. In der Rinde der Weide befindet sich nämlich Salicin. Im Körper wird das Salicin im Darm und in der Leber zu Salicylsäure umgewandelt. Es dauerte jedoch sehr lange bis das Phänomen des Salicins wissenschaftlich entdeckt wurde. Erst im 19. Jahrhundert konnten die Inhaltsstoffe der Rinde isoliert werden.
Der Apotheker Dr. Felix Hoffmann entwickelte daraus 1897 schließlich den haltbaren Arzneistoff Salicylsäure, der ab dem Jahr 1899 unter dem Markennamen Aspirin zum Verkauf angeboten wurde. Aspirin wurde zunächst in Pulverform in den Handel gebracht. Doch schon ein Jahr später erfolgte die Vermarktung in Tablettenform.
Weidenrinde kann nach wie vor in Apotheken gekauft werden. Die eigene Gewinnung ist jedoch ebenfalls ziemlich einfach. Sägt man eine Weide um oder wird sie von einem Biber gefällt, bilden sich im Bereich der Schnittstelle neue Triebe. Verwendet werden in der Regel die zwei- bis dreijährigen Triebe der Silber- oder Purpurweide. Man schneidet von den Ästen, die im Durchmesser höchstens einen Zentimeter aufweisen, zehn Zentimeter lange Stücke ab, öffnet die Rinde an einer Stelle der Länge nach und schält sie vom Holz. Die Rindenstücke werden anschließend getrocknet und können später gemahlen für einen Teeaufguss verwendet werden.

Die zarte Birke (Betula pendula)

Die Birke ist ein Pionier und stets eine der ersten Baumarten, wenn es darum geht, neue Lebensräume zu erobern und zu besiedeln. Durch ihre leichten Samen, die mit kleinen Flügeln versehen sind, ist sie zudem sehr mobil. Sie wächst dort, wo es sehr viel Licht gibt. Oft findet man sie in der Nähe von Gewässern und in feuchteren Gebieten. Im Schatten zahlreicher anderer Bäu-

Birkenblatt

me, also in Wäldern, verschwindet sie meist wieder, nachdem sie vielleicht einmal das Glück gehabt hatte, an einer Waldlichtung zu gedeihen. Denn die Birke wird nicht so hoch wie viele andere Laub- und Nadelbäume und verliert dadurch irgendwann den Wettkampf um das lebenswichtige Licht. Aber unter den Bäumen ist sie eine sehr wichtige Pflanze, denn sie bereitet den Boden für nachfolgende Baum- und Waldgenerationen vor.

Die Birke ist jedoch nicht allein wegen ihrer leichten Samen ein idealer Pionier. Am 26. April 1986 explodierte in der Nähe der ukrainischen Stadt Prypjat ein Reaktorblock des Kernkraftwerks Tschernobyl und löste eine bis dahin nicht gekannte Nuklearkatastrophe aus. Wenn man sich die Satellitenbilder ansieht, die ein, zwei Jahre nach dieser Katastrophe aufgenommen wurden, stellt man fest, dass sämtliche Kiefernwälder, die um das explodierte Kernkraftwerk wuchsen, rötlich verfärbt und durch die Radioaktivität vollkommen zerstört wurden. Der Grund liegt in der engmaschigen Genstruktur der Kiefern, was es den radioaktiven Strahlen leichter gemacht hat, diese zu zerstören. Den Birken, die in dieser Gegend wuchsen und noch immer wachsen, schien dieses Reaktorunglück nicht sehr viel anhaben zu können, denn sie trieben auch im Jahr 1986 aus, genau wie in den folgenden Jahren. Selbst wenn man heute Bilder der verwaiste Stadt Prypjat sieht, fällt auf, dass zwischen den Häusern und Wohnanlagen vor allem Birken wachsen und so sehr gedeihen, dass sie sogar schon einen waldähnlichen Charakter angenommen haben. Der Grund für dieses Phänomen erschließt sich in der genetischen Struktur von Birken. Diese ist nämlich viel lockerer aufgebaut, sodass die radioaktiven Strahlen sie nicht so radikal zerstören können wie zum Beispiel jene von Kiefern. Also sieht man auch hier, dass die Birke in mehrerlei Hinsicht die Fähigkeit hat, als Pionier aktiv zu werden. Der Mensch kann von der Birke vor allem die Blätter für verschiedene Zwecke verwenden, aber auch den frischen Birkensaft im Frühling.

Der zähe Bergahorn (Acer pseudoplatanus), Spitzahorn (Acer platanoides), Feldahorn (Acer campestre)

Der Ahorn ist durch seine fingerförmigen Blätter relativ leicht erkennbar. Weltweit gibt es über 600 verschiedene Arten. Ahornbäume sind in unseren Wäldern ziemlich selten geworden, aber vereinzelt findet man sie noch. Da das Holz des Ahorns in den letzten Jahren als helles Holz bei der Möbelproduktion sehr in Mode war, wurde es manchmal zu horrenden Preisen verkauft. Inzwischen hat sich dieser Trend wieder etwas abgeschwächt.

Bergahornbäume können sehr hohe Regionen besiedeln. Sie gedeihen sogar noch auf 1500 Metern Seehöhe. Aufgrund der gegenwärtigen Klimaerwärmung wird der Ahorn in den kommenden Jahrzehnten vermutlich in noch höheren Bergregionen heimisch werden. Als Nahrungsmittel fanden früher vor allem seine Blätter Verwendung.

Bergahorn

Spitzahorn

Feldahorn

Das Geheimnis der Bergulme (Ulmus glabra)

Die Bergulmenblätter sind leicht zu erkennen. Wenn man ein Blatt vor sich hinlegt und genauer betrachtet, wird man feststellen, dass die Ansätze der einzelnen Blatthälften leicht versetzt sind. Die eine Hälfte beginnt am Stiel weiter unten und die andere etwas weiter oben. Manchmal laufen die Blätter am oberen Ende zu drei deutlich ausgeprägten Spitzen aus und erinnern ein bisschen an eine Krone.

Man würde es nicht glauben, aber Bergulmenblätter können auch als Notnahrung verwendet werden.

Bergulmenblatt

Das vielschichtige Geheimnis der Stieleiche (Quercus robur)

In den Früchten der Eichen, den Eicheln, befinden sich an die 70 Prozent Stärke und etwa fünf Prozent Eiweiß und Zucker. Dass die Eicheln so nahrhaft sind, wussten bereits die Ureinwohner Nordamerikas und machten sich dieses Wissen zunutze. Stieleichen wehren sich und ihre Früchte mithilfe von Gerbstoffen gegen Fressfeinde. Diese Gerbstoffe werden in den Blättern und auch in den Früchten eingelagert. Es gibt nur wenige Tiere, denen diese wenig ausmachen. Wildschweine zum Beispiel. Aber trotzdem fallen auch sie im Herbst nicht sofort über die frisch gefallenen Eicheln her. Denn bevor sie sie fressen, graben sie den Boden unter den Eichenbäumen etwas um, damit die

Eichenblatt

Eicheln rascher in Kontakt mit der Erde kommen. Erst nachdem die Eicheln gekeimt haben, werden sie von den Wildschweinen verzehrt. Denn dann haben die Früchte den Großteil ihrer Bitterstoffe verloren. Eichhörnchen, die ihren Kobel, also ihre Behausung, gerne in der Krone von Eichen errichten, verschmähen Eicheln in der Regel, da sie ihrem Körper nicht guttun.

Beim Eichenlaub können nur die frisch getriebenen Blätter genossen werden. Sind sie schon älter, schmecken sie sehr bitter. Bei den Früchten der Eiche gibt es einen Trick, der es uns ermöglicht, sie trotzdem als Lebensmittel zu verwenden. Doch mehr dazu gleich später (S. 181).

Die Gemeine Esche (Fraxinus excelsior)

Eschenblätter sind unpaarig gefiedert. Das bedeutet, dass sich zwei Blätter des Eschenblattes gegenüberstehen und sich diese Blattpaare vier bis sieben Mal an einem einzigen Stängel wiederholen. Am Ende des gefiederten Blattes befindet sich ein Einzelblatt. In Bergbauerndörfern wurden früher die Eschenblätter im Spätsommer bzw. im Frühherbst noch in grünem Zustand samt der dünneren Ästen von den Bäumen geschnitten. Man nannte diesen Vorgang „Schneiteln“. Die Äste trieben im folgenden Jahr wieder aus und sorgten so immer wieder für Nachwuchs an frischem Blattlaub. Das Laub wurde an den Ästen belassen und diente im Winter dem Vieh als Nahrung.

Bei uns können Eschenblätter im Frühling genossen werden. Die Blätter nehmen nach einiger Zeit jedoch einen bitteren Geschmack an. Das Holz der Esche ist sehr elastisch. Früher wurden die Räder von Kutschen aus Eschenholz gefertigt. Aber auch Schlitten wurden daraus hergestellt. Die sehr gute Elastizität macht man sich noch heute zunutze. Bei den meisten Skiern besteht der Kern nach wie vor aus Eschenholz, denn es gibt bislang noch keinen Stoff, der über ähnlich gute Eigenschaften verfügt.

Eschenblatt

Das Geheimnis der Blätter und Früchte von Sträuchern

Sträucher findet man oft an Waldrändern. Sie bilden dort meistens den niederen Abschluss. Für den Wald haben sie eine wichtige Schutzfunktion. Sie verhindern, dass stürmische Winde ungebremst in das Waldinnere gelangen und dort Schaden anrichten. Meistens streift der Wind vom Boden an den Sträuchern aufwärts und weiter über die Kronen der Bäume. Sträucher helfen auch, Bäume vor Überhitzung zu schützen. Ich beobachtete das einmal, als unter einer Freileitung sämtliche Sträucher entfernt wurden. Hinter diesen

Sträuchern befand sich eine Aufforstungsfläche, auf der vor 30 Jahren ausschließlich Fichten gepflanzt worden waren. Da es Sommer war, überhitzten die Stämme der Fichten, die unmittelbar hinter den vormals schützenden Sträuchern wuchsen. Sie waren nun den sommerlichen Temperaturen ungeschützt ausgesetzt und konnten bald nicht mehr genug Flüssigkeit in die Krone pumpen. Borkenkäfer riechen sofort, wenn Bäume unter Stress geraten, und hatten ein leichtes Spiel. Innerhalb von wenigen Wochen war der neue Waldrand aus Fichten von Tausenden Borkenkäfern befallen. Kurz darauf ließen die Randbäume ihre Rinde fallen und waren für den Wald verloren. Sträucher haben also eine wichtige Schutzfunktion am Waldrand. Aber sie schenken uns auch Lebensmittel. Neben Beeren und Nüssen können von einigen Sträuchern auch die Blüten und Blätter gegessen werden.

Die purpurrote Blüte der Haselnuss (Corylus avellana)

Am Waldrand und wo ein allzu heftiger Sturm durch einen Wald gefegt ist und Bäume entwurzelt oder umgeknickt hat, sowie überall dort, wo man vielleicht etwas zu großzügige Holznutzungen durchgeführt hat, finden sich später neben den Brombeersträuchern vor allem Haselnusspflanzen. Die Blätter der Haselnuss verrotten leicht und erschließen für den Waldboden zahlreiche Mineralstoffe. Im Schatten der Haselnusssträucher wachsen bald wieder Bäume, die nach einigen Jahren die Sträucher überwachsen und zu einem neuen Wald werden. Die Haselnuss blüht im zeitigen Frühjahr, noch bevor die Blätter sprießen. Die Blüten sind purpurrot. Aber vermutlich sind sie den wenigsten von uns jemals aufgefallen, denn die Haselnussblüten sind winzig klein. Sie

Haselnussblüte

sind nur einige Millimeter lang und man muss schon ganz nah an einen Haselnussstrauch herangehen, um sie überhaupt zu sehen.
Die Haselnusssträucher sind bekannt für ihre Nüsse. Aber es sind nicht nur die Nüsse, die sie uns schenken, sondern auch ihre Kätzchen und ihre Blätter, die wir zum einen als Mehlersatz, und zum anderen als Salatbeilage verwenden können.

Haselnusskätzchen

Der herzensgute Weißdorn – Zweigriffeliger Weißdorn (Crataegus laevigata) und Eingriffeliger Weißdorn (Crataegus monogyna)

Im Frühjahr blühen die Weißdornsträucher wunderschön und sind mit ihrer üppigen weißen Blütenpracht meist schon aus der Ferne gut zu erkennen. Der Weißdorn zählt zu den Rosengewächsen und ist vor allem für seine herzstär-

Weißdornblüte

Blühender Weißdornstrauch

kende Wirkung bekannt. Seine Blätter, Blüten und Beeren finden aber auch in der Küche ihre Verwendung. Die Beeren werden im Herbst gesammelt und können zu Marmeladen und Gelees verarbeitet werden. Aber neben den Beeren sind es vor allem die Blätter und Blüten, die für Heilzwecke verwendet werden können.

Der üppige Lebensmittelspender – Schwarzer Holunder (Sambucus nigra)

Die üppigen Sträucher des Schwarzen Holunders, die bis zu fünf Meter hoch werden können, wachsen meistens dort, wo es einen Misthaufen und Brennnesseln gibt. Der Holunder liebt Böden, in denen ausreichend Stickstoff vorhanden ist. Dort entwickelt er sich am besten. Der Holunder und alle Produkte, die man aus ihm gewinnen kann, waren in früheren Tagen ein wichtiger Bestandteil der Nahrung. Vielleicht auch deshalb, weil die Herstellung zahlreicher Holunderprodukte sehr einfach ist und sie rasch zubereitet werden können. Aus den Vitamin-C-haltigen dunklen Beeren, die im Sommer reifen und üppig auf den Sträuchern zu finden sind, werden häufig Marmeladen oder Kompotts hergestellt. Schon im Frühjahr kann man die Blüten zu köstlichen Produkten verarbeiten.

Holunderblüten

Holunderbeeren

Die beinahe unübersehbare Brombeere (Rubus fruticosus) und die Himbeere (Rubus idaeus)

Wintergrüne Brombeerblätter

Man findet die Brombeersträucher und Himbeerstauden im Wald meistens dort, wo viel Licht den Boden erreicht. In der Forstwirtschaft sieht man die Brombeersträucher nicht wirklich gerne. Da sie sehr schnell wachsen, kann es geschehen, dass sie kleinen Bäumchen das Licht wegnehmen und sie unter Umständen so zum Absterben bringen. Deshalb werden vor allem die Brombeersträucher auch auf vielen Kahlschlägen mehrmals im Jahr konsequent entfernt. Ich denke jedoch, dass nichts in der Natur umsonst dort wächst, wo es wächst. Aufgrund ihrer Leichtwüchsigkeit bedeckt die Brombeere eine Kahlfläche schon nach kurzer Zeit wieder mit Grün und verhindert dadurch sehr effizient, dass der Waldboden in steileren Lagen nach Starkniederschlägen erodiert, also abgetragen wird und unter Umständen unwiederbringlich verschwindet. Zurückbleiben würden dann schlimmstenfalls kahle, felsdurchsetzte Steilhänge, auf denen jeder Boden fehlt, der für das Wachsen von Pflanzen unbedingt erforderlich wäre.

Die Beeren der Himbeere sind rot, die der Brombeere dunkelblau, und sie reifen zwischen Juli und September. Auf den Himbeerstauden können einige Dutzend Beeren wachsen, bei der Brombeere auch über hundert an einem einzigen Strauch. Aus den Beeren kann man hervorragende Marmeladen und Kompotte herstellen. Aber ich möchte an dieser Stelle das Augenmerk gar nicht so sehr auf die Beeren lenken, die die meisten von uns kennen, sondern auf die Blätter.

Am besten sucht man Himbeer- und Brombeerstauden an Waldrändern, Lichtungen oder Plätzen, an denen vor einiger Zeit Holznutzungen durchgeführt worden sind. Dort wachsen sie unter Umständen sehr üppig. Rehe lieben solche lichtüberfluteten Plätze ganz besonders. Wenn man die Stauden und Sträucher etwas genauer betrachtet, bemerkt man häufig angeknabberte Pflanzen. Da die Blätter der Brombeeren selbst im Winter grün sind, stellen sie in diesen Monaten für die Rehe fast die einzige Nahrung dar. Liegt viel Schnee, scharrt das Wild mit den Hufen manchmal so lange, bis es sich durch die Schneedecke gewühlt und den Boden oder das Grün von Pflanzen erreicht hat. Rehe spüren vermutlich instinktiv, dass sich in den Brombeerblättern zahlreiche lebenswichtige Stoffe verbergen. So findet man in ihnen, wie auch in den Himbeerblättern, zahlreiche Vitamine, wie zum Beispiel das Vitamin C oder den Vitamin-B-Komplex, aber auch Mineralstoffe und Spurenelemente, wie Eisen, Kalzium, Magnesium, Natrium, Kalium, Mangan, Kupfer, Zink, Kobalt und Selen. Nicht zuletzt beinhalten die Blätter auch Salicin, das gegen Kopfschmerzen helfen kann.

Im Wald esse ich die Himbeer- oder Brombeerblätter manchmal einfach roh. Man sollte jedoch bedenken, dass sich auf der Unterseite, genauer gesagt auf dem Mittelsteg des Brombeerblattes in regelmäßigen Abständen kleine Stacheln befinden, die bei Berührung schmerzhaft sein können. Man kann diese Stacheln aber ganz einfach mit einem Messer oder mit den Fingernägeln entfernen. Der Geschmack der Brombeerblätter erinnert ein bisschen an Pfirsich.

Brombeeren

Himbeeren

Das Geheimnis des kostbaren Waldkräuterschatzes

Neben den Blättern und Nadeln gibt es auch noch Kräuter, die im Wald und am Waldrand wachsen. Man findet die Kräuter des Waldes vor allem an Plätzen, die von Licht verwöhnt sind. Je schattiger und dunkler ein Wald ist, desto geringer wird der Anteil an krautigen Pflanzen sein. Wie eingangs erwähnt, haben jene Kräuter, die hoch in den Bergen wachsen, einen wesentlich intensiveren Geschmack. Neben Kohlenhydraten, Eiweißen, Vitaminen, Mineralstoffen und Spurenelementen enthalten etliche Waldkräuter auch heilende Stoffe, die manchmal eine schier unglaubliche Wirkung haben können.

Das Geheimnis gegen Kopfschmerzen und Migräne – das Echte Mädesüß (Filipendula ulmaria oder Spiraea ulmaria)

Das Echte Mädesüß wächst gerne in der Nähe von Bächen und feuchten Wiesen. Es wird bis zu eineinhalb Meter hoch und blüht gelblich weiß. In den Blättern und Blüten des Echten Mädesüß befindet sich Salicin. Im Körper wird das Salicin, wie bereits erwähnt, zu Salicylsäure umgewandelt. Salicylsäure wird seit Jahrtausenden sehr wirksam gegen Kopfschmerzen und bei

Echtes Mädesüß

Entzündungen eingesetzt. Das in sämtlichen Apotheken und Drogerien erhältliche „Aspirin“ verdankt seinen Namen übrigens dem lateinischen Namen des Echten Mädesüß „Spirea ulmaria“. Verwendet werden die Blätter und Blüten der Pflanze vor allem für die Zubereitung von Tee.

Das Geheimnis des Bärlauchs (Alium ursinum)

Wenn Bären im Frühjahr aus dem Winterschlaf erwachen, sind sie noch ein bisschen träge und vor allem eines: hungrig. Hungrig nach Vitaminen und Mineralstoffen, hungrig nach Frischem. Die Grünpflanze, die sie vor Jahrhunderten in unseren Breitengraden fanden, war ein Lauch, der in diesen Tagen nach dem Winter oft in Teppichen in den Wäldern vorkam. Da die Bären massenhaft von diesen Lauchpflanzen verzehrten, benannte man den Lauch nach ihnen. So kam der Bärlauch zu seinem Namen.
Der Bärlauch beginnt schon Ende Februar zu wachsen und bedeckt im März oft in Massen unsere noch lichten und unbelaubten Wälder. Wenn man in die Nähe solcher Wälder kommt, riecht man schon seinen aufdringlichen Duft, der sehr an Knoblauch erinnert. Die Blätter des Bärlauchs sind weich. Man sollte aber trotzdem vorsichtig und achtsam sein, denn es besteht die Verwechslungsgefahr mit den jungen Blättern der Herbstzeitlose, die auch im Frühjahr in unseren Wäldern wachsen kann, und mit dem Maiglöckchen, das im April zu wachsen beginnt. Maiglöckchenblätter fühlen sich zwischen den Fingern jedoch anders an. Sie sind rauer und grober. Die Geruchskontrolle ist beim Bärlauch vielleicht die sicherste Methode, ihn von anderen Pflanzen zu unterscheiden. Dazu nimmt man ein Blatt, reißt

Bärlauch

es ein und riecht daran. Duftet es intensiv nach Knoblauch, ist man richtig. Der Bärlauch dient nicht nur den Bären als ideale, frische Nahrung im Frühjahr, sondern er bietet auch uns Menschen zahlreiche Verwendungsmöglichkeiten.

Die Brennnessel (Urtica dioica)

Im Wald wächst die Brennnessel meist auf lichtdurchfluteten Plätzen. Manchmal sind die Standorte, auf denen sie gedeiht, etwas feucht. Um die Brennnessel macht man in der Regel freiwillig gerne einen weiten Bogen, denn eine Berührung mit ihr kann schmerzhaft sein. Wenn man sie etwas genauer betrachtet, sieht sie wirklich ziemlich bedrohlich aus, und sie kann sich tatsächlich hervorragend wehren. Sie ist mit kleinen Brennhaaren besetzt, die bei der geringsten Berührung abbrechen und eine schmerzhafte Flüssigkeit absondern. An die Begegnung mit dieser Pflanze denkt man noch Stunden später. Denn noch lange danach kribbelt es an jener Stelle, an der man mit der Flüssigkeit der Brennhaare in Kontakt gekommen ist. Diese besteht vor allem aus Ameisensäure, Histamin und Serotonin. Man kann diese Pflanze also nicht so einfach erobern. Vielleicht halten sie auch deshalb viele von uns für ein lästiges Unkraut, das man am liebsten verschwinden lassen möchte.
Bei meinen Führungen verbinde ich einem mutigen, unerschrockenen Kind manchmal mit einer Schlafmaske die Augen. Den anderen Teilnehmer*innen erkläre ich, dass sie bei dieser Mutprobe meine Fragen nur mit Ja oder Nein beantworten sollen. Dann zupfe ich ein Blatt von einer Brennnessel ab. Ich greife das Blatt meist mit dem Daumen und Zeigefinger von unten an. Hin und

Brennnessel

wieder lässt es sich leider nicht vermeiden, dass dabei trotz aller Vorsicht einige Brennhaare abbrechen und ich mit der etwas schmerzhaften Flüssigkeit in Berührung komme. Ich halte das Blatt in die Höhe und frage, ob dieses Versuchsobjekt mit etlichen stachelähnlichen Gebilden besetzt ist. Die Kinder nicken und bejahen meine Frage. Dem einen oder der anderen entkommt ein entsetztes „Oh." Danach falte ich das Blatt in der Längsrichtung, streife mit den Fingern vom Stängel zur Blattspitze entlang, falte das Blatt noch einmal, bis sich ein kleines Päckchen zwischen meinem Daumen und Zeigefinger befindet. Ich rolle dieses kleine Päckchen noch mehrere Male hin und her und erkläre meinem mutigen Freiwilligen, dass er gleich etwas sehr Gesundes zu essen bekommen wird und bitte ihn, den Mund zu öffnen. Die Unruhe des Probanden steigt, die meisten öffnen jedoch den Mund, kauen und schlucken das kleine grüne Päckchen. Das Brennnesselblatt verursacht im Mund natürlich keine Schmerzen mehr, denn durch das mehrmalige Hin- und Herrollen sind die Brennhaare abgebrochen und können keine schmerzhaften Erlebnisse mehr anrichten.

Brennnesseln rührt man meist nicht an. Oft sind sie dort anzutreffen, wo Menschen sind und wo Menschen ihre Spuren hinterlassen haben. Auf Bauernhöfen gedeihen sie gerne in der Nähe von Miststöcken. Die Brennnessel gibt uns Auskunft darüber, dass der Boden, in dem sie wurzelt, besonders nährstoffreich und fruchtbar ist. Oft findet man sie noch auf Höhenlagen von 2.000 Metern, auch dort meist in der Nähe von menschlichen Siedlungen, Alphütten, Ställen oder Viehweiden.

Wenn die Menschen wüssten, welche besonderen Stoffe in der Brennnessel verborgen sind, würden sich viele von uns ganz gewiss Handschuhe anziehen und diese Pflanze ernten. Denn was die Inhaltsstoffe der Brennnessel betrifft, ist sie eine wahre Schatzkiste. Die Brennnessel enthält bis zu 40 Prozent Eiweiß. Sie ist reich an Mineralstoffen wie Kalzium, Magnesium, Kalium, Eisen und Silizium. Der Vitamin-C-Gehalt ist um ein Vielfaches höher als der einer Zitrone. So enthält die Brennnessel im Schnitt über 300 Milligramm Vitamin C pro 100 Gramm, eine Zitrone im Schnitt hingegen nur 50 Milligramm. Des Weiteren ist sie ein Vitamin-A- und Vitamin-E-Spender. Die Samen enthalten Linolsäure, das ist eine mehrfach ungesättigte Fettsäure, eine sogenannte Omega-6-Fettsäure.

Die Brennnesselblätter haben einen Geschmack, der an Spinat erinnert. Früher wurden sie sehr häufig als Lebens- und Nahrungsmittel genutzt. Aus den Blättern bereitete man in rohem Zustand auch Salat zu. Vor dem Verzehr sollte man die Blätter mehrmals mit einem Nudelwalker überrollen, um sicher zu sein, dass sämtliche Brennhaare ihre schmerzhafte Wirkung verloren haben.

Während des Ersten Weltkrieges sammelte man neben den Blättern vor allem die Stängel und verkaufte sie. Aus den Fasern dieser Stängel erzeugte man aus Mangel an Baumwolle später Textilien. Eine Verarbeitung, die heute so gut wie in Vergessenheit geraten ist.

Wenn ich Brennnesseln sammle, habe ich immer ein Paar Handschuhe und einen Stoffsack dabei. Am liebsten sammle ich sie im Gebirge. Wenn man einmal einen Tee aus Blättern getrunken hat, die auf 2.000 Meter Seehöhe gewachsen sind, und ihn mit dem Geschmack von Brennnesseltee aus viel tieferen Lagen vergleicht, weiß man sofort, weshalb das so ist. Der Geschmack aus höheren Lagen ist wesentlich intensiver.

Brennnesseln sind eine wichtige Nahrungsquelle von zahlreichen Schmetterlingsarten. Beachten Sie beim Sammeln deshalb, dass diese für die Tiere erhalten bleibt. Beernten Sie immer nur einen Teil eines Brennnesselfeldes, damit das Ökosystem für die Tiere, die davon abhängig sind, nicht zerstört wird.

Der wunderheilende Spitzwegerich (Plantago lanceolata) und Breitwegerich (Plantago major)

Überall dort, wo die Natur für uns manchmal eine kleine schmerzhafte Überraschung bereithält, findet sich meist auch das Gegenmittel dazu. Der Spitzwegerich ist eigentlich eine unscheinbare Pflanze. Sie wächst wie eine Lanze und findet sich in Form von Rosetten meist an Wegrändern oder im Nahbereich von Pfaden. Aber diese Pflanze hat es tatsächlich in sich. Sie hilft bei Bienen-, Wespen- und Mückenstichen oder wenn man versehentlich mit den Brennhaaren der Brennnessel in Berührung gekommen ist.

Auch der Breitwegerich hat seine Stärken. Er hilft bei wundgelaufenen Füßen, bei Fußblasen und sogar bei Ohrenschmerzen. Die Wegericharten eignen sich jedoch auch zum Verzehr und zur Zubereitung von vielen Speisen oder Tees. Der Spitzwegerich ist zudem reich an Vitaminen und Wirkstoffen wie zum Beispiel an Vitamin C oder Vitamin B, Gerbstoffen, Kalium, Zink und Kieselsäure.

Spitzwegerich

Breitwegerich

Der üppige Löwenzahn (Taraxacum officinale), auch Pusteblume genannt

Wenn man ihn auf schönen, gestutzten Rasenflächen entdeckt, ist es meist um ihn geschehen. Man krallt ihn aus dem Boden, harkt ihn aus und wirft ihn zum Grünschnitt, auf den Komposthaufen oder in den Biomüll: den Löwenzahn. Der Löwenzahn hat ein unglaubliches Vermehrungspotenzial. In einem Köpfchen, das zuerst gelb blüht und dann eine wunderbare, durchsichtige Kuppel aus Schirmchen entwickelt, die beim leisesten Wind

davonsegeln, können sich bis zu 180 Samen befinden. Eine einzige Löwenzahnpflanze mit mehreren Blüten bringt es schon auf 5.000. Und die Samen sind widerstandsfähig. Sie können selbst nach neun Jahren noch keimen.
Ich begleitete meine Großmutter des Öfteren, wenn Sie mit einer Schüssel und einem Messer in der Hand in der Nähe des Bauernhofes zwischen den Obstbäumen Löwenzahn ernten ging. Die frisch gewaschenen Löwenzahnblätter schnitt sie dann klein und mengte sie dem noch warmen Kartoffelsalat bei. Der Löwenzahn enthält sehr viele Inhaltsstoffe, etwa die Vitamine A, C und E sowie den Vitamin-B-Komplex, Mineralstoffe und Spurenelemente wie Kalium, Kalzium, Magnesium und Eisen und daneben noch Schleimstoffe, Flavonoide und Inulin. Interessant ist vielleicht auch, dass sich in der Wurzel Stoffe befinden, die zum Absterben von Krebszellen führen können. Diese könnten vor allem bei Dickdarmkrebs und Prostatatumoren zum Einsatz kommen. Allerdings scheuen sich Pharmakonzerne, Forschungen für solche Medikamente zu finanzieren, da es sich beim Löwenzahn um ein Naturprodukt handelt und das Medikament, das dadurch gewonnen werden könnte, produktschutztechnisch somit nur schwer zu schützen wäre.
Gepflückt werden vor allem die jungen Blätter der Rosette. Die älteren Blätter schmecken etwas bitter. Meine Großmutter grub im Herbst etliche Löwenzahnrosetten aus und lagerte sie in einem Sandbett im Keller. Nach einiger Zeit wechselte die grüne Pflanzenfarbe ins Gelbliche, während die Blätter den Großteil ihrer Bitterstoffe verloren. Vor allem im Frühjahr sorgen Löwenzahnblätter für einen sehr guten natürlichen Vitaminschub.

Löwenzahn

Küchengeheimnisse des Waldgartens

Wenn Sie sich auch so nach den ersten warmen Frühlingstagen eines Jahres sehnen, geht es Ihnen wie mir. Es ist, als ob man eine große Dunkelheit überwunden hätte, und überall in der Natur beginnt neues Leben.
An solchen warmen Frühlingstagen begebe ich mich gerne in sonnenwarme Wälder, die nach Süden blicken. Dort steigen die Temperaturen viel rascher an und nehmen den allgemeinen Frühling schon ein wenig vorweg. Auf solchen Südhängen flattern manchmal sogar schon die ersten Schmetterlinge, Buschwindröschen blühen, die ersten Schlüsselblumen und der Bärlauch

Bärlauchbutterbrot

beginnen zu sprießen. Der Boden ist warm und die Vögel zwitschern. An einem solchen Tag habe ich etwas Proviant in meinen Rucksack gepackt. Frisches Brot, gute Butter, Salz und Pfeffer, vielleicht ein Zitronenwasser, ein Taschenmesser, ein Holzbrett und eine Picknickdecke. Den Rest finde ich im Wald. Ich suche ein ebenes, sonniges Plätzchen, auf dem ich meine Decke ausbreiten kann. Dann lege ich ein Geschirrtuch auf die Decke und streife ein bisschen durch die Umgebung, denn ich benötige noch einige Zutaten für meine kleine Jause. Vitamine, Mineralstoffe, Spurenelemente – und zwar aus der neuen Saison, ganz frisch. Ich pflücke frisch getriebene Bärlauchblätter, hellgrüne Buchenblätter oder Haselnussblätter. Ich sammle eine Handvoll davon und begebe mich zurück zu meinem Picknickplatz. Auf dem Holzbrett schneide ich die Bärlauch-, Buchen- oder Haselnussblätter in kleine Streifen, bestreiche eine Scheibe Brot mit Butter, streue etwas Salz und Pfeffer darüber und dekoriere sie mit den frischen Blätterstreifen. Danach schließe ich die Augen. Ich spüre die wärmende Frühlingssonne auf meiner Haut, beiße in das dekorierte Butterbrot und kaue ganz langsam und behutsam. Ein Frühlingsgenuss und die ersten frischen Vitamine des Jahres. Ich lege mich auf die Picknickdecke, bette meinen Kopf auf die verschränkten Arme und vergesse die Welt um mich beim Zuhören der zwitschernden Vögel. Angekommen, denke ich mir dann, angekommen im neuen Frühling.

Man würde nicht glauben, wie viele Lebensmittel in unseren Wäldern gedeihen. Lebensmittel, die in der Regel unberührt von menschlichen Einflüssen und zu 100 Prozent natürlich gewachsen sind. Lebensmittel aus unseren Wäldern sind aufgrund der Unberührtheit des Waldbodens sehr kostbar. Ich habe eine Auswahl jener Pflanzen zusammengestellt, die die meisten von uns kennen. Falls es trotzdem Verwechslungsmöglichkeiten geben sollte, sind sie genau beschrieben. Sammeln Sie trotzdem nur solche Lebensmittel, die Sie ganz sicher kennen, um jedes Risiko einer etwaigen Vergiftung von vornherein auszuschließen.

Fichtennadelsalz

Frische Fichtentriebe, die auch Maiwipfel genannt werden, enthalten sehr viel Vitamin C. In etwa sind das 150 Milligramm pro 100 Gramm Wipfel. Im Schnitt ist der Vitamin-C-Gehalt dreimal höher als in einer Zitrone. Man sammelt die Fichtenwipfel ab Mitte April bis in den Mai, trocknet sie und zerkleinert sie in einem Mörser zu Mehl. Danach vermengt man das Fichtenwipfelmehl im Verhältnis 1:1 mit Salz und hat so ein köstliches Gewürzsalz gezaubert. Das Fichtenwipfelsalz eignet sich bestens zum Würzen von Speisen.

Fichtenwipfelhonig – warme Zubereitung

Für die warme Zubereitung des Fichtenwipfelhonigs nimmt man etwa ¼ Kilogramm frische Fichtenwipfel, übergießt sie so lange mit Wasser, bis sie vollkommen davon bedeckt sind, und lässt alles zusammen eine Nacht lang stehen. Danach wird der Ansatz mitsamt den Wipfeln 30 Minuten lang aufgekocht und anschließend abgesiebt. Im Verhältnis 1:1 wird nun Zucker hinzugegeben. Diesen Sirup köchelt man gemeinsam mit einer in Scheiben geschnittenen Bio-Zitrone auf niedriger Flamme so lange, bis die Flüssigkeit eindickt. Dieser Vorgang dauert ungefähr eine Stunde. Danach wird der Fichtenwipfelhonig in ausgekochte Gläser gefüllt, verschlossen und auf den Kopf gestellt. Man kann diesen Honig als hervorragenden Bienenhonigersatz auf ein Butterbrot geben. Wir sprechen hier von einem „Ersatz", da es sich bei diesem Produkt eigentlich um eine Sirup handelt. Als „Honig" darf im Handel nur das Erzeugnis der Honigbiene bezeichnet werden.

Eine Handvoll Fichtenwipfel

Traditionell werden diese und andere Siruparten allerdings immer noch gerne „Honig“ genannt, obwohl es eigentlich nicht ganz korrekt ist.

In Butter angeschwitzte Fichtenwipfel

Man sammelt etwa 200 Gramm frische Fichtenwipfel, reinigt sie und schwitzt sie in einer gut erhitzten Pfanne mit Butter an. Danach werden die Wipfel etwas gesalzen und minimal gezuckert. Frisch angeschwitzte Fichtenwipfel eigenen sich besonders gut als Gemüsebeilage.

Karamellisierte Fichtenwipfel

Etwa 200 Gramm frische Fichtenwipfel werden gemeinsam mit Kristallzucker in eine Pfanne gegeben und so lange erwärmt, bis sich der Zucker verflüssigt und von den Fichtenwipfeln aufgenommen wird. Karamellisierte Fichtenwipfel ergeben ein köstliches Dessert.

Buchenblättersalat

Junge Buchenblätter können als Beilage für Salate verwendet werden. Man sollte dem Salat jedoch nicht allzu viele Buchenblätter beimengen. Denn wer sich die Blätter etwas genauer ansieht, wird feststellen, dass deren Ränder mit einem feinen Haarflaum besetzt sind. Diese feinen Härchen können unter Umständen ein bisschen im Hals kratzen, wenn man sie verzehrt.

Lindenblättersalat

Junge Lindenblätter eignen sich sehr gut als Zutat für einen Frühlingssalat. Die frischen Blätter werden mit anderen Salatblättern gemischt, mit Essig und Öl angemacht und mit Salz und Pfeffer abgeschmeckt.

Birkenblättersalat

Gesammelt werden die frisch ausgetriebenen Birkenblätter im Frühjahr. Allerdings ist das Zeitfenster, um sie zu sammeln, recht klein, da die Blätter im Laufe der Wochen aufgrund der eingelagerten Gerbstoffe rasch bitter werden.

Birkensalz

In Ländern, in denen es früher nicht so einfach war, an genügend Salz zu gelangen, behalf man sich eines einfachen Mittels, um diesen Mangel etwas auszugleichen. Man nahm einfach die jungen, frisch ausgetriebenen Blätter der Birke, trocknete sie, gab sie mit einer geringen Menge Salz in einen Mörser und bereitete ein Pulver daraus. Birkensalz schmeckt aromatisch und enthält etliche Mineralstoffe und Spurenelemente.

Birkenwasser

Noch bevor die Blätter im Frühjahr treiben, kann aus den Birken ein Wasser gewonnen werden, das sehr mineralstoffreich ist. Das Birkenwasser ist durchsichtig und hell. Geschmacklich ist es, je nach Standort, leicht süßlich und etwas blass, manchmal jedoch auch ein bisschen erdig. Um an das Birkenwasser zu kommen, muss die Rinde der Birke angebohrt und mit einem Röhrchen versehen werden. Aus der Öffnung tröpfelt danach bald ein durchsichtiger Saft. Am besten gibt man ein Behältnis an das Ende des Röhr-

Gewinnung von Birkenwasser

chens und lässt den Saft dort hineintropfen. Für einen halben Liter Saft benötigt man um die zwölf Stunden. Nachdem man das Röhrchen von der Einbohrstelle entfernt hat, muss die Öffnung unbedingt wieder mit einem Ästchen, das dem Durchmesser des Lochs entspricht, verschlossen werden, da der Saft sonst noch für mehrere Tage aus dem Stamm rinnen und den Baum schwächen würde.

Birkenwasser trinkt man in der Regel im frischen Zustand. In Schweden wird das Birkenwasser aber auch für die Zubereitung von gefrorenen Süßspeisen verwendet. Dort gilt es als einer der Grundstoffe für die Herstellung von Erdbeer-, Himbeer- oder Heidelbeereis.

Ahornblättersalat

Frische Ahornblätter können als Zutat für einen Wildkräutersalat verwendet werden. Dazu werden die frischen und noch weichen Blätter gesammelt und als Salat – häufig auch mit Wildkräutern und anderen Salatpflanzen vermengt – zubereitet.

Ahornblättersauerkraut

Die jungen Blätter des Ahorns können hervorragend zu Sauerkraut eingemacht werden. Dazu sammelt man junge Ahornblätter, reinigt sie, knetet sie etwas durch und gibt sie dann entweder in Lagen oder in Form von Päckchen in ein ausgekochtes Schraubglas, dessen Öffnung so groß sein sollte, dass man mit der Hand hineinfassen kann. Mit einem Löffel oder den Fingern drückt man die Blätter fest in das Glas hinein. Danach füllt man das Glas mit Wasser auf und drückt die Blätter abermals im Glas fest, damit die noch vorhandenen Luftbläschen entweichen können. Zuletzt gibt man einen Esslöffel Salz, Lorbeerblätter und einige Pfefferkörner dazu und verschließt das Glas. So lässt man es ungefähr zwei Wochen lang stehen. Nach einiger Zeit werden die Blätter leicht säuerlich und können als Gemüsebeilage verwendet werden.

Beachten sollte man, ein dickwandiges Schraubglas zu verwenden, da durch die Milchsäuregärung ein erhöhter Druck im Glasinneren entstehen kann.

Ahornblätter in Teigkruste

In einigen Regionen Japans werden aus Ahornblättern süße Köstlichkeiten zubereitet. Man sammelt die jungen und frischen Blätter und konserviert sie, damit das gesamte Jahr über welche verfügbar sind. Für die Lagerung werden die Blätter in große Behältnisse gegeben und mit Salz bedeckt. Darauf folgt abermals eine solche Lage, die wiederum von einer Schicht aus Salz abgelöst wird. Kurz vor der Zubereitung werden die Blätter einige Zeit unter fließendem Wasser gespült, damit das Salz wieder aus ihnen entweicht. Durch das Salz verlieren sie zusätzlich an Bitterstoffen. Die Blätter werden nun einzeln in einen Pfannkuchenteig getaucht und in heißem Fett frittiert. Die Form des Ahornblatts bleibt im Teigmantel erhalten und kann als Dessert oder als Dekoration für andere Süßspeisen verwendet werden.

Für den Pfannkuchenteig werden 200 g Mehl, 1 Prise Zucker, 1 Prise Salz, 2 Eier, 200 ml Milch und 60 ml Mineralwasser zu einem glatten Teig verrührt.

Bergulmensalat

Die jungen Blätter der Bergulme können als Beimischung für Salate verwendet werden. Der Geschmack des Ulmenblatts ist nahezu neutral. Jedoch enthalten Ulmenblätter wichtige Vitamine und Mineralstoffe.

Stieleichenblättersalat

In kleinen Mengen können Stieleichenblätter in Salatmischungen verwendet werden. Die Blätter sollten jedoch noch sehr jung sein. Es sind jene noch nicht ganz entfalteten Blätter, die kurz nach dem Austrieb aus den Knospen an den Ästen zu finden sind. Ganz entfaltete Eichenblätter schmecken nach einiger Zeit aufgrund der Einlagerung von Bitterstoffen sehr bitter und nicht mehr wirklich gut.

Eschenblättersalat

Die frischen Eschenblätter können kurz nach dem Austreiben als Zutat für einen Blattlaub- und Wildkräutersalat verwendet werden.

Haselnussblättersalat

Die frischen Blätter der Haselnuss, die von April bis Mai aus den Knospen sprießen, sind weich und können als Zutat für einen Salat verwendet werden. Sie sind reich an Vitaminen und Mineralstoffen. Besonders hoch ist ihr Eisen- und Mangananteil. Man sollte jedoch nur die frisch ausgetriebenen Blätter im Frühling verwenden. Später schmecken sie bitter.

Eingelegte Haselnussblätter

Haselnussblätter können auch eingelegt werden. Dazu nimmt man die jungen Blätter, reinigt und blanchiert sie. Dadurch erhalten die Blätter einen angenehmen Geschmack. Danach legt man die Blätter in gesalzenes Öl ein. Sie können 2 Wochen später als Gemüsebeilage verwendet werden.

Weißdornblättersalat

Die Blätter des Weißdorns können sehr gut in Wildblätter- und Kräutersalatmischungen verwendet werden. Man pflückt dazu die noch jungen Blätter und mengt sie dem Salat bei. Man sollte jedoch bevorzugt die frisch getriebenen Blätter verwenden, da die älteren Blätter leicht bitter schmecken.

Holunderblütensirup

Den angenehmen Geschmack des Holunderblütensirups kennen vermutlich die meisten von uns. Die Herstellung geht rasch und ist sehr einfach. Man sammelt dazu einen Korb mit circa 30 Holunderblüten und reinigt sie von etwaigen kleinen Tierchen, die sich noch auf ihnen befinden. Danach wird ein Kilogramm Zucker mit 25 Gramm Zitronensäure und eineinhalb Liter Wasser aufgekocht. Die Scheiben von zwei Zitronen werden gemeinsam mit den Holunderblüten in einen großen Topf gegeben. Das noch heiße Zucker-Zitronensäure-Wasser wird zu den Früchten und Blüten hinzugegeben und für 48 Stunden stehen gelassen. Danach lässt man den Sirup durch ein Sieb laufen und kocht die Flüssigkeit abermals auf. Zuletzt wird der noch heiße Sirup in sterile Flaschen abgefüllt und gut verschlossen. Der Sirup sollte nun mindestens sechs Monate haltbar sein. Mit Wasser, aber auch mit Prosecco wird er im Verhältnis 1:10 gemischt und schmeckt ausgezeichnet.

Angesetzer Holundersirup

Holunderblüten im Teigmantel

Etwa zwei Dutzend Holunderblüten werden gesammelt und von etwaigen Tierchen gereinigt. Wichtig ist, dass die Stiele der Holunderblüten nicht entfernt werden, denn sie sollen uns später noch eine wichtige Hilfe sein. Man rührt nun einen Pfannkuchenteig (siehe S. 134) an, nimmt eine Holunderblüte am Stiel und tunkt sie in den Teig. Danach werden die Holunderblüten mitsamt dem Teig, der sich auf die Blüten gelegt hat, in heißem Fett herausgebacken. Die fertigen Holunderblütenküchlein werden mit Staubzucker bestreut und gleich genossen.

Bärlauchspinat

Man sammelt den frischen Bärlauch in einem Stoffbeutel, reinigt ihn zu Hause, schneidet die Blätter in Streifen und dünstet sie mit etwas Wasser. Danach werden sie püriert und mit Salz und Pfeffer abgeschmeckt. Man kann auch ein bisschen Sahne hinzufügen.

Bärlauchsuppe

Man kocht circa 200 Gramm frisch gepflückte Bärlauchblätter für 15 Minuten in einem halben Liter Wasser, püriert alles und verfeinert die Suppe mit Sahne, Salz und Pfeffer.

Bärlauchsalz

Man trocknet den gesammelten Bärlauch an einem schattigen Ort und zermahlt die raschelnden Blätter gemeinsam mit Salz in einem Mörser. Die getrockneten Bärlauchblätter können auch in Kombination mit anderen wohlriechenden und wohlschmeckenden Pflanzen zu einem Kräutersalz verarbeitet werden. Als weitere Kräuter wären Salbei, Brennnessel und wilder Thymian möglich.

Bärlauchsalz

Bärlauchkapern

Man sammelt dazu die noch geschlossenen weißen Blüten des Bärlauchs. Die grünen Bärlauchkapern werden dann in ein ausgekochtes Glas gegeben. Anschließend füllt man das Glas mit kochend heißem Essig auf, bis die Kapern bedeckt sind. Man kann die Kapern noch mit Salz, Pfefferkörnern und Lorbeerblättern verfeinern.

Bärlauchkapern

Bärlauchpesto

Man zerkleinert die gesammelten Blätter, püriert sie und vermengt sie mit gutem Olivenöl und etwas Salz. Man kann dem Pesto auch noch Walnüsse oder Pinienkerne hinzufügen. Zuletzt gibt man das Pesto in ein ausgekochtes Glas und bedeckt es mit Olivenöl.

Bärlauchbutter

Für die Herstellung von Bärlauchbutter nimmt man 250 Gramm Butter. Sie sollte zimmerwarm sein und wird mit circa 150 Gramm fein gehackten Bärlauchblättern und etwas Zitronensaft vermengt und gemixt. Danach gibt man nach Belieben Salz und Pfeffer dazu. Man kann die Bärlauchbutter in Frischhaltefolie einrollen und im Kühlschrank kaltstellen. Anschließend schneidet man kleine Scheiben davon ab. Die Butter ist gekühlt zwei bis 3 Wochen haltbar, sie kann aber auch eingefroren werden.

Bärlauchchips

Manchmal bereite ich diese Chips auf einem Gaskocher einfach im Gelände zu. Man benötigt dazu neben einem Gaskocher eine Pfanne, Sonnenblumenöl, Salz, eine Holzzange, ein Abtropfgitter und etwas Küchenrolle. Man erhitzt das Öl in der Pfanne und gibt danach einzelne Bärlauchblätter hinzu. Nach kurzer Zeit werden die Blätter Blasen werfen. Sie sehen dann tatsächlich aus wie Chips. Nur eben grün. Nachdem die Chips fertig sind, werden sie auf das Abtropfgitter und später auf die Küchenrolle gegeben. Zuletzt werden die Chips mit Salz bestreut und genossen.

Brennnesselspinat

Um keine unliebsame Begegnung mit Brennnesselblättern zu erleben, sammelt man die frischen Blätterspitzen mit Handschuhen in einem Stoffsack. Zu Hause überrollt man den gefüllten Sack mit den Brennnesseln mehrere Male mit einem Nudelwalker. Danach werden die Blätter gewaschen, blanchiert und püriert. Anschließend können sie mit Butter, Knoblauch, Muskatnuss, Salz und Pfeffer verfeinert werden.

Brennnesselwasser

Brennnesselwasser herzustellen ist ganz einfach. Man verwendet dazu ein halbes Dutzend Brennnesselspitzen, gibt sie in frisches Leitungswasser und lässt sie circa drei Stunden lang ziehen. Das Wasser nimmt während dieser Zeit den Geschmack der Brennnesseln an. Was besonders interessant ist: Die Mineralstoffe lösen sich aus der Pflanze und befinden sich nun im Wasser.

Brennnesselchips

Brennnesselchips werden auf dieselbe Weise hergestellt wie Bärlauchchips (siehe S. 139). Mit Salz verfeinert schmecken sie ausgezeichnet.

Brennnesselsmoothie

In den Brennnesseln befindet sich neben zahlreichen Vitaminen auch Eisen. Für Frauen, aber auch für Sportler, kann dieser Umstand sehr wichtig sein. Denn der Körper benötigt bei der Produktion roter Blutkörperchen Eisen. Am besten erntet man frische Triebspitzen der Brennnesseln. Danach gibt man diese gemeinsam mit Wasser in einen Mixer. Nach kurzer Zeit hat man ein hervorragendes Getränk mit zahlreichen natürlichen Vitaminen, Mineralstoffen und Spurenelementen.

Kraftpulver aus Brennnesselsamen

Schon in der Antike wird die aphrodisierende Wirkung von Brennnesselsamen erwähnt. In den Brennnesselsamen findet sich neben Vitaminen, Mineralstoffen und Spurenelementen ein Eiweißgehalt von 40 Prozent. Aus den Samen lässt sich deshalb ein ideales Eiweißpulver herstellen.

Man sammelt die reifen Samen im Hochsommer mit Handschuhen. Am besten verwenden Sie einen Stoffsack. Zuhause werden die Samen an einem schattigen Ort gut getrocknet und anschließend in einem Mörser zermahlen. Danach wird das Eiweißpulver in einem luftdichten Glas aufbewahrt. Das Eiweißpulver kann über Mahlzeiten gestreut oder in Wasser aufgelöst getrunken werden.

Brennnesselsalz

Man sammelt Brennnesselpflanzen und hängt sie kopfüber zum Trocknen auf. Wenn sie raschelnd trocken sind, entfernt man die Blätter und gibt sie in einen Mörser. Danach fügt man Salz hinzu und zermahlt alles zu einem Gewürzsalz. Das Zermahlen der Zutaten mit einem Mörser kann dabei zu einem meditativen Akt werden. Vielleicht finden Sie einen schattigen Platz und stellen das Brennnesselsalz an diesem Ort her.

Himbeer- und Brombeerblätter roh oder als Salatbeilage

Himbeer- und Brombeerblätter können nicht nur vom Wild, sondern auch von Menschen gegessen werden und sind sehr gesund. Wenn die Blätter älter werden, schmecken sie wegen der eingelagerten Gerbstoffe eventuell etwas bitter. Ich pflücke die Blätter meist in Brusthöhe von den Sträuchern oder Stauden und esse sie manchmal gleich vor Ort. Vor allem im Frühling menge ich sie aber auch Salatmischungen bei.

Ich nehme manchmal eine kleine Schüssel, Olivenöl, Essig, Salz und Pfeffer mit in den Wald, befülle die Schüssel mit frisch gepflückten Himbeer- und Brombeerblättern und bereite mir an einem ruhigen Ort einen Salat zu. Schmeckt herrlich.

Spitzwegerichsalat

Spitzwegerichblätter eignen sich hervorragend für die Zubereitung von Salaten oder als Salatmischung. Ich pflücke immer die jungen, feinen Blätter. Der Geschmack erinnert entfernt an Pilze. Ich finde ihn sehr angenehm.

Spitzwegerichsalat

Spitzwegerichspinat

Die Zubereitung des Spitzwegerichspinats erfolgt wie bei der Brennnessel. Er wird gekocht, passiert und mit Sahne, Salz und Pfeffer abgeschmeckt. Man kann die Spitzwegerichblätter auch mit anderen Blättern mischen.

Geröstete Spitzwegerichsamen

Die Samen des Spitzwegerichs sind von der Ferne schon leicht zu erkennen. In der Mitte der Pflanzenrosette ragen lange Stiele zwischen den Blättern hervor. Am Ende dieser Stiele befinden sich ein bis zwei Zentimeter lange keulenähnliche Ähren. In diesen befinden sich die Samen des Spitzwegerichs. Man kann die Ähren abknipsen, zu Hause in einer Pfanne anrösten und danach für Salate oder als Gemüsebeilage verwenden.

Spizwegerichähre

Spitzwegerichwasser

Man nimmt circa zehn Spitzwegerichblätter, gibt sie in ein mit zwei Liter Wasser gefülltes Behältnis und lässt alles für drei Stunden zugedeckt stehen. In dieser Zeit wandern viele Inhaltsstoffe des Spitzwegerichs in das Wasser. Das Wasser nimmt auch den Geschmack des Spitzwegerichs an und kann als vitamin-, mineralstoff- und spurenelementeangereichertes Getränk genossen werden.

Spitzwegerichsmoothie

Man nimmt eine Handvoll Spitzwegerichblätter, schneidet sie in Streifen, gibt sie in ein Behältnis und füllt es mit Wasser auf. Danach mixt man die Zutaten und erhält ein sehr gesundes, vitaminreiches Frischgetränk.

Spitzwegerichkapern

Die Ähren des Spitzwegerichs werden zur Reifezeit gesammelt und in ein Glas gegeben. Das Glas wird nun mit kochend heißem Essig aufgefüllt. Danach fügt man einen Esslöffel Salz, Pfeffer und nach Belieben Gewürze hinzu. Die Kapern sollten gänzlich mit Essig überdeckt sein. Man lässt die Spitzwegerichkapern etwa vier Wochen im Glas reifen und kann sie danach genießen.

Löwenzahnsalat

Löwenzahnblätter eignen sich gut in Kombination mit Kartoffelsalat oder mit Zwiebeln und Lauch. Gesammelt werden die kleinen und jungen Blätter, da die älteren etwas bitter schmecken. Bevor man die Löwenzahnblätter verwendet, legt man sie für eine halbe Stunde in ein Wasserbad, so verlieren sie deutlich an Bitterstoffen, falls sich diese schon in der Pflanze befinden.

Löwenzahnspinat

Man kann Löwenzahn genauso wie die Brennnessel oder den Spitzwegerich als Spinat zubereiten. Die jungen Löwenzahnblätter werden gewaschen, gekocht, püriert und mit Salz, Pfeffer und etwas Sahne abgeschmeckt.

Löwenzahnsuppe

Man sammelt circa 300 Gramm frische Löwenzahnblätter und braucht dazu noch einige dünne Scheiben Speck, eine Zwiebel, drei Kartoffeln, Salz, Pfeffer und Muskatnuss. Der in Streifen geschnittene Speck und die fein gehackten Zwiebeln werden angeröstet. Danach gießt man alles mit einem halben Liter Wasser auf. Die klein geschnittenen Kartoffeln und Löwenzahnblätter werden dazugegeben und bei niedriger Flamme eine halbe Stunde lang geköchelt. Anschließend würzt man sie mit Salz, Pfeffer und Muskatnuss.

Löwenzahnhonig

Für den Löwenzahnhonig braucht man 3 Handvoll Löwenzahnblüten, 1 l Wasser, 1 kg Zucker sowie Saft und Schale einer halben Bio-Zitrone. Die Blüten lässt man zugedeckt in einem Topf zusammen mit dem Wasser etwa zwei Stunden ziehen. Anschließend bringt man die Mischung sehr langsam zum Kochen, nimmt sie vom Feuer und lässt sie über Nacht stehen. Am nächsten Morgen seiht man die Blüten ab, gibt Zucker, Zitronensaft und -schale zum Wasser hinzu und lässt es unter ständigem Rühren aufkochen. Man lässt die Mischung auf kleiner Flamme simmern, bis die Flüssigkeit Fäden zieht – das kann einige Stunden dauern. Zur Probe, ob die gewünschte Konsistenz erreicht wurde, kann man einen Löffel des Honigs abkühlen lassen und schauen, wie flüssig er noch ist. Der fertige Honig wird in sterilisierte Gläser gefüllt.

Löwenzahnsmoothie

Da der Löwenzahn manchmal ein bisschen bitter schmeckt, mische ich ihn am liebsten mit Brennnessel und Spitzwegerich. Die Zutaten werden mit Wasser aufgegossen und gemixt. Löwenzahnsaft ist wegen seiner Inhaltsstoffe Taraxin und Cholin ein beliebtes Mittel bei Entschlackungskuren.

Der erstaunliche Nährwert eines einzigen Walnussbaums

In den Sommermonaten verreise ich gerne. Aber langsam und achtsam. Die beste Reisegeschwindigkeit erscheint mir seit Langem jene, bei der ich täglich zu Fuß zwischen 10 und 20 Kilometer und mit dem Fahrrad zwischen 100 und 150 Kilometer zurücklege. Die Reisegeschwindigkeit beim Fahrradfahren ist mit jener einer Pferdekutsche vergleichbar. Als Beispiel: Eine Reise von Bregenz nach Wien dauerte vor dem Eisenbahnzeitalter eine ganze Woche. Das ist in etwa die gleiche Zeit, die man benötigt, wenn man mit dem Fahrrad diese Strecke zurücklegen wollte. Und Reisen – was ist das eigentlich? Reisen ist neben dem Erreichen des Zieles vor allem der Weg von A nach B. Dabei erlebt man Dinge, sieht ständig neue Bilder, lernt Menschen kennen, gewinnt Eindrücke und erschafft dadurch kostbare Erinnerungen für später. Während ich auf dem Weg bin, begibt sich auch mein Inneres auf eine Reise.

Walnussbaum am Straßenrand

Es ist ein allmähliches Ankommen bei mir selbst, während ich im gleichmäßigen Rhythmus in die Pedale trete oder einen Schritt nach dem anderen setze. Ich war schon an vielen Orten. Einmal habe ich meiner Tochter, die auf Sardinien ein Tourismuspraktikum absolvierte, ihre Schuhe gebracht, die sie vor der Abreise zu Hause in Vorarlberg vergessen hatte. Ich fotografierte die Schuhe später auf Schweizer Alpenpässen, auf französischen Gebirgsübergängen, am Golf von Genua am Meer. Danach habe ich eine Erzählung über diese Schuhe geschrieben, die in einer Zeitschrift für nachhaltige Lebensweise publiziert wurde. Die Erzählung hieß: „Vermutlich die teuersten Schuhe der Welt" und beschrieb den Weg dieser Schuhe von Vorarlberg nach Sardinien.

Auf solchen Reisen gibt es Eindrücke, die mich staunen lassen. Manchmal geben sie Auskunft über nachhaltiges Denken und Handeln von Menschen. Scheinbar banale Dinge, die aber unglaublich wirksam sind und sehr viel bewegen. Einmal fuhr ich mit dem Fahrrad durch die Tschechische Republik. Ich war in der Nähe des Böhmerwaldes unterwegs und mir fiel etwas auf: Da gab es zwischen einigen Ortschaften kilometerlange Alleen. Aber die Bäume,

die am Straßenrand standen, waren keine klassischen Alleebäume wie wir sie kennen. Keine Rosskastanien etwa, Pyramidenpappeln oder Platanen, wie man sie oft in Italien oder Frankreich sieht. Nein, es waren Obstbäume. Links und rechts neben der Straße hatte man vor Jahrzehnten Pflaumen- oder Apfelbäume gepflanzt. Diesen einfachen, aber so effektiven Ansatz fand ich genial. Sind die Pflaumen reif, werden sie von der Gemeinschaft geerntet und später für die Gemeinschaft weiterverarbeitet. Meistens wird in Tschechien aus diesen Pflaumen Powidl zubereitet. Da fällt mir immer diese Geschichte zu Powidl ein: Einmal fuhr ich mit dem Nachtzug von Feldkirch nach Prag. Im Schlafwagenabteil lag mir ein Tscheche gegenüber, der vor langer Zeit in den Wirren des Prager Frühlings über Österreich in die Schweiz geflohen war. Er erzählte mir in diesen Nachtstunden im Schlafwagenabteil die Geschichte über den Powidl. Um Powidl zu gewinnen, müsse man die Pflaumen in großen Töpfen auf niedriger Flamme lange köcheln lassen. Damit sich die Pflaumen am Boden des Topfes nicht absetzen und anbrennen, wird mit einer Kelle aus Buchenholz ständig umgerührt. Auf der Kelle bleibt später die Haut der Pflaumen haften. Und genau diese Haut nennt man in Tschechien Powidl. So hat er es mir zumindest erzählt, damals im Nachtzug nach Prag, während es draußen vor dem Abteilfenster heftig schneite …

Pflaumenbaumalleen bedeuten aber noch mehr als nur einen Nebennutzen aus diesen Bäumen zu gewinnen. Zu wissen, dass es solche Alleen gibt, ist ein beruhigendes Gefühl. Denn in Notzeiten weiß man, wo sich Nahrungsmittelreserven für die Bevölkerung befinden.

Früher galten Obstbäume als großes Kapital für Menschen. Für viele waren sie eine wichtige Nahrungsmittelgrundlage, die man hütete und pflegte. Man achtete sehr darauf, dass die Obstbäume auch gut gediehen. Noch vor 100 Jahren war man streng darauf bedacht, dass sich auf solchen Bäumen keine Parasiten breitmachen konnten. Misteln zum Beispiel, die auch auf Obstbäumen wachsen. Sie gelten im Allgemeinen als Schmarotzer, da sie die Wuchskraft des Baumes mindern. Ich glaube trotzdem immer, dass jede Pflanze, und so bestimmt auch die Mistel, im System des Großen und Ganzen eine wichtige und ihr zugedachte Rolle erfüllt. Aber in der landläufigen Meinung war die Mistel lange Zeit ein Schädling, den man bekämpfen muss. Von einzelnen Gemeinden wurde vor 100 Jahren noch verordnet, dass

Mistel auf einem Baum

man die Misteln auf den Obstbäumen bis spätestens Ende März entfernen musste. Wer dieser Aufforderung nicht nachkam, erhielt einige Tage nach der gesetzten Frist Besuch von Gemeindemitarbeitern. Diese waren mit einer Leiter und Sägen ausgerüstet, entfernten die Misteln von den Bäumen und stellten den Arbeitsaufwand dem jeweiligen Eigentümer des Baumes in Rechnung. Aber die Zeiten ändern sich. Vor einigen Jahren habe ich einmal im Magazin einer Supermarktkette einen Artikel darüber gelesen, wie man Misteln am leichtesten vermehren kann. Wie sich die Zeiten doch ändern oder geändert haben …

Einmal wanderten meine Freundin und ich zwischen Frankreich und Italien über die Seealpen in Richtung Nizza. Auf einsamen Pfaden kamen wir manchmal an verlassenen Dörfern vorbei. Oft standen die Grundmauern der Häuser und Ställe noch. Aber aus den meisten davon wuchsen schon Bäume, die die Mauern bereits um ein Vielfaches überragten. An solchen ehemaligen Siedlungsorten ließ sich unser Zelt wunderbar aufstellen, denn die Plätze waren dort meistens ganz eben und im Schatten der Mauern war man gut geschützt. Auf den künstlich geschaffenen ebenen Plätzen, die oft von Steinmauern gestützt wurden, standen häufig Kastanienbäume. Manchmal waren es riesige Bäume, deren Stämme wir nur zu zweit umfassen konnten. In jedem dieser Weiler standen zehn bis zwanzig solcher Exemplare. Und etwas wurde mir in einem dieser verlassenen Weiler zum ersten Mal bewusst. Obstbäume waren früher das Kapital der Menschen, die dort lebten. Jemand, der über zehn bis zwanzig Obstbäume verfügte, war damals ein wohlhabender Mensch. Denn mit dem Ertrag dieser Bäume konnte er mehrere Personen das gesamte Jahr hindurch ernähren. So produziert ein einziger ausgewachsener Edelkastanienbaum in einem durchschnittlichen Jahr zwischen 150 und 200 Kilogramm Maronen. Diese Menge vermag es ohne Weiteres, einen erwachsenen Menschen ein gesamtes Jahr lang zu ernähren. Ein einziger Baum. Aus Maronen kann man vieles herstellen. Mehl zum Beispiel oder Cremes. Maronen waren früher in manchen Regionen Frankreichs oder Italiens sogar eines der wichtigsten Grundnahrungsmittel.

Aber wir müssen uns nicht so weit in die Ferne begeben, um ähnliche Obstbäume zu finden. Wenn man in der Schweiz durch die Dörfer

Alter Maronenbaum

fährt, fällt einem manchmal etwas auf: Vor den meisten Häusern steht ein Walnussbaum. Die Walnuss hat in etwa den gleichen Energiegehalt wie eine Marone. Ein ausgewachsener Walnussbaum produziert jährlich ebenfalls zwischen 150 und 200 Kilogramm Früchte, die in der Lage sind, einen erwachsenen Menschen ein ganzes Jahr lang zu ernähren. Der Fettgehalt dieser Früchte und der Anteil an Vitaminen, Mineralstoffen und Spurenelementen sind so hoch, dass man sich vermutlich, ohne Mangelerscheinungen erleiden zu müssen, über eine längere Zeit ausschließlich mit diesen Früchten ernähren könnte.

Raben ernähren sich in Gegenden, in denen viele Walnussbäume stehen, im Winter vor allem von diesen Früchten. Die Intelligenz dieser Tiere ist

Rabe mit Walnuss

verblüffend. Oft sieht man sie im Herbst in der Nähe von Nussbäumen herumhüpfen. Raben wissen genau, dass es unter ihren Artgenossen mehrere Interessenten für die nahrhaften Walnüsse gibt. Deshalb verstecken sie die Nüsse in naheliegenden Wiesen. Bevor sie sie in ein Versteck legen, polstern sie das Depot meistens noch mit weichem Moos aus. Danach bedecken sie alles wieder mit Erde. Im Winter, wenn Schnee liegt und sich der Anblick der Landschaft etwas verändert hat, finden die Raben die meisten Verstecke trotzdem wieder. Das fotografische Gedächtnis dieser Tiere ist wirklich verblüffend. Hin und wieder bemerkt man im Winter solche Nüsse auch auf Radwegen. Manchmal sieht man nur noch die leeren Schalen oder zerbrochene Früchte. Raben sind in der Lage, strategisch zu denken. Meistens wollen sie sich nicht die Mühe machen, die Nüsse selbst zu knacken und lassen sie einfach auf Radwegen fallen. Irgendwann wird ein Radfahrer über eine dieser Nüsse fahren und sie unbeabsichtigt knacken. Danach kommen die Raben angeflogen und verzehren sie an Ort und Stelle oder picken Teile vom Radweg und nehmen sie an einem ruhigen Platz zu sich.

Raben wurden in früheren Zeiten oft gnadenlos verfolgt. Sie galten als Feind des Menschen, der kostbare Getreidesamen von den Feldern stahl und so die Leistung der Getreideproduktion erheblich minderte. Man schickte in diesen Tagen Kinder los und bezahlte sie für Rabeneier, die sie aus den Nestern stahlen oder für Rabenküken, die sie unschädlich gemacht hatten. Dadurch dezimierte man diese Vögel über die letzten Jahrhunderte extrem. Diese Verfolgung hat in den letzten Jahren drastisch abgenommen. Die Zahl der Raben ist wieder gestiegen. Während meiner langjährigen Zeit als Förster habe ich mir immer wieder gedacht, dass jedes Lebewesen eines Ökosystems auch eine Aufgabe zu erfüllen hat. Eine von der Natur vorgegebene Aufgabe. Ich habe lange überlegt, welche Aufgabe den Raben zugedacht sein könnte. Walnüsse sind im Vergleich zu anderen Samen sehr schwer. Sie haben keine Flügel, um sich vom Wind kilometerweit transportieren lassen zu können. Sie fallen einfach vom Baum auf den Boden. Und dort bleiben sie vorerst einmal liegen. Die Verbreitung der Walnuss beschränkt sich von Natur aus auf die nähere Umgebung des Mutterbaumes und ist deshalb räumlich sehr schwierig. Aber die Walnuss erhält, so wie viele andere Samen, die über keine Flügel verfügen und etwas schwerer sind, externe Hilfe. Zum Beispiel von Raben. In den vielen Auwäldern, die ich als Förster zu beaufsichtigen hatte, fiel mir nach einigen Jahren etwas auf: Zwischen all den Weiden, Pappeln, Ahornen und Eschenbäumen entdeckte ich im Laufe der Jahre immer mehr Walnussbäume. Manchmal stieß ich in Abständen von einigen Metern immer wieder auf einen. In den Wald gebracht wurden die Walnüsse vor allem von Raben oder Eichhörnchen, die sie dort für die harten Wintertage versteckt hatten. Die Raben tragen also neben Eichhörnchen wesentlich dazu bei, dass die Walnussbäume in unseren Wäldern gedeihen können. Augenfällig ist dabei eine Parallele: Je mehr Raben es gibt, desto mehr Walnussbäume wird es bald in den umliegenden Wäldern geben. Und die Energie, die wir Menschen aus den Walnüssen gewinnen können, wird vermutlich sogar noch höher sein als jene, die wir aus dem Getreide der Felder erhalten. Walnussbäume benötigen jedoch viel Licht und nur manchmal haben sie das Glück, unter einem großen Lichtfenster die Welt zu erblicken. Durch das flächige Ausbringen der Walnüsse durch die Raben wird sich an dieser oder jener Stelle jedoch irgendwann ein solches finden und dem Baum die Chance geben, groß zu werden, um in 20, 30 Jahren selbst Nüsse zu tragen, die wiederum von Raben entdeckt werden, die sie ebenfalls verstecken und vergessen. Und abermals wird aus einem dieser Nüsse ein Nussbaum, der Nüsse trägt. Was für ein geniales System steckt doch hinter alledem!

Ich habe mir dieses Wissen um das Reservoir von Walnussbäumen, die uns in schlechten Zeiten vielleicht das Überleben retten können, zunutze gemacht. Gemeinsam mit einer Schulklasse haben wir unter dem Motto „Herausforderung und Verantwortung" im Zuge eines Projektes einen Platz gesucht, an dem wir mehrere Walnussbäume pflanzen durften. Wir fanden vor einer Tennisanlage eine größere Wiese und fragten bei der zuständigen Gemeinde an, ob wir hier mit einigen größeren Walnussbäumen die Landschaft verschönern dürfen. Der Bürgermeister nahm diese Idee sofort mit Wohlwollen auf und sponserte sogar noch die Bäume. Danach haben wir auf der Wiese vor der Tennisanlage sechs riesige Löcher gebuddelt und in den Löchern einen Baum nach dem anderen gepflanzt. Sogar ein Fernsehsender wurde auf unsere Aktion aufmerksam und kam mit einem Kamerateam vorbei, um unser Projekt zu filmen und später einen Bericht darüber zu senden. Eines der teilnehmenden Kinder wurde von einer Journalistin gefragt, weshalb wir das hier eigentlich tun. „Weshalb?", antwortete das Kind. „Ja, weil vielleicht einmal schlechtere Zeiten kommen. Und wenn diese schlechten Zeiten kommen, wissen wir, wo wir etwas zu Essen finden. Und wenn keine schlechten Zeiten kommen, sorgen wir dafür, dass die Tiere, die hier in der Nähe wohnen, gut versorgt durch Winter kommen."
Man muss die Welt nicht neu erfinden. Man muss lediglich achtsam sein und die Augen offenhalten. Viele Menschen vor uns haben sich lange und intensiv mit Fragen und Lösungen auseinandergesetzt, wie man sich im Leben zurechtfinden und gut überleben kann. Manchmal muss man sich einfach die Lösungen dieser Menschen ansehen und das, was sie uns vorgelebt und vorgemacht haben, nachahmen. Ja, eigentlich ist vieles ziemlich einfach. Man muss es nur sehen und danach umsetzen …

Das Geheimnis der Waldtees

Der Wald ist ein ideales Sammelgebiet für zahlreiche Teesorten. Und es gibt dort eine wahre Fülle davon zu finden. Wichtig ist, dass man den richtigen Sammelzeitpunkt im Blickfeld hat. Einige Zutaten für Tees wachsen schon im zeitigen Frühjahr, andere jedoch erst im Sommer. Für die meisten Tees können die Zutaten vor allem in dieser Zeit gesammelt werden. Es gibt aber auch einige, die man das ganze Jahr über sammeln kann.

Fichtenwipfeltee

Die Fichtenwipfel werden Ende April bis Anfang Mai gesammelt und an einem schattigen Ort getrocknet. Nach der Trocknung werden die raschelnden Fichtenwipfel in ein Schraubglas gegeben. Bei Bedarf nimmt man ein bis zwei Teelöffel getrockneter Fichtenwipfel, übergießt sie mit kochendem

Wasser und lässt den Tee ungefähr zehn Minuten lang ziehen. Dieser Tee wird gerne bei Erkältungen und Husten verwendet. Wenn man frische Fichtenwipfel hat und sie nicht durch Trocknen haltbar machen möchte, kann man sie auch direkt mit kochendem Wasser zu einem Tee aufbrühen.

Fichtennadeltee

Ist die Zeit der frischen Fichtenwipfel vorbei, kann man aus den dunkelgrünen, spitzigen Fichtennadeln ebenfalls einen Tee zubereiten. Dazu nimmt man mehrere frische, zehn Zentimeter lange, gut benadelte Fichtenästchen, gibt sie in eine Tasse und überbrüht alles mit kochend heißem Wasser. Man lässt den Fichtennadeltee zehn Minuten lang ziehen. Der Tee schmeckt leicht säuerlich und mild.

Weißtannentee

Man sammelt im Frühjahr die hellgrünen Triebe der Weißtanne und lässt sie trocknen. Die Triebe können später als Ganzes verwendet oder mit einem Mörser zu Pulver zermahlen werden. Für einen Tee gibt man zwei Teelöffel zerstoßene oder ganze Nadeln in eine Tasse und übergießt sie mit ¼ Liter kochendem Wasser. Den Tee lässt man etwa zehn Minuten lang ziehen. Er wirkt schlaffördernd und sollte eine halbe Stunde vor dem Zubettgehen getrunken werden.

Weißtannenwipfel

Lindenblütentee

Die Linden blühen relativ spät und lange nachdem die Bäume ihr Laub bekommen haben. In der Regel beginnt die Blüte Ende Mai und kann bis Mitte Juli dauern. Geerntet werden die feinen gelben Blüten, die in frischem Zustand auch roh gegessen werden können und etwas süßlich schmecken. Die Lindenblüten, die man für den Tee verwendet, lässt man an einem schattigen und luftigen Ort trocknen und gibt sie anschließend in ein Schraubglas. Lindenblütentee wird gerne bei Erkältungen getrunken. Die Blüten enthalten Schleimstoffe, die Hustenreiz lindern. Der Tee kann auch gegen Halsschmerzen verwendet werden. Die Glykoside in den Blüten wirken zudem entzündungshemmend. Für den Tee nimmt man zwei Esslöffel Lindenblüten, übergießt sie mit kochendem Wasser und lässt den Tee circa fünf Minuten lang ziehen.

Getrocknete Lindenblüten

Haselnussblättertee

Man sammelt die jungen Blätter der Haselnuss und lässt sie an einem schattigen Ort trocknen. Danach gibt man sie in ein Schraubglas. Der Tee hat einen leicht nussigen Geschmack, gilt als blutreinigend und wird auch bei Husten gerne getrunken. Er wird wegen des Inhaltsstoffs Beta-Sitosterin zur Senkung des Cholesterinspiegels, aber auch bei Darmproblemen verwendet. Für den Tee nimmt man zwei Teelöffel trockene Haselnussblätter und übergießt sie mit ¼ Liter kochendem Wasser. Danach lässt man sie ungefähr zehn Minuten lang ziehen.

Weißdornblütentee

Man sammelt die Blüten des Weißdorns und lässt sie an einem schattigen Ort trocknen. Danach gibt man sie in ein Schraubglas. Der Weißdornblütentee tut vor allem dem Herz gut. Er fördert die Durchblutung der Herzkranzgefäße und verbessert die Sauerstoffversorgung des Herzmuskels. Außerdem senkt er den Blutdruck und stärkt die Leistungsfähigkeit des Herzens. Für die Wirkung sind die Flavonoide und Procyanidine verantwortlich, die sich in den Blüten, aber auch in den Blättern befinden. Für den Tee gibt man zwei Teelöffel der getrockneten Blüten oder Blätter in eine Tasse, übergießt sie mit kochendem Wasser und lässt sie ungefähr zehn Minuten lang ziehen.

Weißdornblüten

Mädesüßtee

Man sammelt und bindet mehrere Mädesüß-Pflanzen zu einem Strauß zusammen und lässt sie kopfüber an einem schattigen Ort so lange trocknen, bis das Laub raschelt. Danach gibt man die trockenen Blätter in ein Glas und lagert sie an einem kühlen, trockenen Ort. Für den Tee nimmt man drei bis vier Mädesüßblätter oder eine trockene Blüte, überbrüht sie mit kochendem Wasser und lässt den Tee ungefähr zehn Minuten lang ziehen. Mädesüßtee wirkt gegen Kopfschmerzen oder Migräne.

Brennnesseltee

Man sammelt Brennnesselblätter – am besten in höheren Lagen –, gibt sie in einen Stoffsack und breitet sie zu Hause an einem schattigen Ort zum Trocknen aus. Wenn sie raschelnd trocken sind, gibt man sie in ein Schraubglas. Ich nehme bei meiner Teezubereitung ganze Brennnesselblätter, überbrühe sie mit kochendem Wasser und lasse den Tee zehn Minuten ziehen. Sie werden staunen, wie kraftvoll ein Brennnesseltee duftet und schmeckt, der aus den Bergen kommt. Vielleicht machen Sie auch einen Vergleich mit einem Brennnesseltee, der in Geschäften angeboten wird. Brennnesseltee wirkt beruhigend auf den Magen, entschlackt, regt den Stoffwechsel an und soll das Immunsystem stärken.

Noch ein Tipp: Nachdem die Blätter, die Sie für die Zubereitung Ihres Tees verwendet haben, ausgekühlt sind, salzen Sie diese, bestreuen sie mit Pfeffer und geben danach etwas Olivenöl dazu. Schmeckt herrlich.

Brennnesseltee

Himbeer- und Brombeerblättertee

Für den Himbeer- und Brombeerblättertee werden die frischen Blätter vor der Blüte gesammelt und getrocknet. Die Blätter lassen sich aber auch hervorragend fermentieren. Dazu lässt man die frischen Blätter zuerst kurz anwelken. Mit einem Nudelwalker werden sie danach zerdrückt und mit etwas Wasser besprenkelt. Anschließend werden die Blätter in einen Stoffbeutel gegeben, den man verknotet. Man hängt den Stoffbeutel für drei bis vier Tage an einen warmen Platz. Jeden Tag öffnet man den Beutel, besprenkelt die Blätter etwas mit Wasser und verschließt ihn wieder. Wenn man den Stoffbeutel nach dem vierten Tag öffnet, steigt einem ein angenehmer, den Rosenblüten ähnlicher Duft entgegen. Man wird sofort daran erinnert, dass es sich bei der Himbeere und Brombeere um Rosengewächse handelt. Nun werden die Blätter fertig getrocknet und danach in einem Schraubglas gelagert. Der fermentierte Himbeer- und Brombeerblättertee kann sehr gut als Tee für alle Gelegenheiten verwendet werden und erinnert in seinem Geschmack etwas an Schwarztee. Als Hausmittel verwendet man Brombeerblättertee wegen seiner Gerbstoffe auch gegen Durchfall.

Spitzwegerichtee

Spitzwegerichtee ist ein bewährtes Hausmittel gegen Husten, Erkältungen und bei chronischer Bronchitis. Er hilft aber auch bei Entzündungen im Mund- und Rachenraum. Am besten sammelt man die Spitzwegerichblätter zu Büscheln, bindet sie mit einem Bindfaden am Stielanfang zusammen und trocknet sie an einem schattigen Ort. Danach kann man die Blätter zur Aufbewahrung in ein Schraubglas füllen. Für den Tee gibt man zwei bis drei Teelöffel des trockenen Spitzwegerichs in eine Tasse und übergießt ihn mit kochend heißem Wasser. Danach lässt man den Tee circa zehn Minuten lang ziehen.

Löwenzahnblütentee

Im Frühling können die Löwenzahnblüten geerntet und frisch als Tee zubereitet werden. Dazu nimmt man vier bis sechs Löwenzahnblüten, die man mit kochendem Wasser übergießt und danach circa fünf Minuten lang ziehen lässt. Anschließend kann der Tee mit etwas Honig gesüßt werden. Der Löwenzahnblütentee wird vor allem für die Anregung des Stoffwechsels verwendet.

Löwenzahnblättertee

Bevorzugt werden die jungen Blätter des Löwenzahns gesammelt. Mehrere Dutzend davon werden am Blattansatz zu einem Bündel verschnürt und zum Trocknen aufgehängt. Die trockenen Blätter werden in einem Schraubglas aufbewahrt. Für einen Tee nimmt man zwei Esslöffel getrocknete Löwenzahnblätter, übergießt sie mit siedendem Wasser und lässt den Tee ungefähr fünf Minuten lang ziehen. Der Tee wirkt entschlackend und harntreibend.

Geheimnisse der Waldapotheke

Der Apothekenschrank des Waldes ist sehr groß. Es gibt zahlreiche geheime Schubladen, die ich hier für Sie öffnen will. Im Wald wachsen die Pflanzen noch unberührt von Pestiziden, Herbiziden oder Fungiziden. Hier wachsen die Rohstoffe für die ganz private Gesundheitsapotheke zu 100 Prozent biologisch. Besser kann eine Quelle für Heilmittel nicht sein. Bevor Sie eine Medizin aus dem Wald verwenden, sollten Sie jedoch ganz sicher sein, dass Sie auch die richtige Pflanze gesammelt haben. Vor der Einnahme des Heilmittels sollten sie auch unbedingt den Rat Ihrer Hausärztin oder Ihres Hausarztes einholen.

Fichtenwipfel- oder Maiwipfelhonig – kalte Zubereitung

Wie der Name schon verrät, ist die Zeit für das Sammeln der frischen Fichtentriebe der Mai. Manchmal ist es auch schon im späteren April möglich. Man sammelt dabei ausschließlich die hellen, frischen Triebe der Fichte, die sehr viel Vitamin C enthalten und etwas säuerlich und harzig schme-

Fichtenwipfel-Zuckerschichten

cken. Für die weitere Verarbeitung verwendet man vorzugsweise ein gut verschließbares, circa 15 Zentimeter hohes Schraubglas. Die Öffnung sollte mindestens zehn Zentimeter im Durchmesser aufweisen. Nun füllt man einen Zentimeter hoch Zucker in das Glas. Danach gibt man eine zwei bis drei Zentimeter dicke Schicht der gesäuberten Fichtenwipfel darauf und drückt sie mit den Fingern etwas zusammen. Anschließend folgt wieder eine Schicht mit Zucker – man wechselt diese Schichten solange ab, bis das Glas voll ist. Den Abschluss bildet eine Schicht aus Zucker. Nun verschließt man das Glas und lässt es mehrere Wochen lang an einer sonnigen Fensterbank stehen. Bald wird Wundersames geschehen: Schon nach wenigen Tagen beginnt sich der Zucker aufzulösen und wird flüssig, bald schwimmen die Fichtenwipfel, die nun schon etwas braun verfärbt sind, in dieser Zuckerlösung. Nach sechs bis acht Wochen seiht man die mit den Inhaltsstoffen der Fichtenwipfel durchtränkte Zuckerlösung ab. Man kann die braunen Fichtenwipfel aber auch einfach im Glas belassen. Sie müssen sich jedoch unter der Zuckerschicht befinden, damit die Haltbarkeit des Honigs gewährleistet bleibt. Kommt der nächste Winter und bringt unter Umständen eine Erkältung oder einen Husten mit sich, nimmt man mehrmals am Tag einen Teelöffel dieses Honigs und isst dazu den einen oder anderen braun und weich gewordenen Fichtenwipfel. Der Fichtenwipfelhonig enthält wertvolle ätherische Öle, Vitamine und Harze. Die Inhaltsstoffe wirken zudem antiseptisch.

Weißtannenwipfelsirup

Man benötigt für diesen Sirup zwei Handvoll frische, hellgrüne Weißtannentriebe und übergießt diese mit kochendem Wasser. Danach lässt man die Triebe 24 Stunden ziehen und siebt sie ab. Anschließend fügt man der Flüssigkeit ein Kilogramm Zucker hinzu und lässt sie so lange köcheln, bis sich eine cremige Konsistenz ergibt. Zuletzt wird die Flüssigkeit in dunkle Gläser gefüllt. Man verwendet den Weißtannensirup gegen Husten und Erkältungen.

Weidenrindentee

Man sammelt für diesen Tee die Rinde von zwei- bis dreijährigen Trieben, trocknet sie und bewahrt die drei bis sechs Zentimeter langen Rindenschnitzel in einem Schraubglas auf. Bei Bedarf wird ein gehäufter Teelöffel davon in einem Mörser zu Mehl verarbeitet. Am besten setzt man das Rindenmehl zu Beginn über Nacht in kaltem Wasser an, kocht das Weidenrindenwasser auf und lässt den Tee danach zehn Minuten lang ziehen. Weidenrinde ist in der Regel gut verträglich und hilft gegen Entzündungen und Kopfschmerzen. Bei einer geplanten Anwendung sollte jedoch vorher unbedingt ärztlicher Rat eingeholt werden. Weidenrindentee ist aber auch in Apotheken und Drogeriemärkten erhältlich.

Weidenrindenstücke

Weidenrindensmoothie

Bei Kopfschmerzen kann man die Weidenrinde auch frisch verwenden. Ich sammle die frische Weidenrinde direkt vom Baum, zerschneide sie, mische sie mit Wasser und gebe dann alles in einen Mixer. Der Saft erhält eine grüne Farbe und wird roh getrunken. Er schmeckt zwar etwas bitter, aber er hilft. Um das Bittere verblassen zu lassen, kann man ihn bei Bedarf auch ein bisschen mit Fruchtsaft mischen.

Weißdorntinktur

Für eine herzstärkende Weißdorntinktur sammelt man am besten Weißdornblüten. Die Blüten – circa 100 Gramm – werden in einem halben Liter Wodka oder Korn angesetzt. Nach vier bis sechs Wochen werden die Blüten abgeseiht und die Flüssigkeit in eine Flasche abgefüllt. Man kann täglich drei Mal 20 Tropfen dieser Tinktur zu sich nehmen.

Brennnesseltinktur

Für die Herstellung einer Brennnesseltinktur benötigt man die Wurzeln der Brennnessel. Man erntet die Wurzeln, wäscht sie und schneidet sie in kleine Stücke. Danach gibt man diese Wurzelstücke in ein Glas und übergießt sie mit 40-prozentigem Alkohol. Das befüllte Glas lässt man nun für vier

Wochen an einem sonnigen Ort stehen. Danach gießt man die Flüssigkeit durch ein Sieb und füllt die Tinktur in kleine Flaschen ab. Sie kann unter anderem bei Prostatahyperplasie verwendet werden. Bei der Prostatahyperplasie handelt es sich um die gutartige Vergrößerung der Prostata, die dazu führen kann, dass das Wasserlassen Schwierigkeiten bereitet. Die Inhaltsstoffe der Brennnesselwurzel haben aber auch eine antiepileptische Wirkung. Das wurde bei Tierversuchen festgestellt.
Bei Bedarf nimmt man dreimal täglich 20 Tropfen dieser Medizin ein. Vor einer geplanten Verwendung kontaktieren Sie jedoch am besten Ihre Ärztin oder Ihren Arzt, um sich über die Wirkung und eventuelle Risiken zu informieren.

Spitzwegerich gegen Insektenstiche

Einmal raste ich mit dem Fahrrad eine Bergstraße hinab. Die Straße schlängelte sich durch einen Wald und führte danach an einer Wiese vorbei. Es ging geradeaus. Die Geschwindigkeit nahm zu. Auf einmal spürte ich zwischen dem Fahrradhelm und meinem Ohr einen stechenden Schmerz. Ich bremste, blieb stehen und hörte es noch in der Nähe meines Ohrs aufgeregt summen.

Spitzwegerichpäckchen, aus dem der Saft austritt

Eine Biene hatte mich soeben gestochen. Ich spürte, wie sich der Schmerz neben meinem Ohr ausweitete und wuchs. Ich erinnerte mich sofort an eine Waldführung, die ich einige Zeit davor gegeben hatte. Ich fragte damals, was gegen jegliche Art von Stichen helfe, egal ob es sich um einen Bienenstich handle, einen Wespenstich oder um den Stich einer Mücke. Eine Lehrerin erklärte mir damals, dass eine halbierte, frisch auf den Einstich gelegte Zwiebel sehr wirksam sei. „Aber", erwiderte ich, „wer hat bei seinen Ausgängen in die Natur immer eine Zwiebel dabei?" Und dann stand ich am Straßenrand, blickte nach rechts und was sah ich? Ein Zwiebelfeld, kurz vor der Ernte … Trotzdem suchte ich in der Nähe auf einem Feldweg nach einem länglichen, schmalen und lanzettförmigen Spitzwegerichblatt. Denn dort, wo man von Insekten gestochen wird, und das geschieht am häufigsten draußen in der Natur, gibt es mit großer Wahrscheinlichkeit auch ein Spitzwegerichblatt. Ich nahm also ein Blatt, faltete es der Länge nach, faltete es anschließend in der Breite, und noch einmal und noch einmal, bis ich ein kleines grünes Päckchen zwischen meinem Daumen und Zeigefinger hatte, und drückte zu. Dann gab ich das Päckchen in etwas veränderter Position zwischen den Daumen und Zeigefinger der anderen Hand und drückte abermals zu. Ich wechselte mein grünes Päckchen so lange zwischen den Händen hin und her, bis aus der Pflanze ein grüner Saft zu tropfen begann. Diesen Saft nahm ich dann und trug ihn auf der Einstichstelle an meinem Ohr auf. Es war wie jedes Mal verblüffend. Der Schmerz nahm sogleich ab und verlor sich schon nach zwei, drei Minuten. Die Stoffe im Spitzwegerichsaft hatten das bewirkt. Jedes Mal denke ich mir: Es ist unglaublich, was diese Pflanze bewirkt. Abgesehen von der Schmerzlinderung wirkt sie zudem blutstillend, keimtötend und desinfizierend. Deshalb ist der Spitzwegerich auch ein ideales Wundpflaster, das man einfach am Wegrand pflücken kann.

Spitzwegerichhonig

Man sammelt für die Herstellung des Spitzwegerichhonigs zwei Handvoll Spitzwegerichblätter. Die Blätter werden zerkleinert und in ein Schraubglas gegeben. Danach fügt man so lange Honig hinzu, bis die Blätter von ihm bedeckt sind. Man kann diesem Rezept auch noch frische Fichtenwipfel beifügen. Fichtenwipfel wirken zusätzlich schleimlösend. Das Glas stellt man nun für mindestens acht Wochen auf eine Fensterbank und lässt den Honig danach durch ein Sieb tröpfeln. Zuletzt füllt man ihn in ein Fläschchen und hat nun eine sehr gute Medizin gegen Erkältungen und Husten gewonnen. Er kann entweder löffelweise verabreicht oder auch im Tee aufgelöst werden. Der schleimlösende Spitzwegerich befindet sich auch in vielen Hustensäften aus dem Handel. Er wird zudem bei Bronchitis verwendet.

In einem Versuch wickelten wir unser Schraubglas einmal in eine Alufolie und gaben es danach in eine Einkaufstasche, die wir gut mit Klebestreifen verschlossen. Anschließend gruben wir im Garten ein 50 Zentimeter tiefes Loch und verbuddelten es, denn in dieser Tiefe gibt es keine großen Temperaturschwankungen mehr. Der Honig konnte also optimal reifen. Nach einem halben Jahr hoben wir den Schatz wieder. Nun seihten wir den Honig ab und füllten ihn in Fläschchen. Man kann die Spitzwegerichblätter und die Fichtenwipfel aber auch im Honig belassen und essen.

Breitwegerich gegen Ohrenschmerzen

Wer den Breitwegerich pflückt, bemerkt an seinem Stielende kleine, helle Fäden. Wenn meine Geschwister und ich einmal an Ohrenschmerzen litten, nahm meine Großmutter zwei, drei Dutzend solcher Fäden, rollte sie zu einem Knäuel zusammen und steckte sie uns Kindern anschließend in die Ohren. Das half meistens, denn in den Fäden befinden sich keimtötende Stoffe.

Fäden des Breitwegerichs

Breitwegerichpflaster

Wer sich einmal auf eine Wanderung begibt, sich die Füße wund reibt und an den Fersen schmerzhafte Blasen spürt, sollte Ausschau nach dem Breitwegerich halten. Den Breitwegerich findet man oft an Wegesrändern oder auf den Wegen selbst. Hat man ihn gefunden, zieht man die Schuhe und Socken aus und legt ein Blatt direkt auf die Blase. Danach zieht man seine Socken und Schuhe wieder vorsichtig an, damit das Breitwegerichpflaster auch an der gewünschten Stelle bleibt, und geht weiter. Es ist erstaunlich, wie diese Pflanze wirkt.

Löwenzahntee aus den Wurzeln

Die Inhaltsstoffe des Löwenzahns wirken entschlackend. Die Bitterstoffe Taraxin und Cholin tragen dazu bei, dass die Leber besser entgiftet werden kann. Besonders das Cholin ist für den Abtransport von Fettmolekülen aus der Leber sehr hilfreich. Zudem wirkt der Bitterstoff Taraxin harntreibend, weshalb der Löwenzahn im Volksmund auch gerne „Bettpisser" oder „Bettseicher" genannt wird. Diese Stoffe wirken sich außerdem positiv auf Galle, Magen und die Bauchspeicheldrüse aus. Die meisten Wirkstoffe für einen Entschlackungstee befinden sich in der Wurzel. Die Wurzeln sollten bevorzugt im Herbst gesammelt werden, denn dann schmecken sie nicht mehr so bitter wie im Frühling und die Menge an Inhaltsstoffen ist größer. Im Herbst weist die Löwenzahnwurzel auch einen erheblich höheren Wert an Inulin auf, was der Wurzel zusätzlich etwas Süße verleiht. Die Wurzel wird ausgegraben, gewaschen, getrocknet und anschließend gemahlen. Für die Teezubereitung wird ein Teelöffel der gemahlenen Löwenzahnwurzel mit kochendem Wasser übergossen. Danach lässt man den Tee ungefähr fünf Minuten lang ziehen. Man kann jedoch auch die Methode der kalten und schonenden Extraktion anwenden. Dazu wird das Löwenzahnwurzelpulver in kaltes Wasser gegeben und über Nacht stehen gelassen. Man kann das Löwenzahnwurzelwasser am nächsten Tag auch noch leicht erwärmen.

Pechsalbe

Nadelbäume und Menschen haben zumindest in einem Lebensbereich viel gemeinsam: Wenn sie sich verletzen oder verletzt werden, laufen im Inneren ähnliche Prozesse ab. Nach der Verwundung eines Nadelbaums wird hinter der Rinde ein spezieller Mechanismus aktiv. Aus einem dichten Netz tritt wenig später genau an der Wundstelle Harz aus. Das Harz härtet an der Luft allmählich aus und versucht nun, die Öffnung so rasch wie möglich zu verschließen, um zu verhindern, dass durch die Wunde schädliche Bakterien, Pilze oder Insekten in das Innere des Baumes eindringen. Gleichzeitig befinden sich im Harz keimtötende und desinfizierende Stoffe, die schädliche Bakterien oder Pilzsporen bekämpfen. Beim Menschen ist es ähnlich. Bei einer Verletzung sickert umgehend Blut in die Wunde. Das Blut oxidiert an der Luft und es bildet sich eine harte Kruste, die es Pilzen und Bakterien verunmöglicht, in das Innere des Körpers zu gelangen, um dort Schaden anzurichten.

Es ist daher sehr naheliegend, dass auch Menschen das Harz als Wundsalbe verwenden können. Für die Herstellung benötigen wir Baumharz, biologisches Bienenwachs und biologisches Olivenöl. Zuerst sammelt man ein Behältnis voll mit Harz. Wie immer gilt beim Sammeln die Regel, dass man nur das überschüssige Harz von der Rinde abschabt. Keinesfalls darf eine verschlossene Wunde neu geöffnet werden. Für die Herstellung der Pechsalbe benötigen wir circa 100 bis 200 Gramm Harz. Da die Zubereitung eine etwas klebrige Angelegenheit ist, empfiehlt es sich, die Pechsalbe draußen in der Natur herzustellen. Zu diesem Zweck eignen sich ein Campingkocher und ein alter Topf. Zum Umrühren kann man einfach ein sauberes Aststückchen nehmen. In den gesammelten Harzstücken befinden sich meist Verunreinigungen wie Rindenteile, Erde, Nadeln, Flechten oder Moos. Wir erwärmen das Harz vorsichtig und seihen es durch ein Sieb in ein weiteres Gefäß ab. In dieses Gefäß geben wir nun circa 200 Gramm Bienenwachs und 200 Milliliter Olivenöl hinzu. Um die Salbe etwas weicher und geschmeidiger zu machen, gibt man bei Bedarf noch etwas mehr Olivenöl hinzu. Die Bestandteile werden nun verrührt. Danach füllt man die Salbe in ein Behältnis, lässt sie abkühlen und verschließt sie. Die Salbe

Pechsalbe

ist sehr gut und sehr lange haltbar. Ich besitze eine Pechsalbe, die ich nun schon über zwei Jahre zu Hause habe. Sie eignet sich hervorragend bei Wunden und wird dünn aufgetragen. Aufgrund ihrer desinfizierenden Wirkung kann sie die Heilung von offenen Wunden ausgezeichnet unterstützen. Ich verwende die Salbe auch bei rissiger Haut. Manchmal, wenn nach langen Fußmärschen die Fußsohlen oder Fersenbereiche rissig werden, schmiere ich die offenen Stellen dick mit der Salbe ein. Die Wirkung ist jedes Mal erstaunlich. Bereits nach einigen Tagen sind die Stellen wie zusammengeklebt und verheilt.

Brennnesselbadezusatz

Ein Badezusatz aus Brennnesselblättern fördert die Durchblutung und kann auch bei Allergien der Haut verwendet werden. Dazu werden – ähnlich wie bei der Zubereitung von Tee – drei bis vier Hände voll Brennnesseln mit zwei bis drei Liter kochendem Wasser überbrüht und zehn Minuten lang stehen gelassen. Das abgeseihte Brennnesselwasser wird anschließend zum Badewasser hinzugegeben.

Die geheime Notnahrung aus dem Wald

Wir wollen es nicht hoffen, aber wir dürfen es niemals ausschließen: schlechte Zeiten, in denen die Nahrungsmittel knapp werden und wir unter Umständen zu hungern beginnen. Nahrungsmittel, die nicht mehr transportiert werden können, weil der Treibstoff dazu fehlt, vielleicht auch Kriege, in denen Ernten zerstört werden, Blockaden, Boykotte. Man weiß es nicht. Aber die Natur hält in diesem schlimmsten Fall noch immer Reserven für uns bereit, die wir nutzen können. Schon unsere Vorfahren haben in Notzeiten auf diese Lebensmittelquellen zurückgegriffen und konnten so vielen Menschen, aber auch Tieren das Leben retten. Früher, als die Menschen noch nicht sesshaft waren, als es noch keine Landwirtschaft im heutigen Sinne gab und viele Menschen als Nomaden lebten, waren sie auch auf Lebensmittel angewiesen, die ihnen die Natur schenkte. Nachfolgend gebe ich einen Einblick in Lebensmittel, die unsere Vorfahren vor allem während Notzeiten verwendet haben. Es ist erstaunlich, wie erfinderisch sie bei der Suche und Genießbarmachung dieser Lebensmittel vorgingen.

Buchecker

Bucheckernmehl

Im Herbst liegen sie oft zu Tausenden auf dem Boden: Bucheckern. Es handelt sich um dreikantige Nüsschen, die von einer dunkelbraunen Hülle umgeben sind. Um zu den Nüsschen vorzudringen, benötigt man etwas Geduld, denn man muss die braune Schale aufritzen, um an das Innere und somit an die Frucht zu gelangen. Man sollte frisch geerntete, rohe Bucheckern nur in kleinen Mengen zu sich nehmen, da diese Früchte etwas Blausäure enthalten. Durch das Rösten der Bucheckern verschwinden diese Blausäureanteile. Aus Bucheckern kann auch Mehl für das Backen von Kuchen gewonnen werden. Dazu werden die Nüsse getrocknet und danach gemahlen.

Bucheckernöl

In Zeiten, in denen Lebensmittelnot herrschte, streifte die Bevölkerung im Herbst durch die heimischen Rotbuchenwälder und sammelte die reifen Bucheckern, um daraus Öl zu gewinnen. Bei der Ölgewinnung werden die Bucheckern samt Schale kalt gepresst. Das farblose Öl ist beinahe geruchslos. Man kann die Bucheckern vor dem Pressvorgang aber auch noch rösten und erhält so einen leicht nussigen Geschmack. Bucheckern sind reich an Mineralstoffen, vor allem an Eisen. Wegen des hohen Linolsäuregehaltes ist ihr Öl zum Braten leider nicht geeignet. Jedoch kann es sehr gut als Salatöl verwendet werden.

Lindenblätter als Mehlersatz

Getreide und Getreideprodukte wie Mehl waren in den letzten Jahrhunderten nicht immer lückenlos verfügbar. Manchmal gab es Missernten durch Stürme, Hagel, Trockenheit oder andere witterungsbedingte Ursachen. Herrschte früher ein Mangel an Mehl, das oft überlebenswichtig war, suchten Menschen nach Auswegen und Lösungen. Und meistens fanden sie diese in der Natur. Hilfe boten ihnen etwa Lindenblätter. Sie wurden entstielt, getrocknet und danach mit einem Mörser zu Mehl verarbeitet.

Lindenblätter enthalten nicht so viele Kohlenhydrate und Eiweißstoffe wie Getreide, aber trotzdem gelang es mithilfe dieses Laubmehls, das vorhandene Mehl zu strecken und aus diesem Mehlgemisch Brot zu backen. Man kann Lindenblättermehl einfach selbst herstellen. Das Brot erhält durch die Beigabe dieses Mehls eine etwas grünliche Farbe.

Bergulmenmehl

Da Bergulmenblätter geschmacklich beinahe neutral sind, eignen sie sich sehr gut zum Brotbacken. In Notzeiten wurden Bergulmenblätter wie Lindenblätter gesammelt. Die Blätter wurden entstielt und getrocknet. Danach wurden sie mit einem Mörser zu Mehl verarbeitet und mit dem Getreidemehl vermengt, um daraus gestrecktes Brot zu backen.

Haselnusskätzchenmehl

Im späten Winter und zeitigen Frühjahr sieht man an den Haselnusssträuchern feine, längliche Kätzchen. In früheren Notzeiten wurden diese Kätzchen geerntet, getrocknet und im Mörser zu Mehl verarbeitet. Das Mehl wurde dann mit dem Getreidemehl vermischt und somit gestreckt.

Haselnusskätzchenmehl

Eichelmehl

Eicheln mit Eichelmehl

Früher gehörte es zu den Aufgaben von Waldhirten, die Schweine der Bauern einer Gemeinde in die Wälder zu treiben. Schinken von Schweinen, die ausgiebig mit Eicheln gefüttert werden, soll sehr schmackhaft sein. Für die meisten Tiere sind sie jedoch nicht zum Verzehr geeignet, denn Eicheln enthalten viele Gerbstoffe. Eichhörnchen nehmen die Früchte manchmal jedoch trotzdem in kleinen Mengen zu sich. Vermutlich deswegen, weil die Gerbstoffe der Eicheln entzündungshemmend und antiviral wirken und so Krankheiten im Tier entgegenwirken können. Trotz dieser Stoffe sind Eicheln für Menschen essbar, wenn man sie zuvor behandelt. Die Bitterstoffe in den Eicheln sind wasserlöslich. Um die Eicheln genießbar zu machen, werden die Früchte von ihrer zähen und harten Schale befreit, sodass nur noch der helle Kern übrig bleibt. Diese Kerne werden nun der Länge nach geviertelt und in ein Behältnis mit Wasser gegeben. Das Wasser verfärbt sich bald bräunlich. Anschließend wird das Wasser, in dem sich nun die Bitterstoffe befinden, durch frisches ersetzt. Dieser Vorgang wird so lange wiederholt, bis das Wasser klar und farblos bleibt. Dann weiß man, dass sich in den Früchten keine Bitterstoffe mehr befinden. Nun kann man sie trocknen und später in einem Mörser zu Mehl verarbeiten.

Die indigenen Völker Nordamerikas behalfen sich beim Entbittern der Eicheln eines einfachen Tricks: Sie gaben die Früchte in einen Stoffsack, verknoteten ihn und banden ein Seil daran. Das Seil knoteten sie anschließend an einen Baum, der sich an einem langsam fließenden Bach befand, und legten den Sack ins Wasser. Nach einiger Zeit hatte das Gewässer sämtliche Bitterstoffe aus den Eicheln herausgeschwemmt.

Eichelkaffee

Man kann die Früchte der Eiche auch zu Kaffee verarbeiten. Dazu werden die Eicheln von den Hüllen befreit und grob gehackt. In einer Pfanne lässt man die zerkleinerten Eicheln langsam rösten. Hin und wieder muss die Pfanne etwas gerüttelt werden, damit sie nicht anbrennen. Nachdem die Eicheln braun geworden sind und einen Röstgeruch verbreiten, lässt man sie trocknen und lagert sie in abgekühltem Zustand in einem Schraubglas. Erst kurz vor der Verwendung werden die gerösteten Früchte in einem Mörser zermahlen und mit kochendem Wasser überbrüht. In früheren Zeiten wurde Eichelkaffee als Ersatz für Bohnenkaffee verwendet. Aber selbst heute gibt es noch gerösteten Eichelkaffee in Bioläden zu kaufen. Denn die Eicheln sind in der Regel frei von Pestiziden jeglicher Art.

Das Geheimnis der Waldschuhcreme

Lederschuhe waren in früheren Zeiten sehr teuer. Sie sollten deshalb lange halten und mussten stets gut gepflegt und gewartet werden. Waren sie ausgetreten, beschädigt oder lösten sich die Sohlen, wurden sie nicht entsorgt, sondern vom Schuhmacher repariert. Zudem wurden sie nicht angezogen, wenn es nicht unbedingt erforderlich war. Kinder gingen früher in allen Monaten, in deren Namen kein R enthalten war, meistens barfuß.
Die Pflegemittel für die Lederschuhe stellte man selber her. Das Leder der Schuhe sollte geschmeidig bleiben und so beschaffen sein, dass bei Regen die Nässe nicht, oder erst nach Stunden, in das Innere der Schuhe gelangen konnte. Um einen guten Nässeschutz für das Leder zu erhalten, stellte man damals eine Schuhcreme her.

Man sammelt Fichtenharz und erwärmt es. Wenn es flüssig geworden ist, seiht man es ab und vermengt es mit Bienenwachs und Schweinefett. Die Creme, die daraus entsteht, füllt man in breite Gläser, lässt sie abkühlen und verschließt sie mit einem Deckel (siehe nächste Seite).
Die Schuhe wurden früher regelmäßig mit einer solchen Creme versorgt und poliert. So blieben sie gegen Regen widerstandsfähig. Die Nässe perlte an der Fettschicht ab und die Socken und Füße blieben lange trocken.

Waldschuhcreme – die beste Pflege für lederne Wanderschuhe!

1

2

3

4

5

6

7

8

9

10

11

12

Besser geht's nicht – Der Waldspielplatz

Die Natur und der Wald waren früher und auch noch während meiner Kindheit sehr beliebte Orte. Gegenstände, die wir zum Spielen in der Natur benötigten, beschafften wir uns in der Regel vor Ort: Herumliegendes Holz diente uns als Lanzen, Speere oder Schwerter. Wir bauten aus Tannenzapfen Kühe, indem wir die Zapfen einfach mit Beinen aus abgebrochenen Ästchen versorgten, und wir pflanzten den Tannenzapfen Köpfe in Form von Eicheln oder Kastanien auf, die wir ebenfalls auf dünne, spitze Ästchen steckten. Mädchen stellten aus Tannenzapfen auf ähnliche Weise Puppen her. Dem Prinzip des sparsamen Materialeinsatzes bin ich als Waldpädagoge bis heute treu geblieben. Ich versuche, immer nur das Nötigste zu verwenden. Dieses Minimum an Materialien ist am Ende des Tages ein Gewinn für alle. Nicht zuletzt für die Kreativität aller teilnehmenden Kinder.

Der Wald ist zudem ein wunderbarer Lernort. Denn es ist ein großer Unterschied für Menschen, ob sie über Sachverhalte erzählt bekommen oder ob man ihnen diese auf augenscheinliche Art zeigt. Das Sehen und Erleben des

Lernstoffes sind zweifelsfrei die wirksamsten Methoden, Menschen etwas beizubringen. Im Laufe meiner Zeit als Waldpädagoge habe ich viele Spiele zusammengetragen, konzipiert und erprobt. Einige davon möchte ich Ihnen vorstellen. Sie können nicht nur für Kinder, sondern auch für Erwachsene eine gute Gelegenheit bieten, das Wissen zu erweitern.

Waldmemory

Die meisten von uns kennen das Memoryspiel. In einer Sammlung aus Kärtchen sind verschiedene Symbole oder Abbildungen immer doppelt vorhanden. Man legt sämtliche Kärtchen mit den Abbildungen nach unten auf, sodass nur noch die neutrale Rückseite sichtbar ist. Wer danach zwei idente Symbole oder Abbildungen aufdeckt, darf sie behalten. Sind sie unterschiedlich, müssen sie wieder umgedreht werden. Das Spiel dauert so lange, bis sämtliche Kärtchen aufgedeckt sind. Gewonnen hat die Person, die am Ende des Spiels die meisten Symbol- oder Bildpaare aufgedeckt hat.

Waldmemory funktioniert ähnlich. Hier werden circa zehn Gegenstände, die sich im Wald befinden, gezeigt und in einen vorbereiteten Kreis gelegt. Danach werden die zehn Gegenstände zugedeckt und

Waldmemory – Felder mit Schätzen aus dem Wald

Waldmemory – zugedeckte Pflanzenteile

jeder Teilnehmer bekommt die Aufgabe, die zehn gezeigten Gegenstände zu suchen und zu finden. Ein Pfiff beendet das Spiel. Dann wird verglichen, wer wie viele Gegenstände gefunden hat.

Es gibt eine interessante Variante dieses Spiels, die man auch mit mehreren Gruppen spielen kann. Man bereitet pro Gruppe auf einer ebenen Waldfläche aus Ästen ein längliches Rechteck vor und unterteilt dieses in zehn Felder. Für jede Gruppe habe ich einen nummerierten Stoffsack dabei. In jedem dieser Stoffsäcke befinden sich jeweils die gleichen zehn Gegenstände, die ich zuvor im Wald gefunden habe. Jede Gruppe erhält nun einen Gegenstand aus dem jeweiligen Sack und muss ein weiteres Exemplar davon im Gelände suchen. Wurde der gesuchte Gegenstand gefunden, wird er in ein leeres Feld des Rechteckes gelegt und die Gruppe erhält den nächsten Gegenstand aus dem Stoffsack. Gewonnen hat am Ende jene Gruppe, die sämtliche Felder mit den zehn gesuchten Gegenständen gefüllt hat. Ein wunderbares Spiel.

Ein Waldbild erschaffen

Manchmal stehe ich mit den Kursteilnehmer*innen in einem Wald und teile ihnen mit, dass wir nun ein Bild malen. „Ich hoffe“, sage ich dann, „dass jeder seinen Zeichenblock und die Malmaterialien dabei hat, damit wir sofort loslegen können.“ Ich schaue dann meist in etwas erstaunte und erschrockene Gesichter. Die Kinder blicken einander manchmal besorgt an, so als ob sie fragen wollten: „Hat man uns aufgetragen, Malunterlagen mit in den Wald zu bringen? Haben wir das überhört?“ „Nein“, höre ich dann manche antworten, „Nein, wir haben nichts dabei. Keine Malunterlagen. Keinen Zeichenblock, keine Stifte, keine Wasserfarben.“
Ich lächle dann. „Das braucht ihr auch nicht. Denn es ist schon alles da. Gelb, rot, grün, grau, weiß, braun. Alle Farben sind schon da. Man muss sie nur noch suchen. Auch der Rest ist schon da. Der Bilderrahmen zum Beispiel.“ Dazu nehme ich einfach vier längere gerade Äste und bilde mit ihnen auf dem Waldboden ein Viereck. „Hier. Das ist der Rahmen für unser Bild. Wir müssen nur noch beginnen, es zu malen.“

Waldbild

Wie herrlich einfach das ist. Fast die gesamte Palette an Farben befindet sich in unserer Nähe. Man findet all die Materialien, die man für ein Kunstwerk benötigt. Ich lasse meistens Gruppen zu vier bis fünf Kindern bilden. Manchmal möchte ein Kind allein ein Bild malen. Auch das ist in Ordnung. Jedes Kind sucht sich nun einen Atelierplatz im Wald und beginnt zu malen. Manchmal male ich auch selbst ein Bild im Wald. Das ist immer wieder ein zutiefst beruhigendes und schönes Erlebnis. Das Sammeln der Farben, das Wachsen des Bildes. Es gleicht beinahe einer Meditation.
Nachdem die Kinder ihre Bilder vollendet haben, begeben wir uns auf eine Waldvernissage. Wir gehen von Bild zu Bild und betrachten sie. Und wenn ich in einem Kunstwerk ein interessantes Blatt oder eine besondere Pflanze entdecke, erzähle ich noch eine kleine Geschichte oder etwas Wissenswertes dazu und runde unseren Rundgang damit noch ein wenig ab.

Wer das Malen noch mehr sensibilisieren oder einen vollkommen neuen Zugang zum Waldmalen bekommen will, kann die Rahmenbedingungen auch noch ein bisschen verändern. Diese Variante kann bei warmem Wetter durchgeführt werden: Suchen Sie einen ebenen Platz. Am besten ist er bemoost oder mit weichen Nadeln bedeckt. Es sollten jedoch keine Dornen oder Stacheln in der Nähe sein, an denen man sich piksen kann. Sammeln Sie nun all jene Materialien, die Sie für Ihr Bild verwenden wollen, und legen Sie sie am zuvor ausgesuchten Platz ab. Ziehen Sie nun Ihre Schuhe aus. Versuchen Sie anschließend Ihr Bild ausschließlich mit den Füßen und Zehen zu malen.
Waldbilder Malen ist vielleicht die Krone des waldpädagogischen Spiels. Denn alles, was wir für dieses Spiel benötigen, ist von der Natur schon längst vorbereitet und vorhanden. Das ist genial einfach und ganz im Sinne eines nachhaltigen Denkens und Handelns. Nichts wird verschwendet, es wird lediglich für kurze Zeit an einen anderen Ort gebracht, danach wieder sich selbst überlassen und fügt sich nach einiger Zeit wieder vollkommen in das System ein. Ohne Abfall, ohne schädigenden Einfluss auf die Natur.

Der Zauber des winterlichen Igelquartiers

Manchmal führe ich Kinder und Erwachsene durch den herbstlichen Wald. Ist der Boden üppig mit Laub bedeckt, frage ich ein Kind, ob es mutig sei. Ich frage, ob es nachts schon einmal wach im Bett gelegen sei und ob es trotz der Dunkelheit im Zimmer noch etwas habe sehen können. „Natürlich", erwidert das Kind dann. „Man sieht meistens immer noch Umrisse von Gegenständen. Das Nachtkästchen, den Lampenschirm. Wenn das Licht einer Straßenlaterne ins Zimmer fällt, kann man sogar noch kleine Dinge erkennen. Puppen oder Spielzeugautos etwa." „Es gibt einen Ort", erkläre ich dann, „der gar nicht weit weg von hier ist. Dort ist es so dunkel, dass du die Augen offen lassen kannst und trotzdem nichts mehr sehen wirst, absolut nichts mehr." Das mutige Kind lächelt vielleicht noch, da es mir nicht glaubt, denn in der Nähe gibt es keine dunkle Höhle.

Dann beginnen wir mit unserem Experiment. Wir sammeln gemeinsam das Laub von Buchen auf einem Haufen zusammen. Der Haufen kann gerne zwei Meter hoch sein. Danach graben wir in der Mitte des Blätterberges eine Mulde. In diese Mulde steigt das Kind hinein und kuschelt sich zusammen. Am besten ist es mit einer Kapuzenjacke ausgestattet, damit das Laub später nicht unangenehm den Rücken hinabrieselt. Nun bedecken wir das Kind vorsichtig mit den trockenen Blättern.

Sich einmal so fühlen wie ein Igel

Es kann die Augen offen lassen und wird trotzdem sehr bald staunen. Denn vor seinen Augen öffnet sich die vollkommene Dunkelheit, in der man absolut nichts mehr sieht. Aber es ist nicht nur vollkommen dunkel geworden. Ich bitte das Kind im Haufen dann, laut zu schreien. Und Wundersames geschieht: Durch die meterdicke Laubschicht ist es, als ob sich das Kind ganz weit weg befände. Trotzdem bekommt es wegen der vielen Zwischenräume zwischen den einzelnen Blättern immer noch ausreichend frische Luft. Es wird außerdem bald angenehm warm. Jetzt erklärt sich von selbst, weshalb sich Igel während der kalten Jahreszeit gerne in den wärmenden Schutz von Laubhaufen verkriechen. Es ist ein Ort der Wärme und der Geborgenheit.

Die Waldkugelbahn und der Nervenkitzel

Es ist vielleicht eines der größten Geschenke, die Wälder für Kinder bereithalten: der Wald selbst. Der Wald als Spielort, der Wald als Quelle für Spielsachen, die nur noch gefunden werden müssen. Wenn man die Sache größer sieht, ist auch das ein aktiver Beitrag gegen die Klimaerwärmung des Planeten und gegen sinnlosen Wegwerfkonsum. Viele Spielzeuge, die unsere Kinder verwenden, sind aus klimaschädlichen Kunststoffen hergestellt worden. Die Spielsachen, die der Wald den Kindern schenkt, bestehen zu 100 Prozent aus Naturmaterialien, die bedenkenlos weggeworfen und im Wald zurückgelassen werden können, ohne dort auch nur den geringsten Schaden anzurichten. Ja, in der Regel wird man Tage nach dem Spielereignis im Wald nicht einmal mehr feststellen können, dass hier irgendjemand irgendetwas verändert hat.

Das Spiel, das ich nun beschreibe, beinhaltet mehrere Bauelemente. Wir benötigen Tunnels, Schanzen, Banden, Kurven und Rampen. All diese Bauelemente erschaffen Kinder aus Materialien, die sie in der Natur finden. Und das ist einfach genial.

Für eine Kugelbahn brauchen wir lediglich eine Holzkugel und ein abfallendes Gelände. Man kann ohne großen Aufwand testen, ob sich das Gelände für eine solche Bahn eignet. Dazu nimmt man die Holzkugel und lässt sie auf dem ausgewählten Gelände einfach talwärts rollen. Gelingt ihr das, ohne stehen- oder steckenzubleiben, sind die Voraussetzungen für den Kugelbahnversuch erfüllt.
Um die Elemente des Spiels, der Spannung und des Spaßes noch ein bisschen zu erhöhen, lasse ich etwa gleich große Gruppen bilden, die später in einem Wettbewerb gegeneinander antreten. Nun markiere ich für beide Gruppen am oberen Ende des ausgewählten Geländes eine Stelle, die als Startpunkt der Kugelbahn gilt. Zehn bis 20 Meter hangabwärts fixiere ich den Zielpunkt. Die Geländebedingungen und Rahmenbedingungen für die Kugelbahnen sollten für beide Gruppen in etwa gleich sein.
Die Kugelbahnen, die nun von den Kindern errichtet werden sollen, müssen mehrere Bedingungen erfüllen. Die Bahnen müssen mindestens drei Kurven aufweisen. Die Kugel muss von einer Rampe gestartet werden, sie muss mindestens einmal über eine Schanze springen und einmal in der Dunkelheit eines Tunnels verschwinden. Die Kugel muss das Ende der Kugelbahnen erreichen und dort stehenbleiben. Zum Bau der Kugelbahnen darf alles verwendet werden, was sich in der Umgebung des Geländes an Naturmaterialien befindet.
Manchmal sind die Kinder so in ihr Spiel vertieft und versunken, dass ich es immer schade finde, ihnen für die Fertigstellung Fristen setzen zu müssen. Da werden große Äste herangeschleppt, Rinden von abgestorbenen Bäumen, Laub, Tannenzapfen oder Steine. Ohne auch nur einen Hinweis zu geben, entstehen im Gelände nun zwei Bahnen mit Banden, Schanzen, Steilkurven und Tunnels. Das Ziel gleicht oft einem Nest, aus dem die Kugel nicht hinausfallen soll.
Eine Kugelbahn zu bauen ist ein Gemeinschaftsprojekt. Jedes Kind trägt nach seiner Möglichkeit dazu bei, das Gesamtkunstwerk zu vollenden. Manchmal teilen sich die Gruppen in sich auf. Einzelne Gruppenteile bauen zum Beispiel einen Abschnitt der Kugelbahn, die am Ende zu einem Ganzen zusammenwächst. Einige spezialisieren sich auf den Bau der Schanze oder des Tunnels. Einige verzieren und schmücken die Banden der Bahn mit Moos, Steinen oder Tannenzapfen.

FC BAYERN

Wichtig ist vielleicht zu erwähnen, dass ich die Kugel, die später durch die Bahnen rollen soll, am Anfang allen zeige. Die Kinder dürfen sie in die Hand nehmen, ihr Gewicht spüren und ihre Größe abschätzen. Danach verstecke ich sie wieder bis zum Beginn des Experiments. Es gibt also keine Versuche, ob die Kugel nun durch die Tunnel rollt ohne stecken zu bleiben, oder ob die Kugel an dieser oder jener Stelle eine der Bahnen verlässt. Ob alles funktioniert, bleibt bis zum Schluss ein Geheimnis.
Sind die Bahnen vollendet, wird von der jeweiligen Gegengruppe zuerst überprüft, ob sämtliche Rahmenbedingungen erfüllt worden sind. Besteht die Bahn aus drei Kurven, gibt es eine Rampe, eine Schanze und einen Tunnel? Sind diese Voraussetzungen erfüllt, beginnt der aufregende Teil des Versuchs.
Ich vergleiche es immer mit dem Finale eines Fußballcups. Die gesamte Spielzeit ist absolviert und auch die Nachspielzeit. Es steht immer noch unentschieden. Was folgt, ist das entscheidende Elfmeterschießen. Und so gehe ich auch beim Kugelbahnwettrennen vor. Jede Gruppe erhält fünf Versuche, die Kugel durch ihre Bahn rollen zu lassen, um das Ziel zu erreichen. Sie erhält dann einen Punkt, wenn die Kugel die Bahn durchrollt, ohne aus der Bahn zu fliegen und das Ziel der Bahn erreicht, ohne das Ziel zu verlassen. Gewonnen hat schließlich jene Gruppe, die nach fünf Versuchen die meisten Punkte erzielt hat. Steht es nach fünf Versuchen noch immer unentschieden, werden die Versuche so lange fortgesetzt, bis es einen Sieger gibt.
Sollte bei einem Versuch die Kugel die Bahn verlassen, vor dem Ziel stecken bleiben oder über das Ziel hinausschießen, darf die Gruppe nach diesem Versuch Nachbesserungsarbeiten an ihrer Bahn durchführen.
Ich darf versichern: Diese Kugelbahnspiele sind immer ein großer Spaß und meistens von sehr großer Aufregung geprägt. Der Nervenkitzel ist beinahe vorprogrammiert. Kinder lieben dieses Spiel. Und das Einzige, was man an zusätzlichem Material benötigt, ist eine Holzkugel. Wie köstlich einfach und beglückend das doch ist!

Geheimnisse der Natur als Modell nachbauen

Abläufe, die in der Natur stattfinden, lassen sich selbstverständlich auch theoretisch erklären. Aber vermutlich sind solche Erklärungen nichts gegen Modellversuche, die man in der Natur durchführt und bei denen man Abläufe plastisch darstellt. Man sieht die Kräfte, die in der Natur wirken, im Kleinen, in einer ins Kleine gebauten Welt, die man selbst erschaffen hat. Augenscheinlicher kann man vermutlich einige Geheimnisse der Natur und der Physik nicht rekonstruieren. Zusätzlich wecken all diese Modellversuche den spielerischen und kreativen Geist in den Teilnehmenden. In der Natur hinterlassen die Miniaturbauwerke nur kurzfristige Spuren. Sie wachsen nach einiger Zeit wieder zurück in das Gefüge der Umwelt. So, als wäre alles immer schon so gewesen.
Einmal wurde ich zu einer Fortbildungsveranstaltung eingeladen. Das Ziel und der Lehrinhalt des Seminars war es, die spielerische und kindgerechte Herangehensweise an Hochwasser- und Hochwasserschutzthemen plastisch darzustellen. Ich erinnere mich noch, dass der Kursleiter in der Nähe eines Auwaldes auf einer leicht abfallenden Sandbank am Flussufer auf uns wartete. Vor ihm befand sich eine große Box. In dieser waren zahlreiche Modelle aus Holz: Häuser, Kirchen, Brücken, Türme und sogar Bäume. Dazu gab es kleine Schaufeln und mehrere große Eimer, die danach mit Wasser befüllt werden sollten. Unsere Aufgabe bestand nun darin, Modelle von Flüssen nachzubauen und anhand eines späteren Experiments zu veranschaulichen, was bei natürlichen und begradigten Flussläufen bei Hochwässern oder Starkniederschlägen passieren kann. Danach sollten alle Kursteilnehmenden eine Box mit all den Modellen, Schaufeln und Eimern erhalten, um sie bei zukünftigen Führungen zu verwenden. Nach einer Weile, der Bau der Modelle war schon im Gange, hie und da standen schon einige hölzerne Häuser, Kirchen und Türme im Ufersand, trat ich zum Kursleiter und erklärte ihm, dass ich das so nicht machen könne. Es sei mir leider unmöglich, so eine riesige Box zu meinen Führungen mitzunehmen, da es da für mich ein grundsätzliches Problem gebe. Ich besitze kein Auto

und ich habe auch nicht mehr vor, mir eines anzuschaffen. Meinen letzten Pkw hatte ich vor über zehn Jahren verkauft. Ich fahre nahezu ausschließlich mit öffentlichen Verkehrsmitteln oder mit dem Fahrrad. „Dann wird das allerdings etwas schwierig", erklärte mir der Kursleiter. Aber wir fanden eine Lösung. Ich verzichtete später auf die Box mit all ihren Modellen, Schaufeln und Eimern und überlegte mir einen anderen Weg, der zum gleichen Ergebnis führen sollte, und ich fand einen ...

Flussläufe bauen

Modellversuche in der Natur haben einen großen Vorteil: Man sieht sofort das Ergebnis, und man weiß, welche Kettenreaktionen in Bewegung gesetzt werden, wenn bestimmte Parameter der Versuchsanordnung verändert werden. Das ist eine tolle Sache und macht Spaß.
Wir suchen eine leicht abfallende Sandbank in der Nähe eines Gewässers. Nun bilden wir zwei gleich große Gruppen. Die eine Gruppe erhält die Aufgabe, einen begradigten Flusslauf nachzubauen. Er sollte etwa zehn bis fünfzehn Meter lang, zehn Zentimeter breit und gerade sein und am Beginn ein kleines Becken aufweisen. Dort fülle ich später das Wasser ein. Jedoch gibt es noch zusätzliche Angaben. Neben dem Flusslauf soll links und rechts ein Damm errichtet werden, über den Fluss sollen drei Brücken führen und in unmittelbarer Nähe des Flusses sollen drei Hochhäuser stehen. Ich lächle dann meistens in die fragenden Gesichter der Kinder. „Aber womit?", fragen sie manchmal etwas ratlos. „Eure Werkzeuge findet ihr in der Umgebung", erkläre ich dann. „Steine, Äste oder ähnliches. Auch die Materialien für die Brücken und Hochhäuser liegen alle schon bereit und warten nur noch darauf von euch gefunden zu werden. Aber ihr müsst vielleicht noch ein bisschen suchen." In der Regel benötigen die Kinder danach keine weiteren Informationen und beginnen mit ihrer Arbeit, denn auf einmal sind ihre Augen für all die Baumaterialien, die sie benötigen, sensibilisiert.

Die zweite Gruppe erhält die Aufgabe, einen natürlichen Flusslauf nachzubauen. Ein natürlicher Flusslauf besteht in der Regel aus vielen Kurven. „Wer von euch kennt den Namen ‚Leander'?", frage ich dann meistens. Einige kennen diesen Vornamen. Und dann bitte ich die Kinder, den ersten Buchstaben dieses Namens durch ein M zu ersetzen und den zweiten durch ein Ä. Mäander. So nennt man die Kurven eines natürlichen Flusslaufes, wenn man es ein bisschen fachlicher formulieren möchte.
Ansonsten hat die zweite Gruppe die gleichen Vorgaben wie die erste. Zwei Dämme sollen den Flusslauf einfrieden. Es sollen drei Brücken errichtet werden und drei Hochhäuser. Den Beginn des Flusslaufes markiert ein Becken, in das ich später das Wasser einfülle. Links und rechts können aus Ästchen noch Bäume gepflanzt und in der Nähe des Flusses ein Auwald nachgebaut werden.
Nachdem die Modelle fertiggestellt sind, begeben wir uns zuerst zum begradigten Flusslauf. Ich fülle Wasser in einen Biomüllsack, den ich mitgebracht habe, und lasse es ganz vorsichtig in das Becken fließen. Das Wasser läuft nun gemächlich durch das Flussbett talwärts. Wir stellen fest, dass die Brücken und Hochhäuser selbst dann noch unbeschädigt und intakt bleiben, wenn ich den Inhalt von zwei Biomüllsäcken gleichzeitig in das Becken des Modells fülle.
Der Versuch beim Modell des natürlichen Flusslaufs folgt dem gleichen Ablauf. Jedoch bemerkt man schon zu Beginn, dass die Kurven des Modells

die begrenzenden Faktoren sind. Das Wasser schabt an den Flussbiegungen und schabt immer mehr, je öfter wir das Becken mit Wasser befüllen, es fluten und die Flussbiegungen mit dem fließenden Wasser in Berührung kommen. Gleichzeitig werden die Dämme weich, nachdem sie mit Wasser durchtränkt worden sind. Es passiert, was passieren muss. Irgendwann halten die Dämme und die Kurven dem Wasser nicht mehr stand. Die Dämme werden weich, sie werden brüchig, das Hochwasser nimmt seinen Lauf, reißt Brücken mit und bringt die Hochhäuser in der Nähe des Flusslaufes zum Einsturz.
So erklärt sich, weshalb der Mensch Flussläufe begradigt. Zum einen aus Sicherheitsaspekten, zum anderen wegen des Raumbedarfs, der sich auch durch die Zunahme an Menschen in einem Gebiet ergibt.
Eines stelle ich bei diesen Modellversuchen immer wieder fest: Kinder lieben diese Spiele und es ist oft wunderschön anzusehen, wie die schlummernde Kreativität in ihnen erwacht und sie ausschließlich mit Naturmaterialien Kunstwerke erschaffen.

Die Holztrift

Menschen, die vor der Motorisierung Holzstämme aus abgelegenen Wäldern hinab ins Tal und in die Städte transportieren wollten, mussten strategisch vorgehen. Sie mussten lange vorausplanen und geduldig sein. Und sie mussten Hilfe bei der Natur suchen. Um das zu verstehen, bietet sich auch hier ein Modellversuch an, den man ganz einfach mit Naturmaterialien durchführen kann.

Der Holzbedarf war in früheren Jahrhunderten extrem hoch. Holz galt lange Zeit als die einzige Wärmequelle, der einzige Rohstoff, mit dem es möglich war zu kochen. Holz wurde massenhaft in Salinen zur Salzgewinnung benötigt und in Form von Holzkohle, um mit ihrer hohen Brennenergie Eisen aus Gesteinen zu lösen. Zudem war es ein wichtiger Stoff in der Bauindustrie. Häuser wurden damit gebaut, aber auch Brücken. Der dramatische Rückgang der Wälder im Mittelalter lieferte den eindeutigen Beweis für diese Gier nach Holz. Und das, obwohl viel weniger Menschen auf der Erde lebten als heute.

Holz aus entlegenen Tälern wurde bis in die Mitte des 20. Jahrhunderts oft auf dem Wasser transportiert. Das war ökonomisch und ökologisch eine optimale Lösung. Man nutzte die Wasserkraft und es fielen keine zusätzlichen Energieressourcen für den Transport an. Der Transport war zu 100 Prozent grün. Zeit und Geduld zu haben, spielte beim geplanten Transport von Holz früher eine grundsätzliche Rolle.

War kein Gewässer in der Nähe, musste das Holz mithilfe von Pferden oder Schlitten umständlich aus dem Wald zum nächsten Sägewerk transportiert werden. Bevor es jedoch aus dem Wald abtransportiert wurde, machte man das Holz auf ganz natürliche Weise leichter. Auch hier war es erforderlich weit voraus zu planen und sich in Geduld zu üben. Man musste der Zeit ihren Platz im Ablauf der Dinge geben. Im Mai, wenn die Bäume im Saft standen – man nannte diesen Zustand auch „maiig sein" – wurden die Bäume gefällt. Danach wurden sie mit Ausnahme des Wipfels entastet, entrindet und bis in den nächsten Winter im Wald liegen gelassen. Während dieser Zeit geschah Wundersames: Das Holz wurde von Monat zu Monat leichter, denn der Wipfel des Baumes zog das Wasser aus dem Stamm und es verdunstete über die Nadeln des Wipfels. Im folgenden Winter, wenn die Bäume in Stämme zersägt und mit Pferden oder Schlitten aus dem Wald transportiert wurden, war das Holz um 30 bis 40 Prozent leichter geworden. Der Großteil der Feuchte war über den Wipfel aus dem Baum gesaugt worden und verdunstet. Für die Pferde und Menschen war diese Gewichtsabnahme des Holzes im wahrsten Sinne des Wortes eine sehr große Erleichterung.

Wenn man den heutigen Transport von Holzstämmen betrachtet, könnte man dem Eindruck erliegen, dass Energie grenzenlos verfügbar ist und verprasst werden kann, wie es einem gerade gefällt. Manchmal habe ich als Förster miterlebt, wie mit Wasser vollgesogene Holzstämme in Ufernähe von Flüssen gelegen sind und von dort per Kran auf Lastwagen geladen und abtransportiert wurden. Das Gewicht der Stämme scheint heute keine Rolle mehr zu spielen und da der Parameter Zeit in den heutigen Tagen scheinbar ein limitierender Faktor ist, der nicht vergeudet werden darf, nimmt man den inflationären Energieverbrauch offensichtlich ohne lange nachzudenken in Kauf. Wie ineffizient und verschwenderisch dieses Tun ist, darüber machen sich heute die wenigsten Forstleute noch Gedanken. Leider.

Für den Transport des Holzes – und das wurde mir im Laufe meiner forsthistorischen Recherchen immer wieder bewusst – benötigte man stets eine gewisse Vorlaufzeit. In Bach- oder Flussnähe wurde das Holz in den Wintermonaten gefällt, als die Flussläufe aufgrund des Frostes sehr wenig bis gar kein Wasser führten. Das gefällte Holz wurde vor seinem Abtransport markiert, sodass man auch später noch genau wusste, wem welches Holz gehört. Jeder einzelne Stamm erhielt auf der Stirnseite mit Waldhämmern ein Symbol eingestanzt, um sicher zu gehen, dass er dem Eigentümer später ohne Zweifel zugeordnet werden konnte. Die Symbole waren zum Beispiel ein Mond, ein Stern oder ein Herz. Das gekennzeichnete Holz wurde danach im Schnee auf Riesen, das sind steil abfallende, schmale Rinnen im Gelände, oder über eigens dafür hergestellte Holzbahnen an die Flussufer transportiert. Dort türmten sich im Laufe der Wintermonate riesige Holzstapel. Das Holz blieb dort nun bis in das Frühjahr liegen, und zwar bis zur Zeit der Schneeschmelze. Dann rutschten die Holzstämme nach und nach von selbst in das durch das Schmelzwasser steigende Flussbett und schwammen talauswärts. Am Ende der Reise wurden die

Stämme wieder aus dem Wasser gezogen. Um sicherzugehen, dass die Stämme an der Stelle, an der man sie wieder dem Wasser entnehmen wollte, nicht davonschwammen, errichtete man dort sogenannte Rechen. Man muss sich das vorstellen wie einen Heurechen, dessen Zinken aus dem Wasser herausblicken. Die einzelnen Zinken wurden oft noch untereinander mit stabilen Holzstreben verbunden, damit sie nicht brechen konnten und so eine Bresche entstand, durch die die Stämme davonschwimmen konnten. Einige Trifter gingen auch dazu über, schwimmende Rechen zu bauen. Dabei wurden Stämme mit Haken und Eisenketten verbunden. Die Kette aus Holzstämmen, die sich danach ergab, wurde von einem Ufer zum anderen gespannt und fixiert. Das heranschwimmende Holz blieb später an dieser Kette hängen. Natürlich kam es früher auch vor, dass Rechen brachen. Auch im österreichischen Vorarlberg weiß man von solchen tragischen Vorfällen. Als der schwimmende Rechen in Hard am Bodensee einmal brach, verabschiedete sich das Holz aus dem Mündungsbereich der Bregenzer Ach und trieb hinaus auf den Boden-

Modell eines Rechens

see. Tage später landete das meiste Holz am deutschen Ufer in Lindau. Mühsam musste man danach die Stämme auf Fuhrwerken zurück nach Vorarlberg transportieren. Aus ökonomischer Sicht waren solche Vorfälle der Super-GAU. Aber Gott sei Dank kamen sie nur sehr selten vor.

Was interessant ist: Auf dem Wasser konnte nur Nadelholz transportiert werden. Nadelholz schwimmt auch dann noch, wenn es sich mit Wasser vollgesogen hat. Laubholz ist für die Trift auf dem Wasser dagegen leider nicht geeignet. Es saugt sich mit Wasser voll und wird so schwer, dass es untergeht und steckenbleibt.

Ein alter Holztrifter erzählte mir allerdings einmal eine interessante Geschichte. Als ich ihm mitteilte, dass man früher ja nur Nadelholz auf dem Wasser transportiert habe, erwiderte er, dass das nur bedingt der Wahrheit entspräche. Er habe in Flussnähe oft Buchen gefällt, immer während der sogenannten Saftzeit im Mai oder Juni. Er habe die Buchen bewusst kopfüber in Richtung Tal gefällt und den Stamm entrindet. Den belaubten Wipfel habe er über den Sommer hinweg am Baum belassen. Dadurch sei das Holz über die Monate hinweg viel leichter geworden, da viel vom Wasser, das sich im Baum befunden habe, über die Krone verdunstet sei. Im darauffolgenden Frühjahr habe er die Buchenstämme schließlich dem Wasser übergeben. Und sie seien geschwommen. Zehn Kilometer weit. Danach habe er sie wieder aus dem Wasser gezogen und weiterverarbeitet …

Um unabhängiger vom jahreszeitlichen Wasserstand der Flüsse zu sein, errichtete man in einigen Seitentälern von großen Flussläufen sogenannte Wasserstuben. Dies waren kleine Staudämme, die mit Wasser gefüllt und danach geflutet wurden. Durch einen Schwall wurde das Holz, das man zuvor flussabwärts in Ufernähe gelagert hatte, mitgerissen und hinaus ins Tal transportiert. Man arbeitete also mit der Energie, die dem fließenden Wasser innewohnt, und konnte diese durch Staudämme sogar noch steuern.

E
E. Die Pfarr kirch.
F. Capuciner Closter.
G. Das Schloß.
H. S. Gallenstein, vnd Cappol.
I. S. Anna Frawen
K. Wolffort.
N. Schießhüten.

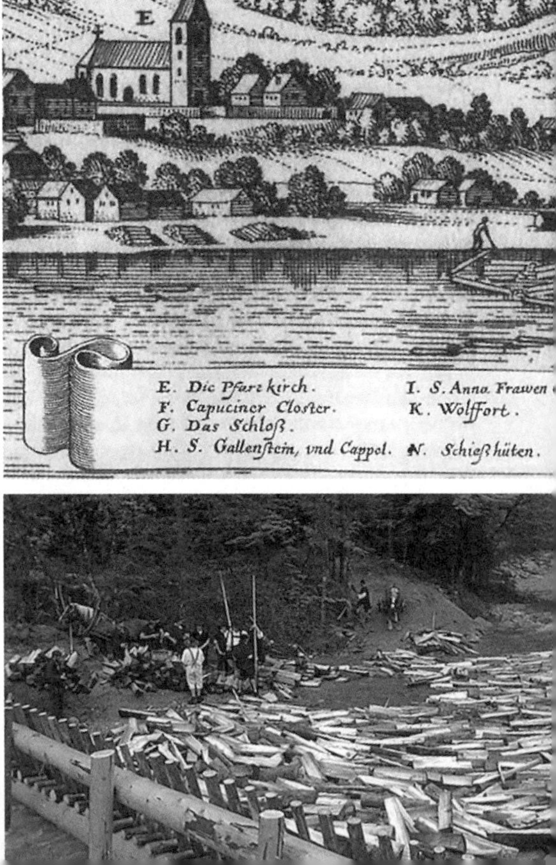

Historische Holztrift

Die Holztrift war in früheren Zeiten eine der wenigen Möglichkeiten, den wichtigen Rohstoff Holz über weite Strecken zu transportieren.

Der Holztransport mithilfe von Wasser als Modell

Wir suchen eine leicht abfallende Sandbank und bauen einen natürlichen Flusslauf nach. In diesem Flusslauf errichten die Kinder nun ihre Bauwerke, die beim Transport im Wasser zur Anwendung kommen. Sie errichten neben dem Flusslauf ein Becken, das später mit Wasser befüllt wird und am Ende als sogenannte Wasserstube dient. Am Ende des Flusslaufes wird ein sogenannter Rechen eingesetzt. Dazu werden kleine, abgebrochene Ästchen von einem Ufer zum anderen dicht nebeneinander in den Sand gesteckt. Flussaufwärts legen die Kinder in Ufernähe Holzdepots an. Dazu stapeln sie in Flussrichtung kleine Ästchen aufeinander, die als Modell Baumstämme darstellen. Einige „Holzstämme" können auch schon im Flussbett liegen. Nun befülle ich das Becken am oberen Ende des Flusslaufes behutsam mit Wasser. Nach und nach werden die Holzstapel im Flussbereich vom Wasser erfasst und das Holz rutscht letztlich bis zum letzten Stamm im Wasser davon. Manchmal kann es geschehen, dass der eine oder andere Stamm liegenbleibt, sich verhängt oder dass sich mehrere Stämme verkeilen. Dann muss man die Stämme mit Flößerhaken, die aus kleinen längeren Ästchen hergestellt werden, wieder lösen, damit sie weiter talwärts schwimmen können. Haben die Stämme schließlich sämtliche Hindernisse überwunden, werden sie zuletzt am Rechen aufgehalten und können nun an Land transportiert werden.
Die Sägewerke befanden sich früher immer in der Nähe von Flüssen und Bächen. Oft wurden im Bereich der Rechen Kanäle errichtet, um das Holz über den Kanal noch im Wasser zum Sägewerk transportieren zu können. Das war praktisch und sehr energieeffizient.
Man kann den Modellversuch auch noch ausweiten, indem man eine künstliche Klause errichtet, also eine Engstelle im Flusslauf einbaut. Diese kann mit Steinen seitlich stabilisiert werden, falls der Sand, mit dem die Kinder bauen, etwas zu locker ist und die Gefahr besteht, dass die Engstelle zu rasch vom Wasser wegerodiert wird.
Werden viele Stämme gleichzeitig talwärts geschwemmt, kann sich an dieser Engstelle eine Verklausung bilden. Das heißt, dass die Stämme an dieser Engstelle steckenbleiben. Die Folge könnte sein, dass sich das Wasser im Fluss-

Modell eines Flusslaufes mit aufeinandergestapelten „Holzstämmen"

lauf zurückstaut. Bricht die Verklausung später unter dem Gewicht des aufgestauten Wassers, kann das unter Umständen einen riesigen Schwall erzeugen und in weiterer Folge im Tal zu einem verheerenden Hochwasser führen.

Wasserstube

Um die Funktionsweise einer Wasserstube anhand eines Modells zu erklären, setzen wir unseren Modellversuch noch weiter fort. Wir befüllen den Flusslauf abermals mit „Holzstämmen". Wir stapeln am Ufer des Flusslaufs „Stämme" übereinander und legen einige wiederum ins Flussbett selbst. Wir schaffen danach im oberen Bereich des Flussmodells einen Seitenfluss. Am Beginn dieses Seitenflusses errichten wir eine sogenannte Wasserstube. Das ist im Grunde genommen ein Staubecken. Das Staubecken wird mit Wasser befüllt. Nun ist man beim Transport der Holzstämme nicht mehr allein von den Jahreszeiten

Modell einer Wasserstube mit einer Ladung Triftholz

und vom Wasserstand des Flusses abhängig, sondern man kann künstlich in den Transport des Holzes eingreifen und den Abtransport zeitlich bewusst und genau steuern. Ist die Wasserstube voll, wird sie „geschlagen", das heißt, der talseitige Verschluss des Staubeckens wird geöffnet und das Wasser flutet ins Tal. Ein Oberförster hat mir einmal erzählt, dass das Schlagen einer Wasserstube oft ein sehr gefährliches Unterfangen war. Mancherorts war die Durchführung so schwierig, dass man sogar Gefangene heranzog, die solche Aufgaben durchführen mussten. Überlebten sie das Öffnen der Wasserstube, waren sie danach frei. In einem riesigen Schwall stürzt das Wasser nun ins Tal. Der Schwall erfasst die Stämme, die wir ins Flussbett gelegt haben, und schwemmt sie zum Rechen.

Das Phänomen der Schutzwälder, Rottenwälder und Lawinenverbauungen

Schutzwälder erfüllen oft sehr wichtige Funktionen. Sie schützen manchmal sich selbst, also den Wald, der auf einem sehr steilen Gelände wächst, oder sie schützen Objekte, die sich unterhalb des Schutzwaldes befinden. Sind solche Schutzwälder nicht oder nicht mehr vorhanden, müssen im steilen Gelände manchmal aufwendige Lawinenverbauungen errichtet werden, die diese Schutzfunktion für Häuser und ihre Bewohner übernehmen. Die Kosten für solche Lawinenverbauungen sind enorm. Sie sind ungefähr hundert Mal höher als die Kosten, die für die Pflege eines Schutzwaldes anfallen. Ein Wald, der die Funktion eines Schutzwaldes übernehmen soll, darf natürlich nicht wie ein Urwald sich selbst überlassen bleiben. Er muss ständig künstlich verjüngt werden, das heißt, man muss einen Teil der älteren Bäume regelmäßig entfernen, damit er seine Stabilität und seine Schutzfunktionen behält. Der

Natur an sich wäre es egal, ob ganze Wälder zusammenbrechen. Der Natur ist es auch egal, ob ganze Hänge erodieren und talwärts rutschen. Oft sind solche Vorgänge nichts als natürlich. Aber wir Menschen hätten ein erhebliches Problem damit, wenn Schutzwälder die Funktion, die sie für uns bieten, nicht mehr erfüllen würden.

Der Schutzwald, der Häuser schützt – Der Objektschutzwald als Modell

Mit Kindern baue ich solche Systeme in der Natur nach und übe im Rahmen von Modellversuchen Extremsituationen, um herauszufinden, ob der Schutzwald oder die Lawinenverbauung seine Aufgabe auch erfüllt.
Der Nachbau des Modells funktioniert folgendermaßen: Man sucht ein steiles Gelände. Die Fläche sollte Richtung Talseite ungefähr zehn Meter lang und am besten nicht übermäßig bewachsen sein. Im Idealfall handelt es sich um einen nackten Boden, der nicht allzu hart ist, sodass es auch möglich ist, Äste in ihn hineinzustecken. Das Modell wird in der Mitte des Geländeteils errichtet.
Wir suchen für diesen Versuch abgestorbene Äste. Sie sollten zwischen 20 und 30 Zentimeter lang sein. Es können aber auch kürzere oder längere Äste dabei sein. Wir stecken nun eine Fläche von circa 70 mal 70 Zentimetern aus und befüllen den Innenraum dieser Fläche mit unseren 20 bis 30 Zentimeter langen „Bäumen". Wir pflanzen die Bäume kreuz und quer. Einmal dichter, einmal etwas lockerer. Nachdem wir den Schutzwald gebaut haben, errichten wir an der Talseite unseres Waldes eine Straße und bauen einige Häuser und Hütten. Wenn das Modell vollendet ist, begebe ich mich an das obere Ende des Geländes, nehme meine Holzkugel und lasse sie auf den Schutzwald hinabrollen. Als Alternative für die Holzkugel kann auch ein runder Stein verwendet werden. Erfüllt der Schutzwald seine Funktion gut, wird sich die Energie der rollenden Kugel im errichteten Schutzwald irgendwann so sehr erschöpfen, dass die Kugel stehenbleibt. Tut sie das, hat der Modellschutzwald seine Aufgabe optimal erfüllt.

 Modell eines Objektschutzwaldes

Der Rottenwald

Unter dem Begriff „Rotten“ versteht man grundsätzlich die Ansammlung von Lebewesen, die aus unterschiedlichen Gründen eng zusammen stehen. In der Regel kennen wir Rotten aus dem Tierreich. Pinguine rotten sich zum Beispiel zusammen, um an frostigen Tagen nicht zu viel an Körperwärme zu verlieren. Aber auch Menschen rotten sich zusammen. Manchmal vielleicht wegen der Kälte, manchmal, um gemeinsame Interessen zu vertreten und zu artikulieren. Das Zusammenrotten gibt es jedoch auch bei den Bäumen. Wächst zum Beispiel eine Fichte einzeln im Gelände, entfällt der Konkurrenzkampf um das Licht. Im Inneren eines Waldes sterben die Äste in Bodennähe nach einiger Zeit wegen Lichtmangels grundsätzlich ab. Hier investieren die Bäume vor allem in das Höhenwachstum. Wer bei diesem Rennen ums Licht zurückbleibt und den Kampf verliert, wird im Normalfall früher oder später untergehen und absterben. Bäume, die in freiem Gelände zur Welt kommen, müssen sich diesem Konkurrenzkampf nicht stellen. Ihre Kronen und Äste können sich in aller Ruhe ausbreiten, und manchmal berühren ihre unteren Äste auch den Boden. Liegen die Äste von Nadelbäumen sogar auf dem Boden auf, geschieht hin und wieder etwas ganz Besonderes: Die Äste, die mit der Feuchte des Bodens in Berührung kommen, schlagen auf einmal Wurzeln. Aus dem Ast wächst ein Ableger und somit ein neuer Baum. Dadurch kann sich eine Waldfläche langsam, aber stetig auch auf unwirtlichen, lawinendurchzogenen Steilhängen vermehren. Rottenstrukturen sind vor allem dort anzutreffen, wo die Rahmenbedingungen rau sind und viel Licht den Boden erreicht. Man könnte auch sagen, dass sich Rottenstrukturen aus einer Notsituation heraus ergeben. Es ist eine der wenigen Möglichkeiten für Bäume, in Arealen, in denen häufig mit Lawinen zu rechnen ist, zu überleben und sich sogar zu vermehren.

Die Rotte schützt sich bei einer Lawine selbst, beziehungsweise sich selbst und ihre nächste Umgebung. Regelmäßige Lawinen verhindern jedoch vorerst, dass sich ein flächiger Wald entwickelt, da die jungen, keimenden Bäume im Winter immer wieder das Opfer von herabrauschenden Schneemassen werden. Manchmal kommt es vor, dass in einem steilen Geländeabschnitt mehrere Einzelbäume gedeihen, die über die Äste, die den Boden berühren, Rotten ausbilden. Gelingt es mehreren Dutzenden solcher Bäume, ihren eigenen Nachwuchs heranzuzüchten, gleicht das Gelände vom Himmel aus gesehen einem Leopardenfell. Zwischen den einzelnen Rotten gibt es noch Grasflächen, auf denen die Lawinen talwärts rutschen können. Aber das Talwärtsgleiten und Talwärtsrasen wird für den Schnee von Jahr zu Jahr schwieriger, da er irgendwann an den einzelnen Rotten vorbeikurven muss. Im Idealfall erschöpft sich die Lawine durch die Kurvenbewegungen immer mehr. Wenn es den Rotten gelingt, die Grünfläche zwischen den einzelnen Rotten immer mehr zu verkleinern, kann es sein, dass eine Lawine schließlich keine Möglichkeit mehr hat, sich in diesem steilen Gelände zu einer Gefahr zu entwickeln.

Die Rottenstruktur als Modell

In einem Modellversuch bauen die Kinder nun diesen beeindruckenden Vorgang, der in der Natur stattfindet, nach. Wir sammeln Äste mit einer Länge zwischen 20 und 30 Zentimetern und errichten in der Mitte des Hangs Rotten mit einem Durchmesser von zehn bis 20 Zentimetern. Im Zentrum jeder einzelnen Rotte befinden sich die großen Bäume, und gegen den Rand hin werden sie immer kleiner. Zwischen den einzelnen runden oder ovalen Rotten lassen wir einen Abstand von circa zehn Zentimetern frei. Blickt man später von oben auf das Modell, sollte es – wie eben beschrieben – ein bisschen so aussehen wie ein Leopardenfellmuster. Nun nehmen wir die Holzkugel und lassen sie vom oberen Ende des Geländes auf die Rottenstruktur zurollen. Der Kugel sollte es nicht gelingen, die einzelnen Rotten umzudrücken. In der Regel werden Teile der einzelnen Rotten beschädigt. Dabei erschöpft sich die Kraft der Kugel jedoch immer mehr und sie kommt irgendwo zwischen den Rotten zum Stillstand. Der Versuch ist dann geglückt. Die Rotten konnten die Lawine bremsen und sie stoppen.

Die Lawinenverbauung

Nach der letzten Eiszeit waren unsere Berge meist bis hinauf zu den Gipfeln oder bis zu einer Höhe von circa 1.800 Metern bewaldet. Durch menschliche Eingriffe wie Rodungstätigkeiten zur Holzgewinnung und für die Gewinnung von landwirtschaftlichen Flächen verschwanden die Wälder immer mehr. Teilweise mit fatalen Folgen. Denn das steile, von Bäumen und Wäldern befreite Gelände bot nun im Winter Lawinen und dem Abgleiten von großen Schneemassen ideale Voraussetzungen. Das Ergebnis war, dass dadurch auf vielen steilen Hanglagen keine Wälder mehr entstehen konnten, was wiederum schreckliche Lawinenkatastrophen zur Folge haben konnte. Die Lawinen tobten manchmal bis hinab ins Tal, rissen unter Umständen ganze Siedlungen mit sich und kosteten viele Menschenleben. Um die Siedlungsbereiche vor solchen Naturkatastrophen zu schützen, begann man im 19. Jahrhundert, über gefährdeten Siedlungen Lawinenverbauungen zu errichten. Zuerst handelte es sich lediglich um einfache Holzkonstruktionen, die später durch massive Bauwerke aus Eisen ersetzt wurden, die ganze Hänge bedecken und Ortschaften und Menschen schützen sollen. Die Kosten für solche Lawinenverbauungen sind enorm. Eine Lawinenverbauung zu errichten, kostet ungefähr hundert Mal so viel wie das Anpflanzen und die Pflege eines Schutzwaldes. Aber das Anpflanzen eines Schutzwaldes ist in einigen steilen Gebirgslagen ohne die Errichtung von Lawinenverbauungen so gut wie unmöglich. Denn erst nach der Errichtung der Verbauungen sind die Bäume in der Lage, in deren Schutz zu wurzeln und groß zu werden. Allerdings kann es Jahrzehnte dauern, bis so ein Wald, der zwischen den Verbauungen wächst, eine Schutzfunktion übernehmen kann. Sind die Böden, auf denen die Wälder vor langer Zeit gestanden sind, vollständig wegerodiert, sodass nur noch der blanke Fels zurückgeblieben ist, gibt es leider keine Möglichkeit der Bewaldung mehr. Dann muss man stabile, künstliche Verbauungen errichten, um die Lawinengefahr zu bannen.

Lawinenverbauung mit Naturverjüngung

Die Lawinenverbauung als Modell

Wir suchen ein steiles Gelände ohne Baumbewuchs, in das man ohne große Schwierigkeiten kleine Äste stecken kann. Unser Vorbild sind Lawinenverbauungskonstruktionen, die wir aus dem Gebirge kennen. Wir errichten nun mehrere solche Konstruktionen im Gelände, und zwar untereinander und gleichzeitig versetzt, sodass die Verbauung am Ende eine geschlossene Einheit bildet. Nachdem die Verbauung errichtet worden ist, nimmt man eine Holzkugel und lässt sie auf die Verbauung niederstürzen. Es kann sein, dass die Kugel die eine oder andere Verbauung überwindet oder beschädigt. Doch mit

jedem Hindernis wird die Energie der Kugel weniger und sie sollte irgendwo im Lawinenverbauungsfeld zum Stillstand kommen. Diese Modellversuche erklären auf sehr eindrückliche Art, wie Schutzwälder, Rottenstrukturen und Lawinenverbauungen aufgebaut sind und welchen Zweck sie erfüllen.

Für die Modellkonzeption „Schutzwald-Rottenstrukturen-Lawinenverbauungen" erhielt eine Schulklasse, die ich über Jahre hinweg waldpädagogisch betreute, den *Vorarlberger Schutzwaldpreis* und später auch den *Internationalen Alpinen Schutzwaldpreis,* der in der Schweiz verliehen wurde. Berührend ist es, wenn Kinder bei den Preisverleihungen strahlen und als Lohn für ihr Interesse und Engagement mit Preisen ausgezeichnet werden.

Modell einer Lawinenverbauung

Ein kleiner Epilog

Am Schluss einer Waldführung stehen wir in der Regel in einem Kreis zusammen. Meistens beende ich eine Führung mit den Worten: „Wenn ihr jetzt nach Hause geht, solltet ihr mehr wissen als noch vor einigen Stunden. Und wenn dem nicht so sein sollte, müsste ich zugeben, dass ich etwas falsch gemacht habe.“ Aber Gott sei Dank ist das eigentlich nie der Fall.

Wie alles begann

Eigentlich sollte ich schon lange nicht mehr da sein. Denn eigentlich hätte ich diese Welt mit jungen acht Monaten bereits wieder verlassen sollen. Ich war in diesen Tagen sehr krank. Meine Eltern lebten damals in einer sehr bescheidenen Wohnung. Es gab dort kein fließendes Wasser und geheizt wurde mit Heizöl. In den beiden Räumen wurde es im Winter nie richtig warm. An frostigen Tagen konnte man im Schlafzimmer knapp über dem Boden sogar das Glitzern von Eiskristallen sehen. An den Fensterscheiben wuchsen Eisblumen. Die Kälte setzte mir zu. Ich wurde in dieser Zeit von einem Asthmaanfall nach dem anderen heimgesucht. Das Asthma ließ mich lange nicht los. Oft glaubte ich, sterben zu müssen, wenn mein Herz wieder panisch zu rasen begann, der Puls stieg und stieg und meine Lungenbläschen kaum noch Sauerstoff aus der Umgebungsluft aufnehmen konnten. Ich hechelte, ich keuchte, ich war schmächtig, blass, dünn und viele glaubten, dass ich nie erwachsen werden würde. An wärmeren Frühlings-, Sommer- oder Herbsttagen verbrachte ich meine Asthmastunden oft auf einem Liegestuhl vor unserer Behausung. Sie grenzte an eine weitläufige Wiese und parallel zur Baracke, wie unser Wohnhaus

landläufig auch genannt wurde, stand eine lange Reihe mit Pyramidenpappeln, die hoch und schlank gegen den Himmel ragten. Pappeln sind die ersten Bäume, an die ich mich bewusst erinnern kann, es ist die erste Begegnung mit Bäumen in meinem Leben. Der harzige Geruch der Pappelknospen ist einer jener Gerüche, die ganz tief in mir verankert sind und noch heute – immer, wenn ich ihn rieche – beruhigend auf mich wirkt. Ich war schon an die zwölf Jahre alt, als mir unser Hausarzt einen guten Ratschlag gab: „Es klingt widersinnig, Jürgen, aber vielleicht gibt es eine Möglichkeit, dich und deinen Körper aus dieser Misere herauszuführen. Du musst deine Lungen regelmäßig etwas reizen, du musst sie trainieren. Vielleicht lernst du ein Blasmusikinstrument oder du beginnst mit einer Ausdauersportart." Ich befolgte seinen Rat und begann zu laufen. Hügelauf, hügelab, durch das Vorarlberger Rheintal, hinein in das Hohenemser Hinterland, hinauf auf die Berge. Das Laufen tat mir gut. Ich liebte die heißen Tage, die Hitze, das Schwitzen. Ich lief sogar an nebligen Herbst- und frostigen Wintertagen, was meine Lungen jedoch nach wie vor nicht so sehr schätzen. Aber ich lief und tatsächlich, es geschah genau so, wie es unser Hausarzt vorausgesagt hatte: Irgendwann mit sechzehn, siebzehn Jahren verschwand mein Asthma und kehrt seither nur noch wieder, wenn ich extremen Stresssituationen ausgesetzt bin.

Mein beruflicher Weg in den Wald war ein Umweg. Ein ziemlich langer Umweg sogar. Als Jugendlicher lief ich oft und sehr lange über die Feldwege und durch die Waldpfade der näheren Umgebung. In den Wäldern sah ich manchmal Bäume, denen mit einer Axt ein Flecken Rinde abgeschürft worden war. Auf den Stellen, die das nackte, helle Holz zeigten, waren mit Farbe Zahlen und Markierungen angebracht. Ich lief öfters an solchen markierten Bäumen vorbei. Manchmal dachte ich mir im Stillen: Das wäre ein toller Beruf. Die Einsamkeit eines Försters. Sich den ganzen Tag im Wald aufhalten, sich um die Bäume kümmern und um die Tiere.

„Eine Arbeit im Büro ist vermutlich das Beste für dich", hatte mir meine Mutter erklärt, als ich 14 war. Ja, ich war sehr dünn damals und schien auch sehr zerbrechlich zu sein. Für körperlich anstrengende Arbeiten sei mein Körper vermutlich nicht geeignet und geschaffen, sagte sie. Und so besuchte ich drei Jahre lang eine Handelsschule und quälte mich durch die Schuljahre. Denn die Themen,

die in dieser Schule unterrichtet wurden, interessierten mich nicht wirklich. Nach dem Abschluss erhielt ich eine Anstellung in einer Textilfabrik.
Dort arbeitete ich in der sogenannten Fakturierung. Ich schrieb den gesamten Tag Rechnungen an Firmen, die von diesem Unternehmen Stoffe gekauft hatten. Ja, ich gebe es zu: Manchmal vertippte ich mich. An eine Rechnung kann ich mich noch sehr gut erinnern. Ich hatte eine Null vergessen. Aber es war keine belanglose Null, es war eine wichtige Null. Eine sehr wichtige sogar. Die Rechnung erhielt eine Textilfirma in der Nähe von Mailand. Statt einer Million Schilling machte die Rechnung lediglich knapp über 100.000 Schilling aus. Der Käufer bezahlte sofort und weigerte sich danach beharrlich und lange, den vollen Kaufpreis für die Stoffballen zu bezahlen, die er bestellt hatte. Am Ende tat er es zum Glück doch noch. Mein Vorgesetzter meinte jedoch: „Jürgen, vielleicht ist diese Stelle nicht die geeignete für dich." „Doch, doch", versicherte ich ihm, „diese Stelle ist genau das, was ich mir immer gewünscht habe." Und er blickte mich nachdenklich an. Später dachte ich mir: Die Wirklichkeit zu leugnen, ist auch ein Weg, die Angst vor Veränderung zu meiden.
Von meinem Bürofenster blickte ich Richtung Süden auf eine große Wiese. Auf dieser Wiese stand ein großer Eichenbaum. Ich sah, wie er im späten Herbst kahl und nackt dastand, ich sah ihn im winterlichen Schneegestöber, wie sich weiße Polster auf seine Äste legten und ich sah, wie sich im Frühjahr die Wiese, auf der er stand, allmählich vom Braun ins Grün verwandelte. Ich sah an den Ästen seine grünen Spitzen, die Tag für Tag mehr aus den Knospen herauskrochen und ich sah das üppige Grün, nachdem sich sämtliche Blätter des Jahres entfaltet hatten. Jeden Tag sah ich diesen Baum. Und manchmal, nachdem ich eine Rechnung geschrieben hatte, blickte ich einige Augenblicke gedankenverloren hinüber zu ihm, vergaß mich und meine Arbeit in diesem Büro und streifte in Gedanken durch einen Wald, den ich aus meiner Erinnerung ins Jetzt holte. Den Beruf ei-

nes Försters auszuüben, dachte ich. Das wäre das Richtige für mich. Draußen, in der Natur sein, in der Wildnis. Das wäre wunderschön. Es war für mich der Inbegriff von Freiheit. Eines Tages stand mein Vorgesetzter neben meinem Schreibtisch und blickte mit mir hinaus auf die Wiese und hinüber zum Baum. Im Radio, das meistens eingeschaltet war, spielte leise Musik. Ein bekanntes Lied lief. Es handelte von einem neuen Leben, das man beginnen wollte. Das Lied war in diesen Tagen sehr populär und lag wochenlang an der Spitze der Hitparaden. „Irgendwann fange ich ein neues Leben an", hieß es in diesem Lied. „Und wenn nicht heute, dann eben morgen oder übermorgen oder sonst halt irgendwann." „Man sollte den Mut haben, sein Leben zu ändern", sinnierte mein fünfzigjähriger Vorgesetzter, während er mit mir aus dem Fenster blickte. „Den Mut haben, etwas Neues zu beginnen. Mutig sein. Ja, einmal mutig sein." Ich nickte und dachte: Ja, einmal mutig sein und sei es nur deswegen, um später einmal mit Stolz sagen zu können: Ich habe es wenigstens versucht. Und selbst, wenn man scheitern sollte, könnte man mit erhobenem Haupt sagen: Es hätte auch gelingen können.

Einige Tage später teilte ich meinem Vorgesetzten mit, dass ich kündige. Der Personalchef, der mich kurz darauf in sein Büro bat, fragte, ob man die Sache vielleicht finanziell regeln könne, und bot mir eine Gehaltserhöhung an. Ich erwiderte, dass das auch mit einem Mehr an Lohn nicht zu lösen wäre. Dann blickte er mich einen Augenblick lang ernst an und nickte: „Wenn ein junger Mensch weiterziehen will, soll man ihn ziehen lassen."

Nur einige Tage später beschloss ich, in die Natur zu flüchten. Ich kaufte Proviant für ein ganzes Monat ein. Müsli, Haltbarmilch, Spaghettinudeln, Tomatensauce, Vollkornbrot, Erdnussbutter. Am nächsten Morgen packte ich mein Zelt, meinen Schlafsack, den Gaskocher und sogar eine Matratze und Bettzeug in den Wagen meiner damaligen Freundin. Und so fuhr sie mich in die Berge. Mein Ziel lag auf knapp 2.000 Metern Seehöhe, im hinteren Teil des Vorarlbergischen Montafons. Selbst heute zieht es mich noch Jahr für Jahr einige Male in diese schroffe, karge Gebirgslandschaft, in der die Zeit ein bisschen langsamer vergeht, als unten im Tal.

Zugegeben, ich begab mich auch aus einem anderen Grund in die Berge. Ich war schon seit Längerem ein leidenschaftlicher Mittelstrecken- und Bergläufer geworden und ich hatte das große Glück, vom ehemaligen Schweizer Nationaltrainer für Mittel- und Langstrecken trainiert zu werden, der mir aus Luzern regelmäßig seine Trainingspläne zusandte. Täglich rannte ich zweimal durch das Gelände. Mindestens einmal am Tag umrundete ich einen der Stauseen, die sich dort oben befanden, und manchmal lief ich hinauf zu einer Alphütte, die sich unweit eines Gletschers auf über 2.400 Meter Seehöhe befand. Ich versprach mir viel von diesem Höhentraining, bei dem der Körper auf natürliche Art rote Blutkörperchen bildet, da die Luft in den Bergen sehr dünn ist und der Körper auf das mangelnde Sauerstoffangebot mit einer vermehrten Produktion der roten Blutkörperchen reagiert. Einige Wochen später lief ich unten im Tal meine schnellste Zeit über 800 Meter und besiegte dabei sogar den Fünften der Junioreneuropameisterschaft über 1.500 Meter.

Es war in diesen Tagen in den Bergen, als ich auf schmalen Pfaden oft an Latschenfeldern entlanglief, vorbei an Birken, Fichten und Tannen, als ich mir dachte, dass ich eine Arbeit annehmen wollte, bei der ich in der Natur sein durfte. Es war in dieser Zeit, als ich zum ersten Mal ernsthaft daran dachte, Förster zu werden.

Ich erinnere mich noch genau. Unten im Tal begab ich mich zwei Wochen später an einem Freitagvormittag in eine Telefonzelle. Es war August, es war heiß und der Sommer drückte schwer in die enge Telefonzelle. Ich schlug ein dickes gelbes Telefonbuch auf. Ich wusste, dass es in der Stadt, in der ich aufge-

wachsen war, einen Forstbetrieb gab, und dort rief ich an. Der Förster, der sich meldete, teilte mir mit, dass es im Bundesland Vorarlberg keine Försterschule gebe. Die befinde sich 600 Kilometer entfernt im steiermärkischen Bruck an der Mur und die Ausbildung dauere fünf Jahre. Dann sei ich Forstadjunkt und wenn ich danach noch zwei Jahre in einem Forstbetrieb arbeite, könne ich mich zur Staatsprüfung anmelden. Und wenn ich die bestehe, sei ich Förster. Die Försterausbildung sei die längste Schulausbildung, die es in Österreich gebe, fügte er hinzu. Ich notierte mir die Adresse der Schule, bedankte mich herzlich und legte auf. Ich war euphorisch und beschloss an diesem Tag, dass ich diese Försterschule absolvieren werde. Noch wusste ich nicht, dass ich dem Förster, mit dem ich gerade telefoniert hatte, noch einmal begegnen würde.
Mein Ziel, in einer Försterschule lernen zu dürfen, konnte ich jedoch trotzdem nur über Umwege erreichen, denn ich musste mir diese fünfjährige Schulausbildung zuerst selbst finanzieren. Deshalb arbeitete ich zwei Jahre in einer Schweizer Textilfabrik als Kontrolleur. Zugegeben, das war eine anstrengende Zeit, denn die Maschinen in dieser Fabrik liefen rund um die Uhr. Das hieß für mich, alle drei Wochen auch nachts zu arbeiten und jeden zweiten Sonntag zwölf Stunden. Einmal von sechs Uhr in der Früh bis sechs Uhr am Abend und zwei Wochen später von sechs Uhr am Abend bis sechs Uhr in der Früh. Die Arbeit war nicht nur anstrengend, sondern auch sehr zermürbend und deprimierend. Die Monotonie an den lärmenden Maschinen wirkte sich bei einigen Mitarbeitern sehr nachteilig aus. Jedes Jahr gab es mehrere tragische Vorfälle. Einige der Schichtarbeiter landeten manchmal für einige Zeit sogar in einer Nervenheilanstalt. Das viele Geld, das man in dieser Fabrik verdiente, war trügerisch. Und einige der Arbeiter gaben es mit vollen Händen wieder aus. Nach zwei Jahren hatte ich so viel Geld verdient und angespart, dass ich die fünf Schuljahre ohne finanzielle Sorgen bestreiten konnte. Dann rief ich in der Försterschule in Bruck an der Mur an und fragte nach, ob ich im kommenden Herbst in der Schule beginnen könne. Die Worte der Sekretärin schockierten mich. Denn da tauchte plötzlich ein großes Hindernis auf, das mir im Vorfeld nie bewusst geworden war: In Österreich gab es damals zwei Forstschulen und die Plätze an diesen waren sehr begehrt und vor allem begrenzt. Lediglich 50 Schüler*innen wurden pro Jahrgang aufgenommen. Es bewarben sich jedoch über 300 um die freien Plätze. Die Aufnahme-

prüfung sei in zwei Wochen, teilte mir die Sekretärin mit und ich könne mich noch dazu anmelden. Und das tat ich. Ich war sehr aufgeregt, als ich an einem Julitag den großen Park der Försterschule betrat. Hinter einem schmalen gekiesten Pfad, der mit alten Bäumen bestanden war, sah ich die riesige mit zahlreichen Schnitzereien verzierte Holztür der Lehranstalt. Ich wurde unruhig. War es überhaupt möglich, dass ich die Aufnahmeprüfung bestünde, und ginge es sich überhaupt aus, dass ich es unter die 50 Besten schaffte? Ich hatte meine letzte Schulausbildung vor sechs Jahren beendet und hatte das meiste, was ich dort gelernt hatte, bestimmt schon längst wieder vergessen. Als ich später in einem der Klassenzimmer mit seinen hohen Wänden und großen Fenstern saß und die Prüfungsunterlagen ausgeteilt wurden, veränderte sich auf einmal alles schlagartig. Plötzlich wurde ich vollkommen ruhig und zuversichtlich. Jede Aufregung war mit einem Mal von mir abgefallen. Ja, ich war sogar freudig erregt, als der Professor vorne am Pult nickte und mitteilte: „Sie haben exakt 45 Minuten für die Beantwortung Ihrer Fragen. Bitte fangen Sie jetzt an.“ Und dann drückte er den Startknopf einer Stoppuhr. Ich versank wie in Trance und erwachte erst wieder aus ihr, als das Schrillen der Uhr das Ende der Aufnahmeprüfung anzeigte.

Die folgenden Wochen waren qualvoll. Jeden Tag erwartete ich sehnsüchtig den Postboten. Und dann, an einem heißen, wolkenlosen Vormittag im August war es da. Ein großes braunes Kuvert mit einem Adressfenster, hinter dem mein Name stand. Ich sah den grünen Stempel der Forstschule und getraute mich zuerst gar nicht das Kuvert zu öffnen. Was wäre, wenn ich nicht zu den Glücklichen zählte? Was würde ich dann tun? Wie unüberlegt es damals doch von mir gewesen war, diese sichere Bürostelle in der Textilfabrik aufzugeben. Wie konnte ich ohne jeden Zweifel annehmen, dass ich in diese Höhere Lehranstalt für Forstwirtschaft aufgenommen werden würde? Wie leichtsinnig, dachte ich. Dann fuhr ich mit dem Zeigefinge in die kleine Öffnung, die sich am Rand des Kuverts auftat, und riss es auf. Ich zog den Brief aus dem Inneren und überflog den Inhalt. Noch heute kann ich mich an vier Wörter dieses Briefes erinnern. „Es freut uns“ und „aufgenommen“. Ich hatte es geschafft. Ich hatte den ersten Schritt in ein neues Leben getan. Mit 24. „Wie kann man sich das in diesem Alter noch antun?“, lächelte mir ein Professor zu, der mich an einem warmen Septembertag zwischen meinen vierzehn und fünfzehnjährigen Mitschülern sitzen sah. Ja, und obwohl ich schon 24 Jahr alt war, litt ich. Ich litt an Heimweh nach Vorarlberg. Ich litt so sehr, dass es schmerzte. Mir fehlte meine Freundin, mir fehlten die Umgebung, die Laufwege durch die Wälder und die schier endlosen Pfade draußen im Ried. Nur langsam fügte ich mich in den Schulalltag ein. Ich wohnte im Internat. In unserem Zimmer gab es vier Betten. Das war für mich, der die Einsamkeit liebte, eine riesige Herausforderung. Mir graute vor den Mathematikstunden, aber ich liebte die naturwissenschaftlichen Fächer. Und endlich hatte ich Zeit, um geregelt zu trainieren. Ja, ich wollte unbedingt irgendwann einmal bei einer großen, internationalen Leichtathletikmeisterschaft über 800 Meter teilnehmen. Das waren zwei Stadionrunden. Sechs, sieben Sekunden war ich vom Qualifikationslimit für diese Distanz entfernt. Aber ich wusste: Wenn ich fleißig trainierte, könnte ich es schaffen. Allmählich gewöhnte ich mich an den neuen Rhythmus. Das Lernen, das Leben im Internat, das Training am Abend, die immer wieder gleichen Abläufe. Und dann kehrte ich in der ersten Klasse nach den Osterferien aus Vorarlberg zurück in die Steiermark. Es gab da eine abgelegene Straße, die von Bruck an der Mur nach Leoben führte. Dort trainierte ich meistens. Aber zwei, drei Tage nach den Ferien spürte ich, dass mit meinem Körper etwas nicht stimmte. Es war so, als ob irgendetwas nicht so funktionierte wie es funktionieren sollte. Nachts schwitzte ich manchmal so sehr, dass ich auf dem nassen Leintuch erwachte und es sofort wechseln musste, weil an ein Liegen in meinem Bett nicht mehr zu denken war. Einige Tage später ging ich zum Arzt. Er schüttelte nachdenklich den Kopf. „Du hast eine kalte Lungenentzündung, mein Lieber", sagte er nur. In meinen Lungen hatte sich schon ein Infiltrat gesammelt, ich bekam Medikamente, das Asthma meiner Kindheit kehrte wieder zurück. Zwei Monate später zog ich meine Laufschuhe an und joggte langsam auf der Nebenstraße. Nach 15 Minuten musste ich stehenbleiben. Ich keuchte, ich bekam keine Luft mehr. Ich weinte. Meine Läuferkarriere war zu Ende.

Aber manchmal will man nicht glauben, was der Körper und die Wirklichkeit einem aufzeigen. Ich suchte eine Ärztin auf, die sich zwei Jahre lang in China intensiv mit Akupunktur beschäftigt hatte. Nach einigen Behandlungen war mein Asthma verschwunden. Ich konnte wieder trainieren. In der Schweiz nahm ich im folgenden Sommer an einem 800-Meter-Rennen teil und lief acht Sekunden langsamer als noch ein Jahr zuvor. Als ich im Ziel stand und auf meine Stoppuhr blickte, wusste ich es endgültig: Der Lebensabschnitt als Mittelstreckenläufer war für mich endgültig vorbei. Ich würde nie bei einer großen Leichtathletikmeisterschaft teilnehmen. Ich würde nie meinen Namen auf einer Anzeigentafel eines großen Leichtathletikstadions lesen. Ja, das machte mich sehr traurig. Aber aus der Distanz betrachtet, muss ich dankbar sein. Denn Jahrzehnte später wusste man, dass etliche Spitzenathleten aus dieser Zeit schon einen medizinischen Vorteil für sich nutzten. Später erfuhr man, dass einige, und vor allem die Besten von ihnen, mit dem leistungssteigernden Medikament EPO traumhafte Leistungen erbracht hatten. Und ich wusste eines ganz bestimmt: Hätte man mich damals gefragt, ob ich ein Wundermittel nehmen wolle, das meine Leistung um drei bis fünf Prozent verbessern könnte, hätte ich es genommen. So ging dieser Kelch, Gott sei Dank, an mir vorüber.

Eine Tür schloss sich, aber eine andere öffnete sich. Allmählich begann ich meinen Aufenthalt in der Forstschule zu lieben. In meinen freien Stunden las ich viel. Einer unserer Erzieher im Internat war außergewöhnlich kulturinteressiert. In den Festsaal der Forstschule, der Platz für 250 Menschen bot, lud er regelmäßig zu Lesungen ein. Zu dieser Zeit waren in der Försterschule in Bruck an der Mur regelmäßig die damaligen Größen der österreichischen Literatur zu Gast: H. C. Artmann, Alois Brandstetter, Felix Mitterer, Peter Turrini oder Gert Jonke. Eines Tages erklärte mir ein Schulkollege, dass er auf der Bühne dieses Festsaales gerne einmal einen Theatermonolog spielen würde. Und da ich ja immer so viel lese, wäre es da nicht möglich, ihm ein Stück zu schreiben? Ich schrieb das Stück. Aber Ali Abdul, so hieß mein Schulkollege, konnte das Stück später leider nicht realisieren, da er so viele Nachprüfungen zu absolvieren hatte. Auszüge des Stücks reichte ich beim Kunstministerium für ein Dramatikerstipendium ein. Denn es einfach in der Schublade liegenlassen, das wollte ich nicht. Einige Monate später erhielt ich einen Brief. Der Aufdruck des Bundesministeriums für Unterricht, Kunst und Kultur war auf dem Umschlag zu lesen. Ich öffnete das Kuvert und las. Ich bekomme noch heute Herzklopfen und Gänsehaut, wenn ich daran zurückdenke. Ich hatte für mein Stück, das meine harten Tage in der Schweizer Textilfabrik thematisierte, ein Dramatikerstipendium erhalten.

Das Stück wurde später auf mehreren Theaterbühnen aufgeführt. Seit diesem Tag wusste ich, dass lange ein Talent in mir geschlummert hatte, von dem ich gar nichts wusste. Wäre mein Schulkollege Ali Abdul nicht gewesen, hätte es vielleicht niemals das Licht der Welt erblickt. Seither habe ich zahlreiche Dramen, Romane und Erzählungen verfasst und die meisten davon wurden publiziert. Aber das ist eine andere Geschichte.

Während meiner Schulzeit durfte ich mehrere Forstpraktika absolvieren. Und was lag näher, als den Oberförster, der vor Jahren mein erster Kontakt zum Wald und zur Forstwirtschaft gewesen war, anzurufen und ihn um eine Stelle zu fragen. Der Oberförster war ein großer Mann, streng, aber gerecht und sehr menschlich. Mehrere Jahre hintereinander absolvierte ich meine Pflichtpraktika, die von der Schule vorgegeben waren, bei ihm. Ich erlebte in den 90er-Jahren des 20. Jahrhunderts die Folgen heftiger Winterstürme, Borkenkäferverwüstungen und half bei großflächigen Wiederaufforstungen mit, aus denen inzwischen schon wieder prächtige Wälder geworden sind. Die Aufforstungsflächen lagen oft weit entfernt in einsamen Hochtälern. Hüfthoch standen wir im Gebirge manchmal zwischen Farnfeldern. Die Stiefel wurden selbst bei schönstem Hochsommerwetter vom nächtlichen Tau nass. Große Tropfen glänzten auf den eingefetteten Lederschuhen. Es duftete nach Farn und Bergwiesen. In der Ferne hörte man das Rauschen von Sensen, mit denen der Farn und die hohen Gräser abmäht wurden, damit die kleinen Bäumchen, die im Frühjahr gepflanzt worden waren, wieder das Licht bekamen, das sie so dringend für ihr weiteres Wachstum benötigten. Ich liebte diese einsamen Tage in den Bergen. Das war genau so, wie ich es mir erträumt und vorgestellt hatte. In einer Projektarbeit, die ich im Rahmen dieses Sommerpraktikums verfasste und die sich mit der natürlichen Verjüngung von Bäumen des Reviers auseinandersetzte, fiel mir damals schon auf, dass sich die Baumartenzusammensetzung in den verschiedenen Höhenlagen seit meiner Kindheit erheblich verändert hatte. Es waren die ersten Anzeichen der Klimaerwärmung. Die leichten Baumsamen begannen sich in höheren Lagen anzusiedeln und keimten dort, wo es ihnen vor einigen Jahrzehnten noch zu kühl gewesen wäre und sie aufgrund der kurzen Vegetationsphase während des Jahres keine Überlebenschance gehabt hätten.

Nach fünf Jahren schloss ich die Försterschule ab und maturierte. Erst später bemerkte ich, dass das Leben dort und im angeschlossenen Internat wie das Dasein in einem geborgenen Nest gewesen war. Es war für alles gesorgt worden. Man hatte sich nur noch um das Lernen und das Studium kümmern müssen. Aber wie so oft im Leben, wird einem das Glück der Umstände oft erst dann so richtig bewusst, nachdem sie sich ereignet haben.

Ich hatte in diesen Jahren viel gelernt. Woran ich mich heute noch gerne erinnere, ist die Achtsamkeit mit der man in dieser Schule miteinander umgegangen ist, und wie sehr es einige Professoren vermochten, Talente einzelner Schüler*innen zu fördern. Mein Deutschprofessor quälte mich all die Jahre hindurch. Er war überstreng zu mir. Erst bei der Matura schien er zum ersten Mal zufrieden mit mir zu sein. Nach der Prüfung lächelte er und nickte. „Sehr gut, Ernst, sehr gut." Und in diesem Augenblick wusste ich, weshalb er mich über die Jahre hinweg so gefordert hatte. „Wofür", hatte einmal ein Schulkollege einen Professor gefragt, „müssen wir sogar die lateinischen Namen von Bäumen und anderen Pflanzen lernen?" „Nun ja", meinte der Professor für Waldbau, „es könnte ja sein, dass du einmal in Japan Förster wirst und um Verwechslungen von vornherein auszuschließen, bestellst du deine Forstpflanzen dann mit ihren lateinischen Namen. Die sind nämlich international."

Nun war ich nach fünf Jahren Forstadjunkt geworden. Die Landesregierung Vorarlberg gewährt Vorarlberger Absolvent*innen einer Forstschule einen zweijährigen Praktikumsplatz, damit sie ihre Berufsausbildung mit der Staatsprüfung zum Förster auch abschließen können. Ich erhielt eine Stelle in der Forstabteilung der Bezirkshauptmannschaft Bludenz und freute mich schon auf einsame Reviergänge und auf die Natur. Aber daraus wurde in den seltensten Fällen etwas. Denn einige Tage nachdem ich meine Stelle angetreten war, bestellte mich mein Vorgesetzter, den ich bald sehr schätzte, da er immer einen so ruhigen und besonnenen Eindruck auf mich machte, in sein Büro und gab mir einen sehr besonderen Auftrag. „Morgen fährst du nach Raggal", erklärte er mir – Raggal ist eine sehr kleine und abgelegene Gemeinde des Großen Walsertals –, „dort wartet um neun Uhr eine Schulklasse auf dich. Erzähle ihnen etwas über den Wald." Dann gab er mir noch eine Broschüre, in der einige Spiele aufgelistet waren, die man im Wald mit Kindern durchführen konnte, und wünschte mir viel Erfolg.

In der folgenden Nacht konnte ich kaum schlafen. Ich hatte so etwas noch nie gemacht. Und wenn ich gewusst hätte, dass es zu meinen Aufgaben zählen würde, mit einer Horde vermutlich lärmender und ungehorsamer Kinder durch den Wald zu spazieren, hätte ich mir das mit der Försterausbildung vor

einigen Jahren bestimmt noch einmal gründlicher überlegt. Eigentlich wollte ich doch ursprünglich Förster werden, um so wenig wie möglich mit Menschen zu tun zu haben. Und jetzt das. Ich hatte den Försterberuf offensichtlich auf ein Klischee reduziert und nun war ich diesem Klischee gnadenlos zum Opfer gefallen. Stundenlang wälzte ich mich in dieser Nacht im Bett von der einen auf die andere Seite. „Also diese Berufswahl", sagte ich mir immer wieder, „ist einmal klassisch danebengegangen. Aber so etwas von danebengegangen."
Ich schwitzte, als ich am nächsten Morgen in Raggal ankam. Ich war nervös. Meine Hände waren kalt. Ich war vollkommen orientierungslos. Ich hatte nicht den blassesten Schimmer, wie ich die in der Broschüre erklärten Spiele in die Wirklichkeit umsetzen sollte. Mir war alles zu viel. Die Fragen der Kinder, die auf mich einprasselten, der Lärm, die Wildfänge wieder zurückzuholen, die ins Gelände ausbüxten oder die sich im Wald versteckten. Als ob einige Kinder meine Verzweiflung gespürt hätten, griffen sie an beiden Seiten nach meinen Händen. „Nein, ich will ihn jetzt auch einmal halten," hörte ich eine Stimme rufen. „Du warst schon dran. Nein, ich will jetzt. Geh jetzt weg da." Und so ging das weiter. Dieser Vormittag wurde für mich zum Albtraum. Danach benötigte ich Stunden, um wieder einigermaßen zu mir zu kommen. Das durfte einfach nicht wahr sein. In der Absicht, einen Beruf zu erlernen, der von Einsamkeit geprägt ist und in meiner Einbildung die Ferne der Menschen verspricht, war ich nun in einem Tumult aus Menschen gelandet.
„Du hast das in Raggal sehr gut gemacht", versicherte mir mein Vorgesetzter am nächsten Tag. „Ich habe mit der Lehrerin telefoniert." Zuerst vermutete ich, dass mein Vorgesetzter mich wegen meiner Unzulänglichkeiten nur trösten wollte. Aber er versicherte mir, dass er es mir ganz bestimmt gesagt hätte, wenn mein Waldausgang mit den Kindern nicht funktioniert hätte. Und die Führungen rissen nicht ab. Denn bald fand ich mich in einer weiteren abgelegenen Berggemeinde des Großen Walsertals wieder, wo ich abermals mit großer Nervosität, schwitzenden Händen und äußerster Anspannung den nächsten waldpädagogischen Spaziergang für die Schulkinder des Ortes abhielt. Mir war gar nicht bewusst, was die Lehrer*innen und Kinder an meinen Waldausgängen fanden und was daran so besonders sein sollte. Sie mussten doch irgendwie fühlen und bemerken, dass mir diese Führungen alles abverlangten und mich unglaublich viel Energie kosteten. Aber ja, natürlich, ich nahm meine Aufgabe

sehr ernst und ich wollte ihnen wirklich aus tiefster Überzeugung interessante Dinge über den Wald erzählen und ihnen auf spielerische Art Zusammenhänge im Wald begreifbar machen. Und es kamen immer mehr Einsätze.
In den folgenden Jahren verblasste meine Nervosität allmählich. Irgendwo in meinem Gehirn mussten sich neue Synapsen verbunden haben, die ich durch die zahlreichen Waldführungen zwangsläufig regelmäßig trainierte. Aber ein Rest an Unruhe blieb. Und zwar für sehr lange Zeit. Die Waldführungen wurden immer mehr und mehr. Zuerst waren es 20 im Jahr, bald über 50 und einige Jahre später schon über 100. Ich führte Kindergartenkinder durch den Wald, Lehrer*innen, Großeltern mit ihren Enkelkindern, Pensionist*innen und auch Klosterfrauen.

Nachdem ich die Staatsprüfung zum Förster bestanden hatte, arbeitete ich über 20 Jahre lang für mehrere Vorarlberger Gemeinden, in denen es ausgedehnte Waldgebiete gab. Ich lebte meine Tätigkeit stets mit großer Leidenschaft. Aber allmählich erkannte ich, dass mir das Vermarkten von Holz, das Schlichten von Grenzstreitigkeiten, das Einmessen fehlender Waldgrenzen niemals so viel gab wie die Waldführungen, die ich für Kinder oder Erwachsene durchführte. Die Waldpädagogik war während meiner Schulzeit noch nicht einmal theoretisch ein Thema gewesen und wer damals mit Kindern durch den Wald streifte und ihnen Wissenswertes vermittelte, wurde in Forstkreisen anfangs eher als Sonderling belächelt. Das hat sich inzwischen geändert. Waldschulen entstanden und zahlreiche Förster*innen sowie am Wald interessierte Menschen absolvierten eine waldpädagogische Ausbildung.
Trotzdem dauerte es für mich Jahre, bis mich die Unruhe vor einer Waldführung verließ und mich eine Vorfreude erfasste, wenn ich an einen bevorstehenden Waldstreifzug mit Kindern oder Erwachsenen dachte.

Inzwischen habe ich meinen offiziellen Försterberuf aufgegeben, gebe Seminare für Menschen, die sich zur Waldpädagogin oder zum Waldpädagogen ausbilden lassen, und verbringe jährlich viele Dutzende Tage mit Kindern oder Erwachsenen im Wald. Manchmal arbeite ich auch Konzepte für Schulprojekte aus, die mehrere Tage dauern. Mit einigen Kindergartengruppen treffe ich mich monatlich im Wald und oft zeige ich jungen Menschen die

Jahreszeiten der Natur, indem ich sie viermal im Jahr durch den Wald führe. Die Kinder staunen dann oft über die Bühnen des Waldes, die von der Natur vier Mal im Jahr geändert werden und sie staunen auch über die Geheimnisse, die es in unseren Wäldern zu entdecken gibt.
Vieles habe ich in diesen Jahrzehnten mit den Kindern und Erwachsenen in der Natur erlebt. Einmal habe ich nachgerechnet. Es waren ungefähr 50.000 Menschen, denen ich während dieser Zeit den Wald erklärt und nähergebracht habe. Das ist ein ganzes Fußballstadion voll.

In diesen Jahren habe ich viele Menschen die Waldpädagogik gelehrt und diese Menschen lehren wiederum Waldpädagogik. Einmal rief mich ein junger Mann an. Er befinde sich in einer forstlichen Ausbildung und fragte mich, ob ich ihm bei einer Facharbeit behilflich sein könne. Wir streiften gemeinsam durch den Wald und ich erklärte ihm die Grundzüge der Plenterwaldbewirtschaftung, bei der, grob gesagt, die stärksten Bäume entnommen werden und in den Lichtkegeln, die sich nach dem Fällen und Entfernen dieser Bäume ergeben, in der Natur ohne Hilfe des Menschen eine Verjüngung mit Baumpflanzen beginnt, die schon lange im Schatten des gefällten Baumes auf Licht und ihre Zeit gewartet haben. Wir standen gerade auf einer Waldlichtung, als er lächelte und mir erzählte, dass er mich schon seit seinen Kindergartentagen kenne. Und ich, der für ihn schon seit seiner Kindheit immer der Beschützer und Behüter des Waldes gewesen war, habe ihn auch dazu bewogen, eine Forstausbildung zu absolvieren und einen Forstberuf zu ergreifen. Ja, solche Begegnungen freuen mich immer wieder.

Ich habe in den letzten Jahrzehnten zahlreiche Bücher über das Thema Wald gelesen, während unzähliger Waldführungen viele waldpädagogische Spiele ausprobiert und mit vielen Menschen über die Geheimnisse unserer Wälder gesprochen. Viele, vor allem ältere Menschen, haben mir manchmal sehr interessante Dinge aus früheren Zeiten erzählt. Einige Teilnehmer*innen meiner Führungen baten mich, doch einmal ein Buch über mein Waldwissen zu schreiben, damit der Multiplikatoreffekt noch größer werden könne. Ja, und das habe ich nun getan. Hier ist es. Das Buch über die Wälder und all die Geheimnisse, die wir in ihnen entdecken können.

Bildquellen:

Umschlag Vorderseite: Shutterstock/©Lijphoto, Rückseite: Shutterstock/©IRINA OKSENOYD; Kern: © Jürgen-Thomas Ernst; andere Bezugsquellen: S. 5, 82/83, 85, 239: © Udo Mittelberger; S. 4/5: Shutterstock/©WiPhotoHunter S. 6/7: Shutterstock/©dugdax; S. 14/15: Shutterstock/©Northern-Light; S. 17: Shutterstock/©AP Hannibal; S. 19: Shutterstock/©Budimir Jevtic; S. 21: Shutterstock/©mark gusev; S. 23: Shutterstock/©Sever180; S. 24: Shutterstock/©Sergei Aleshin; S. 29: Shutterstock/©Stone36; S. 30: Shutterstock/©anko70; S. 33: Shutterstock/©vivarsmedia; S. 37: Shutterstock/©Lena Suetina; S. 44/45: Shutterstock/©Adul Jindanaree; S. 47: Shutterstock/©Kurt Pacaud; S. 50: Shutterstock/©Tanja Esser; S. 51: Shutterstock/©Martin Pelanek; S. 57: Shutterstock/©Tom Tom; S. 60/61: Shutterstock/©EB Adventure Photography; S. 62: Shutterstock/©Richard Semik; S. 62/63: Shutterstock/©Benevolente; S. 63: Shutterstock/©yerv; S. 65: Shutterstock/©xpixel; S. 81: ©Ines Flattinger; S. 86/87: Shutterstock/©Carlos Cairo; S. 88/89: Shutterstock/©Anna_Zaitzeva; S. 94: Shutterstock/©APugach; S. 98: Shutterstock/©Ihor Hvozdetskyi; S. 98: Shutterstock/©Shimkovich Svetlana; S. 98: Shutterstock/©Ihor Hvozdetskyi; S. 98: ©Roger Culos/Wikimedia Commons (CC BY-SA 3.0); S. 98: Shutterstock/©Melica; S. 98: Shutterstock/©Richard Peterson; S. 99: Shutterstock/©HHelene; S. 99: Shutterstock/©Alex1108; S. 99: Shutterstock/©Henrik Larsson; S. 99: Shutterstock/©M. Schuppich; S. 100: Shutterstock/©Wolfgang Kruck; S. 100: Shutterstock/©Piotr Wytrazek; S. 100: Shutterstock/©garmoncheg; S. 100: Shutterstock/©Asusena; S. 100: Shutterstock/©Manfred Ruckszio; S. 100: Shutterstock/©SAFalk; S. 101: Shutterstock/©Kazakov Maksim; S. 101: ©ForestDim/Wikimedia Commons (public domain); S. 102: Shutterstock/©Stephane GEUS; S. 102: Shutterstock/©Ihor; S. 102: Shutterstock/©Ihor; S. 102: Shutterstock/©jopelka; S. 103: Shutterstock/©Marek Mnich; S. 103: Shutterstock/©New Africa; S. 103: Shutterstock/©luri; S. 103: Shutterstock/©xpixel; S. 103: Shutterstock/©Nella; S. 103: Shutterstock/©Scisetti Alfio; S. 103: Shutterstock/©mahirart; S. 116/117: Shutterstock/©Peter Turner Photography; S. 118: Shutterstock/©SakSa; S. 120: Shutterstock/©Rejdan; S. 126: Shutterstock/©Manfred Ruckszio; S. 136: Shutterstock/©Zalanif; S. 142: Shutterstock/©Keikona; S. 145: Shutterstock/©DUSAN ZIDAR; S. 149: Shutterstock/©kato08; S. 152: Shutterstock/©hjochen; S. 154: Shutterstock/©Werner Rebel; S. 158/159: Shutterstock/©Henk Bogaard; S. 160: Shutterstock/©Lumixera; S. 162: Shutterstock/©teatian; S. 164: Shutterstock/©KT photo; S. 169: Shutterstock/©Madeleine Steinbach; S. 176/177: Shutterstock/©Bespaliy; S. 181: Shutterstock/©ElenVik; S. 182: Shutterstock/©Hanna Haradzetska; S. 183: Shutterstock/©Pintau Studio; S. 193: Shutterstock/©GrashAlex; S. 206/207 © Verlag Edition Tirol, „Die alten Holzknechte" S. 222/223: Shutterstock/©Wirestock Creators; S. 226: Shutterstock/©Andy Hoech; S. 228: Shutterstock/©Umomos; S. 234/235: Shutterstock/©Guenter Albers.

Bibliografische Information der Deutschen Nationalbibliothek
Die Deutsche Nationalbibliothek verzeichnet diese Publikation in der Deutschen Nationalbibliografie; detaillierte bibliografische Daten sind im Internet über http://dnb.d-nb.de abrufbar.

1. Auflage 2022

Servitengasse 5, A-1090 Wien
www.braumueller.at

Druck: FINIDR, s.r.o., Lípová 1965, 737 01 Český Těšín
ISBN 978-3-99100-352-6